Routen auf Mauritius

Mauritius

Rodrigues
Die entlegenen Archipele und Inseln

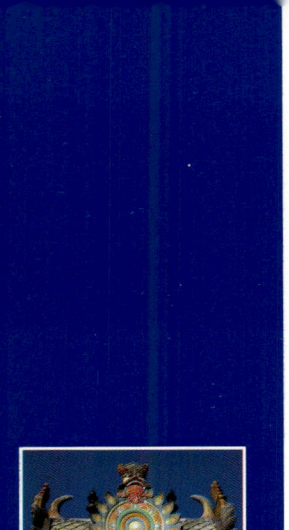

Serviceteil

Verzeichnis der Karten und Pläne

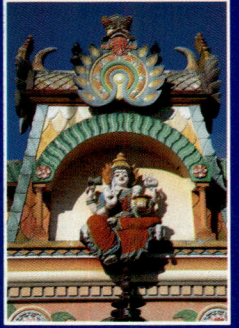

Ausflugskatamaran in der Grand Baie

Die
Perle des
Indischen
Ozeans

Eine Insel voller Herzlichkeit

Von seinen Reisen in den Indischen Ozean brachte Gottlieb August Wimmer 1834 eine Beschreibung mehrerer Inseln mit. In dem Buch ›Neuestes Gemälde von Afrika und den dazugehörigen Inseln‹ findet sich folgende Schilderung:

»Die Insel Mauritius wird von 9000 Weißen, 5000 Farbigen und 70 000 Sklaven bewohnt. Landbau und Handel nehmen alle Kräfte in Anspruch, Wissenschaften und Künste wie natürlich weniger. Die Einfuhr aller Güter, die nicht aus britischen Häfen und auf britischen Schiffen kommen, ist verboten. Die Insel wird in 12 Quartiere geteilt. Der Hauptort Port Louis liegt auf der NW-Seite der Insel und hat 15 000 Einwohner, darunter 5000 Weiße. Der Stürme wegen sind die Häuser sehr niedrig, meist von Holz gebaut, die Straßen ungepflastert, der Hafen nicht bei allen Winden sicher. Die Stadt, die einzige auf der Insel, hat ein Theater, eine öffentliche Bibliothek, deren Bibliothekar sich über zu häufige Störungen eben nicht zu beklagen hat, Bäder und in der Nähe einen großen botanischen Garten, ›Mon Plaisir‹ genannt, wo man Gewächse aller Welttheile zu aklimatisieren sucht. Der Hafen Bourbon auf der südöstlichen Küste ist geräumig, aber nicht ganz sicher. Der Hafen La Savanna im Süden hat eine gute Rhede. Die Nordspitze der Insel heißt das Unglückskap (Cap Malheureux); nördlicher davon liegen die Inseln Ronde und Plate; jene ist ein 180′ hoher Kegel, der sich aus dem Meer erhebt; die platte Insel ist 4 Meilen lang und 2 Meilen breit und hat eine Menge kleiner Häfen. Der Taubenfelsen, nicht weit von der platten Insel, besteht aus Basaltsäulen und wird von Seevögeln aller Art bewohnt. Nördlicher liegt die Schlangeninsel, von Schlangen so genannt, die sich da finden sollen und welche auf Mauritius nicht vorkommen.«

So nüchtern erlebte der Pionier des Ferntourismus vor über 150 Jahren die Insel Mauritius. Was uns Mitteleuropäer heute veranlaßt, unseren Sommer- oder Sonnenurlaub auf Mauritius zu verbringen, hat er damals für wenig wichtig gehalten: Auf Mauritius herrschen das ganze Jahr über hochsommerliche Temperaturen, viele Strände sind traumhaft weiß, langgestreckt und zum Teil menschenleer. Hinzu kommt die geradezu unglaubliche Hilfsbereitschaft und die selbstbewußte Herzlichkeit der Mauritianer. Sie sind so entgegenkommend und aufgeschlossen, daß es leicht fällt, in kurzer Zeit Bekanntschaften zu machen und Freundschaften zu schließen.

Dabei kann man so unterschiedlichen Kulturen begegnen, als würde man eine Weltreise unternehmen. Einwanderer aus China haben ihren buddhistischen, taoistischen oder konfuzianischen Glauben erhalten, während hinduistische Inder noch die kulturellen Bräuche ihrer Heimat pflegen. Indische Moslems leben neben afrikanischen Zuwanderern, die christianisiert wurden. Teile der Hauptstadt Port Louis wirken wie ein kleines Hongkong, in einem anderen Viertel wiederum finden sich von Indern geführte Straßengeschäfte, die sich genauso in Bombay oder Kalkutta befinden könnten. Vor allem in der hochgelegenen Stadt Curepipe ist der Einfluß der europäischen Oberschicht bestimmend geblieben.

Die noch vor wenigen Jahren anzutreffende saisonbedingte Arbeitslosigkeit der Landbevölkerung ist einer Vollbeschäftigung, ja sogar einem Arbeitskräftemangel gewichen, bewirkt durch die Textilproduktion, den gestiegenen Weltmarktpreis für Zucker und den Erfolg des Tourismus mit hoher Servicequalität. Eine deutliche Anhebung des allgemeinen Lebensstandards ist die Folge. Die im Tourismusboom liegenden Gefahren sind zwar erkannt, werden aber noch nicht wirksam genug bekämpft. Was empfindet ein Mauritianer, wenn an vielen der schönsten Strände immer neue Hotels entstehen? Er ist hin und her gerissen zwischen dem Ärger, daß sein Badestrand nun von Fremden besetzt wird, und der Freude über die neuen Arbeitsplätze. Was empfindet eine Hindu- oder Moslemfamilie beim Wochenendpicknick am Strand, wenn europäische Frauen ›oben ohne‹ an ihnen vorbeigehen? Was empfindet er, wenn nach langer Trockenzeit kein Leitungswasser mehr fließt, die Touristen aber nach jedem Bad im Meer einen Kopfsprung in die Poollandschaft machen und anschließend ausgiebig mit Süßwasser duschen?

Es liegt an uns Gästen, den Mauritianern unseren Respekt zu erweisen, indem wir sparsam mit dem Wasser umgehen, Hotelstrände nicht als unser Eigentum betrachten und nicht so hochmütig sind, zu glauben, daß die in Europa geduldete körperliche Freizügigkeit auch anderen Kulturen beigebracht werden müsse. Hilflos sind wir allerdings, wenn der Konkurrenzkampf um den schönsten Strand dazu führt, daß der Sand lastwagenweise geklaut und am Hotelstrand aufgehäuft wird, wenn Behörden es zulassen, daß Hotelabwässer ungeklärt ins Meer geleitet werden, wenn innerhalb weniger Jahre die Bettenkapazität verdoppelt und damit ein ruinöser Wettbewerb um Gäste, Hotelpersonal, Nahrungsmittel, Wasser usw. ausgelöst wird. Noch sind negative Folgen des Booms kaum sichtbar geworden. Der Service ist nach wie vor unvergleichlich zuvorkommend und effektiv, das Wasser in den Lagunen klar, Aggression gegenüber Gästen undenkbar.

Aufgrund neuer Gesetze ist die Zerstörung der Riffe gestoppt, die Strände werden für jedermann zugänglich gehalten. Auch ist zu erwarten, daß die vom Bauboom gerissenen Wunden vernarben und die entstehenden neuen Komplexe hier und dort eine Bereicherung des Lebens mit sich bringen werden. Nicht nur Pessimisten befürchten dennoch, daß Mauritius sich in den kommenden zehn Jahren zum ›Benidorm des Indischen Ozeans‹ entwickeln könnte. Zu wünschen wäre, daß die Optimisten Recht behielten. Sie erwarten eine positive Entwicklung der Insel vom exotischen Urlaubsparadies für Luxustouristen inmitten einer weniger gut gestellten Bevölkerung zur ›Schweiz des Indischen Ozeans‹ mit Wohlstand und sozialer Sicherheit für alle.

Landeskunde im Schnelldurchgang

Fläche: 1865 km^2 (Rodrigues 104 km^2, Agalega 71 km^2)
Einwohner: 1,1 Millionen
Hauptstadt: Port Louis
Amtssprache: Englisch
Währung: Mauritius-Rupie (MR)
Zeit: MEZ + 3 Stunden; MESZ + 2 Std.

Geographie: Mauritius liegt mitten im Indischen Ozean, etwa 800 km östlich von Madagaskar und knapp oberhalb des südlichen Wendekreises. Seine Entstehung hat es dem Auseinanderbrechen des Urkontinents Gondwanaland zu verdanken, bei dem entlang der Bruchstelle der Indische Ozean entstand. Auf einem unterseeischen Plateau ereigneten sich gewaltige Vulkanausbrüche, kleine Inseln tauchten auf und verschwanden wieder. Eine der ältesten von ihnen ist das heutige Mauritius. Im Laufe der Jahrmillionen hat die Erosion das weiche Lavagestein in die Ebenen gespült, und es blieben die bizarren Spitzen, die noch heute über das ansonsten flache Plateau von Mauritius hinausragen.

Geschichte: Portugiesische Seefahrer entdeckten als erste Europäer – vermutlich begleitet von arabischen Navigatoren, die diese Weltgegend bereits kannten – die Insel Mauritius und zeichneten sie in ihre Seekarten ein. Erste Besiedlungs- und Kolonisierungsversuche machten ab 1598 Holländer, die in erster Linie Edelholz schlugen. 1715 nahm Guillaume Dufresne die Insel im Namen des französischen Königs in Besitz. Er traf dabei kaum auf Widerstand, da bis auf wenige Einzelgänger die Holländer die Insel schon wieder verlassen hatten. Nach der Ankunft des dynamischen Gouverneurs Mahé de Labourdonnais begann sich eine produktive und wohlhabende Kolonie zu entwickeln. 1810 verloren die Franzosen eine entscheidende Seeschlacht bei Grand Port, kurz darauf landeten englische Truppen unter der Leitung von General Abercrombie und übernahmen die Kolonie. Erst 1968 erklärte sich Mauritius im Einvernehmen mit dem Mutterland für unabhängig. 1992 schließlich löste man sich auch symbolisch von Großbritannien, indem man die Verfassung änderte.

Wirtschaft: Von überragender wirtschaftlicher Bedeutung ist die Zuckerindustrie, die zu 95 % exportorientiert ist. Auf mehr als der Hälfte der Gesamtfläche der Insel wird Zuckerrohr angebaut. Zweitwichtigster Devisenbringer ist die Fabrikation von Textilien für den Weltmarkt. Der Einkauf der erforderlichen Rohstoffe kostet allerdings einen guten Teil des mit dem Verkauf der Fertigprodukte erzielten Erlöses. Und auch der Tourismus als dritte Devisenquelle hat den Nachteil, daß ein Großteil der für die und in den Hotels benötigten Waren importiert werden muß.

Bevölkerung und Religionen: Angehörige aller großen Weltreligionen, aller Hautfarben und Kulturen leben auf Mauritius friedlich zusammen. Fast 70 % der Bevölkerung sind indischer Abstammung. Davon bekennt sich der Großteil zum hinduistischen und ein kleinerer Teil (ca. 17 %) zum mohammedanischen Glauben. Etwa 25 % macht der Anteil der christlichen Bevölkerung aus, die zum Teil europäischer Abstammung, zum Teil afrikanischer und madagassischer Herkunft ist. Obwohl vier völlig verschiedene Volksgruppen auf engem Raum zusammenleben (69 % Inder, 27 % Kreolen madagassischer und afrikanischer Herkunft, 4 % Chinesen und Europäer), findet nahezu keine Vermischung der Gruppen statt. Während auf den benachbarten Seychellen europäische, afrikanische und chinesische Kreolen ungehindert untereinander heiraten, sind Hochzeiten zwischen Angehörigen der verschiedenen Glaubens- und Volksgruppen auf Mauritius eine Seltenheit. Entsprechend ihrer großen Zahl prägen die hinduistischen Inder das Bild der Insel. Das öffentliche Leben wird dennoch von der französischen Kultur dominiert, die selbst die anderthalb Jahrhunderte englischer Kolonialherrschaft überdauert hat.

Klima und Reisezeit: Normalerweise herrscht den Tag über Sonnenschein. Wenn dennoch Regen niedergeht, so meistens in der Nacht, da die Luft sich abkühlt und dann weniger Feuchtigkeit aufnehmen kann. Langjährigen Statistiken zufolge sind die angenehmsten Monate April, Mai und Juni sowie September, Oktober und November. Zu dieser Zeit ist es meist trocken, sonnig und nicht so heiß wie in den Sommermonaten. Die Temperaturunterschiede zwischen dem mauritianischen Sommer (November bis März) und dem Winter (April bis Oktober) betragen etwa 7 °C. Im Sommer herrscht bei Tagesanbruch (5 Uhr) an den Küsten eine Lufttemperatur von ca. 23–25 °C, die sich im Laufe des Tages auf 30–32 °C erhöht. In dem 600 m hoch gelegenen zentralen Hochland sind die Temperaturen durchschnittlich 5 °C niedriger. Während der Wintermonate sollte man ein langärmeliges Sweat-Shirt mitnehmen, da es am Abend zu kühl sein könnte, um im T-Shirt oder im kurzärmeligen Hemd im Freien zu sitzen. In den Monaten Januar bis April besteht die Gefahr (oder die Chance!), einen tropischen Zyklon mitzuerleben.

Flora und Fauna: Vor einigen Jahrhunderten war Mauritius von dichtem tropischem Regenwald bewachsen, in dem sich riesige Harthölzer hervorragender Qualität befanden. Das Holz wurde geschlagen und exportiert oder vor Ort zum Schiffbau verwendet. Die plumpen, zutraulichen Riesenschildkröten wurden mit Prügeln erschlagen, verspeist oder an vorbeikommende Segelschiffe als Proviant für die Fahrt nach Indien verkauft. Die ursprüngliche Vegetation ist in den leicht zugänglichen Regionen des Landes nicht mehr vorhanden. An ihre Stelle traten Nutzpflanzen, es wurden Felder angelegt und Zuckerrohr gepflanzt – heute bedeckt es über 80 % der nutzbaren Fläche des Landes. Etwa 4 % der Landfläche stehen unter Naturschutz. Zum Teil handelt es sich um Gebiete, in denen jede Entwicklungstätigkeit untersagt ist. Es gibt auch echten Naturschutz in Form von Nationalparks und Naturreservaten. Wie überall auf der Welt, wo Wälder abgeholzt werden, leidet darunter auch die Tierwelt. Die Dronte – volkstümlich Dodo genannt – ist zum Wahrzeichen von Mauritius geworden, obwohl es dieses merkwürdige Tier schon seit Jahrhunderten nicht mehr gibt. Sie ist das bekannteste und am häufigsten beschriebene aller in den letzten Jahrhunderten ausgestorbenen Tiere der Erde. Heute findet man in den Zuckerrohrplantagen und um die Siedlungen häufig Chamäleons und Geckos, auf der Insel Ronde, im Norden von Mauritius, eine harmlose Schlangenart aus der Familie der Boas.

Geographie

Lage und Größe

Mauritius hat etwa die Ausmaße einer deutschen Großstadt wie München oder Hamburg, wenn man die dazugehörigen Vororte mitrechnet. Die Insel ist 64 km lang, 47 km breit und bedeckt eine Fläche von knapp 1900 km². Mauritius am nächsten gelegen ist Réunion, das als Département zu Frankreich gehört. Die Insel ist nur etwa 160 km entfernt und kann an klaren Tagen von den mauritianischen Berggipfeln am Horizont ausgemacht werden. Bis zur afrikanischen Ostküste, dem nächstgelegenen Kontinent, sind es schon über 2000 km, bis zu der großen, vor Afrika liegenden Insel Madagaskar knapp 800 km.

Wer, wie wir Europäer, 11 bis 12 Stunden von London, Frankfurt, Zürich oder

Paris nach Mauritius fliegt, kann sich kaum vorstellen, was es bedeutet, so abgelegen inmitten des Ozeans zu leben. Das war schon eher für die Reisenden früherer Zeiten nachzuvollziehen, die in wochen- und monatelangen Schiffsreisen nach Mauritius gelangten und sich nach der Einsamkeit der Meere über das bißchen Zivilisation an Land freuten.

Politisch gehört auch das etwa 650 km weiter östlich gelegene Rodrigues zu Mauritius. Diese nur 18 km lange und 8 km breite Insel ist von der Zivilisation bisher nahezu unberührt geblieben. Sie verfügt über eine Landebahn für kleine Maschinen. Wegen seiner zentralen Lage inmitten des Indischen Ozeans hat Mauritius direkte Luft- und Seeverbindungen zu allen angrenzenden Kontinenten. So kann man von hier aus in wenigen Stunden nach Europa, Indien, Singapur, Südafrika, Kenia, Madagaskar, auf die Seychellen und sogar nach Australien fliegen.

Klima

Mauritius liegt nördlich des südlichen Wendekreises, also in jenem Bereich, in welchem einmal pro Jahr bei Sonnenwende die Sonne senkrecht vom Himmel brennt. Statistischen Angaben über Regenmenge, Sonnenscheindauer, Durchschnittstemperaturen usw. sollte man mit Vorsicht begegnen. Die regionalen Unterschiede sind auf dieser kleinen Insel so groß, daß eine Gesamtstatistik für Urlaubspläne von geringer Aussagekraft ist.

Die heißeste Jahreszeit ist der europäische Winter, der in den Monaten Januar bis März durchschnittliche Tageshöchsttemperaturen von über 30 °C bringt. Die höchste gemessene Temperatur (im Schatten) beträgt, ähnlich wie in heißen mitteleuropäischen Sommern, 36 °C. Diese Temperatur wurde im flachen, zuckerrohrbewachsenen Nordteil der Insel gemessen. In den Bergregionen und an den Küsten hingegen liegen die Temperaturen auch im mauritianischen Sommer deutlich darunter. Im Winter (April bis Oktober), wenn die Sonne mittags im Norden am

Blick über Mauritius mit seinen charakteristischen scharfkantigen Bergen und den Zuckerrohrfeldern in den Ebenen

Auch bei schönem Wetter muß man auf Mauritius immer auf Regen gefaßt sein

Himmel steht, schwanken die Tagestemperaturen zwischen 18 °C am Morgen und etwa 27–28 °C gegen Mittag. Ebenso wie die Lufttemperaturen differieren auch die Wassertemperaturen zwischen Sommer und Winter um etwa 5 bis 6 Grad. Während des mauritianischen Sommers erreichen sie in den Lagunen rund um die Insel etwa 29 °C, während sie im Winter (August) nie unter 22–23 °C sinken.

Die jährlichen Niederschlagsmengen sind je nach Region extrem unterschiedlich. Die flache Nordspitze der Insel ist regenarm, da die Wolken ungehindert über sie hinwegziehen können. Dagegen werden die höheren Regionen häufig von Regenwolken eingehüllt. Beim Anstieg von Meereshöhe auf 400–500 m kühlt sich die feuchte Luft ab und kondensiert zu Wolken, die sich an den Ostabhängen der Berge und auf der Hochebene abregnen. Wenn sie vom ständig wehenden Südostpassat auf Meeres-

höhe hinunter geblasen werden, erwärmen sie sich wieder und lösen sich auf. Der Küstenstreifen liegt dann im Sonnenschein – fast unvorstellbar, daß nur wenige Kilometer weiter im Landesinneren Nebel und Regen herrschen.

Auf Mauritius weht das ganze Jahr über eine gleichmäßige Brise aus Südosten. Dieser sogenannte **Südostpassat** entsteht dadurch, daß sich die Luft in Äquatornähe stärker erwärmt als in den weiter südlich gelegenen Regionen. In den heißen Breiten entsteht ein nach oben gerichteter warmer Luftstrom, der dann von den kühleren Zonen neue Luft ansaugt. Durch die Erdrotation wird dieser ständige Süd-Nord-Strom in westliche Richtung abgelenkt. Daher sind der Süden und Osten von Mauritius windreicher, während Südwesten und Westen hinter der Bergkette windgeschützt liegen.

Die tägliche Sonnenscheindauer ist im Sommer (November bis April) länger als im Winter, da die Sonne früher aufgeht und später wieder untergeht. Im mauritianischen Sommer ist es etwa von 5 bis 19 Uhr, im mauritianischen Winter von 6 bis 18 Uhr hell. Regen fällt in erster Linie in den oberen Bergregionen und – wegen der nächtlichen Abkühlungen – in der Nacht. Bevor man ins Landesinnere fährt, sollte man sich vergewissern, ob wirklich klare Wetterverhältnisse herrschen. Es kann sonst leicht passieren, daß man unvermittelt in Floréal oder Curepipe in dichten Nebel und Regen eintaucht.

Die Zyklone

In den Monaten Januar bis März wird der Indische Ozean in regelmäßigen Abständen von Zyklonen heimgesucht, die manchmal verheerende Folgen haben. Diese Stürme von unglaublicher Wucht werden von heftigen Regenfällen und einer starken Abkühlung der Luft begleitet. Besonders die Landbevölkerung, die keine festen Häuser besitzt, ist davon schwer betroffen. Wenn Fernsehen und Radio die Warnung vor einem Zyklon ausgeben, verschließen und verriegeln die Bewohner die Läden. Häuser, die dem Sturm nicht standhalten können, werden verlassen, und die Bewohner suchen Unterschlupf in Büros, Kirchen und Schulen. In einem offiziellen Bericht über den Zyklon vom 29. April 1892 kann man nachlesen, daß innerhalb von zwei Stunden 1200 Menschen getötet und über 2000 verwundet wurden. Ein Drittel aller Häuser in Port Louis wurde zerstört, 20 000 Menschen obdachlos.

Zyklone entstehen in den Regionen der Erde, in denen sich große Wassermassen für längere Zeit auf über 26 °C aufheizen. Am häufigsten geschieht dies in den Weltmeeren auf der Höhe des nördlichen und südlichen Wendekreises, da dort die Sonne am längsten senkrecht auf die Erde beziehungsweise die riesigen Wasserflächen des Ozeans niederbrennt. Sie steht nämlich nicht etwa über dem Äquator am längsten senkrecht am Himmel! Den Äquator ›überquert‹ sie zweimal im Jahr, am nördlichen und südlichen Wendekreis dagegen kehrt sie um und bleibt dabei längere Zeit senkrecht oder fast senkrecht am Mittagshimmel. Zu dieser Zeit heizen sich die Wassermassen auf; ab einer Temperatur von 26 °C verdunstet das Wasser wesentlich schneller als darunter, und es bilden sich Wolkentürme, die bis in riesige Höhen wachsen. Durch die Erdrotation werden sie in Bewegung gebracht und beginnen, sich um die eigene Achse drehend, zu wandern. Nahe dem Zentrum eines Zyklons erreicht der Sturm Geschwindigkeiten bis 250 km/h, das Meer wird gepeitscht, es entstehen Springfluten, und sintflutartige Niederschläge gehen nieder. Nach wenigen Stunden ist der Spuk vorbei, der Regen läßt nach, der Wind beruhigt sich, und übrig bleiben geknickte Bäume, zerstörte Häuser, eine verwüstete Landschaft.

Der folgende Artikel eines algerischen Journalisten, der den Zyklon ›Claudette‹ 1979 miterlebte, läßt nachempfinden, welche Naturgewalten herrschen, wenn ein Zyklon über Mauritius hinwegrast:

»Zweitausend Meilen nordöstlich von Mauritius hat sich der Zyklon Claudette entwickelt und rast unmittelbar auf uns zu. Schon streichen starke Winde über die Zuckerrohrfelder und biegen sie an den Boden. Durch den Rundfunk wird die erste Sturmwarnung durchgegeben. Am Morgen des nächsten Tages wird die Gefahr, die auf Mauritius zukommt, deutlicher. Der Wirbelsturm scheint tatsächlich nicht an Mauritius vorüberziehen zu wollen. Zum zweitenmal wird über alle Rundfunkstationen Sturmwarnung gegeben. Im Laufe des Vormittags bedeckt sich der Himmel, die Hunde auf dem Land werden nervöser, sammeln sich zu aggressiv wirkenden Meuten zusammen. Bald darauf folgt die dritte Sturmwarnung über Rundfunk- und Fernsehstationen.

Am Nachmittag wird der Wind stärker, das Meer tobt. Vereinzelte Könner wagen es, in diesem Meer die Grenzen ihrer Kunst im Windsurfen auszuloten. Auf einmal hören die Hunde auf zu bellen, ihre Aggressivität legt sich, und sie verkriechen sich in ruhige, windgeschützte Ecken.

Bei Sonnenuntergang erfüllt der Lärm der ans Ufer schlagenden Brecher die Stadt Port Louis. Der Himmel verfärbt sich in ein metallisches Rosa, das sich in wenigen Minuten in ein lichtes Grün verwandelt. Obwohl es bereits Nacht ist, reicht das von den Wolken zur Erde reflektierte Licht aus, um fast wie am hellichten Tag sehen zu können. Zwischen den Wolken zucken Blitze, aus den Verstecken der Hunde hört man nur noch leises Jaulen. Der noch stärker gewordene Sturm biegt die Bäume, daß die Zweige die Erde erreichen, Blätter der Kokospalmen reißen heraus und segeln durch die Luft.

Ganz Mauritius schließt sich in seine Häuser ein. Die Arbeiter, die normalerweise in leichten Holzhütten leben, haben sich in Kirchen und in Verwaltungsgebäude geflüchtet. Alle Fenster, soweit sie hölzerne Läden haben, werden abgedichtet. Eine Scheibe unseres Zimmers wird von einem Ast, der durch die Luft fliegt, zertrümmert. Von dem plötzlichen Windstoß ergriffen, fliegt ein auf der entgegengesetzten Seite des Hauses gelegenes Fenster hinaus und wird davongetragen. Der mit über

250 Stundenkilometern heranbrausende Sturm fängt sich im Haus, rüttelt an Türen und Fenstern und bewegt wie von Geisterhand Stühle und Sessel im Raum. Das Dach quietscht und knarrt beängstigend, man meint, es würde in Kürze davonfliegen.

Sturmwarnungen über das Radio sind überflüssig geworden, die Bevölkerung wird um Ruhe gebeten. Man versucht, eine Panik zu verhindern. Und das, obwohl erst einige Ausläufer des Zyklons die Insel erreicht haben. Ungeheuer langsam im Vergleich zu den Windgeschwindigkeiten bewegt sich das Zentrum des Zyklons auf Mauritius zu. 20 Kilometer pro Stunde bewegt er sich vorwärts. Manchmal kann er auch auf dem Fleck stehenbleiben und sich in nichts auflösen oder aber neue Kraft sammeln. Gegen zwei Uhr morgens erreicht der Sturm einen Höhepunkt, der von plötzlicher Windstille abgelöst wird. Die plötzlich eingetretene Stille ist fast bedrohlicher als das Brausen des Sturmes wenige Minuten vorher. Das Auge des Zyklons überquert die Insel. Selbst das Meer ist still geworden. Auf den Straßen hört man vereinzelte Stimmen von Leuten, die die Ruhe nutzen wollen, um ihre Familien und ihr Hab und Gut in Sicherheit zu bringen. Wer kein Haus mehr hat, zieht in die nächste Schule oder das nächste aus Stein gebaute Verwaltungsgebäude. All das muß in Eile und Hast geschehen, denn die zweite Halbzeit kann jeden Moment losgehen.

Ebenso plötzlich wie die Windstille eingetreten ist, hebt der Sturm wieder an, diesmal aus der entgegengesetzten Richtung. Die Bäume, die sich noch eine halbe Stunde vorher in dem Sturm nach Westen geneigt hatten, werden nun in die entgegengesetzte Richtung gebeugt. Äste brechen ab und fliegen davon, Kokospalmen werden enthauptet. Selbst große Mangobäume werden samt ihren Wurzeln aus der Erde gerissen.

Am nächsten Morgen bei Sonnenaufgang präsentiert sich ein Bild der Verwüstung. Als hätte ein Gigant die Insel überquert und die Erde unter seinen Schritten zum Beben gebracht. Erschöpft kriechen die Hunde aus ihren Verstecken hervor, Menschen verlassen ihre Wohnungen, betrachten entgeistert die Zerstörung. Erleichterung ist auf ihren Gesichtern zu erkennen, sie lächeln sich an, sie sind froh, diesen Weltuntergang überlebt zu haben. Gestern herrschte friedlicher Sommer, üppiges Grün umgab die Dörfer und Städte. An diesem Morgen hat man den Eindruck eines trüben Herbsttages. Mit einem Wagen fahren wir Richtung Inselzentrum, wobei wir an der Hafenstadt Mahébourg vorbeikommen. Mit Macheten und mit Besen ausgerüstet, entfernen die Mauritianer die Bäume und die Blätter von den Straßen und Wegen. Sie sammeln abgebrochene Äste ein, bringen sie nach Hause, wo sie als Energiereserve aufbewahrt werden. Hunderte von Häusern sind zerstört worden, Tausende müssen repariert werden. Frauen, Kinder, Männer, Alte und Junge suchen auf der Straße nach ihren Fensterläden, nach ihren Wohnungstüren, die vom Sturm irgendwo auf die Felder und Wiesen hinausgetragen wurden. Am Hafen flicken die Fischer ihre zerstörten Boote oder suchen am Strand die Einzelteile wieder zusammen, um daraus ein neues Boot zu bauen.«

Die Entstehung der Insel Mauritius

Die Inseln der Maskarenen, zu denen neben Mauritius auch Réunion und Rodrigues zählen, liegen auf einem unterseeischen Plateau, über dessen Entstehung lange Zeit gerätselt wurde. Erst Alfred Wegener entwickelte Anfang dieses Jahrhunderts eine einleuchtende Theorie, wonach ein riesiger Urkontinent, der die heutigen Kontinente Amerika, Afrika, Australien, Asien und Europa umfaßte, vor etwa 200 Millionen Jahren auseinandergebrochen sein soll. Indien, Australien und die Antarktis trennten sich voneinander, und entlang der Bruchstelle entstand der Indische Ozean. In seinen Weiten blieben einige größere Fels- und Landformationen erhalten, die nur wenige Meter vom Meer überspült wurden. Lediglich Madagaskar und die Seychellen überragten die Wassermassen. Auf dem unterseeischen Plateau ereigneten sich später Vulkanausbrüche, kleine Inseln entstanden und verschwanden wieder.

Eine der ältesten dieser **vulkanischen Inseln** ist das heutige Mauritius. Es muß einst, ähnlich wie heute Réunion, mehrere tausend Meter über die Meeresoberfläche hinausgeragt haben. Im Laufe der Jahrmillionen hat die Erosion das weiche Lavagestein in die Ebenen gespült, und es blieben nur die bizarren Spitzen, die noch heute über das ansonsten flache Plateau von Mauritius herausragen. Vor etwa 100 000 Jahren erlosch wohl die letzte vulkanische Tätigkeit, und seither zerbröckeln die Basaltfelsen in kleinere Steine, die von den Arbeitern in den Zuckerrohrfeldern zu großen Steinhaufen zusammengetragen werden.

Bis auf eine längere Strecke an der Südostküste der Insel sowie bei der Hauptstadt Port Louis und an einigen kürzeren Strandabschnitten im Westen ist die gesamte Insel inzwischen von

Im Hochland (links der Pieter Both) ▷

Korallenstöcken umgeben, die die Wucht der Brandung Hunderte von Metern vor der Küste der Insel brechen und so die dahinterliegenden seichten Bereiche in sanfte Lagunen verwandeln.

Die Entstehung der Korallenriffe konnte als erster Charles Darwin einleuchtend erklären. Auf der Rückreise von Südamerika begann er mit Studien zu diesem Phänomen. Beim Blick von der Spitze eines Vulkankegels in der Südsee auf umliegende ringförmige Korallenatolle begann er seine Theorie zu entwickeln: Er meinte, daß die Korallen an den Vulkanabhängen knapp unter der Meeresoberfläche wachsen müßten. Wenn nun entweder das Meer sich hebt oder die Vulkane in tiefere Regionen absinken, wächst der Korallenstock gleichmäßig mit nach oben und bleibt immer knapp unter der Wasseroberfläche. Der Ring zwischen dem Korallenstock und dem zentralen Vulkankegel füllt sich mit Sand auf und kann dann durch Veränderungen der Wasseroberfläche im Laufe der Jahrmillionen einmal aus dem Wasser herausragen.

Heute ist diese Theorie vielfach nachgeprüft und als wissenschaftlich gesichert anzusehen. Charles Darwin selbst hat zur Kontrolle seiner Idee verschiedene Reisen auch zu den Inseln des Indischen Ozeans nach Réunion, Mauritius und vor allem zu den großen Korallenatollen Farquhar und Aldabra unternommen. Spätere Untersuchungen von Geologen an Gesteinsformationen brachten Ergebnisse, die die Theorie Charles Darwins unterstützen. In dieser Weise ist auch das Korallenriff entstanden, welches Mauritius umgibt. Dort, wo das Meer nicht tiefer als 40 m ist und die Sonne noch genügend Energie für das Leben spendet, haben sich Korallen auf dem Untergrund festgesetzt. Diese kleinen, eigenartigen Lebewesen sind in der Lage, dem Wasser Kalk zu entziehen und daraus ein Gerüst zu bauen, durch das

Die Trois Mamelles – typische Vertreter der Berge vulkanischen Ursprunges

sie vor der Außenwelt geschützt sind. Stirbt das Tier ab, so bleibt die von ihm geschaffene Kalkfläche in der Wand bestehen, und es siedeln sich neue Korallen darüber und daneben an. Im Laufe der Jahrtausende wachsen bizarr geformte Gebilde heran, die mal wie ein menschliches Gehirn, mal wie weitverzweigte Lungengänge aussehen. Diese Korallenriffe sind ein Paradies für Taucher, aber auch für Schnorchler, die vom Hotelstrand aus hinausschwimmen und die nahe dem Ufer gelegenen Korallenstöcke bewundern, die den Lebensraum für viele Pflanzen und vor allem die bunten Korallenfische bilden.

Flora und Fauna

Pflanzenwelt

Vor einigen Jahrhunderten war Mauritius von dichtem tropischem Regenwald bewachsen, in dem sich riesige Harthölzer von hervorragender Qualität befanden. Holländer und Franzosen exportierten das Holz, um in Europa kostbare Möbel daraus schreinern zu lassen. Wälder wurden abgeholzt, da man Material für den Schiffsbau brauchte. An die Stelle der alten Vegetation traten die Nutzpflanzen, es wurden Felder angelegt und Zuckerrohr gepflanzt – heute bedeckt es über 80 % der nutzbaren Fläche des Landes. Auf den europäischen Märkten war das harte schwarze Holz besonders begehrt. Stark beanspruchte Teile der Schiffe, aber auch edle Gebrauchsgegenstände, wie etwa Flügel der bekanntesten Hersteller, wurden aus dem Holz von Mauritius hergestellt. Die ersten Siedler aus Holland beschäftigten sich damit, das harte Ebenholz zu fällen und nach Europa zu transportieren. Doch leider täuschten sich die Exporteure, als sie schrieben: »Das Holz ist in den Wäldern von Mauritius so reich vorhanden, daß es nicht zu erschöpfen ist, selbst wenn 2000 Menschen ununterbrochen 200 Jahre lang darin arbeiten würden.« Nur im Naturschutzgebiet im Südwesten von Mauritius, nahe den Ortschaften Bel Ombre und Chamouny finden sich noch einzelne Exemplare der wertvollen Urwaldriesen. Dafür sind die Kolonialhäuser aus vergangenen Jahrhunderten, die aus dem Holz hergestellt wurden, noch heute hervorragend erhalten. Ein gutes Beispiel dafür ist das Kolonialhaus Eureka in Moka bei Port Louis, bei dem sich erkennen läßt, wie hart und unzerstörbar das Holz dieser Bäume war, das in Europa unter dem Namen *bois des îles* (›Holz von den Inseln‹) berühmt und begehrt war.

Nachdem die alten Edelhölzer abgeholzt waren, pflanzte man Nutzhölzer und Zierpflanzen, die aus Indien, Indonesien, Kenia, Madagaskar und anderen afrikanischen Ländern kamen. Der Tamarindenbaum beispielsweise wurde wegen seiner Früchte aus Indien eingeführt: Sie schmecken säuerlich, und die Mauritianer bereiten daraus eine erfrischende Limonade. Häufig werden sie auch in Currygerichten oder anderen indisch-mauritianischen Gerichten als Gewürz verwendet. Der Badamier, der Mourouk und der zur Blütezeit rotleuchtende Flamboyant aus Madagaskar dienen vor allem als Zierbäume. In der Sommerzeit, zwischen November und Mai, verwandeln die Flamboyants Mau-

Naturreservate, Nationalparks und andere geschützte Gebiete

Etwa 4% der Landfläche von Mauritius stehen unter mehr oder weniger strengem Naturschutz. Zum Teil handelt es sich lediglich um Gebiete, in denen jede Erschließung untersagt ist. Es gibt aber auch echten Naturschutz in Form von Nationalparks und Naturreservaten.

Das bei weitem wichtigste und größte Naturschutzgebiet ist der Black River Gorges National Park (6574 ha) im Südwesten der Insel. Staatlich geschützte Reservate sind weiterhin Les Mares (5 ha), Gouly Père (11 ha) und Bois Sec (6 ha) – alle südlich des Grand Bassin –, Le Perrier (1,5 ha), nördlich des großen Wasserreservoirs Mare aux Vacoas, und Cabinet (18 ha), in den Bergen von Vacoas, sowie die Gipfelregionen des Corps de Garde (90 ha), südwestlich von Rose Hill, und des Le Pouce (70 ha) südöstlich von Port Louis; ebenso die Inseln Round, Serpent, Gabriel, Flat, Coin de Mire und Ile aux Aigrettes. Vor der Insel Rodrigues stehen die beiden Inseln Cocos Island und Ile aux Sables unter Naturschutz.

Die Reservate sind nicht abgegrenzt, aber mangels Markierungen und Zugangsstraßen nur schwer zu erreichen. Ihr Schutz besteht weitgehend lediglich darin, daß jede Entwicklung landwirtschaftlicher, industrieller oder sonstiger Art untersagt ist und der Besuch nahezu unmöglich gemacht wird. Daneben gibt es einige Privatinitiativen, die

versuchen, Naturschutz durch begrenzte touristische Aktivitäten zu ermöglichen. Die wichtigste davon ist die Domaine Les Pailles in einem weiten Tal zwischen dem Signal Hill und dem Junction Peak, im Süden von Port Louis. Ähnlichen Charakter haben auch die Domaine des Grands Bois (Domaine du Chasseur) an der Ostküste, Le Val im Südosten bei Mahébourg und La Vanille im Süden bei Souillac.

Umweltschutz ist ein junges Wort im Sprachgebrauch der Inselbewohner, Umweltzerstörung hat dagegen Tradition. Sie begann mit der Besiedlung durch die Portugiesen, die eine im Gleichgewicht befindliche, von dichter Vegetation und einer ebenso üppigen Tierwelt belebte Insel vorgefunden hatten. Die schwarze Lavaerde war – und ist – fruchtbar, das feuchtheiße Klima erlaubt schnelles und intensives Wachstum. Es hatten sich Pflanzenarten entwickelt und durchgesetzt, die den regelmäßig über die Insel brausenden Wirbelstürmen widerstanden. Vögel und Insekten waren vom Wind herbeigetrieben worden und paßten sich während der Jahrtausende den Lebensbedingungen an. Mangels fleischfressender Feinde gewöhnten sich Vögel das Fliegen ab (Dodo), andere flogen zwar weiterhin, verloren aber jede Scheu vor großen Tieren, da sie lernten, daß Dodos und Riesenschildkröten ihnen nichts anhaben konnten.

Die frühen Siedler betrachteten dieses friedvolle Stück Erde als Geschenk Gottes, das es sich untertan zu machen galt. Die Hartholzwälder wurden geschlagen, das Holz exportiert oder vor Ort zum Schiffbau verwendet. Die plumpen, zutraulichen Dodos und die Riesenschildkröten wurden – wie heute Robben – mit Prügeln erschlagen und verspeist oder an vorbeikommende Segelschiffe als Proviant für die Fahrt nach Indien verkauft. Mit den Schiffen kamen Ratten, Enten, Hühner, Hunde und Katzen, die leichtes Spiel mit den harmlosen ›Einheimischen‹ hatten, die nicht wußten, daß es Tiere gibt, die Fleisch fressen. Millionen von Kleintieren, Vögeln und Insekten kamen um, da der intensivierte Anbau von Zuckerrohr ihren Lebensraum auf wenige winzige ›Inseln‹ reduzierte.

Als die natürlich vorkommenden Fleischvorräte in Form von Dodos und Riesenschildkröten zu Ende gingen, wurden Schweine, Rinder, Ziegen und Hirsche ins Land gebracht. Es geschah, was in vielen Ländern passiert, die von ihren Bewohnern nur als vorübergehender Wohnort betrachtet werden: Das Land und sein Reichtum wurden genutzt, um möglichst schnell Gewinne zu erzielen, die es erlauben, so bald wie möglich – als gemachter Mann – in die Heimat zurückzukehren. Keiner der frühen Siedler war hierher gekommen, um sich und seiner Familie eine neue Heimat zu geben, sondern um als Abenteurer und Kolonialist reich zu werden. Diese Einstellung hat der von der Natur begünstigten Insel Mauritius Perioden des Reichtums beschert, die nach endgültiger Ausbeutung eines Naturschatzes – seien es die Fleischvorräte in Form von Dodos und Riesenschildkröten, sei es das Hartholz der Wälder – von Perioden bitterer Armut abgelöst

wurden, bis eine neue Quelle sich eröffnete.

In den Riffen wurde 1990 noch mit Dynamit und Harpunen gefischt, jeder bebaubare Quadratmeter wurde für die Monokultur des Zuckerrohres geopfert, kaum ein Hotel besaß eine funktionierende Kläranlage, und was die Tierwelt anbetraf, interessierte sich die Öffentlichkeit bestenfalls für das Wohlergehen ihrer Rennpferde oder der 60 000 Javahirsche in der Jagdsaison. In den vergangenen Jahren hat sich, zunächst in der veröffentlichten Meinung, einiges verändert. Umweltschutz ist in den Medien ein wichtiges Thema geworden, und auf verschiedenen Ebenen werden Schutzmaßnahmen ergriffen. Nicht weniger als 35 private Initiativgruppen haben ein politisches Bewußtsein geschaffen, das dazu führte, daß die Regierung einen *National Environment Action Plan* als Leitfaden für künftige Entwicklungen ausarbeitete.

Erst mit Ende der Kolonialzeit war die Einsicht gereift, daß die Bewohner von Mauritius Mauritianer, nicht ›Engländer‹, ›Franzosen‹, ›Inder‹, ›Chinesen‹ oder ›Pakistani‹ sind. Als die Pässe der ehemaligen Kolonialmacht durch mauritianische Pässe ersetzt waren, als eine Reise nach England nicht mehr eine Reise ›nach Hause‹ in die Metropole, sondern eine Reise ins Ausland war, als man dorthin nicht mehr ›umziehen‹, sondern bestenfalls auswandern konnte, fing man an, sich ernsthaft Gedanken darüber zu machen, wie die Insel auf Dauer bewohnbar gehalten werden könne. Zu Beginn dieser neuen Epoche wurden **Naturreservate** eingerichtet, doch war kein Geld vorhanden, aktiven Naturschutz zu betreiben. Zunächst mußte soziale Sicherheit für die Arbeiter im Zuckerrohr geschaffen werden, bevor man sich um Tiere und

Pflanzen kümmern konnte. Mit Hilfe des profitablen Zuckeranbaus, der Exportproduktionszone und des Tourismus gelang dies überraschend schnell.

Seit etwa 1990 begann man, nicht nur Schutzzonen einzurichten, sondern sich auch mit Einsatz finanzieller Mittel um die Verbesserung der Umweltbedingungen zu kümmern. Erste Erfolge sind sichtbar. Kläranlagen stehen nicht nur auf dem Papier, sondern arbeiten – meist – auch. Dynamitfischen wird nur noch ausnahmsweise (streng geheim und mit erheblichem Strafrisiko) praktiziert, Harpunen sind verboten, und endemische Vogelarten konnten durch Bruthilfe vor der endgültigen Ausrottung gerettet werden. Die Nachzucht allerdings hat nur dann Aussicht auf Erfolg, wenn den Tieren nach ihrer Auswilderung eine Umwelt zur Verfügung steht, in der sie artgemäße Nahrung und Unterschlupf finden. Grund für ihr Aussterben war ja das Fehlen solcher Rückzugsgebiete.

1995 entstand – auch aus diesem Grund – der **Black River Gorges National Park** im Südwesten der Insel. Er wurde in drei Zonen unterschiedlichen Schutzes und unterschiedlicher Nutzungsbestimmung unterteilt. Es gibt *Reserved Zones*, Gebiete, in denen keinerlei äußerer Einfluß die natürliche Entwicklung beeinflussen darf. Hier soll sich, völlig frei von menschlicher Einwirkung, ein neues Gleichgewicht der Natur einstellen. Die zweite Gruppe bilden *Nature Zones*, Gebiete, die sehr empfindlich sind und daher nur sehr geringfügig genutzt werden dürfen. Schließlich umfaßt der Park auch *Recreation Zones*, die der Erholung der Menschen und dem Studium der Natur dienen. (Einige der ausgeschilderten Wanderwege sind in diesem Buch beschrieben, s. S. 160 f.)

Der Mauritius Wildlife Appeal Fund (s. S. 255) hat die bei Mahébourg vor der Küste gelegene **Ile aux Aigrettes** gepachtet und bemüht sich intensiv darum, sie durch Renaturierung komplett in ihren Urzustand zurückzuführen. Interessierte Gruppen können sich an diese Organisation wenden, die auf besonderen Wunsch geführte Wanderungen arrangiert. Aus nichtoffizieller Quelle ist zu hören, daß man daran denkt, die Insel in einigen Jahren durch ein kleines Hotel ökologisch interessierten Touristen zugänglich zu machen.

Ein wichtiges Naturschutzgebiet ist die **Ile Ronde**, denn sie stellt das größte geschlossene Landgebiet der Maskarenen dar, auf dem niemals aus Übersee eingeführte Säugetiere lebten. Dadurch konnte sich die Vegetation erhalten, die früher auch weite Teile des trockenen Nordwestens von Mauritius bedeckte. Dies hat als Folge wiederum endemischen Tierarten den Lebensraum erhalten, der auf der Hauptinsel längst vernichtet ist.

Die Mündungsbucht des Rivière du Citron, wegen der früher zu Hunderten zur Eiablage an Land aufgetauchten Meeresschildkröten **Baie aux Tortues** genannt, soll der erste Meeresnationalpark von Mauritius werden. Sie ist die einzige Bucht, in welcher die Unterwasserfauna noch zu 90 % unberührt und ursprünglich ist, aber durch Wassersportaktivitäten des Hotels ›Maritim‹ – und in Kürze wahrscheinlich auch solche der noch im Bau befindlichen Hotels ›Hyatt Regency‹ und ›Oberoi‹ – gefährdet ist. Der geplante Schutz soll als Kernpunkt das Verbot motorisierten Wassersports und das Verbot Anker zu werfen enthalten. Um die Bucht dennoch für Segeljachten attraktiv zu halten, sollen Bojen angebracht werden, an denen die Jachten festmachen können.

ritius in einen Blütengarten. Das dunkle Violett der Goyave Royale und das helle Rosa des Jacarandabaumes setzen Akzente in dem Blütenmeer, das Straßen und Felder überzieht.

Filao

Wie die Kokospalme ist der Filao in der Lage, im leicht salzigen Sand an den Küsten Wurzeln zu schlagen. Sein Holz dient als Brennholz. Die Filaos wurden aus Australien eingeführt und sind bei uns unter dem Namen Kasuarinen bekannt. Äußerlich ähneln sie der europäischen Kiefer, allerdings sind ihre ›Nadeln‹ länger und dünner. In Wirklichkeit handelt es sich aber nicht um Nadeln, sondern um Verlängerungen der Zweige, die wie bei Schachtelhalmen ineinander gesteckt sind.

Flaschenpalmen – auf der Ile Ronde endemisch, doch jetzt vielfach auf Mauritius angepflanzt

In den vergangenen Jahrzehnten hat sich herausgestellt, wie ungünstig sich die frühe Abholzung der ursprünglichen Vegetation ausgewirkt hat. Das ökologische Gleichgewicht auf der Insel wurde dadurch zerstört, und es konnte noch nicht wiederhergestellt werden. Die kräftigen, langsam wachsenden Edelhölzer, wie Mahagoni, Teak und Ebenholz, boten den kleineren und schwächeren Pflanzen Schutz vor der Gewalt der Zyklone, die das Land regelmäßig im Januar und Februar heimsuchen. Den Hartholzgewächsen konnten die Stürme und Regengüsse nichts anhaben; sie brachen deren Wucht, so daß auch leichtere und niedrigere Gewächse erhalten blieben. Heute sind die Bemühungen um Wiederaufforstung mit solchen Hölzern vergebens, da die jungen, noch nicht fest verwurzelten Pflanzen regelmäßig von Zyklonen geknickt werden. Nur die weichen und elastischen Filaos und auch das niedrige Zuckerrohr, das ebenfalls nachgiebig ist, sind den Stürmen gewachsen. Junge Harthölzer aber überleben sie nur selten.

Man versucht nun, große Filaowälder zu pflanzen, um dann in ihrem Schutz wieder Harthölzer großziehen zu können. Ob dieses Vorhaben gelingt, ist jedoch noch nicht abzusehen.

Banyan-Baum

Selbst einige der majestätischen Banyan-Bäume wurden von den letzten Zyklonen arg zerzaust. Ein eindrucksvolles Exemplar steht gleich gegenüber dem Museum in Port Louis im Company Garden. Die Fortpflanzung des Banyan-Baumes ist besonders interessant. Seine Samen werden von Vögeln gefressen, die in seinen Höhlen und Gängen Unterschlupf finden. Sie tragen die Samen weg und scheiden sie im Flug aus. Fällt der Samen auf eine Pflanze, so beginnt er, sich von dieser Pflanze zu ernähren. Er wächst mit seinem Wirt zusammen und beginnt dann, seine Luftwurzeln zur Erde zu schicken. Diese Wurzeln umwachsen alle Hindernisse, die sich ihnen entgegenstellen. Sind sie einmal im Boden verwurzelt, werden sie schnell dikker und stärker und bilden einen selbständigen Stamm, der so mächtig wird, daß er die Pflanzen, die er umschlungen hat, bald erdrückt. Mehr und mehr Luftwurzeln verwandeln sich zu neuen Stämmen, bis diese so dick werden, daß sie zusammenstoßen und dann einen neuen gewaltigen Stamm bilden. Auf Mauritius findet man Banyan-Bäume, deren eigentlicher Stamm einen Umfang von mehreren Metern hat. Wiederum zu neuen Stämmen zusammengewachsene Luftwurzeln umgeben diesen Hauptstamm, und man kann durch den Baum wie durch ein Portal hindurchgehen.

Baum der Reisenden (Ravinala)

Ihren Namen bekam diese Pflanze bereits in ihrer Heimat Madagaskar, wo sie weit verbreitet ist. Heute findet man sie in vielen tropischen Ländern, unter anderem auch an den südwestlichen Berghängen von Mauritius. Sie wird mehr als 10 m hoch und entfaltet etwa auf der Hälfte dieser Höhe breite, lange Blätter, die wie ein Fächer aufgespalten sind und halbkreisförmig das Ende des Stammes krönen.

Ihre für den Menschen wichtigste Eigenschaft ist, daß sie in den Blattscheiden über lange Zeit sauberes Regenwasser speichern kann. Man braucht nur ein paar Löcher in die gewaltigen Blattansätze zu stechen, und es kommt ein Strahl frischen, klaren Wassers heraus. Reisende im riesigen Madagaskar hatten auf diese Art und Weise immer wieder die Möglichkeit, ihre Wasservor-

Bushaltestelle im Stamm eines Banyan-Baumes

räte aufzufrischen, auch wenn es keinen Bach und keinen Regen gab.

Der Gattung nach gehört die Pflanze, von der es zwei Arten gibt, zu den Bananengewächsen. Die wesentlich kleinere Art stammt aus der Karibik, und ihr Stamm bleibt grün wie der der Bananenstaude. Der aus Madagaskar stammende Baum der Reisenden ist höher und hat einen bräunlich gefärbten, leicht verholzten Stamm. Aus der Verwandtschaft zwischen dem in der Karibik heimischen und dem in Madagaskar beheimateten Baum der Reisenden schließen Botaniker unter anderem auf die Richtigkeit der Theorie vom großen Urkontinent Gondwanaland, der auseinanderbrach und aus dem sich die heutigen Kontinente entwickelten.

Die Ravinala, wie der Baum in Madagaskar auch heißt, war aber auf Mauritius nicht heimisch; angeblich ist die Pflanze von einer Königin aus Madagaskar herübergebracht worden. Um 1750 hatte die Französisch-Ostindische Gesellschaft von der madagassischen Königin Betty, deren Stamm – die Betsimisaraka – an der Ostküste Madagaskars lebte, die Erlaubnis erhalten, eine Niederlassung und einen Hafen auf der Insel Ste. Marie zu errichten. In kolonialistischer Gewohnheit glaubte der französische Kommandant des Hafens aber schon bald, nicht Gast, sondern Herr der Insel zu sein. Bereits wenige Jahre nachdem die neue französische Ansiedlung entstanden war, wurden die Franzosen von den Betsimisaraka daher vertrieben oder ermordet. Die Franzosen reagierten sofort und entsandten von Mauritius aus eine Strafexpedition. Königin Betty wurde gefangengenommen und nach Mauritius gebracht. Der Gerechtigkeit halber muß gesagt werden, daß man nach einem langandauernden Prozeß gegen die Königin herausfand, daß

Baum der Reisenden (Ravinala)

diese keine Schuld an dem Massaker getragen hatte; man ließ sie nach Madagaskar zurückkehren. Die Geschichte besagt nun, daß die Königin als Andenken an ihre Heimat und als Wahrzeichen einen Baum der Reisenden nach Mauritius mitgebracht hatte. Die günstigen klimatischen Bedingungen, vor allem auf den südlichen, regenreichen Abhängen der Insel, bewirkten, daß der Baum sich schnell verbreitete.

Kokospalme

Auf Mauritius hat die Kokospalme nicht die wirtschaftliche Bedeutung, die sie in vielen anderen tropischen Ländern besitzt. Nur vereinzelt wird sie systematisch angepflanzt, um Gewinn aus den vielfältigen Verwendungsmöglichkeiten dieses interessanten Baumes zu ziehen. Man versucht heute, wieder mehr Kokospalmen anzusiedeln, da sie nicht nur äußerst nützlich, sondern obendrein sehr dekorativ sind. Was wären tropischer weißer Strand und türkisgrünes Meer ohne die majestätischen Kokospalmen? Europäische Touristen sind oft versucht zu glauben, Kokospalmen wüchsen wild und die Früchte gehörten jedermann. In Wirklichkeit sind die Palmen aber in Privatbesitz und dienen dem Broterwerb einer Familie. Daher sollte man heruntergefallene Früchte nicht einfach einsammeln oder gar auf die Palme hinaufsteigen und Nüsse abbrechen.

Um eine Vorstellung zu bekommen, welche Bedeutung die Palmen für die Einheimischen haben, muß man wissen, daß nahezu nichts von dieser Pflanze ungenutzt bleibt.

Der **Stamm** einer gefällten Kokospalme wird zu vielerlei Zwecken genutzt. Er kann als zentrale Stütze für Dächer von Häusern dienen, zu Zäunen verarbeitet werden, als Brücke über kleine Flüsse gelegt, als Stößel für die Zuckerrohrmühlen benutzt werden. Aus mehreren nebeneinander plazierten, besonders geraden Palmstämmen fertigt man Rollstege, um Pirogen aus dem Wasser an Land zu ziehen. Aus dem Holz geschälter Stämme werden Fußböden, Wände und Dachbalken hergestellt. Das Holz ist sogar geeignet, um daraus Tische und Stühle herzustellen.

Aus dem grünen, zarten Teil des Stammes, der knapp unterhalb des Blattansatzes liegt, dem sogenannten **Herz der Palme,** kann man einen sehr schmackhaften Salat bereiten. Da das Herz einer Palme nur ausreicht, um Salat für eine größere Familie zuzubereiten, heißt dieser Salat auch Millionärssalat.

Aus den **getrockneten Blättern** der Kokospalme stellt man Dächer und Überdachungen für Veranden her. In früheren Zeiten dienten sie sogar als Segel für die Pirogen. Aus den noch grünen Blättern werden die *salles vertes* gebaut. Das sind offene Säle, die lediglich von einem Geflecht aus Palmblättern umgeben sind. In ihnen werden Hochzeitsfeiern oder andere Familienfeste abgehalten. Wer möchte bei diesem Klima schon in einem geschlossenen Raum feiern?

Wenn man ein Palmblatt längs in schmale Streifen reißt, kann man aus diesen dünne Geflechte herstellen, die wiederum als Ausgangsmaterial für Körbe, Hüte und ähnliches dienen.

Aus der äußerst zähen **mittleren Rippe der Kokosblätter** wurden früher sogar Pfeil und Bogen hergestellt! Zu dicken Bündeln zusammengebundene Rippen dienen als Besen oder als Fallen, mit denen man Krebse fängt. Hatte man beim Angeln Glück und möchte den Fisch am Strand grillen, so nimmt man die Rippe eines Palmblattes und spießt den Fisch darauf auf. Die Rippe ist so fest, daß sie, schräg in den Sand gesteckt, stehenbleibt und man den Fisch am offenen Feuer garen kann.

Aus unreifen **jungen Kokosnüssen** wird Medizin hergestellt. Das gekochte Innere gilt als sicheres Mittel gegen Durchfall. Man gewinnt aus der jungen Nuß die vitamin- und nährstoffreiche Kokosmilch, die man mit Whisky, Wodka, Gin oder einheimischem Rum zu exotischen Getränken mischt. Auf die Haut gerieben, soll sie hervorragend gegen Sonnenbrand wirken. Eine junge Kokosnuß, die kurz vor der Reife steht, birgt im Inneren ein weißes Gelee, das hervorragend schmeckt. Mit etwas Cointreau und Zucker angereichert, ergibt es einen delikaten Nachtisch.

Reife Kokosnüsse, die von selbst vom Baum gefallen sind, umschließt eine dicke braune **Hülle.** Auch diese erfüllt viele nützliche Zwecke. Über frei an der Oberfläche liegende Wurzeln von Palmen gelegt, dient sie z. B. als Dünger. Sie stellt auch einen besonders wertvollen Brennstoff dar, da sie große Hitze entwickelt und sehr langsam brennt. Auf den benachbarten Seychellen, wo die Kokospalme in großen Plantagen syste-

Obstsalat ist ein unvergeßlicher Genuß! Reife Bananen, in Kokosmilch gekocht, werden Hühnercurries beigemischt oder mit Rum zu einem fantastischen Drink verwandelt. Ein ganz hervorragendes Öl entsteht, wenn die ausgepreßte Kokosmilch so lange gekocht wird, bis alles Wasser verdunstet ist. Im Topf

Fruchtstand einer Kokospalme

matisch angebaut wird, gewinnt man sogar in eigens dafür errichteten Brennöfen elektrische Energie.

Eine einzige Kokosnuß hat einen Proteinwert, der etwa dem eines Viertelpfundes frischen Fleisches entspricht. Außerdem ist sie reich an Vitaminen und anderen Nährstoffen. Allerdings ist dieses Fruchtfleisch schwer verdaulich und kann nicht in großen Mengen gegessen werden. Daher bereitet man daraus Snacks zu, die die Mahlzeiten bereichern. Das Fruchtfleisch wird beispielsweise gerieben und mit Zucker gekocht. So entsteht eine wohlschmeckende Süßspeise. Eine besondere Delikatesse, die Kokossahne, erhält man, wenn man das Kokosfleisch raspelt, anschließend auspreßt und die Flüssigkeit auffängt. Ein mit dieser Sahne übergossener

bleibt dann lediglich das Öl übrig, am Topfboden klebt ein dickflüssiger, süßer Rest. Diese geleeartige Masse ißt man wie Marmelade als Brotaufstrich.

Wenn eine vom Baum gefallene Kokosnuß einige Monate liegengeblieben ist, hat sich in ihrem Inneren ein **Keim** – etwa von der Größe eines Tischtennisballs – entwickelt. Dieser wird roh gegessen und schmeckt wie ein schaumig zubereiteter Kokoskuchen.

Aus den **Wurzeln** der Kokospalme stellen pflanzenkundige Heiler verschiedene Medikamente her, die sehr wirksam sein sollen. Außerdem dient die Wurzel als Brennmaterial und die Asche wiederum als hochwirksames Düngemittel im Garten.

Schneidet man einige frische Triebe der Kokospalme ab, bündelt sie und hängt ein Gefäß darunter, so tropfen pro Tag etwa ein bis zwei Liter einer wässrigen weißen Flüssigkeit heraus. Im Laufe des Tages beginnt diese Flüssigkeit zu gären und kann schon am selben Abend als leicht berauschendes Getränk, **Kokoswein**, getrunken werden. Läßt man es einen weiteren Tag oder gar zwei stehen, so nimmt der Alkoholgehalt drastisch zu.

Andere Palmenarten

Nachdem die ursprüngliche Vegetation abgeholzt worden war, hat man auf Mauritius nahezu sämtliche Palmenarten dieser Erde eingeführt. Überall auf der Insel findet man vereinzelte Exemplare; in dem großartigen Botanischen Garten von Pamplemousses sind alle versammelt. Als Beispiel seien hier zwei Gattungen genannt:

Latanier-Palme

Mehrere verschiedene Palmenarten, die einander stark ähneln, tragen diesen Namen. Der **Tausendfüßler-Latanier** ist eine mittelgroße Palme von höchstens 15 m Höhe mit langen, schönen Blättern und langen Ästen, an denen gelbe Blüten und rote Früchte hängen. Der **Latanier Hauban** ist die niedrigste der Latanier-Palmen und wird höchstens 8–9 m hoch. Kleine weiße Blüten und rote Früchte trägt der **Latanier Feuille**. Seine Blätter werden auch als Dachabdeckung benutzt. Schließlich findet man gelegentlich den bis zu 30 m hohen **Latanier Latte** mit seinen breiten, dunkelgrünen Blättern und seinen Bündeln von weißen Blüten und großen roten Früchten (s. Abb. S. 206).

Raffia-Palme

Die Raffia wurde aus Madagaskar und Ostafrika eingeführt. Am besten gedeiht sie in den feuchten Küstengebieten, wo Bäche ins Meer münden. Der Stamm wird bis zu 8 m hoch, und aus seinem oberen Ende ragen riesige, bis zu 2 m lange, fiedrige Blätter heraus. Die Palme braucht viele Jahre, um sich bis zu ihrer vollen Größe zu entfalten, erst dann blüht sie ein einziges Mal, bevor sie abstirbt. Die riesigen Blätter dieser Palme werden, wie die Blätter der Kokospalme, zu Rohmaterial für Seile, Matten und Körbe verarbeitet.

Gewürzpflanzen

Einen Teil seines früheren Reichtums verdankte Mauritius dem Export von Zucker, aber auch von Setzlingen von Gewürzpflanzen. Die Insel war lange Zeit Zwischenstation der Segelschiffe, die aus Indien und Indonesien Gewürze nach Europa transportierten. Man pflanzte die Gewürze dann auch in Mauritius selbst an, zog Setzlinge, die für große Plantagen in Madagaskar, auf Sansibar und den Komoren genutzt wurden. So findet man gelegentlich noch Zimtbäume, Gewürznelken und Patschuli, die jedoch nicht mehr kommerziell angebaut werden.

Tropische Früchte

Auf den Frühstücksbuffets und in den Hotelbars auf Mauritius steht immer eine Schale mit allen tropischen Früchten, die man sich denken kann. Auch diese waren auf der Insel nicht heimisch, wurden aber im Laufe der Jahrhunderte aus aller Welt eingeführt.

Banane

Etwa 125 verschiedene Bananen-Sorten gibt es auf der ganzen Welt. Manche Exemplare haben die Größe einer Salatgurke, müssen gebraten werden, um genießbar zu sein, und haben einen kartoffelähnlichen Geschmack. Andere sind winzig klein, besonders süß und aromatisch. Eine große Zahl dieser verschiedensten Bananen-Sorten wächst auch auf Mauritius. Eine von ihnen, die *Gabou de Maurice*, verdankt ihren Namen sogar der Insel. Als die besten – weil süßesten und aromatischsten – gelten die *Mignonne* und die *Tahiti*. Auf dem großen Markt in Port Louis wird eine reiche Auswahl der verschiedenen Sorten angeboten. Dort kann man feststellen, daß Bananen, ebenso wie unsere Äpfel, die verschiedensten Farben und auch die unterschiedlichsten Geschmacksrichtungen haben können.

Brotfrucht

Der Brotfruchtbaum wird über 20 m hoch, und der dicke Stamm trägt eine ausladende Krone. Wunderschön wirkt er durch sein volles Laub und die prachtvollen Blüten. Wenn man die harte gelbe Schale der dicken, runden Frucht entfernt, erscheint ein gelblich-weißes Fruchtfleisch, das, roh genossen, unangenehm schmeckt. Man kann daraus jedoch ein hervorragendes Curry zubereiten, es in Fett ausbraten oder kochen. Häufig werden aus der Brotfrucht hergestellte Chips zum Aperitif oder als kleiner Snack gereicht.

Jackfruit

Die Jackfruit ist eng verwandt mit der Brotfrucht. Der Baum hat einen 10 m hohen, geraden Stamm, aus dem unmittelbar die schweren, grünen, an ihrer Außenhaut merkwürdig genoppten Früchte wachsen, die bis zu 20 kg wiegen können. Wenn man die Außenhaut öffnet, schlägt einem ein unangenehm intensiver Geruch entgegen – nicht gerade ein Anreiz, die Frucht zu probieren. Überwindet man den Widerwillen jedoch und nimmt eine der Fasern heraus, so wird man feststellen, daß sie hervorragend schmecken. Im Inneren einer jeden Faser befindet sich ein haselnußgroßer schwarzer Kern, der geröstet auch geschmacklich an die Haselnuß erinnert.

Golden Apple

Diese Frucht wurde von Tahiti eingeführt. Sie ist grün, hat eine apfelartige Form und kann roh gegessen werden. Häufiger jedoch bereitet man aus dem Golden Apple einen Salat, indem man ihn fein reibt und mit Essig und Öl anmacht.

Mango

Mango-Bäume gehören zu den majestätischsten Baumarten. Über einem starken, etwa 10 m hohen Stamm breitet sich eine riesige dunkelgrüne Blattkrone aus, die kein Sonnenlicht durchläßt. Die immer im Schatten liegende Fläche rund um den Stamm des Mango-Baumes ist daher ideal für ein Picknick. Zur Zeit der Reife – normalerweise im europäischen Winter – trägt der Baum Tausende von etwa 10 cm langen, ovalen Früchten. Die Haut leuchtet – je nach Art – in Grün-, Gelb- oder Rottönen, das Fruchtfleisch ist meist leuchtend gelb. Wer zum ersten Mal eine Mango probiert, wird begeistert sein, denn ihr Geschmack ist ungewöhnlich, sie ist saftig und äußerst erfrischend. Auch von dieser Frucht gibt es sehr viele verschiedene Sorten, die sich im Aussehen und vor allem im Geschmack stark voneinander unterscheiden. Zu den beliebtesten zählen *Maison Rouge* und *Peroche*, die beide zu den kleineren Exemplaren gehören. Die Einheimischen lassen die Frucht meistens nicht ausreifen, sondern ernten sie im grünen Zustand und bereiten sie kleingeschnitten als Salat zu. Häufig sieht man Kinder, wie sie unreife Mangos von den Bäumen holen und sie dann mit Salz bestreut essen. Versuchen Sie es auch einmal!

Papaya

Die Papaya ist ein kleiner, schlanker Baum, an dessen oberem Ende sich fächerartig ein Dach dünner, großer Blätter ausbreitet. Unter diesem Blätterdach wachsen direkt am Stamm schwere Früchte, die bis zu 30 cm lang werden. Ihre Haut ist hellgelb, ihr Fruchtfleisch weich und süß. In vielen Hotels und Restaurants werden Papayas zum Frühstück gereicht.

Ananas

Diese Frucht braucht wohl nicht beschrieben zu werden, ist sie doch auch in Europa Bestandteil des Speisezettels. Häufig nicht bekannt ist aber, daß sie aus einer kleinen Staude herauswächst, die nur etwa einen halben Meter hoch wird. Zunächst sprießen harte, dunkelgrüne Blätter aus der Erde hervor, aus deren Mitte dann ein kleiner Stamm wächst. An dessen oberem Ende ent-

Blick über Ananasfelder auf die Berge um Port Louis (links der Pieter Both)

steht eine Knospe, die sich zu der großen, schweren Frucht entwickelt.

Zuckerrohr

Etwa 50 % der Gesamtoberfläche von
Mauritius sind mit Zuckerrohr bedeckt.
Man hatte zunächst mit dem Anbau von
Kaffee und Baumwolle experimentiert,
doch wurden diese Plantagen immer
wieder von Zyklonen zerstört. Die Pflanzen waren zu empfindlich und wurden
zu schnell entwurzelt. Das Zuckerrohr jedoch biegt sich im Wind und ist ela-
stisch genug, um sich nach dem Sturm
wieder aufzurichten.

1812 produzierte man nicht mehr als
400 t Zucker pro Jahr, was in etwa dem
einheimischen Verbrauch entsprach.
Schon wenige Jahre später war die Produktion auf 2500 t erweitert worden.
1825 beschloß die britische Regierung,
die Zuckerproduktion auf Mauritius zu
fördern und einen besseren Preis zu bezahlen, der in etwa dem entsprach, was
man für den Zucker von den Karibischen
Inseln bot. In den folgenden eineinhalb
Jahrzehnten stieg die Zuckerproduktion
sprunghaft an, und man gewann bald
35 000 t pro Jahr. 1850 erreichte man
erstmals die 100 000-t-Marke. Um die
Wende zum 20. Jh. war man bei 160 000 t
angelangt. Heute produziert Mauritius
etwa 600 000 t pro Jahr, wovon der
größte Teil exportiert wird; der Reichtum der Insel hängt fast ausschließlich
vom Zuckerpreis auf dem Weltmarkt ab.
Das Nebenprodukt Melasse wird als Fut-
ter und zur Alkohol- und Rumproduktion
genutzt. Letztere liegt bei über 1 Mio. l
pro Jahr, die auch auf Mauritius verbraucht werden. Qualitativ reicht der
Rum aber nicht an den aus dem Karibischen Raum heran.

Es waren die Holländer, die schon
1639 die ersten Zuckerpflanzen aus Ba-

Zuckerrohrernte

tavia, dem heutigen Jakarta, nach Mauritius brachten. Sie bauten auch die beiden ersten Raffinerien, eine bei Grand
Port und die andere beim Ort Poste de
Flacq. Damals glich das Endprodukt
aber bei weitem noch nicht dem, was
wir heute im Laden als Zucker kaufen
können. Es wurde lediglich ein grobes
Rohmaterial hergestellt, das hauptsächlich fermentiert und dann zu Arrak –
einer Primitivform des Rums – umgewandelt und als Proviant an vorbeikommende Segelschiffe verkauft wurde.
1696 wurde erstmalig echter Zucker hergestellt.

Die ersten großen Zuckerplantagen
wurden von dem Gouverneur Mahé de
Labourdonnais angelegt. Um 1850
waren aus den zwei Raffinerien bereits
150 (!) geworden, die Zucker für den Export herstellten. Schon damals bedeckte
Zuckerrohr nahezu die gesamte bebau-

bare Fläche der Insel. Die Technisierung und die Anwendung von Guano von den Seychellen und aus Peru als Düngemittel machten eine erhebliche Ausweitung der Produktion möglich. Um 1800 brachte der Hektar etwa 800 kg Zucker hervor, 1920 waren es bereits 4000 kg, und heute werden etwa 10 000 kg pro Hektar produziert.

Die Erntezeit für Zuckerrohr liegt zwischen Juli und Dezember. Das mehrere Meter hoch gewachsene Rohr wird geschlagen, in die Fabrik gebracht und dort in riesigen Mühlen gemahlen. Anschließend kommt es in Kochanlagen, wo man einen braunen Saft gewinnt, der eingekocht wird. In riesigen Zentrifugen wird der kristallisierte Zucker von dem flüssigen Anteil getrennt. Auf diese Weise gelingt es der mauritianischen Zuckerindustrie, bis zu 90 % der im Zuckerrohr enthaltenen Saccharose herauszufiltern. Damit gehört sie zu den effizientesten auf der ganzen Welt.

Tierwelt

Überall, wo Wälder abgeholzt werden – seien es die Dschungel Südamerikas oder Asiens, seien es die Mischwälder in Deutschland –, leidet darunter die Tierwelt. Auch auf Mauritius ging der Lebensraum für die ursprüngliche Fauna verloren. Viele Arten starben aus und wurden durch andere Tiere ›ersetzt‹, die von Holländern, Portugiesen, Franzosen und Engländern ausgesetzt wurden.

Dronte (Dodo)

Die Dronte – volkstümlich Dodo genannt – ist zum Wahrzeichen von Mauritius geworden, obwohl es dieses merkwürdige Tier schon seit Jahrhunderten nicht mehr gibt. Sie ist das bekannteste und am häufigsten beschriebene aller ausgestorbenen Tiere der Erde. Wie ein zu fett geratenes Huhn sah sie wohl aus, mit einem riesigen Schnabel und fröhlich dreinschauenden Augen. Fotografien gibt es nicht, und man kann nicht sicher sein, ob die Darstellungen, die wir heute kennen, wirklichkeitsgetreu sind.

Anhand von Zeichnungen alter Seefahrer hat das Museum in Port Louis ein Exemplar rekonstruiert. Die Dronte war größer als ein Schwan, hatte einen großen, krummen Schnabel, der Ansatz der Federn lag erst hinter den Augen – auf den ersten Blick wirkt das wie die Karikatur eines menschlichen Gesichtes. Angeblich soll sie ausgewachsen 20–25 kg gewogen haben. Sie hatte Verwandte auf Réunion und auf Rodrigues (Solitaire), die alle die Flugfähigkeit verloren hatten. Millionen Jahre hatte dieses Tier auf einer Insel gelebt, auf der es keine Landbewohner gab, die ihm hätten gefährlich werden können. Wozu also fliegen? So reduzierten sich die einstigen Flügel im Lauf der Zeit zu ungeschickt wirkenden kleinen Federbüscheln, und vom Schwanz blieben nur kleine Quasten übrig. Das Tier war schon äußerlich als fauler Bewohner einer bequemen und ungefährlichen Insel zu identifizieren.

Erst die Veränderungen in der Natur durch die Seefahrer aus Europa brachten Feinde auf die Inseln – Feinde, auf die die Dronte nicht eingestellt war. Sie hatte niemals gelernt, vor irgend jemandem oder irgend etwas die Flucht zu ergreifen oder sich zu verstecken. Da auch den Eiern und den jungen Vögeln von niemandem Gefahr drohte, legte die Dronte pro Jahr nur ein Ei und brütete es in einem Nest auf dem Erdboden aus. Ihre ersten Feinde waren die Ratten, die schon im 16. Jh. von den portugiesischen Schiffen an Land kamen. Von den

*Rekonstruktion einer Dronte im Natur-
kundlichen Museum in Port Louis*

Inselausflügen so viele Dronten wie
möglich erschlugen. 1681 berichtete der
Engländer Benjamin Harry zum letzten
Mal von einem Dodo auf Mauritius.

Ein wenig länger überlebte die Verwandte von Réunion, die Weiße Dronte,
von der erstmals 1613 berichtet wurde.
Die letzte bekannte Schilderung eines
Vogels dieser Art stammt von François
Leguat de la Fougère, der einige Jahre
auf Rodrigues gelebt hatte:

»Der Federschmuck der Hähne ist gräu-
lich und braun, die Füße gleichen denen
des Truthahns, und das gleiche gilt auch
für den Schnabel, der jedoch etwas
mehr gebogen ist. Sie haben fast keinen
Schwanz, und ihr mit Federn bedecktes
Hinterteil ist gerundet wie die Lende
eines Pferdes. Sie sind von höherem
Wuchs als Truthähne und haben einen
geraden Hals, der in den Proportionen
etwas länger ist als bei diesem Vogel,
wenn er den Kopf hochhebt. Das Auge
ist schwarz und lebhaft, und auf dem
Kopf befinden sich weder ein Kamm
noch eine Quaste. Sie fliegen nie, ihre
Schwingen sind zu kurz, um das Körper-
gewicht zu tragen. Sie gebrauchen diese
nur, um damit zu schlagen und zu quir-
len, wenn sie sich bemerkbar machen
wollen. Innerhalb von vier bis fünf Minuten führen sie schnell und ohne Unter-
brechung zwanzig oder dreißig Drehun-
gen nach derselben Seite aus; ihre Flü-
gelbewegungen erzeugen dabei einen
Ton, der im hohen Grade dem Ruf eines
Turmfalken gleicht; und man hört ihn
über eine Entfernung von mehr als zweihundert Schritten.

In den Wäldern sind diese Vögel sehr
schwer zu fangen. Aber im offenen Gelände sind sie nicht schwer einzuholen.
Zuweilen kann man sich ihnen sehr
leicht nähern. Von März bis September
sind sie äußerst fett, und ihr Geschmack

Holländern wird berichtet, daß sie erstmals 1528 Ziegen und Schweine auf
Mauritius aussetzten. Diese verwilder-
ten schon bald und ernährten sich von
jungen Dronten und den noch nicht aus-
gebrüteten Eiern. Wenig später brachten die Holländer aus Indonesien Affen
mit, die noch heute in den Wäldern von
Mauritius leben. Auch ihnen schmeck-
ten natürlich die großen Eier hervorragend. Die holländischen Seefahrer wußten die Dronte als Abwechslung zum Pö-
kelfleisch zu schätzen, doch schrieb der
Vizeadmiral Wijbrandt van Warwijk, daß
das Fleisch bei langem Kochen immer
zäher und immer weniger schmackhaft
werde. Trotzdem nahmen die Seefahrer
neben Schildkröten, Schweinen und Ziegen von Mauritius immer auch Dodos
mit an Bord, um den Speisezettel auf der
Weiterfahrt nach Indien und Indonesien
interessanter zu gestalten. Außerdem
heißt es, daß Seeleute nur zum Spaß bei

ist ausgezeichnet, besonders, wenn sie jung sind. Man findet Hähne, die bis zu 45 Pfund wiegen. Die Henne ist wunderschön, und es gibt sowohl blonde als auch dunkle. Ich nenne sie blond, weil sie von gleicher Farbe sind wie blondes Haar. Sie haben so etwas wie ein Band über dem Schnabel, das von rotbrauner Farbe ist. Keine Feder ragt an ihrem ganzen Körper aus der anderen heraus, da sie ein starkes Bedürfnis empfinden, sie zurechtzulegen und sich mit dem Schnabel zu putzen. Die Lendenfedern sind an der Spitze abgerundet; und da sie an dieser Stelle sehr üppig wachsen, macht dies einen hübschen Eindruck. An ihrem Kopf befinden sich zwei Erhöhungen, die von einem weißeren Federkleid bedeckt sind als der Rest und die an eine schöne Frauenbrust erinnern. Sie haben einen so stolzen und zugleich graziösen Gang, daß man sie bewundern und lieben muß, und ihr schönes Aussehen hat ihnen oft das Leben gerettet. Obwohl sich diese Vögel einem mitunter sehr vertraut nähern, wenn man ihnen nicht nachläuft, kann man sie jedoch niemals zähmen: sobald man sie gefangen hat, vergießen sie Tränen, ohne laut zu weinen; und sie verweigern hartnäckig jegliche Nahrung, bis sie sterben. Stets findet man in ihrem Muskelmagen und auch in dem der Hähne einen braunen Stein von der Größe eines Hühnereis. Dieser ist etwas rauh, flach an der einen und rundlich an der anderen Seite, dazu sehr schwer und sehr hart. Wir haben daraus geschlossen, daß dieser Stein mit ihnen geboren wird; denn wenn sie auch noch so jung sind, so haben sie ihn doch stets und nie mehr als nur einen einzigen. Außerdem ist der Kanal, der vom Kopf zum Muskelmagen verläuft, allzu eng, als daß er einen nur halb so großen Klumpen hindurch lassen könnte. Wir zogen diese Steine allen anderen vor, wenn wir unsere Messer schärfen wollten. Wollen diese Vögel ein Nest bauen, dann suchen sie sich hierfür eine gerade Stelle aus und erhöhen das Nest durch eine Unterlage von Palmwedeln, die sie zu diesem Zweck zusammengetragen haben, um anderthalb Fuß über dem Erdboden. Sie legen nur ein Ei, das viel größer ist als ein Gänseei. Der Hahn und die Henne wechseln sich beim Brüten ab, das Ei ist erst nach sieben Wochen ausgebrütet. Während der ganzen Zeit, die sie brüten oder ihr Junges aufziehen, das sich erst nach mehreren Monaten selbst versorgen kann, darf sich keine andere Henne in einem Umkreis von zweihundert Schritten vom Nest sehen lassen. Und was ganz eigentümlich ist: Der Hahn verjagt niemals Hennen. Erblickt er eine solche, dann macht er nur den üblichen Lärm, indem er mit den Flügeln quirlt, um seine Henne herbeizurufen, die sofort erscheint und die fremde Henne jagt. Sie läßt sie nicht eher in Ruhe, als bis sich diese über die entsprechende Grenze entfernt hat. Entdeckt die Henne einen Eindringling, so macht sie es ebenso und läßt ihn von ihrem Hahn vertreiben. Dies ist eine Besonderheit, die wir recht oft beobachtet haben, und ich spreche mich darüber mit Sicherheit aus. Die Kämpfe dauern mitunter ziemlich lange, wenn der Fremdling während der Flucht Umgehungsbewegungen macht, ohne sich direkt vom Nest zu entfernen. Die anderen lassen ihn jedoch nicht eher in Ruhe, als bis sie ihn vertrieben haben.«

Von diesem ›Einsiedler von Rodrigues‹ hat man noch eine ganze Menge von Skelettteilen auffinden können. Rekonstruktionen befinden sich in verschiedenen naturkundlichen Museen Europas und Amerikas. Aber auch aus der alten Beschreibung läßt sich erkennen, daß der Vogel zwar viele Ähnlichkeiten mit der Dronte von Mauritius hatte, sich jedoch in Einzelheiten wesentlich unterschied. So soll die Dronte häßlich und eher fett und lustig ausgesehen haben, während in dieser Beschreibung von einem Tier die Rede ist, dessen Schönheit ihm häufig das Leben rettete. Außerdem ist von einer hohen, schlanken Gestalt die Rede, während die Dronte so plump und rund war, daß der Bauch am Boden schleifte. Was es mit dem beschriebenen Stein im Magen des Vogels für eine Bewandtnis hatte, ist bis heute unbekannt. Allerdings fand man eine andere Beschreibung aus England, in der berichtet wurde, daß eine Dronte aus Mauritius in einem Botanischen Garten in England mit Vorliebe Kieselsteine fraß. Möglicherweise benötigte diese Vogelart harte Steine im Magen, um die Nahrung zu zerkleinern.

Wohin die Dronten in der Systematik gehören, wissen die Zoologen nicht mit Sicherheit. Man stritt sich lange Zeit darum, ob es sich um Hühner, Schwäne oder gar Strauße handle. Der krumme und scharfe Schnabel diente anderen Naturforschern als Beweis dafür, daß die Dronte ursprünglich zu den Greifvögeln, genauer zu den Geiern, gehört haben müsse. Darauf deutet auch hin, daß sie um den Schnabel und die Augen herum nahezu nackt war. Eine weitere Theorie, die besagte, die Dronte sei eine riesige Abart der Tauben, wurde inzwischen wieder fallengelassen. Die Unterschiede zwischen dem Skelett dieses Vogels und dem der Taube sind zu groß.

Andere Vögel

In den Regenwäldern von Mauritius lebte eine große Anzahl farbenprächtiger Vögel. Dazu gehörten verschiedene Papageienarten, die heute endgültig verschwunden sind. Sie starben aber nicht nur deshalb aus, weil sich ihre natürliche Umwelt verändert hat, sondern auch, weil die meisten von ihnen keinerlei Scheu vor Menschen kannten. Über Jahrmillionen hatten sie ein paradiesisches Leben ohne natürliche Feinde geführt. Als nun die ersten Menschen an Land gingen, kamen die Vögel in großen Scharen herbei. Ohne Scheu setzten sie sich auf der ausgestreckten Hand nieder, und die hungrigen Seefahrer brauchten die Hand nur zu schließen, um einen Braten zu bekommen. In alten Schriften ist von einem blaugrauen, kleinen Papagei die Rede, der den Namen Mauritius-Breitschnabelpapagei bekam. Er war so zahm und obendrein so wohlschmeckend, daß schon in der ersten Hälfte des 17. Jh. das letzte Exemplar verspeist war.

Statt der ausgerotteten Tiere wurden im Laufe der Jahrhunderte andere Vogelarten heimisch, die heute die Wälder

Webervogel beim Nestbau

bevölkern. Der ostasiatische Wachtelfrankolin, die Sperbertaube aus Südostasien, der Star aus Indien und der Fody aus Madagaskar – ein Webervogel – wurden wegen ihres schmackhaften Fleisches eingeführt. Heute werden sie nicht mehr gejagt und sind überall auf der Insel zu finden. In den Bergen lebt ein kleiner, brauner Falke mit dem französischen Namen *mangeur de poules* (›Hühnerfresser‹), der eben wegen seiner namengebenden Eigenschaft nur zu gern abgeschossen wird, sobald er in Sichtweite kommt. Man findet auch eine Schwalbenart, die nur auf Mauritius und Réunion vorkommt.

Reptilien

Bei Wanderungen durch Mauritius begegnet man gelegentlich kleinen Reptilien. Vor allem in den Zuckerrohrplantagen findet man Chamäleons und auf der Insel Ronde, im Norden von Mauritius, eine harmlose Schlangenart aus der Familie der Boas.

Geckos

Wenn man an den Wänden des Hotelzimmers bei Kerzenschein die leuchtendgrünen oder braunen Geckos sieht, braucht man nicht zu erschrecken. Es sind harmlose, saubere Tiere, die sich nicht nähern werden. Sie werden die ganze Nacht über an den Wänden und an der Decke nach Insekten jagen und einen auf diese Weise vor Mückenstichen schützen. Manchmal sitzen sie so still, daß man meinen könnte, sie seien zur Verzierung an der Wand angebracht worden. Sie können jedoch ungeheuer behende und schnell vorwärts springen, um ein Insekt zu schnappen. Senkrecht schießen sie die Wand hinauf und hinunter oder laufen gar mit dem Körper nach unten an der Decke des Zimmers

entlang. Sie bewegen sich dort ebenso sicher wie auf dem Fußboden. Lange Zeit wußte man nicht, wie sich die Geckos an ihrem Untergrund festhalten. Die Vermutung, sie hätten kleine Saugnäpfe an den Zehen, erwies sich als falsch; man fand heraus, daß sie an den Füßen mikroskopisch kleine Haare besitzen, mit denen sie am rauhen Untergrund haften. Die Härchen sind so fein, daß die Geckos sogar an der Oberfläche von Glas noch Unebenheiten finden, an denen sie sich festhalten können.

Riesenschildkröten

Im Botanischen Garten von Pamplemousses, auf der La Vanille Farm, im Casela Bird Park, in Le Val und vielen anderen Naturrefugien finden sich einzelne Exemplare von Riesenschildkröten, die Mauritius einst neben den Dodos bevölkerten. Sie waren so groß, daß sie mehrere Menschen gleichzeitig auf ihrem Rücken transportieren konnten. Millionen von Jahren hatten diese Tiere den ganzen Erdball bevölkert, denn sie hatten wie die Krokodile das Massensterben der Riesensaurier und anderer großer Kriechtiere überlebt. Nachdem sich auf den großen Landmassen Afrikas, Europas und Asiens andere Lebewesen entwickelten, konnten sie sich gegen diese aber nicht mehr behaupten. Einziges größeres Zufluchtsgebiet war Madagaskar, wo sie nach Eintreffen der Siedler aus Südostasien und Afrika ausgerottet wurden. So kam es, daß die Riesenschildkröten lediglich auf einigen abgelegenen und nicht von Menschen bewohnten Inseln – die bekanntesten sind der Galapagos-Archipel vor Südamerika und Aldabra, das zu den Seychellen zählt – überleben konnten.

Wesentlich weiter verbreitet waren sie jedoch einst auf den Inseln des westlichen Indischen Ozeans, wie wir aus

Riesenschildkröte

den Berichten der Siedler von Mauritius, Réunion und den Seychellen wissen. Wer sie heute in ihrer natürlichen Umgebung beobachten will, muß sich auf das Atoll Aldabra begeben, das etwa 400 km nördlich von Madagaskar gelegen ist. Lediglich dort gibt es noch eine Kolonie von mehreren hunderttausend Exemplaren. Die heute auf Mauritius lebenden Schildkröten wurden von dort importiert.

Erst zu Beginn des 20. Jh. begann man, Maßnahmen zum Schutz der Spezies zu ergreifen, die zu diesem Zeitpunkt sehr stark vom Aussterben bedroht war. Denn die Schildkröten hatten nicht nur den neu angekommenen Siedlern als Fleischlieferanten gedient, sondern auch die Besatzungen der Schiffe auf dem Weg nach Indien betrachteten es als Gewohnheitsrecht, ein halbes Hundert von ihnen als lebenden Proviant an Bord zu nehmen – manchmal auch weitaus mehr. Das behäbige Tier

war einfach zu fangen und konnte, auf den Rücken gedreht, auch nicht wieder davonlaufen. Im Lagerraum der Schiffe brauchte es nicht einmal Pflege, denn es überlebt wochen-, ja monatelang, ohne Nahrung oder Wasser zu sich zu nehmen. Kann man sich einen besseren Proviant – obendrein noch ausgesprochen wohlschmeckend – vorstellen?

Lange Zeit war unklar, wie sich die Schildkröten über die weit verstreuten Inseln des Indischen Ozeans verbreiten konnten. Man hielt es für ausgeschlossen, daß die Tiere hinübergeschwommen waren, bis man schließlich herausfand, daß sie auf dem Rücken liegend wie Boote auf den Wellen treiben können. Sie halten den Kopf dann wie ein Periskop aus den Wellen heraus. Da sie mehrere Monate ohne Nahrungsaufnahme überleben können, haben sie genug Zeit, um mit der Strömung in abgelegene Gebiete des Ozeans zu treiben.

Säugetiere

Rotwild

Mauritianische Jäger können pro Jahr über 3000 Stück Rotwild schießen. Es wurde schon vor vielen Jahrhunderten von den Holländern aus Java eingeführt, und man nimmt an, daß heute über 20 000 Tiere in geschützten Weidegebieten leben.

Jacot-dansé

Seit die Portugiesen vor 400 Jahren auf ihren Schiffen Makaken aus Asien mitbrachten, haben diese kleinen Affen den Bewohnern von Mauritius Sorgen bereitet. Zeitweise setzte man sogar einen Preis für jedes Tier aus, das getötet wurde. Dabei war es wichtig, die Männchen zu töten. Wenn nämlich die männliche Population dezimiert wurde, brach unter den Weibchen ein Kampf um die wenigen übrigen Männchen aus, der zur Ausrottung der Art führen konnte. Den Mißmut der Menschen hat sich der Jacot-dansé dadurch zugezogen, daß er aus den Wäldern ins flache Land ausstreift, um sich in den Pflanzungen mit Proviant zu versorgen. Außerdem räubert er Nester – die Ausrottung verschiedener Vogelarten geht wahrscheinlich auf sein Konto. In der einfachen Bevölkerung ist der Affe jedoch sehr hoch angesehen – wegen des Geschmacks seines Fleisches. Wenn man in der Gegend um Chamarel (im Südwesten) ein ›Curry No. 2‹ angeboten bekommt, ist Vorsicht geboten – es handelt sich um Affencurry! Es wird auch erzählt, der Affe könne reden. Er tue es nur nicht, weil er Angst habe, daß er dann wie die Sklaven zur Arbeit gezwungen werde.

Unterwasserwelt

Korallenfische

Die Korallenriffe rund um Mauritius sind der Lebensraum unzähliger bunter Fische. Zwischen den Korallenästen und nahe an der Wasseroberfläche tummeln sich **Papageienfische**, die in allen Farben schillern. Mit ihrem harten, schnabelartigen Gebiß nagen sie an den Korallen und filtern aus dem Kalk Nährstoffe heraus. Sie zermalmen die herausgebrochenen Kalkbrocken und stoßen sie durch die Kiemen als reinen weißen Sand wieder aus. Zu einem nicht geringen Teil verdanken die Kü-

Rotfeuerfisch

Süßlippe

sten von Mauritius diesen Fischen ihren weißen, weichen Sand.

Wie man sich im Aussehen doch täuschen kann: Viel gefährlicher als die scheußliche Muräne (s. u.) ist der prächtige **Rotfeuerfisch** (auch Tigerfisch genannt), dessen farbige Flossen an den Enden gefährliche Giftstacheln tragen. Schön anzuschauen ist der freundlich wirkende Fisch, wenn er langsam an den Korallenwänden entlanggleitet. Bewundern Sie ihn, fassen Sie ihn aber unter keinen Umständen an!

Der zweite wirklich gefährliche Korallenfisch in den Gewässern um Mauritius ist der **Steinfisch**. Seinen Namen verdankt er seinem Aussehen. Wer ihn nicht kennt, würde ihn tatsächlich für einen Stein halten, der schwer und harmlos zwischen den Korallen liegt. Sieht man genauer hin, bemerkt man an der knubbeligen dunkelgrauen Oberfläche zwei Augen. Der Steinfisch trägt auf dem Rücken kleine Stacheln, deren Gift äußerst gefährliche Reaktionen hervorruft, wenn es in den menschlichen Körper gelangt. Ihretwegen, aber auch wegen der Seeigel wird Tauchern geraten, auf keinen Fall den Boden zu berühren und zur Sicherheit Flossen oder zumindest Badeschuhe mit einer

festen Gummisohle zu tragen, wenn sie sich über den Korallen bewegen.

Damit sind alle gefährlichen Bewohner der Korallen aufgeführt. Die weiteren sind absolut harmlos. Kofferfische, Dicklippen, Fahnenfische, Engelfische, Trompetenfische und Kaiserfische tun keinem Taucher etwas zuleide. Auch die wunderschönen Seeanemonen, die ihre langen Fangarme in das bewegte Wasser hinausstrecken, sind ungefährlich.

Muränen

Für unerfahrene Taucher ist der Anblick einer bis zu zweieinhalb Meter langen und mehr als armdicken Muräne äußerst unangenehm. Gefährlich sehen sie aus mit ihrer rauhen Haut, dem harten, muskulösen Kiefer und den scharfen Zähnen. Der Kopf schaut gierig aus Löchern zwischen den Korallen hervor, und wenn sie nach einem Fisch greift, schießt die Muräne plötzlich in ihrer vollen Länge aus ihrem Versteck heraus. Dem Menschen wird sie jedoch nicht gefährlich, denn er gehört nicht zu ihren Beutetieren. Fast alle Tauchlehrer auf Mauritius kennen die Wohnungen verschiedener Muränen und führen ihre Tauchgruppen dorthin.

Rüppells Muräne

Speerfische

Für den Hochseefischer am interessantesten sind die in den mauritianischen Gewässern häufigen Speerfische. Nirgendwo auf der Welt gibt es so viele Blaue Marline wie hier. Man findet neben ihnen auch Schwarze und Gestreifte Marline sowie den Seglerfisch, der seine riesige Rückenflosse ausbreitet, wenn er zum Kampf antritt. Nicht umsonst halten mauritianische Hochseefischer verschiedene Weltrekorde, was Größe und Gewicht der von ihnen gefangenen Exemplare anbetrifft.

Muscheln und Schnecken

Nach einem Zyklon sind viele Strände auf Mauritius von wunderschönen Muscheln übersät. Die riesigen Wellen, die während eines solchen tropischen Unwetters an Land branden, reißen sie aus der Tiefe und aus ihren geschützten Verstecken zwischen den Korallen heraus und werfen sie auf den Sand. Man findet Kegelschnecken in Hunderten verschiedenen und oft sehr seltenen Arten. Die

Spinnen- oder Skorpionschnecken werden immer seltener, so daß man sie kaum mehr am Strand findet. Das Sammeln ist seit einigen Jahren verboten.

Bénitiers

Die Ile aux Bénitiers nördlich des Morne Brabant an der Südwestküste von Mauritius wurde nach einer dort früher häufig gefundenen Muschelart, der Bénitier, benannt. Es handelt sich um eine Riesenmuschel, die erhebliche Verwundungen hervorrufen kann, wenn man zwischen ihre geöffneten Schalen gerät. Von einer der dort gefundenen großen, gezackten Muscheln heißt es, sie sei in der Lage gewesen, einem Menschen die Hand oder gar den Fuß abzubeißen. Auch soll sie Taucher mit ihrer ungeheuren Kraft am Meeresboden festgehalten und sie ertränkt haben. ›Mördermuschel‹ nennt man sie deswegen auch. Allerdings handelt es sich bei dieser Geschichte wohl nur um ein Gerücht, das dadurch nicht mehr Wahrheitsgehalt bekommt, daß es über Jahrhunderte in der Literatur weitergetragen wird. Von Forschern sind diese Behauptungen nie bestätigt

Teure Souvenirs

Oft ist es Gedankenlosigkeit, manchmal auch Unwissenheit über die Zusammenhänge, daß Tausende von Touristen neben auf Mauritius billig erworbenen T-Shirts, einem Strauß Anthurien, schönen Bildbänden und sogar einem Modellschiff auch Muscheln, Korallen und Schnekkengehäuse auf die Heimreise mitnehmen. Das Geschick der Verkäufer am Strand – manchmal auch in den Souvenirgeschäften – hilft aber auch kräftig nach, denn sie haben für jeden ›Käufertyp‹ das passende Verkaufsargument:

Für den Raritätensammler: »Stellen Sie sich vor, diese Schnecke ist nur noch sehr selten zu finden und steht unter strengstem Naturschutz!« Für den rechtschaffenen Sammler: »Mit der Rechnung erhalten Sie eine offizielle Ausfuhrgenehmigung!« Für den harmlosen Natur- und Mauritiusfreund: »Diese Korallen gibt es sehr häufig in Mauritius, aber sie stehen unter strengstem Naturschutz. Deshalb haben wir sie von den Philippinen importiert!«

Wenn Sie Muscheln oder Schneckengehäuse kaufen, denken Sie bitte daran, daß die meisten davon nicht nach Deutschland eingeführt werden dürfen. Das Gehäuse der Nautilusschnecke z. B. unterliegt international strengstem Artenschutz. Der Nautilus gleicht äußerlich einer Schnecke, gehört jedoch zu den Tintenfischen, bewegt sich wie diese durch Ausblasen von Wasser, also durch Rückstoß fort. Der Nautilus ist der einzige natürliche Feind der Dornenkrone, eines attraktiven roten Seesternes, der sich in vielen Korallenriffen weltweit explosionsartig vermehrt hat, seit der Nautilus an Touristen verkauft wird. Ihres Freßfeindes entledigt, grast die Dornenkrone ungestört Korallenbänke ab, bis diese absterben. Die Folge ist das Sterben der Korallenfische, der Krebse, Muscheln, Schnecken und letztlich auch der Dornenkrone. Das Fehlen des Nautilus hat eine für das ganze System tödliche Lücke gerissen. Lassen Sie daher die Staubfänger im Laden! Dadurch sparen Sie möglicherweise viel Geld, denn wenn Sie bei der Einreise mit einem solchen Souvenir erwischt werden, kann das einige tausend Mark kosten!

worden. Man kann schon verstehen, daß Taucher Respekt vor den Muscheln hatten, wenn man bedenkt, daß es Exemplare gibt, die bis zu eineinhalb Meter breit werden und 250 kg oder mehr wiegen. Diese riesigen Exemplare sind allerdings nicht bei Mauritius ge-

funden worden. Hier gibt es bestenfalls 50 cm breite Bénitiers, die auch bedeutend leichter sind.

Kegelschnecken

Wirklich gefährlich können dagegen die kleinen und harmlos aussehenden Kegelschnecken werden. Anders als die ›Mördermuschel‹, die sich von Plankton und mikroskopisch kleinen Partikeln im Meer ernährt, leben diese Schnecken räuberisch; ihre Zungen sind mit Zahnreihen besetzt, in denen sich Gift befindet. Hat sich die Schnecke an ihre Beute herangemacht, so ist sie in der Lage, einen solchen Zahn herauszuschießen, das Gift in das Opfer zu injizieren und die Beute anschließend an sich heranzuziehen. Es ist also höchste Vorsicht geboten, wenn man lebende Schnecken findet, denn bislang gibt es kein Gegengift! Etwa ein Viertel der bekannt gewordenen Verletzungen durch solche Schnecken endete tödlich! Die einzig

mögliche Behandlung besteht darin, die Wunde sofort nach dem Stich aufzuschneiden, ausbluten zu lassen und dann zu versuchen, sie so abzubinden, daß sich das Gift nicht im Körper verbreiten kann.

Im Museum (Mauritius Institute) von Port Louis kann man Hunderte von Muschelarten bewundern, darunter ganz besonders schöne Exemplare. Da viele der Muschelarten rund um Mauritius vom Aussterben bedroht sind, weil die Bestände in früheren Jahren für die Touristen geplündert wurden, sollte man sich damit begnügen, im Museum die Vielfalt der Formen und Arten zu bewundern.

Bevölkerung

Angehörige aller großen Weltreligionen, aller Hautfarben und Kulturen leben auf einer kleinen Insel mitten im Ozean zusammen, ohne sich gegenseitig zum Feind zu werden. Das ist möglich – vorausgesetzt man besitzt die Toleranz und den Respekt, die Mauritianer verschiedenster Herkunft, Religion und Kultur einander entgegenbringen. Ein Lehrstück für jeden, der glaubt, Mitteleuropa werde ›überfremdet‹, nur weil einige Moslems von Düsseldorf nach Mekka beten, ›fremde‹ Fernsehprogramme empfangen und beim Sonntagsspaziergang die Haare unter einem Tuch verstecken.

Selbstverständlich gibt es auch auf Mauritius Probleme, die auf die verschiedenartigen Sprachen, Religionen und Kulturen seiner Bevölkerungsgruppen zurückzuführen sind. Der Prozeß der Einigung und der Gleichberechtigung dieser unterschiedlichen Volksgruppen ist nicht vollkommen abgeschlossen.

Dennoch ist es eindrucksvoll zu sehen, wie aus einer Gesellschaft, in der es eine verschwindend geringe Zahl von Herren und eine riesige Anzahl von völlig rechtlosen und geschundenen Sklaven gab, eine lebendige, tolerante Demokratie geworden ist.

Mit Hilfe einer freien Presse und einer parlamentarischen Demokratie mit politischen Parteien, Interessengruppen und Gewerkschaften ist in wenigen Jahrzehnten ein Maß an Gleichberechtigung erzielt worden, das vor 100 Jahren völlig undenkbar gewesen wäre. Noch immer gibt es die Klasse der Besitzenden, insbesondere der wenigen Familien, denen der Grund und Boden und die Zuckerfabriken gehören. Doch was die mauritianische Gesellschaft an Chancengleichheit für zukünftige Generationen geschaffen hat, in welcher Art und Weise die politische Herrschaft der reichen Minderheit über die arme Mehrheit radi-

*Bei der Parade
anläßlich des Unab-
hängigkeitstages
zeigt sich die
ethnische Vielfalt
von Mauritius*

kal beendet wurde und mit welcher Ent-
schlossenheit sich auch heute noch die
Mauritianer gegen jeden Versuch einer
neuen Unterdrückung wehren, ist für
einen Europäer kaum vorstellbar.

Wäre es angesichts der unterschiedlichen Herkunft der verschiedenen Volksgruppen, angesichts der noch heute bestehenden Glaubensunterschiede und
der Diskrepanz im sozialen Status und
den Besitzverhältnissen ein Wunder,
wenn sich auf Mauritius eine Klassengesellschaft ähnlich der des früheren Südafrika entwickelt hätte? Hier aber sitzen
in öffentlichen Omnibussen Hindus
neben Moslems, Christen neben Buddhisten. Untereinander unterhalten sie
sich in dem zur Volkssprache gewordenen Kreolisch, auch wenn jeder in seiner
Familie meist die Sprache des Her-
kunftslandes seiner Vorfahren spricht.
So gibt es chinesische Familien, die sich
zu Hause Kantonesisch unterhalten, die
meisten indischen Familien sprechen
Bhujpuri, Urdu oder Hindi, die Weißen
Französisch oder Englisch, einige auch

Polnisch oder Deutsch. In Büros und
Verwaltungsstellen wird Englisch gesprochen, Verträge und Formulare werden ebenfalls in der Sprache der ehemaligen Kolonialmacht ausgefüllt. Die
Sprache der Oberschicht, egal welcher
Hautfarbe und welcher Herkunft sie ist,
ist Französisch.

Keinem Restaurantbesitzer in Port
Louis würde es einfallen, einem Schwarzen oder einem Chinesen den Eintritt zu
verwehren. Kein Hotelbesitzer kümmert
sich darum, welche Hautfarbe sein Gast
hat, zu welchem Gott er betet oder welche Sprache er spricht. Die Übergabe
der politischen Macht aus den Händen
der Kolonialmacht England an die
weiße Oberschicht und nach den ersten
demokratischen Wahlen an politische
Parteien – die weitgehend von indischen
Politikern beherrscht werden – ging
ohne Diskriminierung von Rassen oder
Gruppen vor sich.

Fast 70 % der heutigen Bevölkerung
sind indischer Abstammung. Davon bekennt sich der Großteil zum hinduisti-

schen und ein kleinerer Teil, ca. 25 % der Inder, zum mohammedanischen Glauben. Etwa 25 % macht der Anteil der christlichen (katholischen) Bevölkerung aus, die zum Teil europäischer, zum Teil afrikanischer und madagassischer Herkunft ist. Merkwürdigerweise wird dieser Teil der Bevölkerung in offiziellen Volkszählungen als ›Generelle Bevölkerung‹ bezeichnet, während im übrigen zwischen hinduistischer, moslemischer und chinesischer Bevölkerung unterschieden wird. Hier lebt in der Bevölkerungsstatistik eine Tradition fort, an der sich ablesen läßt, wie einst das Sozialgefüge auf Mauritius aussah. Als ›Bevölkerung‹ betrachtete man lediglich die weißen Herren und deren Sklaven, die sie aus Afrika und Madagaskar eingeführt hatten. Die später zugewanderten Inder und Chinesen wurden nur als ›Gastarbeiter‹ mit Zeitvertrag betrachtet.

Volksgruppen

Obwohl vier völlig verschiedene Volksgruppen auf so engem Raum zusammenleben, findet nahezu keine Vermischung zwischen ihnen statt. Während auf den benachbarten Seychellen europäische, afrikanische und chinesische Kreolen ungehindert untereinander heiraten, sind Hochzeiten zwischen Angehörigen der verschiedenen Glaubens- und Volksgruppen auf Mauritius eine Seltenheit.

Entsprechend ihrer großen Zahl, prägen natürlich die hinduistischen Inder das Bild der Insel. Die Frauen tragen bunte Seidensaris und, wenn sie verheiratet sind, den roten Punkt in der Mitte der Stirn. In jedem kleinen Dorf findet man am Wegesrand einen hinduistischen Tempel, während man nur gelegentlich in den größeren Ortschaften

auf christliche Kirchen oder moslemische Tempel stößt. Das kulturelle Leben allerdings ist hauptsächlich von französischen Einflüssen geprägt. Das mag überraschen, war doch Mauritius während der vergangenen eineinhalb Jahrhunderte englische Kolonie. Doch waren die Engländer lediglich als Kolonialisten, als Verwalter gekommen. Nur wenige von ihnen ließen sich endgültig auf Mauritius nieder.

Französische Kultur

Auch nachdem die Engländer die Herrschaft übernommen hatten, blieb für das kulturelle Leben von Mauritius Paris der Mittelpunkt der Erde. Ein Mauritianer, der davon spricht, nach Europa zu fliegen, meint damit Paris – nicht London. Die wichtigsten der vielen unterschiedlichen Zeitungen, die in Port Louis in Französisch, Englisch, Hindi, Tamil, Urdu und Chinesisch erscheinen, sind die beiden französischsprachigen Blätter ›Le Mauricien‹ und ›L'Express‹. Buchveröffentlichungen erscheinen meist in Französisch, und obwohl schon seit einem Jahrhundert Englisch offizielle Amtssprache ist, bevorzugen es die Mauritianer, sich mit Fremden auf Französisch zu unterhalten. Englisch spricht nur, wer es auf der Schule gelernt hat und es aufgrund seines Berufes beherrschen muß. In den Buchhandlungen überwiegt französische Literatur, in den Parks und den Städten stehen die Statuen französischer Künstler. Einziger augenfälliger englischer Einfluß ist der Linksverkehr.

Afrikaner

Etwa ein Viertel der gut eine Million Mauritianer ist afrikanischer oder madagassischer Abstammung. Größtenteils kamen sie aus portugiesischen Häfen in Moçambique oder von arabischen Sklavenmärkten auf Sansibar und den Komoren. Einzelne wurden aber auch von der Westküste Afrikas mit aus Europa kommenden Sklavenschiffen um das Kap der Guten Hoffnung nach Mauritius gebracht. Wie diese Sklaven von ihren weißen Herren behandelt wurden, ist hinlänglich bekannt. Dennoch muß man es sich immer wieder in Erinnerung rufen, um zu erkennen, welcher soziale Wandel stattgefunden hat, um eine doch relativ gerechte Gesellschaft hervorzubringen, wie sie heute auf Mauritius existiert. Die ersten Siedler hatten freie Hand, mit ihren Sklaven umzugehen, wie sie wollten. Sklaven galten als Eigentum, und niemand hatte darüber zu richten, wie mit Eigentum umgegangen wurde. Doch scheint vieles, was die weißen Herren mit den Abhängigen trieben, selbst den französischen Gouverneuren zuviel geworden zu sein. Man schuf ein Gesetz, wonach Sklaven im Höchstfall mit 30 Peitschenhieben bestraft werden durften; es wurden ihnen freie Sonntage garantiert, und die Herren waren verpflichtet, ihnen einmal pro Woche Fleisch zu essen zu geben. Einmal im Jahr mußte ein neues Hemd zur Verfügung gestellt werden.

Es ist kaum anzunehmen, daß die Einhaltung dieses Gesetzes mit besonderer Strenge überwacht wurde. Jedenfalls war der französische Schriftsteller Bernardin de St. Pierre, der Mauritius lange nach Einführung dieser Gesetze besuchte, von der Grausamkeit, mit der die Sklaven behandelt wurden, erschüttert: »Ich habe jeden Tag gesehen, wie Männer und Frauen ausgepeitscht wurden, weil sie ein irdenes Gefäß zerschlagen hatten. Ich habe erlebt, wie man Essig und Salz in ihre blutenden Wunden gerieben hat – angeblich um sie zu heilen.«

Dies waren nur die geringeren der schrecklichen Strafen, die St. Pierre beobachten mußte. Und er überlegte sich, ob es denn die Waren aus den Kolonien wert waren, daß sich die Europäer eine solche Schuld aufluden.

Besonders grausam bestraft wurden Sklaven, die in ihrer Not versuchten, auf kleinen Pirogen nach Madagaskar oder nach Afrika zu fliehen. Die schnellen Segelschiffe der mauritianischen Oberschicht holten sie ein und brachten sie zu ihren Herren zurück. Selbstverständlich wurden sie dann zunächst einmal ausgepeitscht, und zum Zeichen, daß sie einen Fluchtversuch gewagt hatten, schnitt man ihnen ein Ohr ab. Weitere Fluchtversuche wurden mit der Amputation von Armen oder Beinen bestraft. Von der Todesstrafe sah man häufig ab – nicht etwa aus Menschlichkeit, sondern weil der Sklave als Arbeitskraft einen Vermögenswert darstellte.

Inder

Da die Sklaven nach der Befreiung keinen Wert darauf legten, weiter auf den Feldern ihrer Peiniger zu arbeiten, mußten sich die Plantagenbesitzer nach neuen Arbeitskräften umsehen. Man hatte bereits gute Erfahrungen mit solchen aus Indien gemacht, die besonders billig und bereitwillig waren. Der Gouverneur Mahé de Labourdonnais hatte schon Mitte des 18. Jh. Inder für die Hafenarbeit nach Port Louis bringen lassen.

1836 setzte die Einwanderung aus Indien in großem Umfange ein. Mehrere Privatunternehmen wandten sich dem ›Kulihandel‹ zu, wie die Engländer diese neue Form des Menschenhandels nannten. Hauptsächlich aus der Gegend von Kalkutta, aber auch aus Bombay wurden arme Männer, manchmal auch Frauen

Premyla heiratet Nerat
Zu Gast bei einer hinduistischen Hochzeit

Kein noch so finsterer Schleichweg, den Dawood nicht kennt. In einem Tempo, daß mir der Atem stockt, chauffiert er uns auf den verschlungensten Pfaden durch den Dschungel der *cannes à sucre*, die ihren süßlichen Duft in die Nacht verströmen. »Schon acht«, sagt er und sieht nervös auf die Uhr, »die Zeremonie fängt bald an!« Dawood ist ein Maratha, ein Inder muslimischen Glaubens. Seit 20 Jahren arbeitet er als Lehrer für *études sociales* auf Mauritius, aber ein wenig versteht er sich auch als Vermittler zwischen den Kulturen. Ein Glücksfall für mich, denn heute abend will er mich in eins der Geheimnisse des mauritianischen Lebens einführen. »Ist es eine große Hochzeit?« frage ich. Nein, nein, winkt er ab, nur ein kleineres Fest. So an die 500 Gäste …

Wie der Schauplatz einer Verschwörung taucht unser Ziel aus der ländlichen Stille auf: ein großes Zelt im Scheinwerferlicht, umstellt von einer ganzen Armee geparkter Autos. Die Szenerie wirkt unwirklich wie eine Filmkulisse, ist aber ein für Mauritius alltägliches Bild. Überall auf der Insel finden am Wochenende hinduistische Hochzeiten statt, und überall – oft in der Nähe eines Tempels – begegnet man den typischen Festzelten. Die Zeremonie dauert drei Tage: vom Freitag, an dem Braut und Bräutigam sich getrennt voneinander auf die Hochzeit vorbereiten, bis zum Sonntag, an dem sich das Paar erstmals wiedersehen darf und an dem es ein Priester weihen wird. Heute ist Samstag, der *haldi*-Tag, in dessen Mittelpunkt die symbolische Waschung der Brautleute mit Safran steht, der im Hinduismus als ›rein‹ gilt.

Ein Dickicht exotischer Düfte, von Sandelholz bis Ylang Ylang, empfängt uns im Zelt, durchwirkt von Sitarklängen und Stimmengewirr, und über uns wölbt sich, in allen Farben des Spektrums schillernd, ein Himmel voller elektrischer Lämpchen, Glitzergirlanden und Papierblumen. Eine Märchenwelt inmitten von Zuckerrohrfeldern. Als wir sie betreten, hält die Familie bereits nach uns Ausschau, und Dawood flüstert mir hektisch zu, ich solle meine Kamera auspacken, es sei erwünscht, daß ich Fotos mache. Ich werde den Eltern vorgestellt, der Großmutter, einem Onkel und dessen Frau sowie deren Bruder. Nachdem ich auch die Hände entfernter, aber ebenso wichtiger Angehöriger geschüttelt und jedem gedankt habe, führt man mich durch ein halbfertiges Haus, das sich überraschend hinter dem Zelt auftut. Körper an Körper und Gold an Seide drängen sich hier auf schmalen Gängen, und ein Amalgam aus indischen Dialekten, Kreolisch und Französisch verwirrt dem Uneingeweihten die Sinne. Frauen in prächtigen Saris postieren sich stolz vor meiner Kamera. Ihre Gesichter sind für den Anlaß kunstvoll geschminkt und in keinem fehlt jener Punkt, der zwischen die Augenbrauen geklebt wird. Manche tragen statt des Sari enge Hosen unter einem traditionellen Überwurf. »Eine alberne Mode«, lästert Dawood, »es ist der schlechte Einfluß des Fernsehens…« Wo aber, unter all den schönen Frauen, den schlicht gekleideten Männern, die mich diskret mustern, und den Kindern, in Rüschen und Satin, wo versteckt sich die Braut?

Mit einem Dutzend älterer Frauen sitzt sie in einem geschmückten Zimmer, das sie den ganzen Abend nicht verlassen und wo sie, demütig fast, alles über sich ergehen lassen wird. Angeblich ist sie 19, aber sie sieht aus wie 15 und wirkt nicht gerade glücklich. Ernst und geduldig harrt sie auf ihrem Stuhl aus, die mit den *mehendi*, den traditionellen Hennamustern bemalten Hände artig im Schoß gefaltet. Sie wartet auf die *haldi*-Zeremonie, für die sie ihr weißes, besticktes Gewand gegen

einen gelb-roten Sari tauschen wird. Nur zweimal sehe ich sie an diesem Abend lächeln: als man zur Begrüßung von uns ein Foto macht und als ich, eine aus ihrer Sicht wohl merkwürdige und amüsante Europäerin, sie mit Safran ›reinige‹. Nie aber wird man sie auch nur ein wenig aufleben oder gar sprechen sehen, und das fröhlich aus Glitzerstaub neben ihr auf die Wand applizierte Herz, in dem »Premyla weds Nerat« – »Premyla heiratet Nerat« – steht, scheint nicht so recht ihre Stimmung wiederzugeben. Die alten Frauen zerknüllen feuchte Taschentücher in ihren Händen und betrachten die junge Frau wehmütig. So manche von ihnen wurde bereits mit 12 Jahren verheiratet, ein Brauch, der heute verboten ist.

Premyla arbeitet als Kassiererin im ›Super 2000 Store‹ bei Grand Baie. Dort hat sie auch Nerat kennengelernt. Er ist Polizist und macht zur Stunde in seinem Heimatdorf und im Kreise seiner Familie dasselbe durch wie Premyla. Die beiden haben sich ohne elterliches Arrangement gefunden – in Indien kaum denkbar, auf Mauritius, mit seiner modernisierten Form des Hinduismus aber Normalität. Romantische Liebe ist kein Tabu mehr, und Selbstmorde wegen verbotener Zuneigung gibt es kaum noch. Heute stellt sich der junge Mann im Elternhaus des Mädchens vor, man trinkt Tee und unterhält sich, spricht aber noch kein Wort über den eigentlichen Anlaß des Besuchs. Erst später fällt die Entscheidung – so gut wie immer im Sinne der Heiratswilligen.

Eine *low cast wedding* wie diese, so verrät Dawood hinter vorgehaltener Hand, kostet rund 400 Mark – ein durchschnittliches Jahresgehalt. Die Kosten übernimmt der Brautvater, aber ohne die vielen Freiwilligen, die beim Kochen helfen und vom Nachmittag bis Mitternacht ununterbrochen die Gäste bewirten, wäre das Fest kaum möglich. Gegessen und gekocht wird im Freien, unter einem makellosen Sternenhimmel: an drei runden Feuerstellen aus Stein, in Töpfen mit einem Meter Durchmesser und an einer Tafel von fünf Metern Länge, wo Freunde, Verwandte, Dorfbewohner und – wie selbstverständlich – auch ich Platz nehmen. Wir essen mit den Fingern, von Bananenblättern, die ebenso Symbole der Reinheit sind wie der Safran oder die Blätter des Baums der Reisenden, der in den Bergen wächst. Der *haldi*-Tag steht im Zeichen der Reinheit: es gibt nur Vegetarisches, Reis und Chappatti-Brot. Erst morgen, wenn das Paar vor den Augen Hunderter Gäste vermählt wird und die Geschenke ausgetauscht sind, wird man auch Fisch und Fleisch servieren.

Endlich beginnt die Zeremonie. Vor Premyla, zu deren Füßen ein Schälchen mit Safran-Paste steht, reihen sich erst männliche, dann weibliche Angehörige auf. Jeder von ihnen wird die Braut mit Safran bestreichen und sein Geldgeschenk – durchschnittlich etwa 80 Pfennige – in eine Schale werfen, die neben Heiligenbildern, Kerzen und Reis auf dem Fußboden steht. Manche werden den Geldschein mehrmals über Premylas Kopf kreisen lassen – eine Beschwörung von Glück und Reichtum –, während die alten Frauen einen hypnotischen Singsang beginnen, der individuell auf jeden einzelnen Verwandten abgestimmt ist. Ich bin nervös, auch von mir wird erwartet, die Braut mit dem kleinen Besen, der vorher in Safran getunkt wird, zu reinigen. Dawood sagt, dies sei eine große Ehre, die eigentlich nahen Verwandten vorbehalten sei. Premyla jedenfalls lächelt, während ich sie siebenmal mit Safran bestreiche, vom Kopf zu den Schultern, den Händen, Knien und Füßen, und während auch bei mir die Alten singen – auf Sanskrit, das die Jungen kaum noch verstehen. Zum Glück aber kann Dawood übersetzen: »Deine Schwägerin ist hier, um Dich zu reinigen. Nimm ihre Gaben, auf daß Dir Deine Ehe zum Glück gereicht...«

Christine Preiherr

und ganze Familien, angeworben und auf überladenen Schiffen nach Mauritius gebracht. Um sie auf die Schiffe zu locken, machte man den Indern falsche Angaben über das Ziel ihrer Reise. Man erzählte ihnen, Mauritius sei eine Stadt in Indien. Daher waren die zukünftigen Arbeiter nicht auf die lange Seereise vorbereitet, als sie an Bord gingen. Häufig kam es auf den Schiffen zu Epidemien und Todesfällen, und normalerweise kam die ›Fracht‹ geschwächt und krank in Port Louis an. Erst nach einigen Jahren erkannte die englische Verwaltung, daß der neue Kulihandel nur der Form nach etwas anderes war als der verbotene Sklavenhandel. Man untersagte ihn daher ebenfalls und übernahm einige Jahre darauf von staatlicher Seite die Verantwortung für die Anwerbung indischer Arbeitskräfte. Es wurde verboten, Familien zu trennen und auf weit auseinanderliegende Plantagen zu schicken. Außerdem trug die Regierung Sorge, daß auf allen Plantagen ein ausgewogenes Verhältnis zwischen männlichen und weiblichen Arbeitskräften herrschte.

Knapp eine halbe Million Arbeitskräfte trafen bis Anfang dieses Jahrhunderts in Mauritius ein. Sie alle hatten Fünfjahresverträge, doch nur etwa 200 000 durften nach Ablauf dieser Frist in ihre Heimat zurückkehren. Nicht etwa, weil sie nicht zurückkehren wollten, sondern weil man ihnen die im Vertrag garantierte freie Rückfahrkarte nach Indien nicht aushändigte. Man stellte sie nach Ablauf der fünf Jahre vor die Wahl, entweder brot- und arbeitslos zu werden oder aber neue Fünfjahresverträge zu unterschreiben. Inder, die versuchten, nach Ablauf ihrer Verträge die Plantagen zu verlassen und auf irgendeine Art in ihre Heimat zurückzukehren, wurden als Deserteure schwer bestraft oder als Arbeitsscheue ins Gefängnis geworfen. Wieder war es die englische Verwaltung, die dem menschenverachtenden Umgang insbesondere der franko-mauritianischen Oberschicht mit ihren Arbeitskräften ein Ende bereitete. Mit neuen Gesetzen zwang sie die Plantagenbesitzer, ihren indischen Arbeitern bessere Wohnungen, ärztliche Versorgung und regelmäßigen Lohn zu garantieren.

Nur wenige von ihnen haben es seither geschafft, aus der Arbeiterklasse aufzusteigen und als Kaufleute oder gar Plantagenbesitzer erfolgreich zu sein. Es fällt jedoch auf, daß die Zuckerrohrplantagen von europäischstämmigen Familien beherrscht werden, während sich die neuen Gemüse-, Tee- und Tabakpflanzungen meist in den Händen indischer Familien befinden. Die Kinder der erfolgreichen neuen Einwanderer bekamen eine gute Ausbildung, und aufgrund ihrer Intelligenz und ihres Fleißes stellen sie heute einen großen Teil der Beamtenschaft, der Lehrer, Rechtsanwälte und Ärzte auf Mauritius. Heute dürfte der Prozentsatz von hochqualifizierten

Frauen bei der Landarbeit

Mauritianern indischer Abstammung höher sein als es ihrem Bevölkerungsanteil entspricht. Der moslemische Teil der indischen Bevölkerung gilt, neben den Chinesen, als Träger des Außenhandels. Sie importieren vor allem Stoffe und Reis, das Hauptnahrungsmittel von Mauritius.

Chinesen

Die ersten Chinesen trafen um 1800 als Kaufleute auf Mauritius ein. Sie brachten Porzellan und Seide aus dem Reich der Mitte und verkauften diese Schätze an die reiche Oberschicht und an Händler, die die Waren nach Europa brachten. Schon wenige Jahrzehnte später muß es ein kleines Chinesenviertel in Port Louis gegeben haben, in dem sich die Arbeiter niederließen, die als Kulis nach der Sklavenbefreiung aus Hongkong, Shanghai und anderen Städten Chinas hierher gebracht wurden. Kurioserweise waren fast keine Frauen unter den Einwanderern – es wird berichtet, daß sich im Jahre 1900 unter den 3500 chinesischen Einwohnern von Mauritius nur 58(!) Frauen befanden.

Mit etwa 3 % der Bevölkerung (ca. 30 000 Menschen) sind die Chinesen die zweitkleinste Volksgruppe auf Mauritius. Noch immer ist die Zahl der chinesischen Frauen weit geringer als die der Männer. Dies dürfte ein Hauptgrund sein, warum gelegentlich ein chinesischer Mann eine Frau aus einer anderen Volksgruppe heiratet. Auch im religiösen Bereich sind die Chinesen der flexibelste Teil der mauritianischen Bevölkerung. Nur etwa 6000 von ihnen hängen dem Buddhismus an, etwa 2000 sind Konfuzianer geblieben wie ihre Eltern in China. Die übrigen sind jedoch zum römisch-katholischen Glauben konvertiert.

Franko-Mauritianer

Obwohl Kultur und Lebensart auf Mauritius französisch geprägt sind, ist es doch nur ein winzig kleiner Teil der Bevölkerung, der wirklich französisches Blut in den Adern hat. Unter den etwa 20 000 Mauritianern weißer Hautfarbe sind nur selten Arbeiter oder Kaufleute zu finden. Fast alle sind noch heute Landbesitzer, betreiben Zuckerfabriken oder sind inzwischen in die Tourismusbranche übergewechselt.

Religionen

Christen

Die weißen Franko-Mauritianer sind Katholiken. Daneben wurden auch die afrikanisch- und madagassischstämmigen Mauritianer zum Katholizismus bekehrt. Die Methoden, die dabei angewandt wurden, glichen denen, mit denen man die Sklaven zur Arbeit in den Feldern der Kolonialherren ›bekehrte‹. Überraschenderweise bekennt sich aber auch ein großer Anteil der chinesischstämmigen Mauritianer zum Katholizismus. Da die Chinesen nie Sklaven waren, sondern als freie Händler oder Kulis einwanderten, geschah diese Übernahme des christlichen Glaubens auf freiwilliger Basis.

Buddhisten, Konfuzianer und Taoisten

Teilweise sind die Chinesen Buddhisten, Konfuzianer oder Taoisten geblieben. Nahe Port Louis haben sie eine Pagode errichtet, in der ein goldener Buddha Opfergaben entgegennimmt. Wie in ihrer Heimat feiern die Sino-Mauritianer als wichtigstes Fest die Geburt Buddhas,

Hindutempel im Norden von Mauritius

das *Chinese New Year*, und vierzehn Tage später das Laternenfest, bei dem ein ekstatisch tanzender Drache durch die Straßen springt.

Mohammedaner

Etwa ein Drittel geringer als der christliche Anteil der Bevölkerung ist der mohammedanische. 17 % der Gesamtbevölkerung bekennt sich zu diesem Glauben. Mitgebracht wurde er von Arbeitskräften, die aus der Umgebung von Bombay angeworben worden waren. Die größte ihrer Kultstätten ist die Jummah-Moschee in Port Louis. Daneben haben sie rund 100 kleine Moscheen in den Dörfern überall auf der Insel errichtet, in denen traditionelle Koranschulen eingerichtet wurden. Zu 95 % gehören die Mohammedaner auf Mauritius der Gruppe der Sunniten an, welche sich zu Mohammed als ihrem Propheten und Muavia, einem Gefährten Mohammeds,

als dessen Nachfolger bekennen. Nur 2 % der Mohammedaner sind Schiiten, Anhänger Mohammeds und seines Schwiegersohns Ali. Schließlich findet sich noch eine Gruppe, die der im Jahr 1915 gegründeten Sekte der Ahmadeyyas angehört.

Hindus

Mit über 50 % Anteil an der Gesamtbevölkerung stellen die Hindus die bei weitem größte religiöse Gruppe dar. Als die Einwanderungswelle indischer Arbeiter nach Mauritius einsetzte, hatte sich die englische Verwaltung mit ihrer im Vergleich zu den Franzosen liberalen Einstellung gegenüber fremden Kulturen weitgehend durchgesetzt. Daher blieben die Hindus von gewaltsamen Bekehrungsversuchen durch die katholische Kirche und die franko-mauritianische Herrscherschicht verschont. Sie konnten ihre kulturelle Identität besser

Februar und März
Die Monate der großen Feste

In allen großen Religionen gibt es jedes Jahr ein Fest, das für die Gläubigen eine ähnliche Bedeutung hat wie Weihnachten für Christen. Bei den wichtigen Religionen von Mauritius läßt sich von der Bedeutung her das christliche Weihnachtsfest mit dem Eid-Ul-Fitr der Moslems, dem Frühlingsfest der Chinesen, dem Maha Shivaratree der nordindischen Hindus und dem Thai Poosam (Kavadee) der Tamilen vergleichen.

Eid-Ul-Fitr

Am ersten Tag nach Ende des Fastenmonats Ramadan begehen Moslems aus aller Welt ein Fest, das unserem Weihnachtsfest ähnelt. Im Fastenmonat war dem Propheten Mohammed der Koran offenbart worden. Dieser Monat, der neunte des islamischen Kalenderjahres, sollte fortan der Monat der Besinnung, der Nächstenliebe und des Koranstudiums sein. Nach islamischem Kalender beginnt der Ramadan Ende Januar, manchmal auch erst Mitte Februar.

Wenn am 29. Tag des Ramadan der Mond als schmale Sichel am Nachthimmel erscheint, beginnt Eid-Ul-Fitr. Es ist ein Tag des Dankes, denn die Zeit der Einschränkungen, der Koranstudien, des Fastens ist vorüber, und man wendet sich wieder den Freunden, den Bekannten und den Geschäften zu. Vor allem aber denkt man an die Armen, die Kranken, die Alten, an Waisenkinder,

Bettler und auch an Feinde. Denn an diesem Tag sollen sich Feinde aussöhnen, einander vergeben und in Zukunft wieder in Frieden miteinander leben. Die Familien kleiden sich festlich. Kinder werden beschenkt und die Hausfrau kocht Biryani, das traditionelle mauritianische Festessen zu Eid-Ul-Fitr. Das Gericht stammt, wie die meisten mauritianischen Mohammedaner, aus Persien und kam dann auf dem Umweg über Indien nach Mauritius. Das Rezept wird von Familie zu Familie variiert, die Mutter gibt es an die Tochter weiter. Ein gutes Biryani ist – vergleichbar mit der mitteleuropäischen Weihnachtsgans – der Höhepunkt des Eid-Ul-Fitr. Der Gruß zu diesem besonderen Tag lautet »Id Mubarak« – »Der Segen des Eid sei mit Dir!«

Chinesisches Neujahrs- oder Frühlingsfest

Entsprechend dem chinesischen Mondkalender wurde Tausende von Jahren das Neujahrsfest im Januar oder Februar gefeiert. Als China 1921 seine Zeitrechnung auf den Gregorianischen Kalender (also unsere Zeitrechnung) umstellte, gab es plötzlich zwei Neujahrstage, so daß die chinesische Regierung beschloß, das traditionelle Neujahrsfest in ›Frühlingsfest‹ umzutaufen.

Nach der traditionellen chinesischen Lebensphilosophie hat der Neujahrstag, der nach unserem Gregorianischen

Kalender zwischen dem 21. Januar und dem 21. Februar liegt, entscheidende Bedeutung für den Fortgang des Jahres. Wenn an diesem Tag aller Ärger, alle Mißerfolge des vergangenen Jahres vergessen werden, wenn das neue Jahr optimistisch begonnen wird, so werden sich auch Erfolg, Gesundheit und Glück einstellen. Daher tut man, was immer möglich ist, um das neue Jahr gut zu beginnen – und es spielt nicht einmal eine Rolle, welcher Religion man angehört! Ein christlicher Chinese wird möglicherweise den Tag mit einem Kirchgang feiern, ein Taoist oder Buddhist im Tempel ein Opfer bringen.

Die Feierlichkeiten beginnen am letzten Abend des alten Jahres. Man spielt mit den Kindern, damit auch sie den neuen Tag wach begrüßen können, man ißt gemeinsam, vertreibt sich die Zeit mit Mah-Jongg, im Spielkasino oder in der Disco. Das neue Jahr beginnt nicht – wie bei uns – um Mitternacht, sondern mit dem ersten Tageslicht. Sobald die ersten Sonnenstrahlen sichtbar sind, wird das neue Jahr mit Knallfröschen und Feuerwerk begrüßt. Es wird ein solches Spektakel veranstaltet, daß sich selbst der mutigste böse Geist davonmacht. Der Neujahrstag wird mit Besinnung und Fasten begangen. Es gibt kein Fleisch, keinen Alkohol, nur in Öl gebackene Bohnen und Gemüse werden serviert. Man nutzt den freien Tag, um Freunde und Verwandte zu besuchen und erinnert sich an Konfuzius, der mahnte, daß »alle Menschen um die vier Meere Brüder sind«. Natürlich darf auch das *Hong Bao* keinesfalls vergessen werden – ganz besonders nicht für die Kinder. In rotes Papier eingepackt – denn die Farbe Rot soll die Kraft haben, das Böse auszutreiben – erhalten die Kinder Geld.

Thai Poosam (Kavadee)

Der Festkalender der südindischen Tamilen ist vollgepackt mit Terminen, doch der wichtigste von allen ist Thai Poosam, das meist Ende Januar oder Anfang Februar stattfindet. *Kavadee* ist ein aus zwei Worten zusammengesetzter Begriff. *Kaavu* bedeutet ›tragen‹, und *thadi* bezeichnet ein kunstvoll geschnitztes und poliertes Stück Holz. Thai Poosam ist der wichtigste – aber nicht der einzige – Tag des Jahres, an welchem gläubige Hindus ›das geschmückte Holz tragen‹, das sie in den Wochen vor der Zeremonie in aufwendiger Arbeit selbst herstellen. Es gibt viele verschiedene solcher Holzkonstruktionen, und jeder Träger versucht, ein besonders schönes Stück für seinen Bußgang zu fertigen.

Kavadee-Träger beim Thai-Poosam-Fest

Durch die Leiden, die der Träger durchzustehen hat, wenn er einen Tag lang bei Hitze und in sengender Sonne das schwere *Kavadee* trägt, wird er geläutert, seine Seele gereinigt. Um den Tag zu überstehen, bereiten sich die Büßer neun Tage lang mit Gebeten, Meditation und Fasten vor. Am zehnten Tag bei Sonnenaufgang treffen sie sich am Flußufer, waschen sich gemeinsam und binden sich leinene Tücher auf traditionelle Weise um die Hüften, der Oberkörper bleibt unbedeckt. Heilige Asche wird auf die Stirn, die Schultern und die Brust gestrichen. Durch Entzünden von Räucherstäbchen und Opfergaben wird der Segen des Gottes Muruga erbeten, eines Sohnes von Shiva. Priester gehen von *Kavadee* zu *Kavadee* und reinigen sie mit frischer Milch. Einige Tropfen werden in ein Gefäß gegossen und mit einem Palmblatt und einem Stück Stoff verschlossen, das an jedem *Kavadee* angebracht ist.

Nun folgt eine Zeit der Meditation, der Anrufung des Gottes Muruga und der Ekstase, bis die Priester und Familienangehörige silberne Nadeln und Haken *(Vel)* in die Haut der Büßer stechen. Auf ein Zeichen eines Priesters heben die Büßer die schweren *Kavadees* auf ihre Schultern und beginnen sich in einer Prozession in Richtung des Tempels zu bewegen. Manche von ihnen tragen mit Nägeln, deren Spitzen nach innen gerichtet sind, beschlagene Holzsandalen, andere haben Nadeln durch Backen, Lippen oder gar die Zunge gestochen. Die Prozession wird von Familienangehörigen, Nachbarn und Neugierigen begleitet, die das Los der Büßer durch Abwischen des Schweißes lindern oder ihnen kühlende Flüssigkeit über die Füße gießen. Nach qualvollen Stunden erreichen die Büßer den Tempel, wo sie mit ›Arogara‹-Rufen (›Ehre sei Gott‹) empfangen werden. Priester entfernen die Nadeln aus den Körpern, wobei kein Blut vergossen wird und der Büßer auch keinen Schmerz verspürt. Anschließend nimmt jener das Gefäß, welches der Priester

bewahren als die Afrikaner, die im vorangegangenen Jahrhundert als Sklaven nach Mauritius gebracht worden waren. Anders als diese wurden die Hindus nicht mehr von ihren Familienmitgliedern und Landsleuten getrennt und auf unterschiedlichen Plantagen untergebracht.

Daß die Hindus ihre eigene Kultur aufrechterhalten konnten, liegt auch an der religiösen Toleranz und der Wandlungsfähigkeit, die dem hinduistischen Glauben eigen sind. Der Hinduismus kennt kein strenges Dogma, er versucht vielmehr, die Phänomene des Diesseits durch göttliche Charaktere und Handlungen der Götter zu erklären. Auf die Begegnung mit neuen Religionen und neuen Lebensweisen auf Mauritius reagierte der Hinduismus, indem er versuchte, alle neuen Phänomene zu integrieren, die die Begegnung mit Christen, Buddhisten und Moslems mit sich brachte.

Einen Einblick in die Glaubenswelt der Hindus gibt der Priester in dem Haupttempel von Mauritius im Ort Triolet, nördlich der Hauptstadt Port Louis. Gegen eine Spende für die Gemeinde führt er durch die Tempelanlagen und erklärt die Bedeutung der verschiedenen Gottheiten, insbesondere deren Stellung im ewigen Kampf zwischen dem Guten und dem Bösen.

am Morgen mit Milch gefüllt hat, und bringt es ihm zurück. Dieser gießt die Milch über die Statue des Gottes Muruga, und es heißt, die Milch sei frisch und kühl geblieben wie am Morgen. Einige Tropfen bleiben im Gefäß, das der geläuterte Büßer zurückerhält und austrinkt. Muruga nimmt die Opfer an und segnet alle Anwesenden, und der Tag klingt fröhlich und heiter aus.

Maha Shivaratree

Im nordindischen Hinduismus ist Maha Shivaratree das wichtigste der vielen religiösen Feste, die das Jahr begleiten. Ende Februar, manchmal auch Anfang März, findet die Prozession aller Hindus zum Grand Bassin statt. Man schätzt, daß es über 250 000 Gläubige sind, die sich auf diesen Tag durch Fasten, Gebete und Meditation vorbereiten. Fleisch und Alkohol sind in dieser Zeit verboten. Die Pilgerreise zu Ehren des Gottes Shiva, einer der drei großen Gottheiten des Hinduismus, beginnt drei Tage vor dem großen Tag. Die Familien legen feierliche weiße Baumwollkleidung an und machen sich von allen Ecken und Enden der Insel zu Fuß auf den Weg in Richtung Grand Bassin. Viele von ihnen tragen aus Bambus gefertigte und mit Stoffen geschmückte Gestelle – ähnlich dem *Kavadee* – auf ihren Schultern. Manche dieser *Kanvars* sind so groß und so schwer, daß vier Männer sie gemeinsam tragen müssen. Sie sind mit Fahnen und Spiegeln kunstvoll geschmückt und haben die Form eines Tempeldaches. Es dauert drei Tage, bis die gigantische Prozession das Ufer des Grand Bassin mit seinen vielen Tempeln am Ufer und den direkt ins Wasser führenden Treppen erreicht. Hier wird Rast gemacht, die Gläubigen beten zu ihren Göttern, bringen Opfer und erleben ein Gefühl des Göttlichen. Nach dem Glauben der Hindus führen die hier abgehaltenen Meditationen zu einer Vereinigung von Menschen und Göttern, von Himmel und Erde und gipfeln in einem Moment der Erleuchtung, der Einheit mit Shiva.

Sprachen

Kreol

Obwohl die verschiedenen Volksgruppen ihre Tradition bewahren und weitgehend in ihren eigenen Kulturen weiterleben, haben alle Mauritianer eine gemeinsame Sprache, in der sie sich untereinander verständigen. Diese Sprache wird auf der ganzen Welt von zehn Millionen Menschen gesprochen. Die größte Gruppe findet man im Süden der Vereinigten Staaten, außerdem wird es auf Haiti, auf Guadeloupe und Martinique und einigen anderen Inseln der Karibik sowie auf den Inseln des westlichen Indischen Ozeans, den Seychellen, Réunion und Mauritius gesprochen. Lange Zeit beschrieb man diese Sprache als einen Dialekt oder als eine primitive, ›entartete‹ Form des Französischen. Sprachwissenschaftler sind jedoch inzwischen zu der Erkenntnis gekommen, daß es sich um eine – wenn nicht sogar mehrere – vollwertige Sprache handelt, deren Grammatik aber noch nicht erforscht und in Schulbüchern festgehalten ist.

Auf Mauritius allerdings ist man davon überzeugt, daß Kreol lediglich eine vereinfachte Form des Französischen sei, und mißt ihm von offizieller Seite her keinerlei Bedeutung bei. Es

In den Markthallen von Port Louis

gibt keine ›offizielle‹ Schreibweise, keine Zeitschriften, die Artikel in Kreol verfassen, und vor allem ist es auch nicht Amtssprache. Einzige Amtssprache ist das Englische, eine Sprache, die auf der Insel weit weniger verbreitet ist als etwa Kreol (das 95 % der Bevölkerung sprechen), die indischen Sprachen, wie Bhujpuri (40 %), Hindi (20 %) oder Tamil (20 %). Vor allem aber fällt auf, daß Verkäufer, Taxifahrer und Hotelangestellte sich weitaus gesprächiger zeigen, wenn man mit ihnen Französisch spricht statt Englisch.

Seit dem Jahr 1978 existieren Bemühungen aller kreolischsprachigen Staaten, eine einheitliche Schreibweise und eine einheitliche Grammatik zu entwikkeln. Hierbei haben die Seychellen eine Vorreiterrolle übernommen. Dort ist Kreol heute anerkannte Amtssprache, für das ›neue Kreol‹ gibt es einheitliche Schreibweisen, die in den Schulen unterrichtet und vor allem auch in den Ta-

geszeitungen benutzt werden. Auf Mauritius konnte man sich zu solchen Lösungen noch nicht entschließen, obwohl der Sprachenwirrwarr bei weitem größer ist. Insgesamt werden von einer Million Einwohnern auf der Insel 22(!) Sprachen als Muttersprachen neben dem Kreol genutzt. Hierzu zählen beispielsweise neben der indischen Hochsprache Hindi verschiedene andere indische Sprachen (Tamil, Urdu, Telegu, Marathi, Gujarathi, Bhujpuri) sowie sich stark voneinander unterscheidende chinesische Sprachen (Mandarin, Hakka, Kantonesisch); von der islamischen Bevölkerung wird in den Familien häufig arabisch oder eine pakistanische Sprache gesprochen.

Die kreolische Sprache entstand dadurch, daß die französischen Grundbesitzer gleichsprachige Sklaven streng voneinander getrennt hielten. Es wurde darauf geachtet, daß Familien nicht auf den selben Farmen lebten, daß nach Möglichkeit Suaheli sprechende Ostafrikaner mit Malagasy sprechenden Madagassen zusammen arbeiteten. Damit wurde die Kommunikation unter den Sklaven erschwert und so die Gefahr von Aufständen und Revolten vermindert. Die Herren sprachen mit den Sklaven natürlich Französisch, und so mußten diese, so gut sie konnten, Französisch lernen. Die sich aus diesen Zwängen ergebende Sprache benutzten sie, um sich mit ihren ›Eigentümern‹ zu verständigen, aber auch untereinander.

Zunächst entwickelten sich dadurch viele Dialekte und verschiedene Arten von Mischsprachen – auf jedem Gut, jeder Plantage ein wenig anders. Im Lauf der Jahrzehnte glichen sie sich einander an, wobei Grundlage immer das Französische blieb. Es mußte sich allerdings den Denkformen und grammatikalischen Gewohnheiten der Sklavensprachen anpassen. Worte, die im Französischen fehlten, wurden hinzugefügt, andere, die in der Welt der Sklaven

keine Bedeutung hatten, entfielen ganz. Trotz der vielen tausend Kilometer, die zwischen Haiti in der Karibik und Mauritius im Indischen Ozean liegen, sind sich die unabhängig voneinander entstandenen Sprachen doch so ähnlich, daß sich die Kreolen dieser beiden Inseln untereinander verständigen können. Die wichtigsten Unterschiede bestehen darin, daß das Kreol auf Mauritius mehr Begriffe aus dem Hindi, aus den madagassischen Sprachen und dem Suaheli absorbiert hat, während das haitianische Kreol neben Einflüssen vorwiegend westafrikanischer Sprachen weit mehr Elemente aus dem Englischen aufweist als das mauritianische Kreol. Von der Grammatik her ist die Sprache einfach aufgebaut – es gibt keine Fälle, keine Veränderung von Verben, nur eine Vergangenheits-, keine Zukunftsform –, dafür verfügt sie jedoch über eine große Anzahl von Bildern, Wortspielen und Vergleichen.

Mädchen beim Waschen an einem Flüßchen im Landesinneren

Es gibt neue Bestrebungen in Mauritius, Kreol zur Amtssprache zu erheben. Dafür spricht in erster Linie die Tatsache, daß es von nahezu allen Bewohnern der Insel gesprochen und verstanden wird. Dies hätte auch den Vorteil, daß sich keine der vielen Volksgruppen auf Mauritius benachteiligt fühlen müßte. Problematisch ist jedoch, daß nur sehr wenig internationale Literatur in kreolischer Sprache existiert. Vor allem bei der Schulausbildung würden Probleme auftreten, wenn man in den naturwissenschaftlichen und humanistischen Fächern die notwendige Literatur in kreolischer Sprache zur Verfügung stellen müßte.

Französisch

In der gebildeten Schicht hat sich die französische Sprache durchgesetzt. Sie wird in allen Schulen als Fremdsprache gelehrt – ebenso wie das Englische –, doch bleibt bei den Schulkindern in der Regel nur die Fähigkeit erhalten, sich auf Französisch zu unterhalten. Schriftlich können sich nur Absolventen einer höheren Schule, also die Kinder aus den Familien der Oberschicht, französisch ausdrücken.

Englisch

Englisch ist Amtssprache und im Schulunterricht gebräuchlichste Sprache. Schul- und Universitätsprüfungen müssen auf Englisch geschrieben werden. Schulabschlußprüfungen werden nach Großbritannien geschickt, wo sie korrigiert und benotet werden. Angesichts des Sprachenproblems ist es verständlich, daß der Prozentsatz der nicht bestandenen Prüfungen mit 45 % recht hoch ist.

Chinesisch

Aufgrund der geringen Zahl von Chinesen in der Gesamtbevölkerung spielen chinesische Sprachen nur eine geringe Rolle. Sie werden nur innerhalb der Familien benutzt. Umgangssprache außerhalb der Familie ist für Chinesen Kreol, daneben aber auch Englisch und Französisch.

Sprachen indischen Ursprungs

Inder sprechen nicht alle die gleiche Sprache; neben dem am stärksten vertretenen Hindi als Hochsprache gibt es das Urdu, für das arabische Schriftzeichen verwendet werden, und das Bhujpuri, einen Dialekt, der keine Schrift besitzt, in der indischen Bevölkerung aber viel verwendet wird. Es hat in Indien eine ähnliche Funktion wie auf Mauritius das Kreol und wird als Zweitsprache erlernt, um mit Indern anderer Sprachräume kommunizieren zu können. Weitere unter den Indern gesprochene Sprachen sind das Tamil, das Marathe, das Gudscharate und das Celugu.

Es erscheint unwahrscheinlich, daß in kurzer Zeit ein Weg zu einer allgemeinen, genormten schriftlichen und mündlichen Kommunikation gefunden wird. Allerdings zeichnet sich ab, daß das Kreol bei der jüngeren Generation zur alleinigen Umgangssprache wird. Vielleicht entscheidet man sich dann dafür, Französisch zur zweiten Hauptsprache neben Englisch zu machen, da diese Sprache dem Kreol am nächsten steht und die Möglichkeit der internationalen Kommunikation und des Austausches von wissenschaftlichen Werken und Literatur bietet.

Geschichte

Die Entdecker

Es ist nicht historisch gesichert, wer die ersten Besucher der Insel Mauritius waren. Da aber schon vor mehreren tausend Jahren **Phönizier** durch das Rote Meer in den Indischen Ozean segelten, behaupten einige Historiker, sie seien die ersten Siedler auf Mauritius gewesen.

Sie berufen sich unter anderem auf den griechischen Geschichtsschreiber Herodot, der von einer Expedition erzählt, die Pharao Nicho II. im 7. Jh. v. Chr. in den Indischen Ozean geschickt haben soll. Nach ihrer Rückkehr behaupteten die Seefahrer, sie seien im Süden um Afrika gesegelt. Damals glaubte man ihnen nicht, zumal sie obendrein angegeben hatten, auf ihrer Reise habe die Sonne lange Zeit mittags im Norden gestanden. Nach unserem heutigen Wissen scheint der Bericht der Phönizier durchaus glaubwürdig, denn südlich des Äquators steht die Sonne mittags eben im Norden. Ein Blick auf die Karte verrät jedoch, daß diese mutigen Seefahrer kaum auf Mauritius gestoßen sein dürften. Es ist eher zu vermuten, daß sie sich während ihrer Reise möglichst nahe der afrikanischen Küste hielten und zwischen Madagaskar und dem Kontinent hindurchsegelten. Als erste Besucher dürften die Phönizier daher wohl ausscheiden.

Wesentlich wahrscheinlicher ist, daß die ersten Siedler, die aus Südostasien über den Indischen Ozean kamen und sich in Madagaskar niederließen, auch wenigstens für kurze Zeit auf Mauritius Station machten. Allerdings fand man keine Spuren, die das beweisen könn-ten. Zudem ist ungewiß, welchen Weg die **Indonesier, Polynesier** und **Malaien** nahmen. Anhänger der Theorie, daß sie in ihren Auslegerbooten auf direktem Weg über den Ozean kamen und dabei vom südlichen Äquatorialstrom getragen wurden, meinen, daß sie wohl auch die ersten Siedler auf Mauritius gewesen sein müßten.

Heute ist eine andere Theorie verbreitet. Danach ist die Bevölkerung Madagaskars nicht auf direktem Wege über den Ozean gekommen, sondern hat sich über Jahrhunderte in mehreren Schüben entlang der asiatischen und afrikanischen Küsten bewegt. Von Ostafrika erfolgte der Sprung hinüber nach Madagaskar. Geht man davon aus, daß die Einwanderer aus Südostasien im ersten Jahrtausend nach Christi Geburt über Afrika nach Madagaskar gelangten, so erklärt dies auch den zum Teil negroiden Einschlag der madagassischen Stämme. Auf der Wanderung nach Westen und Süden könnte eine mehr oder minder starke Vermischung mit afrikanischen Stämmen stattgefunden haben.

Mit Sicherheit haben **arabische Seefahrer** Mauritius gekannt. Sie waren es nämlich, die im Mittelalter den Portugiesen, die als erste die Inseln des Indischen Ozeans auf Seekarten festhielten, den Weg wiesen. Daß die Navigatoren der portugiesischen Schiffe Araber waren, ist vielfach belegt. Einmal ergibt es sich aus der Tatsache, daß die Inseln auf den ersten portugiesischen Seekarten noch arabische Namen trugen. Zweitens finden sich auch in alten arabischen Schriften entsprechende Hinweise. Die Araber wußten aus jahrtausendelanger Handelserfahrung in dieser

Gegend der Welt Bescheid. Aber auch von ihnen fand man keine Spuren auf Mauritius. Um so mehr jedoch auf anderen Inseln des westlichen Indischen Ozeans, wie etwa auf den Seychellen und auf Madagaskar. Dort sind inzwischen nachgewiesenermaßen Gräber und Gebrauchsgegenstände arabischer Herkunft gefunden worden.

Man nimmt daher an, daß Mauritius im ersten Jahrzehnt des 16. Jh. erstmals von Seefahrern betreten wurde. Zu dieser Zeit jedenfalls tauchten Mauritius, Rodrigues und Réunion auf den portugiesischen Seekarten auf. Auf der ersten bekannten Karte trug Mauritius noch den arabischen Namen ›Dinahrobi‹, den **portugiesische Seefahrer** von ihren arabischen Lotsen übernommen hatten. Bald darauf benannten sie die Insel nach einem portugiesischen Schiff ›Ilha do

Dom Pedro Mascarenhas

Cerne‹ (›Schwaneninsel‹), und wiederum einige Jahrzehnte später erscheint der Name ›Mascarenhas‹ auf den Karten, zu Ehren des portugiesischen Seefahrers Dom Pedro Mascarenhas, des mutmaßlichen Entdeckers von Mauritius. Heute lebt dieser Name in dem Sammelbegriff ›Maskarenen‹ für die drei Inseln Réunion, Mauritius und Rodrigues weiter.

Eine systematische Besiedlung aber betrieben die Portugiesen ebensowenig wie die möglicherweise vor ihnen an Land gegangenen Seefahrer. Sie hatten kein Interesse, neues Siedlungsland zu finden, sondern waren auf der Suche nach Ländern, mit denen es sich lohnte, Handel zu treiben oder die man gar – im Namen Gottes, des Papstes und des Kaisers – unterwerfen und zum Christentum bekehren konnte. Die Portugiesen begnügten sich damit, Ziegen und Schweine auf Mauritius auszusetzen, die sie dann auf halbem Wege nach Indien bei einem Halt wieder jagen, schlachten und als Proviant auf die Schiffe nehmen konnten.

Die Holländer

Gegen Ende des 16. Jh. begann die große Zeit der holländischen Seefahrer im Indischen Ozean. Angeblich im Jahr 1598 ging eine erste holländische Expedition auf Mauritius an Land. Auf ihren Seekarten änderten sie den Namen der Insel und benannten sie nach dem Statthalter Moritz von Oranien. Die Holländer erkannten den ungeheuren Reichtum der Insel an edlen Hölzern und drangen mit der Axt in die Wälder ein, errichteten Siedlungen und versuchten auch die Nachbarinsel Réunion zu besiedeln.

Nun begannen Seefahrer verschiedener Nationen sich für Mauritius zu interessieren. Plötzlich erschien die Insel auf allen Seekarten, und es war leicht festzustellen, daß sie auf dem Seeweg von Südafrika nach Indien lag. Es hatte sich auch herumgesprochen, daß Mauritius mit seinen Tausenden von Schildkröten, den flugunfähigen Dodos und den schon von den Portugiesen freigelassenen Schweinen und Ziegen einen idealen Stützpunkt auf dem Wege nach Indien darstellte. Selbst in Dänemark wußte man, daß Edelholz aus Mauritius von ganz besonders guter Qualität war. Der dänische König Christian IV. entsandte ein eigens für dieses Unternehmen gebautes Schiff nach Mauritius. Es stand unter dem Befehl eines Holländers und hatte eine holländische Besatzung. Damit täuschte man die damaligen holländischen Siedler, die natürlich annahmen, es handle sich um ein holländisches Schiff, und bereitwillig Edelholz an Bord schafften. In europäischen Bibliotheken fand man Dokumente, wonach im Jahre 1624 besonders gutes Ebenholz von Kopenhagen nach Hamburg exportiert wurde. Offenbar war der Coup des dänischen Königs erfolgreich abgeschlossen worden.

Auch Franzosen und Engländer kamen, um Edelhölzer auf Mauritius zu schlagen. Um das zu verhindern und den Reichtum für sich zu behalten, beschlossen die Holländer die offizielle Annexion der Insel. Ab 1638 lebten ein holländischer Gouverneur und etwa 20 Familien auf Mauritius. Die neue Kolonie entwickelte sich jedoch nicht weiter, und bis 1690 war die Zahl der Bewohner holländischer Herkunft kaum größer. Man nimmt an, daß damals etwa 200 Holländer und vielleicht 500 bis 1000 Sklaven aus Madagaskar, Afrika und Java hier siedelten. Zu Beginn des 18. Jh. verließen die Holländer Mauritius freiwillig wieder, denn der systematische Raubbau hatte die Wälder verwüstet, die einheimische Tierwelt zerstört und dazu geführt, daß sich die durch die Schiffe eingeschleppten Ratten explosionsartig vermehrten. Neben den Ratten zerstörten aber auch die regelmäßig wiederkehrenden Zyklone die jungen Plantagen der Holländer. Da inzwischen die neue Kolonie am Kap der Guten Hoffnung große Entwicklungschancen versprach, ließ man Mauritius alleine zurück.

Die Besiedlung der Insel Rodrigues

Etwa 650 km östlich von Mauritius liegt die kleine Insel Rodrigues, die politisch zu Mauritius gehört. Ihre Besiedlung begann mehrere Jahrzehnte später als die von Mauritius: Einige französische Hugenotten wollten sich um 1690 eine neue Heimat suchen. Da es ihnen zu riskant erschien, sofort gemeinsam in Richtung Indischer Ozean zu segeln, sandten sie zunächst zehn Freiwillige aus. Das Schiff erreichte bei Sturm die damals schon französische Insel Réunion, die Besatzung wagte aber nicht, in den nur wenig geschützten Hafen einzulaufen. Man beschloß, weiter nach Osten zu der noch unbesiedelten Insel Rodrigues zu segeln. 1691 setzte das Boot die zehn Freiwilligen in Rodrigues an Land. Die bis dahin völlig unerforschte Insel hatte nun erstmals Bewohner. Ihnen schien das Leben sehr gut zu gefallen, denn dort gab es – fast – alles, was man zum Leben benötigte – ein angenehmes Klima, genug zu essen, viele Vögel, Fische, Krebse, Muscheln, Schildkröten, Früchte und alle möglichen Gemüse. Aus der Kokospalme gewannen sie Palmwein, das Flußwasser war trinkbar, und es gab keine gefährlichen Tiere.

Das einzige Problem war – wieder einmal – der Frauenmangel. 1695, vier Jahre nachdem sie an Land gegangen waren, hatten die zehn Männer genug. Sie bauten sich eine Barkasse und setzten bei gutem Wetter nach Mauritius über. Dort waren sie den damals noch holländischen Einwohnern verdächtig und wurden sofort auf eine vorgelagerte Insel in die Verbannung geschickt. Die Holländer hatten erwartet, daß die Hugenotten nach kurzer Zeit sterben würden. Doch die inselerfahrenen Seeleute ernährten sich mehrere Jahre lang von den Eiern der auf ihrer Insel nistenden Seevögel und überlebten. Als die Holländer merkten, daß das Problem nicht gelöst war, ließ man die Gefangenen nach Java transportieren, machte ihnen dort den Prozeß und schob sie anschließend per Schiff wieder nach Frankreich ab. Insgesamt dauerte dieses Abenteuer sieben Jahre.

Einer der Hugenotten schrieb seine Erlebnisse in Frankreich nieder. Seine Erzählungen inspirierten die Franzosen im Jahre 1725 zu einem erneuten Kolonisierungsversuch der Insel Rodrigues. Im Jahre 1750 entstand schließlich eine erste Ansiedlung von Dauer.

Die Herrschaft der Franzosen

Ein Zufall weckte das Interesse der Franzosen an der Insel Mauritius. Sie hatten sich 1643 in der Garnison Fort Dauphin an der Südspitze von Madagaskar erstmals im Indischen Ozean niedergelassen. Als man zwölf Meuterer von dort loswerden wollte, erinnerte man sich an die Insel Mauritius und verbannte die Rebellen dorthin. Drei Jahre später, nachdem ihre Strafe abgelaufen war, holte man sie zurück und war erstaunt über ihren guten Gesundheitszustand. Einige der zwölf waren drei Jahre vorher schwerkrank gewesen, und man hatte angenommen, daß sie bald sterben müßten. Sie hatten sich aber erholt und erfreuten sich bester Gesundheit. Bis auf eine Gruppe holländischer Holzhändler mit ihren Sklaven blieb die Insel dennoch weiterhin unbesiedelt. In der Zwischenzeit hatten lediglich nochmals acht Franzosen und sechs Madagassen einige Jahre der Verbannung auf Mauritius verbringen müssen.

1663 allerdings versuchten zwei Franzosen aus Madagaskar, gemeinsam mit ihren sieben Sklaven und drei Sklavinnen, Mauritius zu besiedeln. Schon bald gab es jedoch Ärger. Die madagassischen Sklaven versuchten nämlich, ihre französischen Herren zu ermorden. Vorangegangen waren verständliche Meinungsverschiedenheiten über die Verteilung der Aufgaben in der neuen Kolonie. Die beiden Franzosen wollten die Arbeit den madagassischen Männern überlassen, sich dafür aber selbst um so intensiver um die drei Sklavinnen kümmern. Nach dem mißglückten Mordversuch flohen die Sklaven zunächst in die Berge, wurden dort aber später von französischen Soldaten gejagt. Als man ihnen Straffreiheit zusicherte, kehrten sie freiwillig zurück, und offenbar teilten sich die Franzosen und die Madagassen dann friedlich die Arbeit – und die drei Frauen. Sie brachten Kinder sowohl von den Franzosen als auch von den Madagassen zur Welt.

In den nächsten Jahrzehnten kamen nur vereinzelt neue Siedler aus Frankreich und Madagaskar. Es galt zunächst den eklatanten Frauenmangel zu beheben, der ausgebrochen war, nachdem die Franzosen 1665 mehrere Schiffe von der Bretagne nach Madagaskar und Mauritius entsandt hatten und etwa 20

Mann Besatzung auf Mauritius ließen. Zwei Jahre später brachte ein französisches Schiff eine Gruppe französischer Mädchen an Land, die man in Waisenhäusern eingesammelt hatte. Später legten Schiffe aus Madagaskar an, die Frauen in Mauritius an Land setzten.

Häufige Besucher waren in der Region tätige **Piraten**, die es keiner der Seehandel betreibenden Nationen erlaubten, ungestört die Reichtümer Asiens nach Europa zu bringen. Im September 1715 riß den Franzosen, deren Handel mit Ostindien immer stärker von den Piraten beeinträchtigt wurde, der Geduldsfaden. Sie rüsteten ein Kriegsschiff aus, schickten es nach Mauritius und nahmen Besitz von der Insel. Da die Holländer – bis auf wenige Ausnahmen – 1710 die Insel verlassen hatten, war das ein einfaches Unterfangen. Zunächst wichtigste Folge dieser neuen Inbesitznahme war es, daß wieder ein neuer Name auf den Seekarten erschien – ›Ile de France‹. Besiedlungspolitik allerdings betrieben die Franzosen nicht; sie begnügten sich damit, auf Piratenjagd zu gehen. Erst sechs Jahre später beschloß man, die Insel der Französisch-Ostindischen Gesellschaft zu übergeben. Sie setzte 15 Siedler und einen Pfarrer an Land und nahm feierlich von der Insel Besitz. Systematisch wurden nun von Réunion, aus Frankreich und aus Madagaskar neue Siedler und Sklaven herangebracht, die zunächst bittere Erfahrungen mit den von den Holländern hinterlassenen Ratten, den Zyklonen und vor allem mit den in die Berge geflüchteten Sklaven der holländischen Siedler machen mußten. Etwa zehn Jahre lang schien die französische Kolonie nicht recht Fuß fassen zu können. Erst 1735, als Frankreich einen neuen Gouverneur schickte, änderte sich alles.

Gouverneur Mahé de Labourdonnais

Der neue Gouverneur **Mahé de Labourdonnais** machte die Kolonie zu einem großen Erfolg und begründete die Herrschaft Frankreichs über den Indischen Ozean. Als erstes ließ er einen orkansicheren Hafen und militärische Befestigungen an der Stelle errichten, an der sich heute Port Louis befindet. Er verlegte auch sein Hauptquartier dorthin, ließ fünf französische Kriegsschiffe mit 1200 Seeleuten und 500 Soldaten im Hafen stationieren und siedelte mohammedanische Inder an, die den Hafen in Betrieb zu halten hatten. Nach einigen Jahren Entwicklungsarbeit hatte sich Mauritius von einer wilden, öden Insel zu einer blühenden und rentablen Kolonie der Französisch-Ostindischen Gesellschaft entwickelt.

Seeräuber und ihre Schätze

Das Piratenunwesen ist so alt wie der Handel im Indischen Ozean. Die aus Ostindien stammenden Kolonialwaren waren dermaßen wertvoll, daß schon ein einziges erobertes Schiff die Seeräuber für den Rest ihres Lebens zu reichen Männern machte. Man nimmt an, daß schon zur Zeit der Holländer Piraten auf Mauritius nahezu ungehindert an Land gehen konnten, um Proviant zu bunkern. Nachdem die Holländer die Insel verlassen hatten, wurde sie natürlich zu einem noch beliebteren Stützpunkt. Die Heimat der Piraten allerdings lag nicht auf Mauritius, sondern an der Nordspitze Madagaskars, dort, wo sich heute die Stadt Diego-Suarez befindet. Außerdem existierte noch auf der Insel Ste. Marie, die der Ostküste Madagaskars vorgelagert ist, eine Ansiedlung. Im Norden Madagaskars hatten die Piraten sogar ihre eigene Republik ›Libertalia‹ ausgerufen, und jeder Bewohner durfte an dem Reichtum teilhaben, der aus den geraubten Handelsschiffen an Land gebracht wurde. Zu Beginn des 18. Jh. jedoch bekamen die Piraten mehr und mehr Schwierigkeiten mit der madagassischen Bevölkerung, und man bemühte sich darum, neue Heimathäfen zu finden. Die meisten Piraten waren auf der Nachbarinsel Réunion willkommen. Man gab ihnen die vollen Bürgerrechte, und viele beschlossen, auf ein bürgerliches Landleben ›umzuschulen‹. Andere jedoch verlegten ihr Hauptquartier nach Mauritius. Von dem berühmten Piraten La Buse wird behauptet, er habe auf Mauritius riesige

Mahé de Labourdonnais war am 11. Februar 1699 in St. Malo zur Welt gekommen. Als Zehnjähriger begann er seine Karriere bei der Handelsmarine. Mit 20 Jahren war er bereits Leutnant der Französisch-Ostindischen Gesellschaft. Später führte er einige Jahre als Kapitän ein portugiesisches Schiff und beteiligte sich an der Jagd nach Piraten vor der indischen Ostküste. 1733 kehrte er als reicher Mann nach St. Malo zurück und nahm dort wieder Kontakt zu der Französisch-Ostindischen Gesellschaft auf. Am 4. Juni 1735 erreichte er auf einem Schiff dieser Gesellschaft Port Louis – er war neuer Gouverneur der ›Ile de France‹ geworden. Es wird berichtet, daß er nicht nur Befehle gab und Pläne entwarf, sondern er soll häufig bei den Bauarbeiten für Straßen, den Hafen und das Regierungsgebäude selbst mitgeholfen haben. 1744 gingen die ersten beiden Zuckerraffinerien in Betrieb, der Hafen war fertig, das Regierungsgebäude stand, und die Insel konnte ihre Bewohner selbst ernähren.

Im selben Jahr jedoch bat der französische Generalgouverneur von Indien den inzwischen berühmt gewordenen Mahé de Labourdonnais im Seekrieg

Schätze vergraben und alle Mitwisser, die dabei mitgewirkt hatten, unmittelbar danach getötet. Von Mauritius aus konnten die Piraten ihre Arbeit fortsetzen, die inzwischen zu einem wohlorganisierten und einträglichen Geschäft geworden war. Im Norden Madagaskars und auf der Insel Ste. Marie trafen nun in regelmäßigen Abständen Einkäufer aus Amerika ein. Sie beluden ihre Schiffe mit den von den Piraten eroberten Schätzen und bezahlten freigiebig mit spanischen Goldmünzen – geraubt von spanischen Schiffen in der Karibik.

Noch heute gibt es immer wieder einzelne Schatzsucher oder sogar professionell ausgerüstete Gruppen auf Mauritius, die bei Tamarin, bei Combuse, in Bambous oder in Petite Rivière Noire zwischen Felsspalten graben, Skelette zu Tage fördern und magische Zeichen entdecken. Angetrieben werden diese Schatzsucher von Berichten alter Piraten und Korsaren, die in geheimnisvollen und schwer verständlichen Mitteilungen von angeblichen Verstecken unermeßlicher Schätze berichten. Unter den wenigen Dingen, die der englische Pirat William Loble hinterließ, als er 1722 auf einem Schiff auf der Reise von Réunion nach Frankreich verstarb, fand man eine Beschreibung, die später von Schatzsuchern entschlüsselt wurde. Sie versuchten, den Text in Zeichnungen umzusetzen, aus denen dann Informationen über die mögliche Lage des beschriebenen Schatzes entnommen werden konnten. Auch von dem berühmten Piraten del' Estang ist eine solche Beschreibung überliefert. Erfolgreich war bisher jedoch noch keine der Expeditionen. Lediglich die Unternehmer, die die Schatzsuche zu einem Geschäft ausgebaut haben, sind wirklich auf Gold gestoßen. Sie gaben Anfang dieses Jahrhunderts Aktien aus, die den Inhaber berechtigten, Einblick in die Dokumente zu bekommen, an den Ausgrabungen teilzunehmen und einen ihrem Anteil entsprechenden Teil des Schatzes für sich zu behalten – wenn tatsächlich etwas gefunden werden sollte. Die Aktien sollen sich sehr gut verkauft haben.

zwischen England und Frankreich um Hilfe. Mit 3000 Mann Besatzung stach dieser 1746 in See, segelte nordwärts an die Ostküste Indiens, schlug die Engländer in einer Seeschlacht und eroberte die Insel Madras, über die nun Streit zwischen dem französischen Generalgouverneur in Indien und Mahé de Labourdonnais entstand. Der Generalgouverneur war der Ansicht, man müsse Madras behalten, während Mahé de Labourdonnais meinte, man könne es den Engländern zurückgeben, da es keine strategische Bedeutung besäße. Da letzterer der Held der Schlacht gewesen war, setzte er sich schließlich durch und gab den Engländern Madras gegen ein hohes Lösegeld zurück.

Während er sich auf der Überfahrt zurück nach Mauritius befand, nutzte sein Gegenspieler, der indische Generalgouverneur, die Gelegenheit, in der Heimat zu protestieren und erreichte, daß Mahé de Labourdonnais, ohne gefragt zu werden, als Gouverneur von Mauritius abgesetzt wurde. Er selbst erfuhr es erst, als er im Hafen von Port Louis an Land ging. Sofort wurde er nach Frankreich zurückbeordert und dort angeklagt. Man unterstellte ihm, die von den Engländern bezahlte Ablösesumme für Madras sei Bestechungsgeld vom Feind gewesen. Der Prozeß dauerte mehrere Jahre, und es wurden Hunderte von Zeugen vernommen. Mahé de Labourdonnais verbrachte die Zeit als Gefangener in der Bastille. Nach dem Ende des Prozesses wurde er freigelassen und rehabilitiert. Seine glanzvolle Karriere als Kapitän und als Gouverneur war jedoch beendet. Er hatte seine Gesundheit in der Gefangenschaft ruiniert und starb wenige Jahre darauf als armer Mann.

Trotzdem entwickelte sich die Kolonie in den folgenden Jahren weiter, denn es war ein solides Fundament gelegt worden. 22 französische Kriegsschiffe waren inzwischen von der Französisch-Ostindischen Gesellschaft in Port Louis stationiert worden. Erst als der Siebenjährige Krieg gegen England sich dem Ende zuneigte und sich ein Sieg der Engländer abzeichnete, begann das Ende der glanzvollsten Zeit von Mauritius. Die Ostindische Gesellschaft war der Pleite nahe, so daß die französische Regierung beschloß, die Insel wieder unmittelbar dem König zu unterstellen. Dieser entsandte mit **Daniel Dumas** einen Gouverneur, der wenig Persönlichkeit besaß, schließlich aufgrund eines Streites mit seinem Untergebenen Pierre Poivre abgesetzt und von dem neuen Gouverneur **Desroches** abgelöst wurde. Aber auch mit dem begann **Pierre Poivre** einen Streit, der sich um die Frage drehte, welche Aufgabe Mauritius in Zukunft übernehmen sollte. Pierre Poivre wollte die Insel zu einer Plantage machen, aus der Gewürze und Holz exportiert werden konnten. Desroches hielt es für wichtiger, Gemüse und andere Lebensmittel zur Versorgung der Bevölkerung anzupflanzen. Trotz dieses Streites gelang es Pierre Poivre und Desroches, die Ordnung auf Mauritius einigermaßen wie-

derherzustellen. Sie erneuerten die Gebäude, die seit der Rückkehr von Mahé de Labourdonnais nach Frankreich verfallen waren, schufen eine funktionierende Gerichtsbarkeit und bekämpften die unter Dumas eingerissene Korruption. Desroches schaffte es auch, weitere große Teile der Insel an neue Siedler zu vergeben, die wertvolle Pflanzungen anlegten.

Die Engländer im Indischen Ozean

Um 1780 wurde es im Indischen Ozean wieder unruhig. Die Engländer begannen, mit ihrer überlegenen Seestreitmacht eine französische Niederlassung in Indien nach der anderen zu zerstören. Als die Situation sich zuspitzte, entschloß sich der französische König, eine gut ausgerüstete Flotte nach Mauritius zu senden. Zu den 48 000 Einwohnern kamen nun nochmals 15 000 Soldaten und Seemänner. Sie wurden von Réunion und Mauritius hervorragend ernährt und unterstützt und schlugen nun eine erfolgreiche Schlacht nach der anderen gegen die Engländer. Man gewann zwar einige der in Indien verlorenen Stützpunkte zurück, diese waren jedoch zerstört und wertlos geworden. Aus diesem Grunde zog sich Frankreich auf die Maskarenen zurück und errichtete dort den wichtigsten Stützpunkt östlich von Afrika. In dieser neuen Blütezeit hatte Port Louis eine ebenso große Bedeutung als Welthafen wie Bombay, Madras, Kalkutta oder Jakarta.

Da Mauritius allen handeltreibenden Schiffen als Stützpunkt zur Verfügung stand, nahm der Umschlag dort ganz erheblich zu. Die Zahl der in den Hafen einlaufenden Segelschiffe stieg von 80 pro Jahr Ende des 18. Jh. auf fast 350 im Jahr 1803 an. Nahezu täglich traf ein

Le Réduit
Zufluchtsort vor Malaria und Engländern

Eines der schönsten und großzügigsten kolonialen Bauwerke kann leider seit Beginn der 90er Jahre nur noch einmal pro Jahr, am Tag der offenen Tür, besichtigt werden. Es ist das Château de Réduit, heute repräsentativer Sitz des Staatspräsidenten und Gästehaus für hochrangigen Staatsbesuch. Der Gouverneur Barthélemy David errichtete 1748 diese neue Residenz etwa 12 km landeinwärts von Port Louis angesichts der wachsenden Präsenz der Engländer im Indischen Ozean. Er befürchtete (wie sich gute 50 Jahre später herausstellte, nicht zu Unrecht), daß die Engländer an Mauritius Interesse finden könnten. Bei einem erfolgreichen Angriff wäre ihnen die Residenz von Port Louis leicht in die Hände gefallen. Daher wollte Gouverneur David die wichtigsten Unterlagen lieber im Landesinneren verwahren und eine sichere Zuflucht für die führenden Familien der Insel schaffen. Zudem herrschte einige hundert Meter oberhalb des Meeresspiegels ein gesünderes Klima als an der Küste. Die Ebenen rund um Port Louis bestanden aus stickigen Sümpfen, in denen in regelmäßigen Abständen Malariaepidemien ausbrachen. Erst nach einer schrecklichen Epidemie, der ein Drittel der Bevölkerung zum Opfer fiel, entschloß man sich, die Feuchtgebiete trockenzulegen.

Das *Château* von Le Réduit liegt in völliger Stille und Abgeschiedenheit in einem prachtvollen Gartengelände zwischen zwei tief eingeschnittenen Flußtälern. Aufgrund dieser Gegebenheiten war Le Réduit eine Festung, die ihren Namen (›Zufluchtsort‹) verdiente. Zusätzlich bekam es aber auch den Beinamen ›Le Bout du Monde‹ (›das Ende der Welt‹), da es aus damaliger Sicht schier unerreichbar und versteckt lag. Unmittelbar daneben befindet sich heute die University of Mauritius, deren neues Gebäude von der Schnellstraße kaum zu übersehen ist. Das *Château* aber ist von dort aus nicht zu erkennen, da es in dichter Vegetation versteckt ist.

Die Auffahrt vom Eingangstor zum Schloß wurde vom französischen Gartenbauer Aubet im französischen, geometrischen Stil angelegt. Die späteren englischen Herren jedoch legten rundherum im englischen, naturnahen, aber dennoch gepflegten Stil Spazierwege und weite Rasenflächen an und pflanzten schattenspendende Obstbäume. Auch das Gebäude hat sich im Lauf der Jahrhunderte verändert. Das ursprüngliche Holzgebäude wurde zunächst durch Termiten untergraben und anschließend von einem Zyklon weggefegt. 1778 war daher der erste Neubau fällig, den Vicomte de Souillac errichten ließ. Er legte fest, daß alle Gouverneure in diesem Haus Wohnrecht haben sollten, wovon auch alle Betroffenen Gebrauch gemacht haben. Seit Mauritius ein unabhängiger Staat ist, bewohnt der Staatspräsident für die Dauer seiner Amtszeit das Château Le Réduit.

großes Schiff ein, das be- und entladen werden mußte, darunter auch eine Vielzahl von Handelsschiffen aus den Vereinigten Staaten von Amerika, die Zwischenstation auf ihrem Heimweg von China und Indien machten. Zum Reichtum der Insel trugen der Handel mit Reis aus Madagaskar, mit Sklaven aus arabischen Häfen, mit Gewürzen aus Java und Indien bei.

In diesen Jahren begann man daran zu denken, die eigene Macht auszuweiten. Die Gouverneure streckten ihre Fühler nach Madagaskar, nach den Komoren und nach den Seychellen aus. 1770 hatte **Brayer du Barré** versucht, eine erste Ansiedlung auf der Insel Mahé zu gründen. Er war jedoch nicht sehr erfolgreich, und bis 1785 lebten lediglich 28 Soldaten, sieben Kolonisten und etliche Sklaven auf Mahé. 1789 versuchte es ein anderer, der wesentlich erfolgreicher arbeitete. Doch der Ausbruch der Französischen Revolution und der Krieg mit England beendeten bald den Beginn einer Kolonisation der Seychellen. Schon 1795 konnten die Engländer diese unbewaffneten und unbefestigten Inseln ohne große Probleme übernehmen.

Die Zeit der Korsaren

Die Franzosen hatten Ende des 19. Jh. die Herrschaft über den Indischen Ozean verloren, die Engländer konnten nun ihren Handel mit Indien ausbauen. Frankreich reagierte auf ganz besondere Weise. Man rüstete Schiffe aus und übergab sie mutigen Seefahrern mit der Aufgabe, englische Handelsschiffe aufzubringen und deren Handelsware zu übernehmen. Die Technik hatte man den Piraten abgeschaut, doch wurde diesen neuen Piraten, den Korsaren, der Segen Frankreichs mitgegeben. Allerdings

durften sie ihre Gegner nicht, wie die Piraten, nach gewonnener Seeschlacht töten und ins Meer werfen; sie nahmen sie gefangen und brachten sie ins Gefängnis nach Port Louis. Die eroberte Fracht wurde fein säuberlich an Land getragen, registriert und in Lagerhäusern verstaut. Ein Teil des Gewinns ging an den Kapitän und die Besatzung.

Die Schiffe der Korsaren zeichneten sich dadurch aus, daß sie besonders schnell und beweglich waren. Viele von ihnen waren nur mit etwa 50 Mann Besatzung versehen. Andere dagegen, wie etwa ›La Psyche‹, führten 34 Kanonen und fast 300 Männer mit sich. Mit dieser neuen Kriegtaktik erzielten die Franzosen erhebliche Erfolge, die verständlich machen, warum die englischen Händler allein auf den Kopf des berühmtesten Korsaren, **Robert Surcouf,** die unglaublich hohe Summe von 250 000 Francs aussetzten. Sie wollten ihn in einen eisernen Käfig sperren und der Bevölkerung von Kalkutta wie ein wildes Tier vorführen. Man sagt, er habe nicht weniger als 47 englische Schiffe aufgebracht, darunter die mit 38 Kanonen, 150 Mann Besatzung und 300 Soldaten bestückte ›Kent‹. Surcouf selbst hatte auf seinem Schiff ›Confiance‹ nur 18 Kanonen und 185 Mann Besatzung.

Englische Geschichtsschreiber behaupten, daß alleine in den Jahren 1807–1809 18 englische Handelsschiffe mit Waren und Geld im Werte von über 30 Millionen Francs in die Hände der Korsaren fielen.

Die Zeit der englischen Herrschaft

Aber auch die erfolgreichen Korsaren konnten nicht verhindern, daß die Engländer ihre Macht über die Meere weiter ausdehnten. England verhängte eine Blockade über alle Inseln der Maskarenen und eroberte dann Insel für Insel. Zuerst fiel ihnen Rodrigues, das nahezu unbewaffnet und wehrlos war, in die Hände. Anschließend requirierte England alle verfügbaren Streitkräfte in Bombay, Madras, Kalkutta und Südafrika, sammelte seine Flotte bei Rodrigues und setzte am 29. November 1810 an der Nordspitze von Mauritius, die heute Cap Malheureux genannt wird, nicht weniger als 10 000 Mann an Land. Dem Gouverneur Napoleons blieb nichts anderes übrig, als schon wenige Tage darauf zu kapitulieren. Die Konditionen dieser Kapitulation waren jedoch mehr als großzügig. Weder der Gouverneur selbst noch seine 4000 Soldaten brauchten in Gefangenschaft zu gehen. Alle französischen Siedler auf der Insel

Denkmal für die Seeschlacht vor Grand Port (1810), die zur Übernahme von Mauritius durch die Engländer beitrug

erhielten volle Freiheit der Religionsausübung und durften sogar weiter nach den französischen Gesetzen leben. Allen wurde es freigestellt, innerhalb von zwei Jahren das Land zu verlassen und sämtlichen Besitz mitzunehmen. Lediglich die Verwaltung wurde auf das englische System umgestellt. Namen, die allzu sehr an die frühere französische Herrschaft erinnerten, wurden geändert. So erhielt Port Louis, das inzwischen in Port Napoléon umbenannt worden war, wieder seinen alten Namen zurück, und aus der ›Ile de France‹ wurde wieder Mauritius.

Im 1815 unterzeichneten Friedensvertrag gaben die Engländer die ebenfalls eroberte Insel Réunion, die man wegen ihrer schlechten Häfen für wertlos hielt, an die Franzosen zurück. Mauritius, Rodrigues und die Seychellen sowie die anderen kleinen Inseln aber wurden unter englische Verwaltung gestellt. Damit hoffte man, Frankreich unter Kontrolle zu halten. Indem man den Franzosen Réunion, das für militärische Aktionen wenig geeignet zu sein schien, überließ, handelte man sich die Garantie ein, daß sie nicht versuchen würden, auf einer der anderen kleinen Inseln Fuß zu fassen.

Zuckerinsel Mauritius

Mit der englischen Verwaltung begann auf Mauritius die Zeit des Zuckerrohrs. Die Engländer unterstützten die Kultivierung größerer Flächen und erhöhten die Produktion von 35 000 t im Jahr 1840 auf ca. 100 000 t im Jahr 1850. Nochmals 50 Jahre später hatte man die Produktion auf 160 000 t hochgeschraubt. Da sich diese ungeheuren Mengen obendrein auch noch gut verkaufen ließen, machte sich eine wahre Euphorie breit, und jeder, der ein Stück Land besaß, pflanzte Zuckerrohr an. Es entstand eine neue Klasse – die der Zuckerproduzenten –, die an Macht und Einfluß innerhalb kürzester Zeit die der Händler weit übertraf.

Die Plantagenbesitzer wollten unter allen Umständen verhindern, daß die Engländer ihren Plan zur Befreiung der Sklaven durchführten. Unter der Führung des Pflanzers und Journalisten **Adrian d'Epinay** schlossen sie sich zusammen und organisierten einen so starken Widerstand, daß sich das *Colonial Office* gezwungen sah, die Rebellion mit Gewalt niederzuwerfen. Obwohl der Abgesandte der englischen Krone, John Jeremie, der die Aufgabe übernommen hatte, einen Weg zur Beendigung der Sklaverei zu finden, mit einer starken Streitmacht eintraf, konnte er sich nicht gegen die Plantagenbesitzer durchsetzen. Erst als die Engländer sich darauf einließen, für die Freilassung der Sklaven hohe Entschädigungen zu bezahlen, waren die Plantagenbesitzer einverstanden. Als Belohnung für diese Leistung wurde Adrian d'Epinay mit einer Büste im Zentrum von Port Louis unsterblich gemacht.

1833 wurde in allen englischen Kolonien die **Sklavenbefreiung** proklamiert. Zunächst profitierten die ehemaligen Herren davon jedoch wesentlich stärker als die Sklaven, denn für jeden befreiten Sklaven bekamen die Herren nicht nur die ausgehandelte Entschädigung, sondern zudem wurde per Gesetz bestimmt, daß jeder Sklave auf seinem bisher angestammten Arbeitsplatz als ›Lehrling‹ weiter zu arbeiten hatte. Im Unterschied zu vorher bekam er nun allerdings eine geringe Bezahlung, und es wurde ihm eine Unterkunft garantiert. Trotzdem zogen es die meisten ehemaligen Sklaven vor, von den Plantagen zu fliehen, sich irgendwo ein kleines Stück Land abzugrenzen und eine Hütte zu bauen.

Der Kulihandel

Mit dem Geld, das den Zuckerproduzenten aus den Entschädigungszahlungen für den Verlust ihrer Sklaven nun zur Genüge zur Verfügung stand, bezahlten sie Händler, die es sich zur Aufgabe gemacht hatten, aus Indien und aus China ›Kulis‹ zu importieren. Die Engländer bemerkten erst spät, daß hier eine neue Form der Sklaverei eingerichtet wurde, die sich nur in wenigen Details von der früheren unterschied. In den Regionen um Kalkutta und Bombay erzählte man armen Arbeitern, sie würden in eine andere Stadt in Indien gebracht, wo es reichlich Arbeit und Brot gebe und wo man Gold fände, wenn man nur tief genug in den Plantagen grabe. In Wirklichkeit pferchte man sie in Schiffe, die früher dem Transport von Sklaven gedient hatten, und überließ sie dann den ehemaligen Sklavenhändlern. Ein großer Teil der Kulis starb unterwegs, denn sie hatten sich nicht auf eine lange Seereise eingerichtet. Die katastrophalen sanitären Verhältnisse und die Achtlosigkeit, mit der die Kulis angeworben wurden, führten außerdem dazu, daß verschiedene, bis dahin auf Mauritius unbekannte Krankheiten eingeführt wurden. Es entstanden Ernährungsprobleme, da die Bevölkerungszahl innerhalb weniger Jahre gigantisch anstieg. Bis 1910 wurden nahezu 500 000 neue Einwanderer aus Indien gezählt. Während Mauritius 1860 noch etwa 200 000 Einwohner gehabt hatte, war die Bevölkerung bis 1910 auf 700 000 angestiegen.

Die indischen Kulis hatten zwar auf einige Jahre beschränkte Verträge, die ihnen garantierten, daß sie nach Ablauf der Frist freie Rückfahrt beanspruchen konnten. Doch nur etwa ein Viertel der Inder kehrte in die Heimat zurück. Der Rest blieb nicht aus freien Stücken – man versuchte, sie zu halten, denn die Wirtschaft in Mauritius florierte, und man brauchte Arbeitskräfte. Die unterzeichneten Verträge nützten den Kulis

größten Teil dieses neuen Reichtums verkaufte man nach Indien, von wo man als Gegenleistung Reis importierte, von dem sich die indischstämmige Bevölkerung hauptsächlich ernährte.

Der **Zuckerboom** fiel in die Zeit, in der die Seeschiffahrt durch den Einsatz der ersten Dampfschiffe wesentlich

Grenzstein eines Zuckerrohrfeldes

nichts, denn die Gerichtsbarkeit durfte nur von Weißen in Anspruch genommen werden!

Ein Grund für den neuen Boom war, daß 1851 ein Gesetz aufgehoben wurde, das allen Schiffen, die nicht aus England kamen, das Anlegen in Port Louis verbot. Auf einen Schlag vervielfachte sich die Zahl der in Port Louis eintreffenden Handelsschiffe. Zweitens hatte man zu dieser Zeit in Australien die ersten Goldvorkommen entdeckt, und die Australier nutzten ihren neuen Reichtum, um Güter aus Europa zu importieren. Mauritius entwickelte sich zur Einkaufsinsel für die Australier. Händler spezialisierten sich darauf, aus Europa zu importieren, was sich in Australien absetzen ließ. Hauptgrund für den Boom jedoch war die florierende Zuckerproduktion. Den

schneller und sicherer wurde, was zur Folge hatte, daß der Güteraustausch zwischen den Kontinenten sich vereinfachte und stark anstieg. Als sich 1869 schließlich durch die Eröffnung des Suezkanals der Weg von Europa nach Indien verkürzte und vor allem der gefährliche Umweg um das Kap der Guten Hoffnung überflüssig wurde, waren sämtliche Grundlagen geschaffen, um Mauritius eine Blütezeit zu bescheren. Nun konnte man den Zucker schnell, sicher und mit großem Profit nach Europa exportieren. Der Zuckerboom brachte die Verwaltung auf die Idee, sich auch der in Europa aufkommenden neuen technischen Möglichkeiten zu bedienen. So begann man 1862 zwei Eisenbahnlinien zu bauen: eine von Port Louis in den Norden der Insel und über Goodlands weiter an die Ostküste und eine zweite, die über die Berge Richtung Osten nach Mahébourg und weiter bis Souillac führte. Beide wurden 1865 eröffnet. Mauritius hatte nun so große wirtschaftliche Bedeutung erlangt, daß die Eastern Telegraph Company 1869 beschloß, ein unterseeisches Kabel von Europa nach Mauritius und weiter nach Asien zu legen.

Beobachter aus Europa sahen den Boom auf Mauritius mit Sorge. Zu ungleich war die Verteilung des Reichtums, und es entstand keine Infrastruktur, die eine gesunde weitere Entwicklung erwarten ließ. Zwar wurden die für Handel und Produktion notwendigen technischen Einrichtungen schnell und wirkungsvoll errichtet, doch hatte man nicht dafür gesorgt, daß die negativen Folgeerscheinungen dieses Booms bekämpft wurden. Cholera und Malaria rafften in der zweiten Hälfte des 19. Jh. in mehreren Epidemien Zigtausende von Menschen dahin – alleine von 1866 bis 1868 wurden 50 000 Opfer gezählt. Es dauerte mehrere Jahrzehnte, bis man die Krankheiten besiegt hatte.

Schon in der Zeit des Booms machte sich bemerkbar, daß die Zuckerrohr-Monokultur große Gefahren in sich birgt, da beim Auftreten von Krankheiten oder Naturkatastrophen die gesamte Wirtschaft des Landes, die nur von einem Produkt abhängt, auf einen Schlag zerstört wird. Trockenheiten, verheerende Zyklone oder Insektenbefall der Zuckerrohrfelder hatten mehrfach zur Folge, daß die dringend benötigten Einnahmen ausblieben.

Die größte Gefahr für das Land stellte die Polarisierung der Gesellschaft dar – auf der einen Seite die Zuckerproduzenten, auf der anderen Seite die große Masse von Arbeitern, die ohne Ausbildung, Chancen und Rechte blieb. Bis 1871 fügten sich die Arbeiter resigniert in ihr Schicksal. Doch im Juni dieses Jahres änderte sich die Situation, denn ein kleiner Pflanzer deutscher Herkunft namens **von Plevitz** organisierte eine Gruppe von Arbeitern und setzte beim damaligen Gouverneur **Charles George Gordon** durch, daß eine Kommission gebildet wurde, die Streitigkeiten zwischen kleinen Pflanzern bzw. Arbeitern und Zuckerfabrikanten schlichten sollte. Die Fabrikanten wollten dies natürlich verhindern, doch erreichten sie lediglich, daß die Kommission aus Abgesandten des Königshauses in London zusammengesetzt wurde. So hoffte man, ein wenig sachkundiges und auf der Seite der Zuckerproduzenten stehendes Gremium vor sich zu haben. Zur Überraschung aller erlaubte die Kommission jedoch dem Führer der Arbeiter, die von den Plantagenbesitzern aufgeführten Zeugen selbst zu befragen. So gingen fast alle Prozesse vor dieser Kommission zugunsten der Arbeiter aus, und die Plantagenbesitzer wurden schwerer Vergehen beschuldigt. Diese Ergebnisse bildeten die Grundlage einer ganzen Reihe neuer Gesetze. Sie konnten zwar nicht alle Hoffnungen der Arbeiter erfüllen, brachten jedoch sozialen Fortschritt. Der wichtigste war das Ende der Einwanderung aus Indien. Damit ging den Pflanzern eines ihrer Hauptdruckmittel verloren, nämlich die Drohung, die mauritianischen Arbeiter zu entlassen und durch neue Arbeiter aus Indien zu ersetzen.

Es war höchste Zeit gewesen für diese Maßnahmen, denn die Insel war bereits überbevölkert. Viele Kreolen wanderten nach Australien, Südafrika und Madagaskar aus. Einzelne Pflanzer erkannten die Gefahr der Monokultur und begannen, Tee und Tabak anzubauen. Diese Initiativen waren jedoch nur halbherzig und mit wenig Energie vorangetrieben worden. Die Folge war der Ausfall von Exporten, der Verlust von Märkten, die sich der Karibik zuwandten oder selbst auf die Zuckerproduktion zurückgriffen, die damals mit Hilfe der Zuckerrübe auch in Europa möglich geworden war.

Gegen Ende des 19. Jh. geriet Mauritius in große Not. 1891, 1893 und 1899 brachen Cholera- und Malariaepidemien aus. Ein Zyklon zerstörte 1892 große Teile der Hauptstadt Port Louis, die gleich anschließend von einem Großfeuer endgültig vernichtet wurde. Da man der Malaria nicht Herr geworden war, zogen viele der überlebenden Bewohner von Port Louis in höhergelegene Gebiete der Insel. Mauritius, das noch vor einigen Jahrzehnten mit Recht der ›Stern und Schlüssel zum Indischen Ozean‹ genannt worden war, war zu einer zerstörten, verarmten, von kranken und deprimierten Menschen bewohnten Geisterinsel geworden. Durch Auswanderung und Krankheiten war die Bevölkerungszahl auf etwa 350 000 zurückgegangen, und Mauritius verlor seine Stellung als Zwischenstation für den Handel zwischen Asien und Europa. Madagaskar übernahm mehr und mehr die Stellung, die Mauritius vorher innehatte. Ein großer Teil der ›Elite‹, der einzigen Schicht auf Mauritius, die über eine gute Ausbildung verfügte, wanderte nach Australien und Südafrika aus. Sie nahmen neben dem Know-how auch das Kapital mit. Den Todesstoß schließlich versetzte der Erste Weltkrieg der Insel. Die großen Nationen benötigten ihre Schiffe für den Krieg und konnten sie nicht mehr für den Handel einsetzen. Der noch verbliebene Handel, der über Mauritius abgewickelt wurde, halbierte sich so von 1914 bis 1918.

Das 20. Jahrhundert

Zwischen den beiden Weltkriegen erlebte Mauritius einen wirtschaftlichen Aufschwung, der auch von sozialen Fortschritten begleitet wurde. Mahatma Gandhi hatte Anfang des Jahrhunderts Mauritius besucht und nach seiner Rückkehr nach Indien einen Abgesandten geschickt, der die Aufgabe hatte, gemeinsam mit der indischstämmigen Bevölkerung für Gleichberechtigung zu kämpfen. Es wurde die **Arbeiterpartei** gegründet, die Streiks organisierte und erreichte, daß die indische Bevölkerung Vertreter in die Volksversammlung entsenden konnte.

Der wirtschaftliche Aufschwung jedoch wurde vom Zweiten Weltkrieg jäh unterbrochen. Die einzige regelmäßig verkehrende Schiffslinie zwischen Europa und Mauritius stellte ihren Betrieb ein, und sogar die Schiffsverbindungen nach Madagaskar und Ostafrika wurden unterbrochen. Bis 1942 war die Insel von der Welt abgeschnitten. In jenem Jahr eröffneten die Engländer als Stützpunkt für den Krieg im Indischen Ozean den Militärflughafen in Plaisance. Die Flugverbindungen nach Europa und Asien veränderten das Leben auf der Insel grundlegend. Mauritius wurde wieder Teil der Weltgemeinschaft.

Die Unabhängigkeit

Nach dem Ende des Zweiten Weltkriegs deuteten sich auf politischem Gebiet entscheidende Veränderungen an. Das *Colonial Office* in London hatte seine Politik radikal geändert. Systematisch versuchte es, in den Kolonien Selbstverwaltungen zu errichten. Außerdem bewilligte es große Summen zur Bekämpfung der Cholera und der Malaria. Zwischen 1949 und 1952 wurden riesige Mengen Insektizide versprüht, und tatsächlich war Anfang der 50er Jahre die Malaria auf Mauritius verschwunden. Die Engländer richteten den Hafen wieder her, ließen Straßen bauen und steckten viel Geld in die Anlage neuer Teeplantagen. Trotzdem blieb Zucker weiterhin die Haupteinnahmequelle der Insel.

Nachdem eine gewisse wirtschaftliche Stabilität erreicht war und verschiedene politische Parteien sowie eine Anzahl sehr aktiver Zeitungen für ein selbständiges politisches Leben sorgten, hielt das *Colonial Office* 1965 die Zeit für die Entlassung der Insel in die Unabhängigkeit für gekommen. Die Engländer entsandten eine Kommission, die verschiedene Selbstverwaltungsorgane errichtete. 1967 wurden Wahlen durchge-

führt, bei denen sich die Mehrheit der Bevölkerung für die Unabhängigkeit aussprach. Am 12. März 1968 war es soweit. Feierlich wurde Mauritius nach etwa 150 Jahren englischer Herrschaft zum unabhängigen Staat erklärt. Staatsoberhaupt der parlamentarischen Monarchie blieb weiterhin Königin Elizabeth II., die sich durch einen Generalgouverneur vertreten ließ. Erster Premierminister wurde **Seewoosagur Ramgoolam**, der Führer der 1936 gegründeten Parti Travailliste (Arbeiterpartei).

Probleme des unabhängigen Mauritius

Viele der wirtschaftlichen und sozialen Probleme, die sich aus der Zuckerrohr-Monokultur und aus der ethnischen und

Parade am Unabhängigkeitstag auf dem Marsfeld in Port Louis

religiösen Vielfalt der Bevölkerung ergeben, müssen nun von den Mauritianern eigenständig gelöst werden. Nach und nach bildeten sich politische Parteien als Zentren der politischen Willensbildung. Die erste auf Mauritius gegründete politische Partei, die **Arbeiterpartei,** wollte ursprünglich die Interessen aller bisher rechtlosen – vor allem indischen – Arbeiter vertreten. Da jedoch auch die moslemische Bevölkerung eine eigene Vertretung brauchte, gründete sich 1958 das **Comité d'Action Muselman** (C.A.M.). Die Christen, in der Hauptsache Franko-Mauritianer und Kreolen, schlossen sich nach dem Zweiten Weltkrieg in der **Partie Mauricien Social Démocrat** (PMSD) zusammen. Erwartungsgemäß gewann die Arbeiterpartei die ersten Wahlen, da sie sich auf die Unterstützung der hinduistischen Bevölkerung verlassen konnte, war jedoch auf die PMSD als Koalitionspartner angewiesen, die auf diese Weise verhindern konnte, daß die hinduistische Mehrheit die Zuckerplantagen und -raffinerien verstaatlichte.

Eine grundlegende Veränderung ergab sich 1970, als das erst zwei Jahre zuvor gegründete **Mouvement Militant Mauritien** (MMM) völlig überraschend aus regionalen Nachwahlen als Sieger hervorging. Die Partei war von Studenten aus Protest gegen die ethnische Interessenvertretung der bisher bestehenden politischen Parteien gegründet worden und hatte sensationellen Erfolg. Aus Angst vor einer Niederlage ließ die regierende Koalition aus Sozialdemokraten und Arbeiterpartei die für 1972 angesetzten landesweiten Wahlen vom Parlament auf das Jahr 1976 verlegen. Zugleich mit diesem Handstreich versuchte man, die ungeliebte Konkurrenz durch die Verhaftung der wichtigsten Führer handlungsunfähig zu ma

chen. Es wurde die Pressezensur eingeführt, und mit Hilfe der noch in Schlüsselpositionen verbliebenen Engländer, v. a. in Militär und Polizei, hielt man die Macht der Arbeiterpartei aufrecht.

Bei den Wahlen 1976 trat neben der hinduistischen Arbeiterpartei und den franko-mauritianischen Sozialdemokraten auch wieder das MMM an und gewann die meisten Parlamentssitze. Die Machtübernahme dieser überkonfessionellen und ethnisch ungebundenen Partei wurde aber durch eine Koalition der Arbeiterpartei mit den Sozialdemokraten verhindert.

Sechs Jahre später war die Zeit des MMM endgültig gekommen. Im Juni 1982 erteilte die Bevölkerung von Mauritius den etablierten Parteien eine Lektion: Über 63 % der abgegebenen Stimmen entfielen auf das MMM, das damit aufgrund des Mehrheitswahlrechts sämtliche (!) Sitze im Parlament eroberte. Mit großen Plänen begann die neue Regierung ihre Arbeit, und die Bevölkerung hoffte auf eine Neuorientierung, die eine gerechtere Verteilung von Kapital und Produktionsmitteln bringen würde. Drei politische Hauptziele hatte das MMM in sein Programm aufgenommen, das wegen parteiinterner Streitigkeiten dann aber nicht zur Ausführung kam: die Verstaatlichung des Transportwesens, des Hafens und der Zuckerfabriken sowie von 51 % des Hotelgewerbes. Weiterhin sollte die wirtschaftliche Abhängigkeit von der Europäischen Gemeinschaft und insbesondere von Südafrika (wegen dessen Apartheidpolitik) beendet werden. Drittes und wichtigstes politisches Anliegen war die Schaffung einer sogenannten ›Friedenszone im Indischen Ozean‹ – den Supermächten sollte untersagt werden, im Indischen Ozean

Diego Garcia
Flugzeugträger im Indischen Ozean

Bis einige Jahre vor der Entlassung in die Unabhängigkeit hatten zum Gebiet der Kolonie Mauritius auch die mitten im Indischen Ozean gelegenen Chagos-Inseln gehört. 1965 wurden sie jedoch aus dieser Verwaltungseinheit ausgegliedert, und Großbritannien stellte die zum Archipel gehörende Insel Diego Garcia den USA zur militärischen Nutzung zur Verfügung, die dort eine der größten Atombasen der Welt errichteten. Sämtliche Einwohner des Chagos-Archipels wurden zwangsweise nach Mauritius umgesiedelt, wo sie unter schwierigen Bedingungen leben und auf den Tag warten, an dem sie in ihre Heimat zurückkehren dürfen. Jeglicher Besuch Diego Garcias und der anderen kleinen Inseln des Archipels ist bis heute von den amerikanischen Behörden untersagt.

Die Idee zur Errichtung dieser Militärbasis stammt aus der Amtszeit Präsident Kennedys. Seine Administration unternahm damals erste Schritte, um von den Briten eine Anzahl von Inseln im Indischen Ozean für militärische Zwecke zur Verfügung gestellt zu bekommen. Bald wurden sich beide Parteien handelseinig, und es wurde eine neue Verwaltungseinheit unter dem Namen *British Indian Ocean Territory* gegründet, zu der neben dem Chagos-Archipel noch einige andere Inseln im Indischen Ozean zählten – die wichtigsten davon Aldabra, Farquhar und Desroches, die heute alle zum Staatsgebiet der Seychellen gehören.

Den Inhalt der Übereinkunft Großbritanniens mit den USA kannte allerdings niemand auf Mauritius, bis ein Mitglied des amerikanischen Kongresses das Geheimnis nach Jahren lüftete und

militärische Basen zu errichten. Im Rahmen dieses Programms wurde auch die Insel Diego Garcia, die zum Chagos-Archipel gehört, von den USA zurückgefordert.

Doch schon wenige Monate nach den Wahlen gab es Streit innerhalb der neuen Regierungspartei. Der Premierminister **Anerood Jugnauth** trennte sich vom MMM und gründete eine eigene Partei, das **Mouvement Socialiste Mauricien** (MSM). Da unklar war,

wie nunmehr die Parlamentssitze zu verteilen seien, einigte man sich darauf, Neuwahlen anzusetzen. Am 21. August 1983 erlangte eine Koalition der MSM, der Arbeiterpartei und der Sozialdemokraten die Mehrheit im Parlament. Das MMM mußte wieder in die Opposition gehen. Aus den Wahlen von 1987 und 1991 ging Anerood Jugnauth als Sieger hervor, das MSM bildete mit wechselnden Koalitionspartnern die Regierung.

zugab, daß auf Diego Garcia eine große Militärbasis errichtet worden war. Sofort protestierte die mauritianische Regierung in London, denn es war zugesichert worden, daß Diego Garcia lediglich an das *British Indian Ocean Territory* abgetreten werde, damit die Briten dort Einrichtungen zur Nachrichtenübertragung installieren konnten. Eine Militärbasis war in dieser Übereinkunft nicht vorgesehen – und schon gar keine amerikanische. Bereits damals, unter der Regierung der Arbeiterpartei, wurde die Forderung aufgestellt, daß Mauritius Anspruch auf die Rückgabe der Insel habe, wenn England sie nicht zu dem im Vertrag mit Mauritius vorgesehenen Zweck nutze.

Offizielle Stellungnahmen sowohl aus den USA als auch aus Großbritannien kamen spärlich und waren sehr vage. Dennoch wurde bekannt, daß zwölf amerikanische Kriegsschiffe, darunter der Kreuzer ›Nimitz‹ und ein mit Raketen bestücktes Kriegsschiff mit dem Namen ›Longbeach‹, von San Diego in Richtung Diego Garcia ausliefen. Außerdem wurde die amerikanische Präsenz im Indischen Ozean durch drei Schiffe verstärkt, die aus dem Mittelmeerraum dorthin verlegt wurden. Insgesamt haben die USA etwa 35 Kriegsschiffe im Indischen Ozean stationiert. Diego Garcia ist damit heute die wichtigste amerikanische Militärbasis in diesem Raum und diente beispielsweise Anfang der 90er Jahre als Basis für Operationen im Golfkrieg.

Als die Seychellen 1976 in die Unabhängigkeit entlassen wurden, erhielten sie die Inseln Aldabra, Farquhar und Desroches (die schon vor 1965 zu dieser Kolonie gehört hatten) zugesprochen. Das *British Indian Ocean Territory* hatte damit seinen Zweck erfüllt, doch wurde es nicht aufgelöst, und Diego Garcia sowie der Chagos-Archipel blieben unter englischer bzw. amerikanischer Verwaltung. Heute ist es nur einigen wenigen Weltumseglern vergönnt, die paradiesische Natur dieser Inseln zu genießen.

Das Thema der Rückgabe Diego Garcias wird auch in der zukünftigen Politik der Staaten des Indischen Ozeans eine Rolle spielen. Insbesondere werden sich die gut 1000 ehemaligen Bewohner Diego Garcias, die in den 60er Jahren nach Mauritius zwangsevakuiert worden waren, mit ihrem Schicksal wohl nicht zufriedengeben.

1992 entschieden sich die Parlamentarier schließlich mit großer Mehrheit für die **Abschaffung der Monarchie.** Mauritius wurde Präsidialrepublik mit eigenem Staatsoberhaupt, blieb jedoch Mitglied des Commonwealth.

Im Dezember 1995 wurden ein neues Parlament und ein neuer Ministerpräsident gewählt. Die Arbeiterpartei (Parti Travailliste), inzwischen unter der Führung des Sohnes von Seewoosagur Ramgoolam, Navinshandra Ramgoolam, ging eine Koalition mit dem MMM unter Paul Beranger ein und betreibt seither eine Politik der Liberalisierung der Wirtschaft, die sich bereits nach wenigen Monaten in der Abschaffung von Devisenkontrollen, der Einführung des Rechts auf einen Reisepaß für jedermann und einer Liberalisierung des Flugverkehrs *(Open-Sky*-Politik) niederschlug.

Zeittafel

Anfang 16. Jh.	Portugiesische Seefahrer entdecken Mauritius, das in den Karten als ›Mascarenhas‹ erscheint.
1598	Eine erste holländische Expedition landet auf Mauritius.
1638	Die ersten holländischen Siedler lassen sich auf Mauritius nieder. Sie werden von einem holländischen Gouverneur begleitet.
ab 1663	Einzelne Gruppen französischer Siedler lassen sich auf Mauritius nieder.
1691–1695	Französische Hugenotten besiedeln die Nachbarinsel Rodrigues. Das Experiment scheitert nach vier Jahren.
1710	Die Holländer verlassen Mauritius.
1715	Guillaume Dufresne, der Kommandant des Schiffes ›Le Chasseur‹, nimmt Mauritius für Frankreich in Besitz. Die Insel wird in ›Ile de France‹ umbenannt.
1721	Die Verwaltung von Mauritius wird der Französisch-Ostindischen Gesellschaft übertragen.
1722	Der erste französische Gouverneur landet auf Mauritius.
1735	Mahé de Labourdonnais, der berühmteste aller französischen Gouverneure, übernimmt die Geschäfte auf Mauritius.
1744	Die ersten beiden Zuckerraffinerien auf Mauritius gehen in Betrieb.
1748	Versuch der Engländer, die Insel zu erobern.
1794	Offizielle Abschaffung der Sklaverei.
1808	Der Code Napoléon wird als Gesetz in Mauritius eingeführt.
1810	Nach der Seeschlacht bei Grand Port landen die Engländer unter General Abercrombie im Norden von Mauritius; Kapitulation der Franzosen.
1815	Die Franzosen treten Mauritius, Rodrigues und die Seychellen an England ab, erhalten jedoch Réunion von diesem zurück.
1816	Ein großer Teil von Port Louis wird durch ein Feuer zerstört.
1833	Abschaffung der Sklaverei in allen britischen Kolonien.
1834	Ankunft der ersten indischen ›Kulis‹ auf Mauritius.
1847	Die erste Briefmarke der Insel, die ›Blaue Mauritius‹, erscheint.
Mitte 19. Jh.	Mauritius erlebt durch den Zuckerboom einen vehementen wirtschaftlichen Aufschwung.
1867	Erstmalig wird vor Gericht ein Plädoyer in französischer Sprache gehalten.
1892	Der bisher schlimmste Zyklon zerstört weite Teile von Mauritius, darunter die Hauptstadt Port Louis.

1947	Eine neue Verfassung, die bereits die spätere Unabhängig-keit der Insel vorsieht, tritt in Kraft.
12. März 1968	Mauritius erhält die Unabhängigkeit. Die Regierung wird von der Arbeiterpartei unter Premierminister Seewoosagur Ramgoolam gestellt.
1970	Aus Regionalwahlen geht das neugegründete Mouvement Militant Mauritien (MMM) als Sieger hervor.
1976	Erste Wahlen nach der Unabhängigkeit.
12. März 1992	Abschaffung der Monarchie, Ausrufung der Präsidialrepublik.
1995	Nach dem Wahlsieg des MMM und der Arbeiterpartei wird Navinshandra Ramgoolam neuer Premierminister.
2000	Ende des Jahres findet die Neuwahl des Parlaments statt.

Mauritius heute

Wirtschaft

Die Wirtschaft der Insel Mauritius liegt zu 80 % in privater Hand. Staatsmonopole bestehen lediglich in der Energiewirtschaft und der Wasserversorgung. Daneben gehören dem Staat einige Unternehmen im Finanzbereich, einige Zuckerplantagen und verschiedene kleinere Unternehmen der wichtigsten Wirtschaftszweige.

Von überragender wirtschaftlicher Bedeutung ist bis heute die Zuckerindustrie, die zu 95 % exportorientiert ist und den Vorzug hat, daß kaum Devisen aufgewandt werden müssen, um sie am Leben zu erhalten. Ganz anders ist das beim zweitwichtigsten Devisenbringer, der Fabrikation von Textilien für den Weltmarkt. Der Einkauf der erforderlichen Rohstoffe kostet einen guten Teil des mit dem Verkauf der Fertigprodukte erzielten Erlöses. Und auch der Tourismus als dritte Devisenquelle hat den Nachteil, daß viele der von den Hotels benötigten Waren importiert werden müssen – gelegentlich sogar der Zucker (S. 84)!

Zuckerexport – der wichtigste Devisenbringer

Auf mehr als der Hälfte der Gesamtfläche der Insel, etwa 80 % der landwirtschaftlich nutzbaren Fläche, wird Zuckerrohr angebaut. Hiervon wiederum die Hälfte liegt in den Händen von 17 Großgrundbesitzern, die gleichzeitig Zuckerraffinerien betreiben. Die andere Hälfte des zur Anpflanzung von Zuckerrohr genutzten Bodens gehört insgesamt etwa 32 000 kleineren Bauern, die per Gesetz verpflichtet sind, ihre Ernte bei einer der 19 Fabriken abzuliefern. Mit 40 000 Arbeitern ist die Zuckerindustrie der weitaus größte Arbeitgeber und bringt mit 62 % den größten Anteil der Deviseneinnahmen.

In einem guten Jahr, d. h., wenn kein Zyklon die Ernte zerstört und keine Trockenheit herrscht, können bis zu 700 000 t Zucker produziert werden – in sehr schlechten Jahren allerdings auch nur die Hälfte. Der größte Teil des Zuckers wird in Form von Rohzucker nach Europa exportiert, etwa 50 000 t werden auf Mauritius selbst verbraucht. Eine gewisse Sicherheit wurde durch einen Vertrag mit der EU geschaffen. Diese zahlt einen festen – jedoch unter Weltmarktniveau liegenden – Preis und gibt als Gegenleistung eine Abnahmegarantie.

Doch die Übereinkunft mit der EU birgt auch Nachteile. So mußte die Regierung die Umsetzung ihrer Politik der Diversifizierung, also der Verringerung der Abhängigkeit vom Zucker und der Umstellung auf andere landwirtschaftliche Produkte aufschieben, um die im Vertrag mit der EU festgelegten Quoten erfüllen zu können. Im klimatisch ungünstig verlaufenen Produktionsjahr 1995 wurden während der Haupterntezeit nur 525 000 t Zucker produziert. Dies war erheblich weniger, als Mauritius an die EU liefern mußte, um sich auch für die kommenden Jahre die Abnahmegarantie zu erhalten. Die hierfür erforderlichen 585 000 t konnten nur erreicht werden, indem man eine ›Zwischenernte‹ einschob, die nochmals 60 000 t lieferte,

und dann die gesamte Produktion an die EU ablieferte – also auch den Anteil, der für den lokalen Verbrauch bestimmt war. Um diesen zu befriedigen, mußten dann etwa 30 000 t Zucker zu einem höheren Preis auf dem Weltmarkt eingekauft werden.

Um nicht nochmals in eine solch unangenehme Situation zu geraten, wurden bisher für den Teeanbau genutzte Flächen 1996 wieder mit Zuckerrohr bepflanzt, so daß man in den kommenden Jahren auf eine durchschnittliche Produktion von 650 000 t hoffen kann. Das würde ausreichen, um die EU-Quoten zu erfüllen und den heimischen Verbrauch zu decken. Bei guter Ernte bleibt sogar ein wenig übrig, was man zum hohen Weltmarktpreis zusätzlich verkaufen kann. Die Größe dieses Anteils entscheidet letztlich, ob es ein gutes oder schlechtes Zuckerjahr war.

Als das Zuckerrohr zur wichtigsten Einnahmequelle des Landes wurde, ent-

Blühendes Zuckerrohr

Anlieferung von Zuckerrohr in einer Zuckerraffinerie

standen Industrien, die als Lieferanten für die Zuckerproduktion erforderlich waren. Man fertigt für die Zuckerfabriken notwendige Maschinen, Säcke, in denen der Zucker auf die Schiffe verladen wird, und Geräte, mit denen das ausgepreßte Zuckerrohr weiter verarbeitet werden kann. Einen weiteren erheblichen Anteil an der Wirtschaft des Landes haben ›Abfallprodukte‹ der Zuckerproduktion. Dazu gehört insbesondere die Melasse (nahezu 200 000 t pro Jahr), aus der Rum hergestellt wird, aber auch das Rohr selbst, mit dem viele der schönen Hoteldächer gedeckt werden.

Abhängigkeit vom Zucker

Das durch den Zuckerverkauf eingenommene Geld wird zum großen Teil dafür verwendet, Lebensmittel aus Übersee einzuführen. Besonders teuer ist dabei der Import des Hauptnahrungsmittels **Reis,** vornehmlich aus Thailand und Burma. Seit 1970 wird in etwas regenreicheren Gegenden im Osten und Südosten von Mauritius Reis angebaut, jedoch ist das Ergebnis nicht befriedigend. Aus Europa wird Mehl, aus Madagaskar Fleisch und Milch in großen Mengen eingeführt. Nahezu ein Viertel des Gesamtimports besteht aus Nahrungsmitteln.

Vor einigen Jahren begann man versuchsweise, zwischen die Zuckerrohrfelder vereinzelt Mais, Kartoffeln oder Erdnüsse zu pflanzen. Da die Ernte zwischen den großen Feldern recht schwierig ist und der Anbau noch nicht systematisch betrieben wird, reicht der Ertrag längst nicht zur Deckung des Bedarfs aus. Lediglich beim **Kartoffelanbau** ist ein befriedigendes Ergebnis erzielt worden, Kartoffeln werden mehr und mehr zum Bestandteil der täglichen Nahrung auf Mauritius.

Erfolge wurden auch auf dem Gebiet der **Geflügelzucht** erzielt, während der

Versuch, Rindfleisch selbst zu produzieren, fehlschlug. Obwohl die Voraussetzungen für die Rinderhaltung im Hochland von Mauritius günstig sind, hatten die Züchter gegen den Widerstand mächtiger Rindfleischimporteure zu kämpfen, die einigen Reichtum dadurch angesammelt hatten, daß sie das Fleisch aus Madagaskar – zum großen Teil illegal – einführten.

Einigermaßen von Erfolg gekrönt war die Anlage von **Teeplantagen** im Hochland. Mehrere private Gesellschaften und die staatliche Tea Development Company produzieren inzwischen so viel Tee, daß der heimische Bedarf gedeckt werden kann. Da seine Qualität jedoch nicht sehr hoch ist, werden Flächen, auf denen zwischenzeitlich Tee für den Export produziert wurde, nun wieder für die Zuckerproduktion genutzt.

Die damit auf dem Weltmarkt zu erzielenden Gewinne liegen deutlich höher.

Obwohl Mauritius von fischreichen Gewässern umgeben ist, reicht der **Fischfang** nicht aus, um den Bedarf der Bevölkerung zu decken. Von den pro Jahr benötigten 16 000 t wird nur etwa ein Fünftel in mauritianischen Gewässern gefangen. Der Rest wird importiert, im wesentlichen von den Seychellen.

In anderen Bereichen kommt die Diversifikation zum Tragen, und es ist zu hoffen, daß sich die Abhängigkeit vom Zuckerexport reduziert. Allein aus dem Export von Blumen – insbesondere Anthurienschnittblumen – wurden 1995 fast 5 Mio. US-$ eingenommen. Eine geradezu sensationelle Zahl im Vergleich zu den knapp 30 Mio. US-$, die der Tourismus insgesamt eingebracht hat! Überraschenderweise haben sich

Anthurienzucht im Süden von Mauritius – inzwischen ein wichtiger Wirtschaftszweig für die Insel

auch chemische Produkte, die früher in großen Mengen importiert wurden, zu einem erfolgreichen Exportgut entwickelt. Allein von 1994 auf 1995 steigerten sich die Einnahmen in diesem Bereich um 40 %.

Die Export Processing Zone

Im Jahre 1970 wurde mit der Einrichtung der sogenannten *Export Processing Zone* (EPZ) eine neue Etappe der Industrialisierung eingeläutet. In Fabriken, die ausschließlich für den Export produzieren dürfen, dafür aber von jeglicher Steuerzahlung befreit sind, werden 50 % der Güter hergestellt, die Mauritius exportiert. 1971, kurz nach Gründung der Zone, hatten sich neun Firmen niedergelassen, die 700 neue Arbeitsplätze zur Verfügung stellten. Zehn Jahre später beschäftigten 103 Fabriken über 23 000 Angestellte. Der Großteil der neuen Unternehmen arbeitet auf dem Sektor der textilverarbeitenden Industrie. Heute kann Mauritius mehrere Millionen Pullover jährlich exportieren. Wichtigste Käufer sind Italien, Frankreich, die USA, Deutschland und Großbritannien.

Die EPZ bringt große Mengen fremden Kapitals ins Land und bietet Investoren wirtschaftliche Anreize. Arbeitskräfte sind vergleichsweise billig, verfügen aber – im Vergleich zu anderen Ländern der Dritten Welt – über hohe Geschicklichkeit und eine hervorragende Ausbildung. Die Lohnnebenkosten sind niedrig, die benötigten Rohstoffe dürfen zollfrei eingeführt werden. Gewinne müssen erst 20 Jahre nach der Gründung eines neuen Produktionszweiges versteuert werden, und das investierte Kapital darf garantiert wieder aus dem Land mitgenommen werden. Dieser Versuch, dem Land eine neue Einnahmequelle zu erschließen, ist bis-

her erfolgreich verlaufen. Allerdings hat sich in den vergangenen Jahren bereits der Zwang zu höherer Produktivität negativ ausgewirkt. Bei einer Arbeitslosenquote von nur 2 % (!) kann die Produktion nur durch stärkere Rationalisierung erhöht werden. Wenn aber einmal damit begonnen wird, Menschen durch Maschinen zu ersetzen, ist diese Tendenz kaum mehr zu stoppen. 1995 wurde die Produktion innerhalb der EPZ um 5 % erhöht, die Zahl der Arbeitnehmer allerdings sank ebenfalls um 5 %! Die Produktion wird ›schlanker‹, indem unrentable – weil zu wenig automatisierte – Betriebe in Konkurs gehen, andere Betriebe Menschen durch Maschinen ersetzen.

Eine ernste Gefahr für die EPZ stellt auch die generelle Weltwirtschaftslage dar. Da 90 % aller für den Export produzierten Güter nach Westeuropa und in die USA gehen, kann eine Umorientierung der Käufer zu Produktionsstätten etwa in Madagaskar, Indonesien, aber auch in osteuropäischen Staaten die Nachfrage nach Pullovern, T-Shirts und Anzügen ›Made in Mauritius‹ sehr schnell erlahmen lassen. Dieser Trend ist bereits spürbar, denn die Gehälter in Madagaskar, Indonesien und sogar in manchen Staaten Osteuropas liegen niedriger als die auf Mauritius.

Tourismus

Die dritte Devisenquelle des Landes ist der Tourismus. Inzwischen hat er für über 14 000 Menschen direkt Arbeitsplätze geschaffen. Es kann davon ausgegangen werden, daß mindestens ebensoviele Arbeitsplätze in Zulieferindustrien hinzuzurechnen sind. Pro Jahr besuchen über 400 000 Gäste aus aller Welt die Insel, davon etwa 100 000 aus Frankreich, 80 000 von der Nachbarinsel

Wichtiges wirtschaftliches Standbein der Insel – Luxushotels mit hervorragendem Service

Réunion und jeweils etwa 40 000 aus Südafrika, Großbritannien und Deutschland. Die restlichen 100 000 kommen aus Asien, Afrika und Amerika. Auch wenn geplant ist, im Laufe der kommenden zehn Jahre die Touristenzahlen nochmals zu erhöhen, ist nicht zu erwarten, daß je 1000 Mauritianer mehr als fünf Touristen ständig auf der Insel sein werden. In europäischen Touristenzentren wohnen in der Hochsaison oft mehr Gäste als Einheimische. Auf Ibiza beispielsweise kommen in den Sommermonaten auf jeden der 100 000 Einwohner zwei bis drei Touristen.

Durch den Tourismus hat Mauritius erhebliche Deviseneinnahmen, da die Gäste zunächst ihre harten DM, Francs und Dollars bei der Bank eintauschen müssen, um dafür Rupien zu erhalten, mit denen sie bezahlen können. Auch im Ausland bezahlte ›Package-Reisen‹ bringen Devisen ins Land, denn der Veranstalter muß Hotels und Agenturen be-

zahlen und dazu die vom Gast bezahlten Devisen bei der Bank in einheimische Währung tauschen. Wirtschaftlich gesehen ist der Tourismus daher ›Export von Landschaft, Sonne, Exotik und gutem Service‹.

Laut Statistik sind die Gesamteinnahmen allerdings nicht in dem Maße gestiegen, wie man sich das erhofft hatte. Zwar reisen nach wie vor jedes Jahr mehr Gäste nach Mauritius, doch geben sie im Land nicht mehr so freigiebig Geld für Mietwagen, Ausflugsfahrten, Restaurants und Getränke an der Bar aus wie früher. Eine nicht unerhebliche Zahl von Fachleuten drängt die Regierung aus diesem Grund, ihre restriktive Politik im Hinblick auf den Chartertourismus aufzugeben. Man erhofft sich durch Charterflüge einen niedrigeren Gesamtreisepreis und möchte damit neue Schichten von Gästen ansprechen, die sich die heutigen Preise nicht leisten können. Ob damit tatsächlich der er-

Investieren in Mauritius?

Zu Beginn der 80er Jahre wurde Mauritius als ein Paradies für lohnintensive Industrien weltweit bekannt. Die Regierung hatte gesetzlich geregelt, daß für den Export im Land steuerfrei produziert und für die Produktion erforderliche Ausgangsmaterialien zollfrei importiert werden durften. Billige und gut ausgebildete Arbeitskräfte gab es in großer Zahl. Inzwischen hat sich die Situation infolge des Ausbaus der Textilindustrie und des Tourismusbooms dramatisch verändert. Bei einer Arbeitslosenrate von unter 3 % sind Arbeitskräfte nur zu guten Konditionen zu bekommen, so daß es günstiger scheint, in Asien, im nahen Madagaskar oder in Süd- oder Osteuropa zu produzieren. Sogar mauritianische Industrielle weichen nach Madagaskar aus!

Wer in Mauritius erfolgreich arbeiten will, muß bereit sein, in Industrien zu investieren, die kapitalintensiv sind und mit wenigen gut ausgebildeten Arbeitskräften auskommen. Der hohe Ausbildungsstandard im Vergleich zu anderen Entwicklungsländern ist noch immer ein Qualitätsmerkmal der Insel für interessierte Investoren. Dazu gehört auch eine ungewöhnlich gute Arbeitsmoral, die bei Inselbewohnern sonst selten ist.

Um Investoren anzulocken und ihnen die notwendigen Informationen zugänglich zu machen, richtete das Wirtschaftsministerium eine Agentur mit dem Namen MEDIA (Mauritius Export Development and Investment Authority) ein, deren Aufgabe es ist, sowohl Käufern von in Mauritius hergestellten Produkten als auch potentiellen Investoren Steine aus dem Weg zu räumen. MEDIA hilft, Investitionsbereiche ausfindig zu machen, Gespräche mit bereits etablierten Unternehmen zu arrangieren, potentielle Partner für Jointventures anzusprechen, geeignete Grundstücke ausfindig zu machen, die Marktchancen eines neuen Produktes im In- und Ausland abzuschätzen und die erforderlichen staatlichen Genehmigungen zu beantragen.

Mit wichtigen Industriestaaten, wie Deutschland, Großbritannien, Frankreich, Indien und Südafrika, wurden günstige Doppelbesteuerungsabkommen unterzeichnet, und gegen vergleichsweise geringe Gebühren können *Offshore*-Gesellschaften gegründet werden, die im Land keine Steuererklärungen und Bilanzen vorlegen müssen. Auch verschiedene Privatunternehmen haben sich darauf spezialisiert, ausländischen Investoren zu helfen. So ist auf Mauritius insgesamt ein günstiges Klima für die Niederlassung ausländischer Unternehmen entstanden, das eine zusätzliche Devisenquelle – und damit einen weiteren Schritt fort von der alleinigen Abhängigkeit vom Zuckerrohr – darstellt.

hoffte Effekt erzielt werden kann, ist allerdings mehr als fraglich, denn ein Gast, der billiger ins Land kommt, wird auch weniger ausgeben. Die durch einen Gast verursachten Kosten (Import von Lebensmitteln, Wasser- und Stromverbrauch, Straßennutzung usw.) sind aber immer die gleichen. Wenn von den 5000 DM, die ein wohlhabender ›Linienfluggast‹ ausgibt, nach 14 Tagen Urlaub letztlich 500 DM als Gewinn für das Land bleiben, wieviel bleibt dann von einem ›Chartergast‹, der 2500 DM für seine 14tägige Reise bezahlt? Wahrscheinlich nicht 250 DM, sondern etwa 100 DM. Um den gleichen Erlös zu erzielen, müßte also die Gästezahl vervielfacht werden!

Internationales Zentrum für Finanzdienstleistungen

Dieser neue Wirtschaftszweig hat sich innerhalb kürzester Zeit zum vierten Standbein der Wirtschaft von Mauritius entwickelt, seit 1992 die entsprechende gesetzliche Grundlage geschaffen worden war. Wesentliche Elemente dieses Wirtschaftszweiges sind das *Offshore Banking,* der Freihafen und *Offshore*-Unternehmen. Um Mauritius für die internationale Finanzwelt interessant zu machen, wurde 1995 die staatliche Kontrolle des Devisenhandels aufgehoben, das Steuersystem wurde extrem vereinfacht, Investoren erhielten weitgehende Möglichkeiten, Gewinne zu exportieren und steuerfrei zu produzieren. Der Freihafen wird bereits seit vielen Jahren von Exportunternehmen genutzt. Die Lagerkapazität innerhalb der Freihandelszone mußte vervielfacht werden, um den interessierten Unternehmen Raum zu geben, die Mauritius als Zwischenlager und Verkaufsstandbein im internationalen Handel zwischen Asien, Afrika und Europa nutzen wollen. Inzwischen ha-

ben sich 1400 ausländische Firmen auf Mauritius registrieren lassen und operieren von dort aus.

Bildungswesen

Staatliche Kindergärten oder Vorschulerziehung gibt es auf Mauritius nicht, dafür nehmen die staatlichen Grundschulen Kinder schon im Alter von fünf Jahren auf. Überraschenderweise aber gibt es nahezu in jeder Gemeinde privat organisierte Kindergärten – 1500 Stück auf der ganzen Insel. Der Staat unterstützt diese Initiativen mit kostenlosen Ausbildungskursen für die Kindergärtnerinnen und mit Einrichtungsbeihilfen.

Die Zahl der Analphabeten ist auf Mauritius verschwindend gering – weltweit gibt es nur wenige Staaten, die einen höheren Grad an Grundbildung vorweisen können. Ein großer Erfolg des Schulsystems, besonders wenn man bedenkt, daß eine allgemeine Schulpflicht erst Ende der 80er Jahre eingeführt wurde! In insgesamt 281 Grundschulen unterrichten etwa 7000 Lehrer fast 130 000 Schüler. 1996 wurde die Grundschule von bisher sechs auf neun Klassen aufgestockt. Nach Abschluß der ersten sechs Grundschuljahre können begabte Kinder nach einer Aufnahmeprüfung in weiterführende Schulen überwechseln. Hiervon machen etwa ein Drittel aller Kinder Gebrauch.

An der Universität in Le Réduit können Absolventen weiterführender Schulen Agrarwirtschaft, Technologie, Verwaltungswissenschaften (Recht, Wirtschaft) und neuerdings auch Medizin studieren. Ein 1996 errichtetes neues Unterrichtsgebäude wird das Fassungsvermögen der Universität von bisher 2500 Studenten auf 5000 verdoppeln.

Kunst und Kultur

Die Kultur von Mauritius basiert auf Traditionen aus Asien, Afrika und Europa und ist deshalb äußerst vielfältig. Während der 250 Jahre gemeinsamer Entwicklung der unterschiedlichen Einflüsse ist eine eigenständige Kultur entstanden, die durch einige herausragende Vertreter der verschiedenen Kunstgattungen auf hohes Niveau gehoben wurde. Daneben werden aber auch die traditionellen Künste der verschiedenen auf Mauritius lebenden Kulturen mehr und mehr gepflegt. Tanzschulen unterrichten traditionellen indischen Tanz ebenso wie klassisches Ballett, ja sogar die chinesische Oper wird gepflegt. Alle ethnischen Gruppen haben Zentren, die staatlich unterstützt werden und künstlerische Aktivitäten fördern. Das *British Council* und das *Institut Français* bemühen sich um Gastspiele europäischer Künstler. In gleicher Weise tätig werden die afrikanischen, chinesischen und islamischen Kulturzentren sowie das Mahatma-Gandhi-Institut.

Musik

Die Sega

Obwohl sie in den 60er Jahren unseres Jahrhunderts noch als primitiver Lärm der ungebildeten kreolischen Unterschicht galt, ist die Sega heute zu einem wichtigen Kulturträger geworden. Der Tourismus hat zu dieser Wiederbele-

Nächtliche Sega-Vorführung am Strand

Sega-Tänzerin

bung der Volksmusik nicht unbeträcht-
lich beigetragen, denn die Gäste aus Europa fragten in den Hotels nach, wenn
sie die Sega bei Ausflügen durch die
Insel miterlebt hatten. Heute veranstalten alle Hotels Sega-Abende. Die rhyth-
mische, manchmal ekstatische Musik
und der dazu von mehreren Paaren auf-
geführte Tanz wirken für europäische
Augen und Ohren so exotisch und
fremdartig, daß sie zu einer bleibenden
Erinnerung werden. Mehr und mehr
Musiker wandten sich deshalb auf Mauritius der Sega zu, es bildeten sich Tanz-
und Folkloregruppen, die dazu beitrugen, daß die Sega gesellschaftsfähig
wurde.

Was heute in den Hotels und auf den
großen Festen geboten wird, hat einige
Wandlungen durchgemacht, insbesondere die Instrumente wurden ausge-
wechselt. Eines der wichtigsten Instrumente war früher die *Bobre,* ein Stahlseil, das durch einen hölzernen Bogen
gespannt wurde. In dem Holzbogen war

eine Kalebasse befestigt, die als Reso-
nanzkörper diente. Mit einem harten
Holzstab schlug der Musikant das
Stahlseil und gab damit den Rhythmus
für die Tänzer an. Die Männer sangen
dazu die Lieder, während von den
Frauen rhythmisch gesungene Vokale
hinzugefügt wurden.

Musikwissenschaftler haben versucht
herauszufinden, wo die Sega ihren Ursprung hatte. Der mitreißende Rhythmus und die ekstatischen Bewegungen
der Tänzer deuten auf afrikanische Herkunft hin. Man findet jedoch weder den
Tanz noch die Musik auf dem afrikanischen Kontinent. Zudem ist die Trom-
mel, die die *Bobre* rhythmisch begleitet,
ihrer Art nach in Afrika nicht bekannt.
Auch Ethnologen haben versucht, die
Herkunft der Sega zu erklären und dazu
sprachwissenschaftliche Methoden her-
angezogen. Mögliche Erklärungen für
den Namen ›Sega‹ fanden sie in mehreren der auf Mauritius gesprochenen
Sprachen. Er könnte sich aus einer

Kurzform des französischen ›C'est (mal)gache‹ (›das ist madagassisch‹) ergeben haben. Andererseits wird in hinduistischen Sprachen der Tanz der Schlange als ›Shega‹ bezeichnet, so daß auch dieser Ursprung möglich zu sein scheint. Eine eindeutige Erklärung ist jedenfalls bis heute noch nicht gefunden worden.

Vieles deutet darauf hin, daß die Sega, so wie sie von den Sklaven getanzt wurde und noch heute gespielt wird, nicht von einer der eingewanderten Volksgruppen mitgebracht wurde, sondern erst auf Mauritius entstanden ist. Dabei hat sie vermutlich verschiedene Einflüsse der unterschiedlichen Kulturen aufgenommen, wobei die wesentlichen aus Madagaskar und Ostafrika stammen dürften. Man nimmt an, daß die Sega, ähnlich wie die Lieder der schwarzen Amerikaner, bei der Arbeit der Sklaven in den Zuckerrohrfeldern gesungen wurde, um die harten Stunden während des Tages zu überbrücken. Wenn diese Theorie stimmt, dann wäre die Sega ebenso entstanden wie die kreolische Sprache, nämlich aus einer Verschmelzung der verschiedenen Kulturen, die sich auf den Feldern europäischer Eigentümer bei der Arbeit trafen und ein gemeinsames Schicksal erlitten.

Infolgedessen wäre die Sega gemeinsam mit der kreolischen Sprache die Wurzel einer noch im Entstehen begriffenen mauritianischen Kultur, die möglicherweise in einigen Jahrzehnten oder Jahrhunderten die indischen, chinesischen, europäischen und afrikanischen Einzelkulturen in sich aufgenommen und umgewandelt haben könnte. Erkennbar ist diese Tendenz daran, daß man häufig indischstämmige Mädchen Sega tanzen sieht, von denen man eher die graziösen Bewegungen des klassischen indischen Tanzes erwarten würde als die ›sexy‹ Bewegungen der Sega. Es gibt auf Mauritius auch Sega-Musikgruppen, die aus Indien stammende Instrumente, wie etwa die Tabla, für ihre Musik verwenden, und selbstverständlich werden von manchen Gruppen bei Vorführungen auch moderne europäische Instrumente, wie etwa die Elektrische Gitarre und das Schlagzeug, benutzt.

Indische Musik

Neben der europäischen Kultur, die auch in der Musik ihren Ausdruck findet, lebt die Musik der größten Volksgruppe, der Inder, auf Mauritius fort. Nachdem indische Musik und indischer Tanz auf Mauritius bis in die 70er Jahre nahezu vergessen waren, wurde auf Initiative Indiens eine Schule für Musik und Tanz in Port Louis errichtet, namhafte Lehrer kamen aus Indien nach Mauritius. Zur Wiederbelebung und zur Pflege dieser Kultur bringt das Mutterland nicht unerhebliche Mengen Geldes auf. Die überall zu hörende hinduistische Musik stammt aber meist von Kassetten, die aus dem Mutterland selbst importiert und nicht von mauritianischen Musikern aufgenommen wurden.

Literatur

Verschiedene Schriftstellervereinigungen pflegen die mauritianische Literatur, wobei zwei der wichtigsten sich lediglich der Literatur in Englisch bzw. Französisch widmen. Die S.E.M.E.F. (Societé des Ecrivains Mauriciens d'Expression Française) kümmert sich lediglich um literarische Werke, die in französischer Sprache von mauritianischen Schriftstellern geschaffen wurden. Dem

Bernardin de St. Pierre
Vater von Paul und Virginie

Auf Schritt und Tritt wird Ihnen während einer Mauritiusreise die Geschichte der mauritianischen Romeo und Julia – Paul und Virginie – begegnen. Es wurden dem tragischen Liebespaar Denkmäler gesetzt und Restaurants nach ihnen benannt, das ›Unglückskap‹ (Cap Malheureux) heißt nach einer von mehreren Erklärungen so, weil Virginie nach einem Schiffsuntergang hier ertrank, die ›Grabesbucht‹ (Baie du Tombeau) soll der Ort sein, an welchem die Unglückliche an Land gespült wurde.

Wer war der Vater dieser rührenden, romantischen Liebesgeschichte von ›Paul und Virginie‹, die jedes mauritianische Kind kennt und jeder Gast auf Mauritius gelesen haben sollte? Jacques-Henri Bernardin de St. Pierre war von Beruf Ingenieur und als solcher wurde er 1768, gerade 21 Jahre alt, aus seiner Heimatstadt Le Havre in die damalige französische Kolonie mit dem Namen ›Ile de France‹ geschickt. Er freundete sich mit dem Ehepaar Poivre an; mit Mme. Poivre teilte er die kritische Haltung gegenüber der damals noch völlig selbstverständlichen Sklaverei. Es wird berichtet, daß die Figuren im Roman ›Paul und Virginie‹ von den Charakteren dieser drei Personen geprägt worden seien. Mme. Poivre sei das Vorbild für Virginie gewesen, M. Poivre für den alten Herren, und Bernardin de St. Pierre habe sich selbst als Paul gesehen.

Die Geschichte um das Liebespaar Paul und Virginie war nicht nur eine rührende Liebesgeschichte, sondern diente auch als Anklage von Standesdünkel, Klassengesellschaft und Sklaverei. Der Roman erschien in Frankreich erstmals 1788 und brachte seinem

gegenüber steht die Indian Culture Association, die 1936 gegründet wurde und sich um von indischstämmigen Mauritianern geschaffene Literatur in englischer Sprache kümmert. Lediglich die Union des Ecrivains Mauriciens versucht die gesamte Literatur der Insel, egal in welcher Sprache sie geschrieben ist und von welcher Volksgruppe sie stammt, zu fördern.

Französische Literatur

Im 19. Jh. wurden literarische Werke auf Mauritius ausschließlich in französischer Sprache veröffentlicht. Sie stammten von Vertretern der Oberschicht, die allein das Geld und die Muße hatten, sich literarisch zu betätigen. Erst später, Anfang dieses Jahrhunderts, begannen auch dunkelhäutige Kreolen, Literatur in französischer Sprache zu schaffen, die Anerkennung

Autor Ruhm, Aufnahme in den Kreis der großen französischen Schriftsteller und die Freundschaft Gleichgesinnter wie Rousseau und Chateaubriand. Er leitete nicht nur die Epoche der romantischen Literatur in Frankreich ein, sondern stand auch am Beginn des politischen Kampfes gegen die Ausbeutung der Unterdrückten, Macht- und Rechtlosen. Damit war er der Französischen Revolution und dem ersten Dekret von 1794, das die Sklaverei abschaffte, um Jahrzehnte voraus gewesen, vielleicht beeinflußte er beide sogar maßgeblich. Auch in seiner 1773, nach seiner Rückkehr nach Frankreich, verfaßten Chronik ›Voyage à l'Ile de France par un Officier du Roy‹, in welcher er die Umstände seiner Reise nach Mauritius und seine Erlebnisse während der Besuche verschiedener Teile der Insel beschreibt, äußerte er sich kritisch über die Behandlung der Sklaven durch die Kolonialmacht.

Auf die Hilfe der ihm zur Versorgung seines Haushalts auf Mauritius übereigneten Sklaven allerdings verzichtete Bernardin de St. Pierre nicht. Er ließ es dabei bewenden, sie anständig zu behandeln und sich darum zu sorgen, wie es ihnen nach seiner Rückkehr nach

Frankreich ergehen würde. Er wollte sicher gehen, daß sie nicht in falsche Hände gerieten und machte sie seiner Freundin Mme. Poivre – der Ehefrau des Gründers und Erbauers des Botanischen Gartens von Pamplemousses, Pierre Poivre – zum Geschenk, da er wußte, daß sie ähnlich über die Sklaverei dachte wie er selbst. Sie aber erteilte ihm eine Lektion in Sachen Konsequenz und Prinzipientreue – und lehnte das Geschenk ab!

fand. Ihr Thema war die Ausbeutung der Sklaven durch die Kolonialherren und das Bemühen der dunkelhäutigen Bevölkerung, sich am Leben zu erhalten, nachdem die Sklaverei abgeschafft worden war, sie aber trotzdem nicht als gleichwertige Mitglieder der Gesellschaft betrachtet wurden.

Das berühmteste literarische Werk über Mauritius, der Roman ›Paul et Virginie‹ stammt nicht etwa von einem Mauritianer, sondern von dem französischen Dichter **Jacques-Henri Bernardin de St. Pierre** (s. o.). Die sentimentale Liebesgeschichte handelt vom Tod eines Mädchens, das auf dem Schiff ›St. Géran‹ bei einem Wirbelsturm ums Leben kommt, und ihrer unsterblichen Liebe zu ihrem Jugendfreund Paul. Bei genauerem Lesen bemerkt man aber, daß der Autor sich auch sehr kritisch mit der Sklavengesellschaft auseinandersetzt, die damals noch ›normal‹ war und nur wenige moralische Bedenken wegen der Art der Behandlung von ›Negern‹ hervorrief. Der Roman wurde in 30 Sprachen übersetzt.

Wichtigster Vertreter der französischsprachigen mauritianischen Literatur ist **Malcolm de Chazal,** der die Romane ›Sens Plastique‹ und ›Petrusmok‹ sowie andere weniger bekannte Werke verfaßt hat.

Englische Literatur

Zu der Zeit, als der Zuckerboom Mauritius Reichtum bescherte, fanden auch Teile der hinduistischen Bevölkerung Zeit zur Schriftstellerei. Die hinduistische Gemeinschaft gründete eigene Tageszeitungen und Zeitschriften, in denen Literatur und Kultur viel Aufmerksamkeit gewidmet wurde. Wie in Indien mußte die indische Volksgruppe auch auf Mauritius auf das Englische zurückgreifen; bei der Vielfalt der unterschiedlichen indischen Sprachen konnte man sich nicht auf eine Ausdrucksform einigen. Am eindrucksvollsten hat **Robert Edward Hart** die hinduistische Kultur in die mauritianische Literatur integriert und ihre Inhalte in seinen Werken ›Agni‹, ›Krishna d'azur‹ sowie in mehreren Erzählungen vermittelt. Die Lehren der Veden und Upanischaden, der heiligen Bücher des Hinduismus, fließen in seine Erzählungen ein.

Die kreolische Küche

›Kreolische Küche‹ gibt es auf Mauritius, Réunion und den Seychellen. Die Art zu kochen weist auf all diesen Inseln zwar Gemeinsamkeiten auf, die Eigenarten der jeweiligen Region sind aber stark ausgeprägt. Die Differenzen ergeben sich aus den zur Verfügung stehenden Lebensmitteln, dem verschieden starken Einfluß der Küche der Kolonialherren und aus der unterschiedlichen Zusammensetzung der Bevölkerung. So ist die kreolische Küche von Réunion weniger auf Fisch spezialisiert als die auf Mauritius und den Seychellen, denn dort ist wegen der schwer zugänglichen Häfen der Fischfang weniger stark entwickelt. Auf Mauritius dagegen macht sich der Einfluß der indischen Gerichte wesentlich stärker bemerkbar als etwa auf den Seychellen, da ja auch der indische Anteil der Bevölkerung überwiegt.

Die Gewürzmischung *Garam Masala,* bei uns als *Curry* zu kaufen, wird für die Curry-Gerichte verwendet, die häufig auf dem Speiseplan stehen. Es gibt Dutzende verschiedener Currys, die alle einen spezifischen Geschmack haben. Ein Gemüse-Curry wird ganz anders gewürzt und zubereitet als ein Hühner-Curry, ein Tintenfisch-Curry ganz anders als ein Lamm-Curry. Vielleicht werden Sie die Gelegenheit wahrnehmen, bei Chamarel einmal ein Affen-Curry zu probieren?

Auf Mauritius sind aber auch die Einflüsse anderer Nationalitäten stark ausgeprägt. Französische Herkunft verraten die Fischsuppen *(Boullions),* die man aber nicht etwa in einem tiefen Suppenteller serviert bekommt, sondern über einen Berg weißen Reis gießt und dann mit dem Löffel ißt.

Das wichtigste Nahrungsmittel neben dem Reis ist der Fisch. Davon gibt es viele Sorten, Größen und Geschmacksrichtungen. Er wird nie langweilig, auch

Garam Masala

Das Wort ›Curry‹ (kreolisch *Kari*) stammt aus der Sprache der südindischen Tamilen und heißt schlicht ›Soße‹. Bei uns bezeichnet es ein Gewürz – besser eine Gewürzmischung –, die in vielen Ländern Asiens die Grundlage der ›Soße‹ ist, in der Fleisch, Fisch oder Gemüse gekocht werden. Ein so zubereitetes, mit viel Reis serviertes Gericht heißt in Mauritius (und Asien) ein ›Curry-Gericht‹. Was bei uns als ›Currypulver‹ verkauft wird, nennt man aber in seinem Herkunftsland Indien *Garam Masala;* es ist eine Mischung aus vielen Gewürzen, die auf dem *Masala*-Stein fein gerieben und dann vermischt werden. Die Mischung entfaltet ihr Aroma erst, wenn sie frisch zubereitet in einer Soße, zusammen mit dem Fleisch, dem Fisch oder dem Gemüse, gekocht wird. Der Anblick einer deutschen Currywurst löst bei einem Mauritianer einen Schock aus! Auch die bei uns in Dosen erhältlichen Curry-Gewürze entfalten selbst bei langem Kochen in der Soße kein Aroma mehr. Sie sind alt, und die enthaltenen aromatischen Öle haben sich verflüchtigt. Obendrein werden sie mit Füllmitteln wie Reismehl ›gestreckt‹.

Wenn Sie ein gutes, geschmackvolles *Masala*-Gericht kochen wollen, besorgen Sie sich das Gewürz frisch in einem Laden mit großem Curry-Umsatz! Dazu eignen sich vor allem die asiatischen Lebensmittelgeschäfte in den Groß-

städten, wo die asiatischen Restaurants ihre Vorräte einkaufen. Wenn es solche Geschäfte bei Ihnen nicht gibt, bleibt nur die beste aller Lösungen: Bereiten Sie Ihr Curry selbst zu! Hier ein Vorschlag für die Herstellung Ihres eigenen Curry-Gewürzes:

Man nehme:

4 Eßlöffel Koriandersamen
4 Eßlöffel Kreuzkümmelsamen
1 Eßlöffel schwarze Pfefferkörner
2 Teelöffel Kardamomsamen
$4 \times 7{,}5$ cm Zimtstangen
1 Teelöffel ganze Nelken
1 ganze Muskatnuß

In einer Pfanne einzeln Koriander, Kreuzkümmel, Pfefferkörner, Kardamom, Zimt und Nelken rösten. Sobald die Gewürze anfangen zu duften, zum Abkühlen auf einen Teller legen. Nach dem Rösten die Kardamomsamen schälen und die Hülsen wegwerfen. Alles in einem Mörser mahlen, solange es noch nicht ganz abgekühlt ist. Die Muskatnuß reiben und untermischen. Bewahren Sie die fertige Mischung in einem luftdicht schließenden Glasgefäß auf. Nach einiger Zeit des Gebrauchs werden Sie Erfahrung im Umgang mit Ihrem *Garam Masala* bekommen. Variieren Sie die Mengen der verwendeten Gewürze, lassen Sie einzelne weg, probieren Sie aus, was am besten zu dem geplanten Gericht paßt!

Ladenlokal mit Gemüsen und Gewürzen, wichtigen Bestandteilen der kreolischen Küche

wenn man ihn jeden Tag zweimal vorgesetzt bekommt. Die bekanntesten Speisefische sind Thunfisch, Bonito, Dorado, Bourgeois, Bekin und Makrele. Daneben gibt es jedoch auch noch eine große Anzahl anderer Fische, die in den Korallen oder im tieferen Wasser leben. Als besondere Spezialität und als Curry verspeisen die Mauritianer gelegentlich auch Muränen. Um die Fische perfekt zuzubereiten, muß man wissen, welcher am besten gegrillt, welcher gekocht und welcher gebacken wird. Dann gehören natürlich die richtigen Gewürze und die entsprechenden Beilagen dazu.

In den meisten Hotels erhalten Sie neben europäischer Küche auch eine Auswahl kreolischer Gerichte. Nach meiner Erfahrung sollten Sie unbedingt die kreolischen Gerichte wählen, denn damit kennt sich der Koch besser aus als mit Schnitzel und Kartoffelsalat. Würden Sie in einem x-beliebigen deutschen Hotel einem Tintenfisch-Curry trauen?

Was gibt es zu trinken?

In einem normalen Haushalt auf Mauritius gibt es keinen Wein; der bleibt den reichen Touristen in den Hotels und einigen gut betuchten Familien vorbehalten. Der ›normale‹ Mauritianer kauft sich am Zahltag so viel Bier, wie er sich leisten kann. Ist das Geld ausgegangen, muß er sich auf die traditionellen Alkoholika besinnen, die er entweder selber herstellt oder billig und heimlich irgendwo hinter einem Haus kauft. Meist handelt es sich dabei um Fusel, der aus Zucker (Arrak) gebrannt wird. Seine einzige Aufgabe ist es, so schnell und so billig wie möglich einen Rausch herbeizuführen.

Es gibt aber auch Spezialisten, die aus Obst, insbesondere aus Ananas, ganz hervorragenden Obstschnaps herstellen können. Auch hier kommt der Rausch rasch, muß aber nicht mit Kopfschmerzen bezahlt werden.

Rezept für ein mauritianisches Menü

Ein echt mauritianisches Menü, das man auch bei uns zubereiten kann, wenn man sich die Zutaten in einem asiatischen Lebensmittelladen besorgt (Mengenangaben für 6 Personen):

Vorspeise: Chatini de Coco (Kokosnuß-Salat)

Zutaten:
- $1/4$ Kokosnuß
- 3 rote Pepperoni
- 1 Knoblauchzehe
- 10 g Tamarindenpaste
- 5 frische Pfefferminzblätter
- 1 Prise Salz
- 3 Eßlöffel Wasser

Kokosnuß in kleine Stücke schneiden und grillen, anschließend fein raspeln. Pepperoni, Pfefferminzblätter und Knoblauch fein hacken. Alle Zutaten vermischen und in kleinen Schalen servieren.

Hauptgericht: Poisson au Safran (helles Fischcurry)

Zutaten:
- 750 g fleischige weiße Fischfilets
- $1/2$ Teelöffel gemahlener Kurkuma
- 1 Teelöffel Salz
- 1 mittelgroße Zwiebel (feingehackt)
- 2 Knoblauchzehen (feingehackt)
- 375 ml ungesüßte dünne Kokosmilch
- 125 ml ungesüßte dicke Kokosmilch
- Zitronensaft nach Geschmack
- 1 Teelöffel frischgehackten Thymian

Den Fisch waschen und mit Küchenpapier abtrocknen. Mit Kurkuma und Salz einreiben. Zwiebel, Knoblauch, Thymian, dünne Kokosmilch und $1/2$ Teelöffel Salz dünsten, bis die Zwiebel weich ist. Durchrühren, den Fisch einlegen und 10 Minuten auf kleiner Flamme garen. Die dicke Kokosmilch zugeben, noch einige Minuten weiterkochen, dann vom Feuer nehmen und nach Geschmack Zitronensaft einrühren. Mit weißem Reis servieren.

Nachspeise: Gateaux Bananes (Bananenküchlein)

Zutaten:
- 6 sehr reife Bananen
- 2 Eier
- $1^1/2$ Tassen Mehl
- 1 Teelöffel Backpulver
- 3 Eßlöffel Trockenmilch
- 2 Tüten Vanillinzucker
- Wasser
- Öl zum Braten

Mehl in einer Schüssel mit Vanillinzucker, Trockenmilch, Eiern und Wasser mischen und zu einem dicken Teig verrühren. Bananen schälen, mit einer Gabel zerdrücken und unter den Teig mischen. Backpulver unterrühren und eine Stunde im Kühlschrank ruhen lassen, danach das Öl erhitzen und den Teig löffelweise von allen Seiten goldbraun braten. Lauwarm servieren!

Guten Appetit!

Routen
auf
Mauritius

Mauritius

Die Hauptstadt Port Louis

■ (S. 223) Die Holländer, nach der Kurzvisite portugiesischer Seefahrer die ersten echten Kolonisten der Insel, hatten zwei Häfen ausgemacht und ausgebaut. Den einen nannten sie ›Südosthafen‹ (heute Mahébourg), der andere war der *Noordvester Haven,* später von den Franzosen anläßlich der offiziellen Inbesitznahme für Frankreich nach König Louis XV. in ›Port Louis‹ umbenannt. Durch die politischen Umwälzungen der folgenden Jahrzehnte war der Name des Hafens allerdings bald politisch nicht mehr genehm, und man bediente sich zum Teil des alten Namens *Port Nord Ouest,* nannte ihn schlicht *Le Camp* oder *Port de La Montagne* (›Hafen in den Bergen‹), schließlich für einige Zeit gar *Port Napoléon.* Erst unter englischer Kolonialherrschaft einigte sich die Verwaltung darauf, zum Namen Port Louis zurückzukehren. Folgerichtig wäre

daher die französische Aussprache des Namens. Ebenso gebräuchlich ist aber auch die englische Aussprache, und nachdem es die Engländer waren, die letztlich dem früheren französischen König damit ein Denkmal setzten, ist das auch korrekt.

Auf den ersten Blick wirkt Port Louis wie ein provinzielles Nest an einem wenig attraktiven Hafen – kaum zu glauben, daß die Stadt immerhin 170 000 Einwohner hat! Es gibt kaum Sehenswürdigkeiten, nur wenige Baudenkmäler, keine großartigen Kathedralen oder Uferpromenaden. Während der Büro-

Blick über Port Louis

stunden herrscht in den engen Gassen der Hauptstadt Hektik und reges Treiben. Viel zu vielen Autos stehen viel zu wenige Parkplätze zur Verfügung. Fußwege, auf denen man sich sicher durch die Straßen bewegen könnte, fehlen oder sind zu schmal. Die ursprünglich planvoll und harmonisch angelegte Stadt mit einfachen, freundlichen Häusern im Kolonialstil ist einem Durcheinander aus modernen Verwaltungshochhäusern, verfallenden Kolonialbauten und Schnellstraßen gewichen.

Es sind nicht Sehenswürdigkeiten, sondern das bunte Völkergemisch, die Betriebsamkeit und vor allem die Freundlichkeit der Mauritianer, die einen Spaziergang durch die Stadt lohnend machen. Versuchen Sie, so früh wie möglich aufzubrechen, denn ab 11 Uhr wird die stickige Hitze in der Stadt schwer erträglich. Wenn dann noch die Abgase der vielen Autos – natürlich ohne Katalysator – und der schlecht verbrennenden Dieselbusse hinzukommen, ist es Zeit, sich an einen ruhigen Strand, in ein gekühltes Restaurant oder wenigstens in den Botanischen Garten von Pamplemousses zurückzuziehen.

Port Louis ist der heißeste Ort der Insel, denn er wird von drei Bergrücken gegen die erfrischenden Südostwinde abgeschirmt. Die Massierung von Beton und Asphalt heizt zusätzlich ein. Dennoch sollte man sich einen halben Tag Zeit nehmen, um den Kontrast zwischen den modernen Wolkenkratzern der Staatsbank, einem rötlichbraunen Marmorbau, der an den ›Bleistift‹ in Frankfurts City erinnert, dem Prunkbau der Air Mauritius aus Glas und Stahl und dem Tower der Mauritius Telecom einerseits und dem Regierungspalast, dem Place

0 | N ▲ | 200 m

13 Grabstätte des Père
14 Tamilischer Tempel

Busbahnhof
Jummah-
Moschee
9
Chaussée Royal
Anquetil
Dr. Sun Ya
Farquhar
Riviere
Hauptpostamt
Jummah Mosque
Caudan
Waterfront
H
Mahé-de-Labourdonnais-
Statue
Markthallen
1
Queen
State Bank
Place S.
Bissoondoyal
L'Homme
Seew
Barclay
Regierungs-
gebäude
2
Rémy Ollier
Chaussée Royal
Mauritius
Institute
3
Intendance
Stadt-
theater
7
Sir Virgil Naz
St
Victoria Sq.
4
Company
Garden
Kunst-
galerie
i
St.-Loui
Kathedr
8
Lord Kitchener
Malefille
Maillard
Barracks
Chevreau
Brown Sequard
Da
Jemmapes
5
Line Barracks
Kirche der
unbefleckten
Empfängnis
6
Edith
Cavell
St.
Louis
Guibert
Geoffroy
Jules Koen
Mère Barthélemy
St.
Le Saint
Georges
H
Georges
Poudrière
Frère
Union la Brillane
Des Roches
Poivre
Dr.
Auguste
Rouget
Labourdonnais
Vishnu Kchetra
Voley Pougnet
D'Artois
Ternay
Rivet
Dr. Beaugard
St. James
Pandit Nehru

d'Armes, dem Hafen, dem Garten der
Ostindien-Gesellschaft und dem Mauritius Institute (Naturkundemuseum) andererseits zu bestaunen. Vor allem aber,
um den Markt zu besuchen, wenn die
Waren noch frisch und die Verkäufer
ausgeschlafen und gut gelaunt sind.

Rundgang durch
das Zentrum der Stadt

Unser Rundgang beginnt am **Place
d'Armes** (Place S. Bissoondoyal). Auto-
fahrer sollten versuchen, ihr Gefährt am
›Caudan Waterfront Hotel‹ oder aber

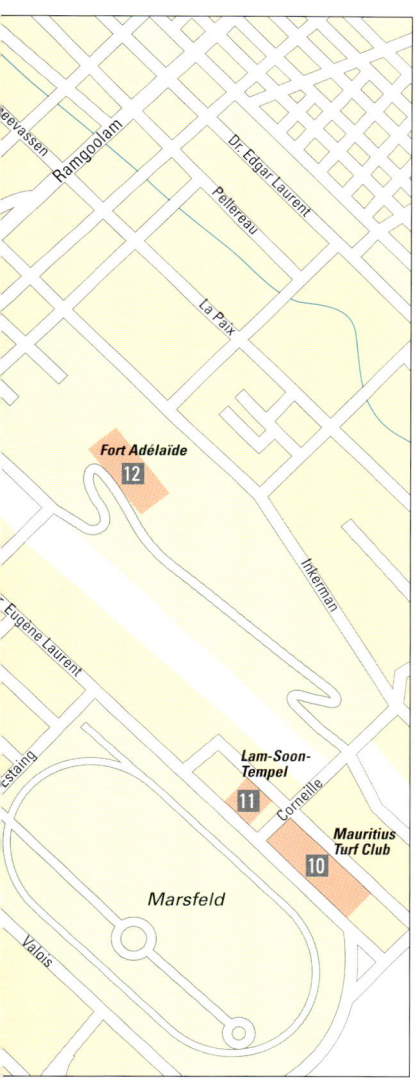

Fort Adélaïde

12

Lam-Soon-Tempel

11

Mauritius Turf Club

10

Marsfeld

wird sich in den übervollen, betriebsamen, heißen und nicht gerade hygienischen **Markthallen** **1** zunächst unwohl und vor allem vom Gedränge und Lärm überfordert fühlen. Der Markt ist dennoch einen Besuch wert; wer ihn nicht gesehen hat, hat eine der wichtigsten Attraktionen von Mauritius versäumt. Chinesische, indische, europäische und kreolische Bauern und Händler bieten alles auf Mauritius gepflanzte Gemüse und Obst an, aber auch Souvenirs wie Ledertaschen, T-Shirts, Hemden, verschiedenes aus Madagaskar und Asien importiertes Kunsthandwerk sowie frischen Joghurt, Gewürzmischungen und Teesorten gegen alle nur denkbaren Krankheiten. Selbst reiche Frauen der Oberschicht kommen aus den kühlen Bergorten, wo in modernen Geschäften alle Konsumartikel angeboten werden, herunter ins heiße Port Louis, um auf dem Markt einzukaufen.

Hier findet man, was man braucht oder auch was man vielleicht nicht braucht – dann aber doch mitnimmt. Hier erlebt der neugierige Gast das friedliche Nebeneinander verschiedener Kulturen, das den exotischen Charme von Mauritius und seiner gemischten Bevölkerung ausmacht: Mauritianer verschiedenster Herkunft und Kultur machen sich beim Verkauf und im Werben um einheimische und fremde Kunden Konkurrenz. Chinesen sitzen auf Reissäcken, Pakistani bieten ihre Gewürze und Blumensamen an, Europäer verkaufen frisches Gemüse, und Inder rollen Ballen bunten Stoffes aus. Man versucht, mit günstigen Preisangeboten und flotten Sprüchen vor allem Touristen an den eigenen Stand zu locken. Es gibt wohl keinen Markt auf der Welt, der

beim Rogers House zu parken. Von hier sind es nur ein paar Schritte bis zu den unter Denkmalschutz stehenden eisernen Markthallen und den wichtigsten Sehenswürdigkeiten im Stadtzentrum.

Wer saubere, aufgeräumte Gemüsemärkte in Mitteleuropa gewohnt ist,

eine derartige Faszination ausstrahlen kann, die auf der Mischung unterschiedlichster Charaktere, Hautfarben und religiöser Sitten beruht (s. Abb. S. 60).

Probieren sie die vielen angebotenen Snacks, wie die Faratas (Pfannkuchen mit scharfer Soße), Samosas (in Teig gebackenes Fleisch oder Gemüse), Joghurt direkt aus großen Glasgefäßen, indische Chapatis, chinesische Frühlingsrollen und vieles andere.

Achtung: Fotografen sollten lichtstarke Filme und ein gutes Blitzlicht mitbringen, denn in den Hallen ist es dunkel! Vorsicht mit Geld und Wertsachen – das Gedränge zieht auch Diebe an!

Verlassen Sie den Markt und biegen Sie links in die Hauptstraße mit dem unaussprechlichen Namen Sookdeo Bissoondoyal ein. Am Nordwestende der breiten Prachtallée steht die **Statue** des bedeutendsten Gouverneurs der Insel, **Mahé de Labourdonnais,** und blickt majestätisch zwischen Königspalmen hinaus auf den Hafen.

Am Südostende steht das von diesem Gouverneur errichtete Regierungsgebäude. Die rechte Straßenseite dominiert seit 1995 die eindrucksvolle rotbraune Marmorfassade des Wolkenkratzers der **State Bank.** Vor dem Haupteingang des Regierungsgebäu-

Vor den Markthallen in Port Louis (im Hintergrund das Hochhaus der State Bank)

Das Regierungsgebäude in Port Louis (davor die Statue der Königin Victoria)

des, am Südende der Allée, befindet sich der unumstrittene Verkehrsknotenpunkt von Mauritius. An Wochentagen hat man den Eindruck, alle knapp 100 000 Autos der Insel müßten hier versammelt sein. Der gesamte Verkehr kommt vom Hafen herauf und biegt vor dem schmiedeeisernen Gartenzaun und dem Queen-Victoria-Denkmal in die Geschäftsstraßen rechts und links ab.

Der renovierte stattliche Kolonialbau des **Regierungsgebäudes** (Hôtel du Gouvernement/Government House) **2** stammt aus dem Jahre 1736; damals bestand er jedoch lediglich aus Parterre und erstem Stock. Dennoch überragte er die kleinen, geduckten Häuser der Stadt bei weitem. Heute wirkt er zwischen den modernen Bürogebäuden eher bescheiden und unscheinbar – da hilft auch die zweite Etage wenig, die General Decaen, der letzte französische Gouverneur, 1806 aufstocken ließ.

Der Regierungspalast ist das älteste erhaltene Gebäude der Insel und hat viele Katastrophen heil überstanden. Die schlimmste davon war ein Brand, der im Jahre 1816 zwei Drittel der Hauptstadt in Schutt und Asche legte. Einige Zäune des Palastes wurden vom Feuer ergriffen, ein Dach brannte, aber ein englischer Offizier konnte das Feuer löschen und das Bauwerk retten. Ein zweites Mal war es von der Zerstörung bedroht, als man beschlossen hatte, den Gouverneuren weiter oben in den Bergen eine neue Residenz zu errichten. Angesichts der wachsenden Präsenz der Briten im Indischen Ozean befürchtete die französische Kolonialverwaltung, daß bei einem erfolgreichen Angriff die Residenz von Port Louis und damit alle wichtigen Papiere schnell in deren Hände fallen könnten. Nicht nur aus diesem Grund wünschte sich der Gouverneur ein neues Heim weiter im Landesinneren. Zur damaligen Zeit gab es keine Klimaanlagen, und der Kampf gegen die Malaria war noch nicht gewonnen. Gouverneur David errichtete daher einen neuen Palast mit dem Namen Le Réduit (s. S. 71), wenige Kilometer entfernt auf einer Anhöhe.

Zum Glück konnte Jules Koenig, ein früher Denkmalschützer, die Kolonialverwaltung überzeugen, neben Le Réduit auch das *Hôtel du Gouvernement* und den harmonischen Stadtkern zu erhalten. Heute befinden sich edles koloniales Mobiliar, wertvolle Gemälde und Staatsgeschenke aus früheren Zeiten in den Räumen, die noch für Staatsempfänge genutzt werden. Die Inselverwaltung ist in klimatisierte Zweckbauten dahinter umgezogen.

An dem schmiedeeisernen Gartentor wacht eine **Statue der Königin Victoria,** errichtet, nachdem die Engländer Mauritius eingenommen hatten. Der Umzug nach Le Réduit hatte dies nicht verhindern können.

Wenige Schritte in südwestlicher Richtung vom Regierungsgebäude entfernt liegt in einem Garten mit einem dicken Baobab als Erkennungszeichen das **Naturhistorische Museum** (Mauritius Institute) **3**. Man darf dieses Museum nicht mit Museen Europas vergleichen. Es ist klein, fast primitiv, vermittelt aber dennoch einen Eindruck von der Natur auf Mauritius, wie sie dort insbesondere vor und kurz nach Beginn der Kolonisierung zu finden war. Neben vielen präparierten einheimischen Vögeln und Fischen findet man auch Schmetterlingssammlungen, Muschelkollektionen und vor allem eine Nachbildung der schon von den Holländern gejagten flugunfähigen Dronte (s. Abb. S. 37), die ihre Arglosigkeit und Zutraulichkeit den Menschen gegenüber mit ihrer Ausrottung bezahlen mußte.

Im ersten Stock des Gebäudes ist die **Staatsbibliothek** von Mauritius untergebracht. Hier lagert eine große Zahl von Manuskripten und wissenschaftlichen Werken über Mauritius und die Inselwelt des Indischen Ozeans, wie sie in kaum einem anderen Archiv der Welt zu finden sind. Wer sich von Mauritius, seiner Geographie, Geschichte, Tier- und Pflanzenwelt einen detaillierteren Eindruck verschaffen möchte, kann einen ganzen Tag hier verbringen und sich alte Schriften heraussuchen lassen.

Dem Besuch des Museums sollte sich ein Spaziergang durch den **Company Garden** **4** anschließen. Dieser schon von der französischen Ostindien-Gesellschaft (daher der Name) angelegte Garten ist eine schattige, grüne Oase südwestlich des Institutsgebäudes, in der auch Mauritianer eine Ruhepause einlegen. Früher befand sich hier ein Friedhof, später der erste öffentliche Markt. Heute ist es ein kleiner Stadtpark, in dem ein riesiger Banyan-Baum (Würgerfeige), Flamboyants und Flaschenpalmen Schatten spenden. Hier finden Sie Statuen und Büsten berühmter Mauritianer, wie von Remy Ollier (1816–1845), einem Rechtsanwalt, Politiker und Zeitgenossen Père Lavals (s. S. 120), der sich erfolgreich für die Gleichberechtigung der kreolischen Bevölkerung einsetzte, und Leoville l'Homme (1874–1928), einem Schriftsteller, Dichter und Journalisten. Eine Statue erinnert an Manilall Doctor (1881–1956), einen Juristen, den Mahatma Gandhi gesandt hatte, um den indischen Einwanderern eine politische Vertretung zu schaffen. Auch Adrian d'Epinay (1794–1840) wurde verewigt, denn er hatte sich – letztlich erfolglos – gegen die Abschaffung der Sklaverei eingesetzt. Sein Hauptziel konnte er nicht erreichen, dafür setzte er aber eine fürstliche Entschädigung durch – nicht etwa für die befreiten Sklaven, sondern für deren Eigentümer!

Vom Company Garden lohnt sich ein Abstecher in die Jemmapes Street. Dort liegen die rechteckig um einen Innenhof errichteten **Line Barracks** 5 aus der französischen Kolonialzeit. Der Zugang ist offen, denn es befinden sich heute die Verwaltungsräume der Polizei und das Einwanderungsbüro dort. Gouverneur Antoine-Marie Desforges-Boucher hatte die Gebäude 1764 als Unterkunft für Soldaten und Matrosen bauen lassen. Er zog es nämlich vor, diese durch Kasernierung unter Kontrolle zu bekommen, denn die Disziplin hatte stark unter der Ablenkung (Drogen, Prostitution) gelitten, die ihnen in ihren Privatunterkünften im Chinesenviertel geboten worden war.

Am Südende der Jemmapes Street zweigt links die Mère Barthelemey Street ab, in der sich die katholische **Kir-che der unbefleckten Empfängnis** (Immaculée Conception) 6 befindet. Sie wurde errichtet, um die Seelen der befreiten Sklaven in die Kirche zu holen.

Eine Vorstellung davon, wie mauritianische Künstler ihre Insel heute sehen, vermitteln die Bilder zeitgenössischer Maler, die eine **Kunstgalerie** hinter dem Museum und an der Nordostecke des Company Garden in der Rue Mallefille zum Verkauf anbietet.

Am Nordende dieser schmalen Gasse stoßen Sie auf die Rue Intendance, in der rechter Hand auf der gegenüberliegenden Straßenseite das **Stadttheater** 7 von besseren Zeiten träumt. Dieses 1820 erbaute Kolonialgebäude, das zur Zeit seiner Errichtung majestätisch auf freien Wiesen thronte, ist heute zwischen den Hochhäusern und im Trubel des Verkehrs kaum noch zu finden. Das Theater hat seine frühere Bedeutung verloren, seit die Stadt Rose Hill einen weit größeren und bequemeren Saal für

Das Stadttheater von Port Louis

Theateraufführungen besitzt. Zu Zeiten des Zuckerbooms, als Hunderte von Handelsschiffen jedes Jahr aus Europa, Amerika und Asien eintrafen, erlebte dieses Opernhaus jedoch glanzvolle Tage. Künstler aus aller Welt traten vor einem gebildeten, musik- und theaterkundigen Publikum auf, das es sich leisten konnte, die bekanntesten Künstler Europas auf die reiche Zuckerinsel einzuladen. Heute finden im Stadttheater indische und chinesische Tanzveranstaltungen statt, oder mauritianische Folkloregruppen führen Stücke in kreolischer Sprache auf.

Die erste Kirche in Port Louis war ein Holzgebäude in der Rue G. Dauphine, nicht weit vom Stadttheater entfernt. Es wurde von einem Zyklon zerstört und fiel nach seinem Wiederaufbau den Termiten zum Opfer, so daß es schließlich aus Stein neu errichtet werden mußte. Vor dem Eingang der so entstandenen **St.-Louis-Kathedrale** 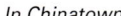 steht ein

Springbrunnen aus dem Jahre 1786, aus dem in früheren Zeiten an den Hängen des Le Pouce gefaßtes Quellwasser sprudelte.

Biegen Sie gleich südlich des Stadttheaters links in die verkehrsreiche Sir Seewoosagur Ramgoolam Street ab und folgen Sie ihr nach Nordosten. Auf beiden Seiten finden Sie traditionelle Geschäfte mit Stoffen aus Indien, Autoersatzteilen, chinesischer Medizin und Friseursalons. Eine faszinierende Mischung aus modernem Großstadtleben und asiatischem Markt. Sie sind in **Chinatown.**

Überraschenderweise befindet sich im chinesischen Viertel (und obendrein nicht einmal in der Jummah Mosque Road!) mit der **Jummah-Moschee** ⑨ das religiöse Zentrum der 200 000 Mauritianer islamischen Glaubens. Was der Lam-Soon-Tempel nahe dem Marsfeld (s. S. 118) für die Chinesen, das Grabmal Père Lavals in Ste. Croix (s. S. 119) für

In Chinatown

die Christen und der tamilische Tempel Kaylasson in Abercrombie (s. S. 121) für die Inder ist, ist die Jummah-Moschee für den islamischen Teil der Bevölkerung. Sie ist das Zentrum des religiösen Lebens der Moslems, die überwiegend südwestlich des Marsfeldes in einem ruhigeren Stadtteil leben. Die filigran dekorierten Innenhöfe der Moschee, die Waschplätze und die Koranschule sind ein ruhender Pol inmitten des an Wochentagen so hektischen und unruhigen Handelszentrums der Hauptstadt Port Louis. 45 Jahre, von 1850 bis 1895, hatten Baumeister aus Pakistan und Indien benötigt, um das Gotteshaus fertigzustellen und ihrer durch die Vertragsarbeiter aus Indien ständig wachsenden Glaubensgemeinschaft auf Mauritius ein Zentrum zu schaffen.

Nicht weit entfernt, in der Sir Seewoosagur Ramgoolam Road, befindet sich eine weitere Moschee, die wegen ihrer hohen Minarette weit auffälliger ist. Architektonisch kann sie allerdings mit der Jummah-Moschee nicht mithalten.

Wie die Wettbüros des Pferderennclubs und einige der vornehmen Spielkasinos in den Urlaubshotels, gehören auch mehrere ›Spielhöllen‹ im Zentrum von Port Louis den spielfreudigen Chinesen. Die bekannteste, das ›**L'Amical**‹, liegt gegenüber dem bekannten chinesischen Restaurant ›Lai Min‹ – einem der wenigen, die auch am Abend geöffnet sind! – in der Royal Road, nicht weit von der Jummah-Moschee. Äußerlich erinnert es eher an eine Geisterbahn als an ein Spielkasino. Elektronisch gesteuerte Lichteffekte lassen Schriftzüge an der Häuserfront rhythmisch aufleuchten. Im Inneren geht es aber seriös und ruhig zu, es herrscht eine gespannte Atmosphäre, und freundliche, uniformierte Rausschmeißer sorgen für Ruhe und Ordnung.

Neben den in allen Kasinos der Welt üblichen Spielen, einigen chinesischen wie Van Lak, Domino und Mah-Jongg, wird das Nationalspiel Quatre-Quatre gespielt. Der Spieler setzt auf eine Zahl zwischen Null und Drei. Wenn alle Spie-

Der älteste Pferderennclub
der südlichen Hemisphäre

Port Louis

114

Kurz nachdem die Engländer auf Mauritius die Macht übernommen hatten, stellte sich die Frage, wie die neue Verwaltung und die noch wenigen englischen Siedler das Vertrauen und die Kooperationsbereitschaft insbesondere der französischen Oberschicht gewinnen könnten. Colonel Edward Alured Droper kam auf die Idee, ein Pferderennen zu organisieren, bei dem sich Engländer und Franzosen in entspannter Atmosphäre und ohne

Aggressionen näherkommen könnten. Der Gouverneur, Sir Robert Farquhar, fand die Idee nicht schlecht, gab ihm ein Gelände am Westende der damaligen Prachtstraße, die vom Hafen am Regierungsgebäude vorbei in die Berge führte, und ließ ihn 1812 den Mauritius Turf Club gründen, der der erste Rennclub der südlichen Hemisphäre wurde.

Am Tag der Einweihung, dem 25. Juni 1812, fand das erste Rennen statt, und es war ein riesiger Erfolg auf der

an gesellschaftlichen Ereignissen armen Insel. Alles, was Rang und Namen hatte, kam – egal ob Engländer oder Franzose. In späteren Jahren gelang es sogar, die sozialen Schranken zwischen europäischen ›Herren‹ einerseits und chinesischen ›Kulis‹, indischen Vertragsarbeitern und afrikanischen Sklaven andererseits zu mildern, denn die Rennen waren offen für jedermann, und mancher arme Schlucker ging reich wieder nach Hause – und umgekehrt.

Der ›Maiden Cup‹ ist – neben dem ›Gold Cup‹ – bis heute das wichtigste aller 23 jährlich zwischen Mai und November ausgetragenen Rennen. Nur in besonderen Jahren werden diese Ereignisse von gesondert organisierten Wettbewerben überstrahlt. So gab es 1958 einen anläßlich des Besuchs von

Königin Elisabeth II. Zur 200-Jahr-Feier der Gründung von Port Louis organisierte der Turf Club natürlich auch ein herausragendes Rennen. Sogar an die Kapitulationstage beider Weltkriege wird mit einer solchen Veranstaltung erinnert.

Diese Entwicklung war nicht selbstverständlich, denn 1904 gründete sich mit dem Mauritius Jockey Club eine erfolgreiche und bedrohliche Konkurrenz, die ihre Rennen im kühleren Vorort Floréal in den Bergen durchführte. 1958 jedoch konfiszierte das Militär das Gelände des Jockey Club, und dieser mußte unfreiwillig mit dem Turf Club fusionieren, um überhaupt weiter existieren zu können. Seither ging es steil bergauf mit der Entwicklung.

Heute stehen rund um die Rennbahn feste Stände, Tribünen und Gebäude, in denen der Club seine Verwaltungseinrichtungen, Wettbüros und Besprechungsräume hat. Knapp ein Dutzend privater Reitställe importiert jährlich zusammen etwa 100 neue Rennpferde aus Südafrika und Australien, aber auch aus England und Frankreich. Aus dem kleinen, exklusiven Club ist ein Wirtschaftsunternehmen geworden, das 300 Angestellten direkt und nochmals etwa 600 indirekt in den Ställen, den Wettbüros und bei den Buchmachern Arbeit gibt.

Nach Fußball sind Pferderennen der publikumswirksamste Sport der Insel. Alle 23 Rennen werden im Rundfunk direkt übertragen, die wichtigsten sogar im Fernsehen. Zum ›Maiden Cup‹ und zum ›Gold Cup‹ kommen 50 000 Menschen aus allen Teilen der Insel nach Port Louis, und es herrscht Volksfeststimmung.

Die Pferderennbahn auf dem Marsfeld

ler ihre Wahl getroffen haben, wirft der Croupier mit eleganter Geste Spielkarten auf den Tisch und sammelt sie mit Hilfe eines Stabes in Vierergruppen wieder ein. Gewonnen hat, wer auf diejenige Zahl gesetzt hat, die der Anzahl der liegengebliebenen Karten entspricht, wenn die letzte vollständige Vierer-

dem Regierungsgebäude sowie das Chinesenviertel zu Fuß erkunden. Die Sehenswürdigkeiten, die zu weit vom Markt entfernt liegen, als daß man sie bequem zu Fuß erreichen könnte, lassen sich auf einer Rundfahrt erkunden. Falls Sie nicht mit dem Taxi, sondern mit einem eigenen Wagen fahren,

Typisches Kolonialhaus in Port Louis

gruppe vom Tisch genommen worden ist.

Das Wichtigste von Port Louis haben Sie nun kennengelernt, und es ist Zeit für eine Stärkung in einem der Restaurants, die es hier in großer Zahl und allen Geschmacksrichtungen gibt.

Stadtrundfahrt mit dem Auto

In der Hitze und dem Verkehrsgewühl der Stadt sollten Sie nur den innersten Kern nahe dem Markt, dem Hafen und

schauen Sie sich die Strecke auf der Karte an, denn auf Straßennamen und Straßenschilder ist wenig Verlaß! Häufig fehlen sie ganz, gelegentlich stimmen sie mit den in älteren Karten zu findenden nicht überein. Noch schlimmer aber ist, daß es Straßennamen gibt, die eigens zur Verwirrung der unkundigen Fremden geschaffen zu sein scheinen. Die Rue Eugène Laurent hat nichts mit der Rue Edgar Laurent und ebensowenig mit der Rue Edouard Laurent zu tun! Wenn Sie sich einmal im Gewimmel der Einbahnstraßen verlieren, können Sie den Zeitplan kaum noch einhalten!

Einfache Bergwanderung
auf den Le Pouce bei Port Louis

Der Le Pouce sieht von Port Louis mit seinen 812 m Höhe eindrucksvoll, fast unbezwingbar aus, ist jedoch einfach zu besteigen. Die im folgenden beschriebene Wanderung läßt sich an einem Tag abseits des Swimmingpools ohne weiteres mit einer Besichtigung (beispielsweise Eureka oder Domaine Les Pailles) verbinden.

Ausgangspunkt der Wanderung ist die Kapelle Ste. Anne in Port Louis, in der Mahatma Gandhi Street, die von der Südwestseite des Marsfeldes nach Südwesten führt. Von ihr geht man in südöstlicher Richtung durch den überwiegend von Moslems bewohnten Vorort Tranquebar und gelangt nach 10–15 Minuten in das Vallée du Pouce. Hier steigt der Pfad zunächst sanft an, und man genießt den Ausblick über die Stadt und die Ruhe in den Wäldern.

Die Wanderung ist nicht anstrengend, es muß aber auf dem nicht zu verfehlenden Weg ein Höhenunterschied von 800 m überwunden werden. Knapp unterhalb des Gipfelanstieges befindet sich an einer Quelle ein gemütlicher Picknickplatz, an dem rechts in südwestlicher Richtung ein Fußpfad abzweigt. Folgen Sie diesem schmalen Weg, so erreichen Sie nach etwa 20 Minuten einen Grat und überblicken die Rückseite des Berges und die Zuckerrohrfelder rund um den Ort Moka.

Der Abstieg nach Moka ist stellenweise recht steil, aber ungefährlich.

Etwa auf halbem Weg liegt rechts ein unberührtes Bergtal, in welchem das alte Mauritius in Form der Domaine Les Pailles wiedererstanden ist (s. S. 150 ff.). Folgen Sie dem Bergpfad weiter in südlicher Richtung, so erreichen Sie bald die Zuckerrohrfelder, die Sie durchqueren, um im Ort Moka wieder auf eine Straße zu treffen. Ein ortskundiger Taxifahrer könnte Sie hier, an einer Brücke über den Bach, der den Ort von den Zuckerrohrfeldern trennt, wieder aufnehmen. Wenn er Sie nun noch zur Domaine Les Pailles bringt, damit Sie sich dort in kolonialer Atmosphäre während der späten Nachmittags- und frühen Abendstunden von den Strapazen der Bergwanderung erholen können, haben Sie einen unvergeßlichen Tag erlebt.

Logistisch noch einfacher ist der umgekehrte Weg. Lassen Sie sich mit dem Taxi über Moka nach St. Pierre an die Brücke über den Grand Rivière du Nord-Ouest bringen. Folgen Sie der Schotterstraße nördlich der Brücke und biegen Sie nach etwa 1 km links ein. Sie erreichen nach wenigen Minuten den Fuß des Le Pouce und einen nicht zu übersehenden Saumpfad, der Sie zu dem oben beschriebenen Rastplatz und zum Gipfel hinaufführt. In nördlicher Richtung erfolgt dann der Abstieg nach Port Louis. Dort ist es kein Problem, ein Taxi zu finden, das mit Ihnen eine Stadtrundfahrt macht und Sie wieder nach Hause bringt.

Ausgangspunkt der Rundfahrt ist der **Hafen** von Port Louis, an dem das 1997 eröffnete 5-Sterne-Stadthotel ›**Caudan Waterfront**‹ liegt. Wie verschiedene der schönsten Strandhotels (›Touessrok‹, ›Royal Palm‹, ›Shandrani‹), wurde es von dem traditionsbewußten und gleichzeitig phantasievollen mauritianischen Architekten Maurice Giraud entworfen. Es hat alle technischen Einrichtungen eines modernen Geschäftshotels, gleichzeitig zeigt es Stilelemente der französischen Kolonialarchitektur. Angegliedert ist eine große Shopping-Mall mit anspruchsvollen Geschäften (u. a. für Kunsthandwerk), einem Kasino und zahlreichen, zum Hafen liegenden Open-air-Cafés.

Von hier aus fahren Sie durch die ›Königspalmen-Allee‹ (Place Sookdeo Bissoondoyal) in Richtung Regierungsgebäude (Hôtel du Gouvernement) und folgen dann der Rue Intendance, vorbei am Stadttheater. Geradeaus bergan erreichen Sie schließlich über die Rue Jules Koenig den **Mauritius Turf Club** 10 auf dem Marsfeld. An 23 Wochenenden zwischen Mai und November finden hier Rennen statt, die bei der High Society von Mauritius ebenso beliebt sind wie bei den einfachen Leuten (s. S. 114 f.). Das Hauptereignis ist der ›Maiden Cup‹ Ende August, bei dem die zweijährigen Rennpferde zum ersten Mal gegeneinander antreten. Er ist ein Volksfest mit Karussell, Segamusik, Volkstänzen und Souvenirverkäufern. Gelegentlich wird das Marsfeld auch noch wie früher für Militärparaden genutzt. Wichtigstes ›nichtsportliches‹ Ereignis sind die Feierlichkeiten zum Unabhängigkeitstag am 12. März.

Beim Nordosteingang des Renngeländes, an der Rue Dr. Eugène Laurent, liegt der **Lam-Soon-Tempel** 11 der taoistischen Religionsgemeinschaft. Nicht gerade ein architektonisches Prunkstück, doch interessant, da er die Vielfalt der auf Mauritius auf engem Raum zusammenlebenden Volksgruppen und Glaubensgemeinschaften deutlich macht.

Biegen Sie hier links in die Rue Corneille ab, so treffen Sie nach wenigen hundert Metern auf eine schmale Straße (Rue Sebastopol), die auf einen Aussichtsberg inmitten der Stadt mit dem darauf thronenden **Fort Adélaïde** 12 führt. Im Volksmund wird der unvollendete Kolossalbau schlicht die ›Zitadelle‹ genannt. Sie wurde 1834 von den Engländern errichtet, als man sich der den Franzosen abgerungenen Macht noch nicht recht sicher war. Angeblich soll sie auch als Wachposten gedient haben, von dem aus unbotmäßige Aktivitäten in der Stadt beobachtet wurden. Um die Zitadelle für kulturelle Veranstaltungen nutzen zu können, wurde sie Ende der 80er Jahre erstmals renoviert und mit einer spektakulären Lasershow eröffnet. Inzwischen ist sie aber – wegen baufälliger Gebäudeteile und auch wegen mangelnden öffentlichen Interesses – wieder geschlossen und wartet auf weitere Renovierungsmaßnahmen – wenn sich ein potenter Investor fände, auch als spektakulär gelegenes Stadthotel!

Südlich des Aussichtsbergs liegt das Marsfeld mit der Pferderennbahn, umgeben von Wohnhäusern und den knapp über 800 m hohen Bergen, die die Stadt im Süden und Osten umschließen. Im Westen sieht man den **Signal Hill,** einen Berg, dessen Gipfel früher als Aussichtspunkt diente, um die Ankunft von Segelschiffen frühzeitig melden zu können. Aber auch aufständische Sklaven haben von dort ihre Signale gegeben. Anfang des 19. Jh. war der madagassische Prinz Ratsitatane wegen des Versuchs eines Putsches gegen die Franzosen, die damals versuchten, bei

Die chinesische Pagode am Fuße des Signal Hill

Fort Dauphin Fuß zu fassen, nach Mauritius verbannt worden. Hier landete er sofort im Gefängnis. Doch es gelang ihm, zusammen mit weiteren 30 Sklaven, ein Ausbruch, und sie flüchteten sich auf den Signal Hill. Dort hißten sie eine Fahne und riefen alle Sklaven auf, sich gegen die Unterdrückung zu wehren. Der Aufstand wurde jedoch schnell von der Polizei beendet, Ratsitatane mit seinen Helfern festgenommen und zum Tode verurteilt. Man enthauptete alle Rebellen und stellte ihre Köpfe in Port Louis zur Schau – mit Blick zum Signal Hill, wo sie ihre Fahne gehißt hatten. Heute befindet sich auf dem Gipfel eine Sendestation; die Straße ist nur für deren Mitarbeiter geöffnet.

Im Südosten überragt die Stadt die Nadelspitze des **Le Pouce,** eines zunächst sanft ansteigenden Berges, der in einer daumenähnlichen Spitze endet.

Nördlich davon sieht man den **Pieter Both,** einen Berg, der wegen seines eigentümlichen, scheinbar nur auf der Bergspitze balancierenden Felskolosses zum Wahrzeichen der Stadt geworden ist.

Fahren Sie die gleiche Straße (auf dieser Seite heißt sie Jummah Mosque Street) nach Nordwesten wieder hinunter in die Stadt, vorbei an der Jummah-Moschee und biegen am Hafen rechts ab in die Schnellstraße in Richtung Norden. Nun sind Sie auf dem Weg zum ›Lourdes des Indischen Ozeans‹, dem Grabmal von Pater Laval. Am ersten Kreisverkehr am Nordausgang der Stadt geht es links ab nach Baie du Tombeau, rechts zeigen Wegweiser nach Ste. Croix. Folgen Sie den Schildern zu diesem Ort, in dem die Straße bei der **Grabstätte des Père Laval** 13 endet. Sie liegt in einem flachen Tal zwischen

Père Laval
Der Apostel der Schwarzen

Pater Jacques Désirée Laval wurde 1841 als Missionar im Auftrag der katholischen Kirche von Evreux in der Normandie nach Mauritius gesandt. Von den Lebensumständen der einfachen Bevölkerung, vor allem der mittellosen Nachkommen befreiter Sklaven, war er so erschüttert, daß er sich um seine eigentliche Aufgabe, die Seelsorge in seiner Gemeinde, nur noch am Rande kümmerte. Er kämpfte engagiert für soziale Gerechtigkeit und gegen die Ausbeutung der Armen durch die Zuckerbarone, wobei er auch mit seiner Kirche in Konflikt kam, die es sich – auch hier – mit den Reichen, Mächtigen und Schönen nicht verderben wollte. Er nahm Kranke und Alte in seiner Kirche auf, um sie zu pflegen, wobei ihm und seinen Patienten sein 1830 mit der Doktorwürde beendetes Medizinstudium zugute kam. Die befreiten Sklaven, die nach wie vor kein Land besitzen durften und keine staatliche Leistung in Anspruch nehmen konnten, ermutigte er, sich ein unabhängiges Leben aufzubauen und sich nicht aus Verzweiflung gegen Hungerlöhne bei ihren ehemaligen ›Eigentümern‹ als Arbeiter zu verdingen. So wurde er schon zu Lebzeiten zum ›Apostel der Schwarzen‹, die sich von ihm taufen ließen und ihn verehr-

ten wie einen Heiligen – der er knapp 120 Jahre nach seinem Tod formell nach den Regeln der katholischen Kirche tatsächlich wurde.

Père Laval starb 61jährig im Jahr 1864 und wurde auf dem Friedhof der Kirche von Ste. Croix begraben. Der Friedhof wurde in den folgenden Jahren zur Pilgerstätte seiner Patienten, gläubiger Katholiken, aber auch vieler Angehöriger anderer Religionsgemeinschaften. Die Verehrung wuchs, als von wundersamen spontanen Heilungen am Grab zu hören war, und es entstand ein Mythos, der bis heute Pilger aus vielen Ländern anlockt. Die alte Kirche wurde in den 60er Jahren durch ein modernes Betongebäude ersetzt, die sterblichen Überreste des Paters in einem gläsernen Sarkophag aufgebahrt und den Gläubigen zugänglich gemacht. In einem Museum neben der Kirche wird das Leben Père Lavals geschildert, und einige seiner persönlichen Besitztümer sind dort ausgestellt. Hunderte von Gläubigen sind hier täglich zu sehen, wie sie für Kranke um Hilfe bitten. Tausende nehmen am 7. September an der Pilgerfahrt und der heiligen Messe zu Ehren des Paters teil – darunter nicht wenige indischstämmige Hindus!

dem Priest's Peak im Südwesten, der sie vom Lärm der Stadt abschirmt, und den Gipfeln L'Echelle Rock, Cantin's Peak und Virgin's Peak im Nordosten. Zu Père Laval, der 1979 heiliggesprochen wurde, pilgern Tausende von Mauritianern – übrigens keineswegs nur Christen –, aber auch von Réunion und den Seychellen, ja sogar aus Frankreich kommen Gläubige und hoffen auf Hilfe an diesem heiligen Ort.

Wenn Sie von Ste. Croix ins Stadtzentrum zurückkehren, sollten Sie noch einen Halt einlegen, um einen der schönsten **Tamilischen Tempel** 14 zu besuchen. Er liegt im Vorort Abercrombie, durch den Sie ohnehin fahren, bevor Sie wieder auf die Autostraße einbiegen, die links nach Port Louis führt. Schon von außen ist er mit seinen leuchtenden Farben, seinen riesigen runden Dächern und seinen Verzierungen mit Figuren der indischen Mythologie ein Genuß. Der Garten um den Tempel ist dicht bewachsen und von einer farbigen Mauer umgeben. Im Hintergrund erheben sich die Gipfel der Moka-Bergkette im Südosten von Port Louis.

Auf dem Weg zurück ins Stadtzentrum fahren Sie auf der Schnellstraße

Der Tamilische Tempel im Norden von Port Louis

am Hafengelände entlang, links liegt der große Busbahnhof, von dem alle Linien nach Norden und Osten abfahren. Gegenüber befindet sich das **Hauptpostamt** 15 in einem 1868 errichteten Gebäude, dem man deutlich ansieht, daß englische Architekten die Bautätigkeit übernommen hatten. Anstelle der leichten, von weiten Terrassen umgebenen Holzbauten aus der französischen Kolonialzeit entstanden nun stattliche, geschlossene Steinhäuser mit schweren Türen. Im gleichen Stil finden sich zwischen Pamplemousses, Port Louis, Curepipe und Mahébourg viele Postämter. Als 1964 die Bahnlinie stillgelegt wurde, die über 100 Jahre lang den Nordosten mit dem zentralen Hochplateau und Mahébourg verbunden hatte, übernahm die Post die ehemals schmucken Bahnhofsgebäude entlang der Eisenbahnstrecke.

Nordrundfahrt

Ausgangspunkt ist das Zentrum des Nordwestens der Insel, der Badeort Grand Baie. Von dort geht es entlang der Küste nach Norden, vorbei an den Dörfern Péreybère und Cap Malheureux bis zum Zentrum des Nordostens, dem Städtchen Goodlands. Durch Zuckerrohrfelder, vorbei an herrschaftlichen Familiensitzen führt der Weg zum Botanischen Garten in Pamplemousses und bis an den Stadtrand von Port Louis. Über Baie du Tombeau, Balaclava und Trou aux Biches geht es zurück nach Grand Baie. (Länge: ca. 100 km)

Alle erdenklichen Wassersportmöglichkeiten bieten die Luxushotels an der Grand Baie

Textilhändler in Grand Baie

Grand Baie

1 (S. 216) Im Nordwesten von Mauritius liegt eine türkisgrüne, tief ins Land hineinreichende, von Wind und Wellen geschützte Bucht, die zum Zentrum des Badetourismus geworden ist – die Grand Baie. 1980 stand hier lediglich das noch kleine ›Merville Beach Hotel‹; inzwischen sind ›Royal Palm‹, ›Mauricia‹, ›Veranda Village‹ und viele Pensionen, Apartmenthäuser und Bungalows hinzugekommen. Im Zentrum des kürzlich noch verträumten Fischerdorfes herrscht Gedränge. Wo man vor ein paar Jahren ungefährdet und ohne nach rechts und links zu schauen über die Straße spazieren konnte, muß man sich nun von Boutique zu Supermarkt, vom Strandcafé zur Disco und vom chinesischen Restaurant zum Hotel zwängen und sich gelegentlich durch einen rettenden Sprung vor Autos, Mopeds und Fahrrädern in Sicherheit bringen.

Der geschlossene Ort erstreckt sich über 5 km, beginnend im Westen bei der Pointe aux Canonniers und endend beim ›Merville Beach Hotel‹ im Nordosten. Dazwischen ist die Straße beiderseits mit Apartmenthäusern, Snackbuden, Lebensmittelgeschäften, Banken, Galerien und Textilgeschäften so dicht bebaut, daß man nur selten durch Baulücken den Ozean im Norden und die Zuckerrohrfelder im Süden erspähen kann. Die Verwaltung hat spät (hoffentlich nicht zu spät) die Gefahr der Umweltverschmutzung erkannt und neue Erschließungen gestoppt, bis ein verbindlicher, sinnvoller Bebauungsplan und eine funktionierende Abwasserbeseitigung fertiggestellt sind.

Alleine diese Maßnahme ist der Grand Baie bereits gut bekommen. Anstatt wild jedes freie Grundstück zu bebauen, sind die Investoren dazu übergegangen, bebaute Grundstücke aufzukaufen, die alten Häuser abzureißen und

Ile Plate
Ilot Gabriel

Ile Ronde
Ile aux Ser

Coin de Mire
7

Le Coin de
Mire Village
4
Cap
Malheureux
3
La Maison
Kuxville
Méredien Paradise Co
5
Anse la Raie
Pointe aux Ro
*Bassin
Paquet*
*Archip
Bungal*
Le Grand Gaube
Grand Gaube
6

Pointe d'Azur
*Hibiscus
Village*
Coin de
Mire
Péreybère
2
*Serendip
Bungalows*
*Marina
Holiday
Village*
B 13

Pointe aux
Canonniers
17
*Colonial
Coconut*
*Merville
Beach*
Beachcomber Royal Palm
Veranda Bungalow Village
*Beachcomber
Le Mauricia*

Le Canonnier
Club Mediterranée

Petit Raffray

*Grand
Baie*

Grand Baie
1

The Vale
A 5

PLM Azur
B 13
*Casuarina
Village*
A 4

Goodlands
8
St.

*Beachcomber
Trou aux Biches*

Fond du Sac
MZ

Trou aux Biches
*Villas Pointe
aux Biches*
16

L'Oasis

Le Colonial Beach

Triolet

Bois Rouge
▲
142 m

Espérance
Trébuchet

15
Pointe aux
Piments

Morcellement
St. André
Plaine des
Papayes
B 17

*Beachcomber
Le Victoria*

*Baie aux
Tortues*
14
Balaclava
A 4

Citron

A 5
Mapou

Piton
Beau Sejour

Maritim

*Baie du
Tombeau*
Le Goulet

Petit Gamin

Pamplemousses

12
*Sir Seewoosagur
Ramgoolam
Botanic Garden*
A 6

A 2

Pointe
Roches
Noires
Arsenal
M 2
Calebasses

Rivière

Ami
Mo
Belle Vue Maure

Bay View Hotel
Baie du Tombeau

A 2
B 20

du

Tombeau
Rivière des Calebasses

Petite Julie

13
Roche Bois

Terre Rouge

Long Mountain

Notre Dame

Baillache

Valton

La
Nicolière

11
*Château de
Villebague*
Pont Praslin

Rivière d

PORT LOUIS
L'Echelle Rock
▲ Cantin's Peak

A 2

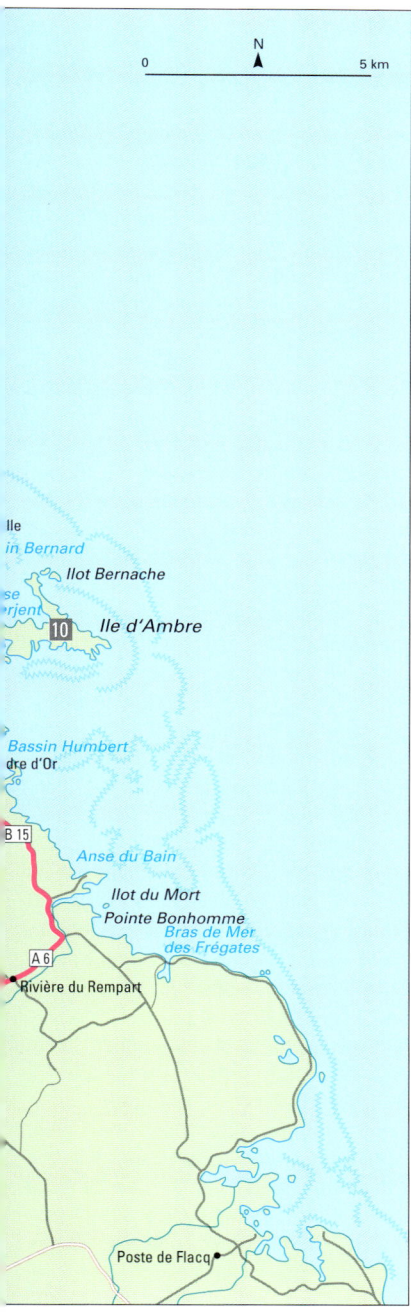

durch neue, teilweise schöne Gebäude zu ersetzen. Auf diese Weise sind unmittelbar im Zentrum exklusive Büroräume und vornehme Geschäfte mit Blick auf den Ozean entstanden, die das Erscheinungsbild des Ortes positiv beeinflußt haben. Discotheken, Pianobars, Cafés und Restaurants sorgen für ein attraktives Nachtleben, wobei die Discotheken ein gefährliches Pflaster sind. 1996 mußte eine von ihnen geschlossen werden, nachdem ein Drogenring ausgehoben werden konnte. Es ist nicht ratsam, sich zusammen mit einem Dealer erwischen zu lassen, denn auf den Handel mit Drogen steht die Todesstrafe.

Im Ortskern und am Strand finden sich eine Vielzahl von Restaurants, Boutiquen, in denen leichte Baumwollkleider verkauft werden, fliegende Händler, die billige T-Shirts und Saris anbieten. Auch Lebensmittelgeschäfte, Supermärkte und Banken sind vorhanden. Wer auf gut Glück ohne Hotelreservierung gekommen ist, hat gute Chancen, einen freien Bungalow, ein günstiges Hotelzimmer oder Apartment zu bekommen. Die beiden ortsansässigen Reisebüros ›Grand Baie Travel & Tours‹ (im Zentrum der Bucht) und ›Mauritours‹ (in dem neuen Büro- und Apartmenthaus ›Sunset Boulevard‹, ein Stück weiter im Südwesten) sind dabei sehr hilfreich. Sie organisieren (gegen Bezahlung) Rundfahrten, auf denen Sie sich freie Bungalows oder Apartments anschauen können.

Da die Gäste der großen Hotels am Nordende der Bucht die Ferientage meist innerhalb ihrer Anlagen verbringen, gehört das Herz des Ortes – dort, wo der schmale Streifen zwischen Küstenstraße und Meer unbebaut geblieben ist

Nordrundfahrt

– den Fischern, den Jachten und den Gästen, die sich in einem der einfachen Hotels eingemietet haben. Es ist eine Besonderheit des Ortes, daß alle Wassersportmöglichkeiten auch außerhalb der Hotels zu finden sind. Tauchgänge können in örtlichen Reisebüros gebucht werden. Jachten werden zum Chartern angeboten, Hochseefischer werben mit günstigen Preisen, Fahrräder und Mopeds finden sich an vielen Stellen, und gelegentlich organisiert der ›Rotary Club‹ Flohmärkte am Strand, die zu spontanen Volksfesten geraten. Die vielen chinesischen, indischen, kreolischen Restaurants und die Pizzerien sind dank des Konkurrenzkampfes in der *Boomtown* preiswert – und manche obendrein auch gut.

Grand Baie ist aber nicht nur Zentrum des vergnügten Wassersports und des mauritianischen Nachtlebens, sondern auch das Zentrum der einheimischen bildenden Kunst. Hélène de Senneville betreibt eine Kunstgalerie einen Kilometer östlich der Pointe aux Canonniers, nördlich der Route Royale. Zu Beginn verkaufte sie dort vor allem Bilder des seychellischen Malers Michael Adams, dessen Siebdrucke Sie in vielen Hotels als Dekoration der Rezeption, teilweise sogar in den Gästezimmern finden. Inzwischen haben sich aber auch einheimische Künstler durchgerungen, hochwertige Siebdrucke herzustellen, die in Auflagen zwischen 250 und 500 Stück angeboten werden können. Der bekannteste von ihnen ist Malcolm de Chazal, der Michael Adams in der Gunst des Publikums beinahe eingeholt hat. Der Bildhauer Philippe Edwin Marie stellt seine Figuren in einer Werkstatt auf dem Gelände des ›Veranda Bungalow Village‹ her.

Péreybère

Nördlich des ›Veranda Bungalow Village Hotel‹ befindet sich ein Kongreßzentrum, das ›Ventura Hotel‹ und der Supermarkt ›Store 2000‹ sowie mehrere Hotels familiärer Art, wie etwa das hübsche kleine, strohgedeckte Haus ›La Chaumière‹, rechts in einer Seitenstraße, und das nicht mehr ganz moderne, aber schön gelegene ›Merville Beach Hotel‹ am Meer. Von hier an ist der Blick aufs Meer versperrt, allerdings nun nicht durch Hotels oder Geschäftshäuser, sondern durch Steinmauern, die vornehme Privatvillen einfrieden.

Rechts der Straße müssen die Zuckerrohrfelder mehr und mehr nach Süden rücken, um Platz für neue Häuser zu schaffen, die sich bis **Péreybère** 2 (S. 221) aneinanderreihen. Der Ort erinnert an Grand Baie in den 80er Jahren – ein Strandlokal, zwei oder drei Imbißbuden und eine Reihe preiswerter Hotels und Apartments. Hier verbringen weniger betuchte Gäste von der Nachbarinsel Réunion, Globetrotter aus Europa und mauritianische Familien aus dem Hochland preiswerte Ferien. An Wochenenden platzt der Ort aus allen Nähten, denn der zum Baden und Schnorcheln ideale Strand ist bei der Jugend von Mauritius sehr beliebt. Zum Schnorcheln noch günstiger sind einige enge Buchten westlich des ›Hibiscus Village‹ und am Nordausgang des Ortes. Sie müssen ein wenig suchen, um zwischen den Privatgrundstücken den öffentlichen Weg zum Strand zu finden.

Im Strandrestaurant sitzt man nicht besonders gemütlich auf Plastikstühlen, dafür aber integriert in das tägliche Leben. Vom Restaurant ›Le Bigorneau‹, das im Garten des ›Hibiscus Village‹ liegt, hat man einen traumhaften Blick auf das Meer und bekommt gute kreolische Küche serviert. Jeden Sonntag gibt es um 19.30 Uhr ein scharfes kreolisches Buffet und eine ebensolche Sega-Show, die am Strand und auf der Wiese vor dem kleinen Restaurant nichts von der Sterilität der Vorführungen auf den Tanzparketts mancher großer Hotels hat.

Von Péreybère über Cap Malheureux nach Grand Gaube

Nördlich von Péreybère, zwischen Cap Malheureux und Grand Gaube wird die Bebauung lockerer, am Strand liegen hinter hohen Hecken luxuriöse Villen und ein Tennis- und Squashclub. Es folgt der weite öffentliche, aber selten besuchte Strand von **Coin de Mire** 3 (S. 214) mit dem guten und preiswerten Hotel ›Coin de Mire‹. Vorbei an einem hübschen Friedhof erreicht man schließlich das ruhige, verträumte **Cap Mal-**

heureux 4 (S. 213) mit seiner einfachen, aber fotogenen Kapelle am Strand, an dem die letztlich siegreiche englische Armee im Jahre 1810 an Land ging.

Es gibt verschiedene Erklärungen für den eigenartigen Namen der Nordspitze von Mauritius (›Unglückskap‹, ›Kap der Unglücklichen‹), der ihm verliehen worden sein soll, weil die Gegend in früheren Zeiten ärmlich und notleidend war. Andere behaupten, der Name sei dem Nordkap erst verliehen worden, als die Engländer in den Gewässern den endgültigen Sieg über die schwache Flotte der Franzosen errungen und den Verlust der Kolonie an England besiegelt hatten. Eine dritte Version besagt, der Name sei der Landspitze gegeben worden, nachdem das Schiff ›St. Géran‹ in einem Wirbelsturm vor der Küste gesunken und der Leichnam einer schönen Jungfrau namens Virginie an den Strand gespült worden sei.

Die Kapelle am Cap Malheureux

Blick von Grand Gaube nach Nordwesten (im Hintergrund die Insel Coin de Mire)

Gleichgültig, welche Bewandtnis es mit dem Namen hat, Cap Malheureux ist ein sonniger, ruhiger und angenehmer Strandabschnitt. Hier beginnt man zu entspannen und den Badebetrieb von Grand Baie und Péreybère zu vergessen. Die Straße windet sich in ihrem weiteren Verlauf durch Pinienwälder, erreicht an der **Anse la Raie** 5 (S. 210) nochmals das Meer und mit dem ›Méridien Paradise Cove Hotel‹ ein luxuriöses, kleines Hotel sowie mit dem ›Marina Village‹ eine preiswerte Bungalowanlage für Gäste, die es ruhiger wünschen. Danach fahren Sie einige Kilometer ins Landesinnere, durch weite, flache Zuckerrohrfelder, bis es nach links in die Bucht des Fischerortes **Grand Gaube** 6 (S. 219) geht, der, abgesehen von seinen drei Hotels, schönen Stränden und einer Austernzucht, wenig zu bieten hat.

Die Inseln vor der Nordküste

Die Insel **Coin de Mire** 7 vor der Nordspitze von Mauritius (Entfernung etwa 4 km), die auf der Westseite 163 m steil ins Meer abbricht, ist unbewohnt. Von den Hotels nahe der Grand Baie und bei Trou aux Biches werden Bootsausflüge organisiert. Bei ruhiger See fahren die Boote auch weiter zu der nochmals einige Kilometer weiter im Norden gelegenen **Ile Plate** und der kleinen **Ilot Gabriel.** Die Ile Plate hat wunderschöne Strände und ist im Inneren dicht mit Filaos bewachsen. Bei Ebbe kann man von dort zu Fuß zur Nachbarinsel Ilot Gabriel hinüberwaten.

Etwa 20 km nordöstlich von Cap Malheureux befinden sich die **Ile Ronde** und, nicht weit von ihr entfernt, die **Ile aux Serpents,** die völlig kahl und mit dem Boot nur sehr schwer zu erreichen ist. Die Anlandung ist wegen oft starker Brandung und scharfkantiger Felsen nicht ungefährlich. Ihren Namen (›Schlangeninsel‹) dürfte sie einem Irrtum verdanken, denn es gibt dort keine Schlangen. Diese befinden sich vielmehr auf der größeren und mit ursprünglicher Vegetation bewachsenen Ile Ronde. Die endemischen Schlangen gehören zur Familie der Boas, sind bis zu einem Meter lang und haben keine Giftzähne. Sie haben viele Jahrtausende hier alleine verbracht und kommen in ihrer Art nirgendwo anders auf der Welt mehr vor. Zu den endemischen Tieren gehören neben den Boas einige Geckoarten, die nur hier überleben konnten, da niemals Ratten die unter Naturschutz stehende Insel befallen haben. Auch einige der Palmenarten, beispielsweise eine kurzstämmige Flaschenpalme, sind weltweit einmalig. Der Kreisverkehr, an dem man die Schnellstraße von Port

Louis nach Curepipe verläßt, um nach Le Réduit zu gelangen, ist mit ihnen geschmückt worden. Natürlich finden sich auch in den Botanischen Gärten von Pamplemousses und von Curepipe einige Exemplare. Freiwillige Hilfsorganisationen haben in den vergangenen Jahren Ziegen und Hasen geschossen, die erst von englischen Einwanderern ausgesetzt worden waren und begannen, die Insel kahl zu fressen. Sie wachen auch darüber, daß keine Einwanderung von außen mehr erfolgt. Erste Erfolge sind sichtbar, denn junge Palmen können sich nun wieder frei entwickeln.

Goodlands und Poudre d'Or

Etwa 4 km landeinwärts liegt **Goodlands** 8, die größte Stadt des Nordens, die fast ausschließlich von Hindus und einigen weißen Landbesitzern bewohnt

Flamboyant an der Nordküste bei Grand Gaube

wird. Der Hindutempel und die hübschen kreolischen Villen der Reichen außerhalb des Zentrums sind daher auch die einzigen Sehenswürdigkeiten neben der Fabrik für Schiffsmodelle ›Historic Marine‹, die in dem Ruf steht, die beste (und teuerste) von Mauritius zu sein. Der Ausstellungsraum ist einen Besuch wert, und wenn Sie ein Modell kaufen wollen, sollten Sie es hier tun und es gleich mitnehmen. Dann wissen Sie, daß das, was Sie bezahlt haben, mit dem identisch ist, was sie letztlich in der Kiste geliefert bekommen – was durchaus nicht in allen Geschäften auf Mauritius so ist.

An einer Zuckerfabrik (St. Antoine) vorbei – wenn Sie die Fabrikation interessiert, fragen Sie, ob Sie sie besichtigen dürfen – geht es nun weiter nach

Poudre d'Or 9, einem kleinen Dorf, in dem am Strand ein Denkmal für den Untergang der ›St. Géran‹ steht (s. S. 95). Das Denkmal ist den Umweg nicht wert, dafür aber die Erinnerung an ›gute alte Zeiten‹, als Flugzeugabstürze noch nicht weltweit live über die Bildschirme flimmerten, sondern stolze Segelschiffe im Wirbelsturm auf Riffe liefen und die Welt es nur dann erfuhr, wenn ein Dichter wie Bernardin de St. Pierre eine Liebesgeschichte um das tragische Ereignis dichtete. Der Name ›Poudre d'Or‹ (›Goldstaub‹) könnte ein Hinweis auf die rötlichen Sandstrände sein, romantischere Naturen meinen aber, er sei ein Hinweis, daß Piraten in den verzweigten, engen Buchten, auf den Inselchen oder auf der etwas weiter nördlich gelegenen Ile d'Ambre Kisten mit Gold ver-

Straßenszene in Goodlands, einem der Zentren der indischen Bevölkerung

*Bau von Schiffs-
modellen in der
›Historic Marine‹ in
Goodlands*

graben haben. Gesucht wird hier jedenfalls von Einheimischen ebenso wie von
Schatzsuchern aus aller Welt! 1966 ist es
immerhin einer französischen Tauch-
expedition gelungen, das Wrack der ›St.
Géran‹ zu finden und ein paar ›Andenken‹ an die Oberfläche zu bringen, die
im Museum von Mahébourg ausgestellt
sind (s. S. 178).

Zwischen Poudre d'Or und Grand
Gaube liegen die beiden flachen Inseln
Ile d'Ambre 10 und **Ilot Bernache,** die
lange weiße Sandstrände besitzen. Von
beiden Orten aus nehmen Fischer Gäste
auf die Inseln mit.

Von Poudre d'Or nach Pamplemousses

6 km hinter Poudre d'Or zweigt eine
Straße ins Landesinnere nach **Rivière
du Rempart** ab. Ein Postamt, eine Kirche, ein Tempel, eine Bank und das Restaurant ›Chemin de Fer‹ (der Name erinnert daran, daß die Eisenbahn von
Port Louis einst bis hierher fuhr) befriedigen die Grundbedürfnisse. Folgen Sie
der Straße nach Westen, biegen Sie im

Dorf **Mon Loisir** *nicht* auf die Hauptstraße nach Norden ab, sondern nehmen Sie die schmalere, die nach **Belle
Vue Morel** und **Petite Julie** führt. Hier
biegen Sie links ab und gelangen nach
etwa 1 km an eine Kreuzung, an der Sie
eines der schönsten Kolonialhäuser der
Insel sehen können.

Das **Château de Villebague** 11 hatte
sich Mahé de Labourdonnais errichten
lassen, nachdem die wichtigsten Hafen-,
Verwaltungs- und Handelseinrichtungen
in Port Louis fertiggestellt waren. Port
Louis war ihm zu heiß, und er zog es vor,
wenigstens am Wochenende in kühleren Höhen zu entspannen. Biegen Sie
nach rechts (Norden) in die Hauptstraße
A2 ein und schon einige hundert Meter
weiter wiederum nach links. Auf einer
schmalen Straße erreichen Sie das Was-
serreservoir **La Nicolière** und einen
Aussichtspunkt, von dem Sie einen weiten Blick über die Zuckerrohrfelder bis
zur Küste genießen können.

Zurück auf der A2 sind es noch etwa
10 km den Berg hinunter nach **Pamplemousses,** wo sich die wichtigste Sehenswürdigkeit der Insel befindet, der
Botanische Garten 12 (s. S. 221), der

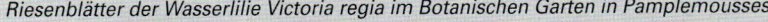

Der Botanische Garten
von Pamplemousses

Die Zukunft des Sir Seewoosagur Ramgoolam Botanical Garden hat begonnen. Als erste Maßnahme, um den Garten für Besucher noch angenehmer zu machen, dürfen sich nur noch lizensierte Führer der Interessenten annehmen. Manche von ihnen führen schon seit 20 Jahren Gäste durch den Garten und mußten sich dabei zunächst sachkundiger Konkurrenz, später reiner ›Abzocker‹ erwehren. Als zu Beginn der 80er Jahre mehr und mehr Gäste kamen, nutzten Biologiestudenten die Möglichkeit, durch Führungen ein Taschengeld zu verdienen. Da die jungen Damen und Herren

viel wußten, gab es auch gute Trinkgelder – was sich wiederum herumsprach. Innerhalb weniger Jahre waren die schüchternen Studenten von geschäftstüchtigen selbsternannten ›Fachleuten‹ aus dem Geschäft gedrängt. Der Kampf am großen schmiedeeisernen Tor tobte um jeden Neuankömmling, dem Phantasiepreise für die Führung abgenommen wurden.

Der Parkverwaltung blieb gar nichts anderes übrig, als ein Lizensierungssystem einzuführen, nur noch offizielle *Guides* zuzulassen und den Preis festzulegen. Übrig geblieben sind einige von den ›Alten‹, doch es sind neue hinzuge-

Riesenblätter der Wasserlilie Victoria regia im Botanischen Garten in Pamplemousses

kommen, die die Führung nicht als lukrativen ›Job‹ sehen, sondern eine Ausbildung erhalten haben und ihre Aufgabe im Broterwerb für ihre Familie sehen. Mir wurde von meinem Taxichauffeur der Tip gegeben, mir einen der älteren Führer zu suchen, denn die wüßten mehr. Das lag wohl eher daran, daß er selbst auch nicht mehr der Jüngste war und den Freunden aus seiner Generation mehr Arbeit zukommen lassen wollte. Aber der Tip hat seine Berechtigung, denn viele der alten Führer können mehr berichten, als man in der Zeit des Rundganges verarbeiten kann.

Um weitere Verbesserungen finanzieren zu können, ist geplant, ein Eintrittsgeld zu verlangen. In den vergangenen Jahren vernachlässigte Teile des Botanischen Gartens sollen neu angelegt und das ein wenig zerschlissene Kolonialhaus Château Mon Plaisir komplett renoviert, in ein botanisches Museum verwandelt und die Verwaltung in ein neues Gebäude umgesiedelt werden.

Die – zumindest unter Botanikern – weltweite Berühmtheit des Ortes Pamplemousses geht auf zwei Männer zurück, denen Mauritius viel verdankt. Der eine war Gouverneur Mahé de Labourdonnais, der tatkräftige Abgesandte der Compagnie des Indes. Kurz nachdem er seine Regierungsgebäude in Port Louis errichtet hatte, entschloß er sich, einen Privatwohnsitz in etwas höher gelegenen Regionen nicht weit von der Hauptstadt bauen zu lassen. Wegen der schönen Aussicht, der guten Süßwasserversorgung und der nahen Berge wählte er Villebague aus. Seinem Beispiel folgend, siedelten sich zu Geld und Ansehen gekommene Mauritianer in der Nähe an, eröffneten Töpfereien und pflanzten Gemüse an. Noch zu Lebzeiten von Mahé de Labourdonnais verwandelte sich Pamplemousses in einen

Gemüsegarten, der den Bedarf von Port Louis deckte.

Ein ebenfalls ehrgeiziger Mann war Pierre Poivre, der Nachfolger von Mahé de Labourdonnais. Er ist in die Geschichte aller Inseln des westlichen Indischen Ozeans als der Gründer vieler Gewürzplantagen eingegangen. Da die Franzosen keinerlei Besitzungen in Südostasien hatten und der Gewürzhandel von den Holländern kontrolliert wurde, wollte Pierre Poivre die französische Besitzung Mauritius zu einer Gewürzinsel machen und von hier aus den europäischen Markt versorgen. Er hatte auch die Idee, Orchideen und andere Zierpflanzen anzubauen, um sie nach Europa zu exportieren, und verwandelte Pamplemousses nach der Abreise Labourdonnais' in einen tropischen Garten, in dem er alle Pflanzen, die er aus tropischen Gebieten bekommen konnte, pflanzte, pflegte und hegte. Dabei mußte er vorsichtig vorgehen, denn die Holländer wachten eifersüchtig über ihre Besitzungen und verfolgten jeden, der Gewürze aus ihren Kolonien mitzunehmen versuchte. Pierre Poivre schaffte es, auf Reisen nach Indien, China, auf die Philippinen und die Molukken zahlreiche Gewürze und tropische Pflanzen zu sammeln und nach Mauritius zu bringen. Die meisten von ihnen gediehen hervorragend.

Wenige Jahrzehnte später hatte sich der Ruhm des Gartens als Lieferant der schönsten Zierpflanzen über alle Höfe Europas verbreitet. 1775 blühte erstmals eine Gewürznelkenpflanze auf Mauritius – ein sensationelles Ereignis, das die Voraussetzung schuf, das holländische Gewürznelkenmonopol zu brechen. Schon bald hieß es, daß die Gewürznelke von Mauritius frischer und aromatischer sei als die von den holländischen Pflanzungen in Südost-

Lotosblüte

asien. Besonders reiche Ernte lieferten die Pfefferstäucher und die Muskatnuß- bäume. Da diese Gewürze damals in Europa nur schwer zu bekommen waren, sich aber gerade an den Königs- höfen großer Beliebtheit erfreuten, konnten ungeheure Gewinne erzielt werden. Es heißt, daß die Kosten der Produktion – dank Sklavenhaltung und großer Plantagen niedrig – nur ein Achthundertstel des Preises ausmach- ten, den man auf dem europäischen Markt für die Gewürze erzielen konnte.

Obwohl im Garten von Pample- mousses keine großen Mengen produ- ziert wurden, die zu einem Preisverfall in Europa geführt hätten, war er doch ein Auslöser für das Ende des holländi- schen Gewürzmonopols. Von Pample- mousses aus exportierten die Franzo- sen nämlich Setzlinge und Samen in alle Welt. Die Sultane von Sansibar kauften 1818 große Mengen Gewürz- nelken. Die Pflanze gedieh so gut, daß Sansibar zum Inbegriff der Gewürzinsel und die Sultane reich wurden. Endgül- tig brach das holländische Gewürzmo- nopol zusammen, als auch Madagaskar, die Seychellen und einige Karibikinseln Gewürzplantagen anlegten.

Pamplemousses war aber auch ein Ort dunkelster Kolonialgeschichte, denn in unmittelbarer Nähe der Kirche, die schon bald nach dem Château errichtet wurde, fand der Markt statt, auf dem sich nach dem Eintreffen der Sklaven- schiffe schreckliche Szenen abgespielt haben. Kinder wurden von ihren Müt- tern getrennt, Männer von ihren Frauen, die auf der langen Überfahrt in überfüllten und unhygienischen Trans- portschiffen Erkrankten wurden beiseite geschafft, die Gesunden mußten nackt die Untersuchungen der Plantagenbe- sitzer über sich ergehen lassen, bevor diese sich entschieden, wen sie für die

Arbeit auf ihren Feldern ankaufen woll- ten.

Aber zurück zur Gegenwart. Pample- mousses gehört zu den artenreichsten tropischen Gärten der Erde. Hier kann man nahezu alle existierenden Palmen- arten, alle Zierpflanzen und vor allem die berühmte und immer wieder foto- grafierte Wasserlilie *Victoria regia* aus dem Amazonasbecken mit den schwim- menden, am Rand einige Zentimeter aufgebogenen Blättern bestaunen. Einige von ihnen sind so groß und fest, daß man ein Kind hineinsetzen kann, ohne daß das Blatt absinkt. Andere ›Highlights‹ sind die Meereskokospal- men von den Seychellen, die Pflanzen mit den größten Früchten der Erde, oder die Talipot-Palmen, die nur alle vier bis fünf Jahrzehnte einmal blühen, dann aber gleich richtig! Sie entwickeln meterhohe Blütendolden voller zartgel- ber Blätter. Flaschenpalmen wurden von der Ile Ronde geholt und großgezo- gen, gigantische Ebenholzbäume las- sen erahnen, wie die Wälder aussahen, bevor ihr Holz zu Schiffen, Häusern und Möbeln verarbeitet wurde.

Alles weitere sei einem der sachkun- digen Führer überlassen, die sich mit der Gegenwart weit besser auskennen.

1985 nach Sir Seewoosagur Ramgoolam, dem ›Vater der Unabhängigkeit‹, benannt wurde. Sein Leichnam wurde vor dem Château Mon Plaisir im Botanischen Garten in einer feierlichen Zeremonie verbrannt. Einen Parkplatz finden Sie 500 m links (nordwestlich) des Haupteinganges mit dem großen schmiedeeisernen Tor. Einige Stände verkaufen Snacks, Souvenirs und Getränke an der Stelle, wo man einen Rundgang durch den Park beginnen sollte. Sie können einfach ein paar Stunden spazierengehen, die Düfte der tropischen Gewürze erschnuppern, die Riesenschildkröten bewundern, das Grün der tropischen Vegetation genießen und einen Blick auf das hübsche Kolonialhaus Château Mon Plaisir werfen, das als Verwaltungsgebäude dient. Sie können sich aber auch bei einer Buchhandlung (beispielsweise ›Papyrus‹ in Grand Baie oder ›Le Trèfle‹ in Port Louis) eine ausführliche Dokumentation besorgen und anhand der Beschreibungen botanische Studien betreiben – was gute englische oder französische Sprachkenntnisse voraussetzt. Am besten aber ist es, für (staatlich festgelegte) 50 Rupien einen der grün gekleideten offiziellen *Guides* zu nehmen, ihm zu erklären, wie lange man sich Zeit nehmen und was man gerne sehen möchte. Den Rest erledigt der *Guide.*

Von Pamplemousses an die Westküste

Hoffentlich bleibt Ihnen noch eine Stunde, um im Licht der Abendsonne entlang der golden erleuchteten Nordwestküste ohne Eile zurück nach Grand Baie zu fahren. Nehmen Sie zunächst in Pamplemousses die A2 in Richtung Port Louis und zweigen Sie dort kurz vor dem Ortseingang von der Schnellstraße rechts nach **Roche Bois** und **Baie du**

Der Friedhof von Pamplemousses (im Hintergrund die Berge Pieter Both und Le Pouce)

Tombeau 13 (S. 210) ab. Die ›Grabesbucht‹ hat den Port Louis am nächsten gelegenen Strand und verdankt ihren Namen wahrscheinlich dem holländischen Admiral und ersten Gouverneur von Mauritius namens Pieter Both, der hier begraben sein soll. Nach einer anderen Version hat in der Baie du Tombeau Virginie ihre letzte Ruhestätte gefunden. Der Strand ist von Privatgrundstücken gesäumt, hier und da gibt es aber Durchgänge zum öffentlich zugänglichen weiten Sandstrand, einem der wenigen auf Mauritius, an dem man Kokospalmen finden kann. Am Nordende liegen etwas erhöht ein schöner Aussichtspunkt und das einfache Restaurant ›Snack Le Goulet‹.

In einem weiten Bogen erreichen Sie die Hauptverkehrsader zwischen Port Louis und dem Norden, die A4, von der Sie aber schon nach etwa 1 km wieder zur Küste hin abbiegen. Hier herrscht Ruhe, und Sie fahren auf einem einsamen und beschaulichen schmalen Weg nach **Petit Gamin.** Kurz vor dem nächsten Dorf (Le Goulet) biegen Sie rechts in einen unasphaltierten Fahrweg ab, der normalerweise nur von den Fahrzeugen der Zuckerpflanzer benutzt wird. Er bringt Sie durch Zuckerrohrfelder in die Bucht von **Balaclava** 14 (S. 211; angeblich eine Kreolisierung von ›black lava‹), die Sie durch das großzügige Gelände des ›Maritim Hotel‹ erreichen. Hier befinden sich wenig oberhalb der Mündung des Rivière Citron die malerischen Ruinen eines einst martialischen Gebäudekomplexes, der Lagerstätte des Kanonenpulvers der Kolonie. Leider ist sie 1774 versehentlich in die Luft geflogen, und der Fluß hat die weitere Gestaltung der künstlichen Landschaft übernommen, kleine Wasserfälle angelegt und Mauerreste als Pool genutzt, in dem Wasserlilien blühen. Die gesamte Bucht,

die auch Baie aux Tortues genannt wird, soll der erste Meeresnationalpark der Insel werden.

Von der Baie aux Tortues zur Pointe aux Canonniers

Nach dem Überqueren des Rivière Citron führt die B41 ein Stück durch das Landesinnere, bevor sie nach wenigen Kilometern wieder das Meer erreicht. **Pointe aux Piments** 15 (S. 222) mit seinem langen, schönen Strand erstreckt sich von der Baie aux Tortues im Süden bis zu einer Grenadierstellung – Batterie des Grenadiers – im Norden. Sie passieren einige Strandhotels und haben immer wieder schöne Blicke auf den Ozean, in dem man hier ausgezeichnet schnorcheln kann, da das Korallenriff nahe der Küste verläuft.

Am Südende von **Trou aux Biches** 16 (S. 228) liegt das sehenswerte Meerwasseraquarium (2000 vorübergehend geschlossen). In einem großen Bassin drehen mehrere Haie ihre Runden. Wenige Kilometer landeinwärts liegt der Ort **Triolet,** fast ausschließlich von Hindus bewohnt und ein Zentrum des hinduistischen religiösen Lebens. Der Maheswarnath-Tempel an der Zufahrtsstraße von Trou aux Biches ist einen Besuch wert, besonders wenn es Ihnen gelingt, den Tempelaufseher zu einer Führung zu überreden, bei der er auch die Hintergründe des Hinduismus und die Bedeutung der farbenfrohen Architektur erklärt.

Wenn Sie von der Polizeistation aus am Strand entlang weiter nach Norden fahren, sehen Sie zur Linken den bei

Der Maheswarnath-Tempel in Triolet

Wasserskiläufer an der Nordwestküste

Einheimischen beliebten öffentlichen Strand von Trou aux Biches. An Wochenenden kommen Schulklassen mit dem Bus von weither, Familien bringen Oma, Onkel, Tante, Kinder und einen großen Topf *Carri Poulet* mit und verbringen den Tag, manche in großen Zelten auch die Nacht, am Strand. Unmittelbar daran schließt sich der kilometerlange Strand des ›Trou aux Biches Village Hotel‹ mit mehreren Restaurants, Schwimmbädern, Wasserski, Segelbooten und einem schönen Revier zum Schnorcheln an. Der Strand ist für jedermann zugänglich und bietet unterhalb der parkartigen Hotelanlage zwischen den einzelnstehenden Bungalows viel Platz und Schatten. Nördlich davon hat sich ein Ortskern mit verschiedenen Restaurants, Geschäften, Tennisplätzen

(zum guten und preiswerten ›Casuarina Hotel‹ gehörend) und dem ›Corsaire Club‹, einem Zentrum der Hochseefischerei, entwickelt. Danach entfernt sich die Straße zunächst ein Stück vom Strand und führt dann im Abstand von 50–100 m an einem herrlichen öffentlichen Strand mit schattenspendenden Filaos (Mon Choisy) zur Pointe aux Canonniers.

Die Strände um die **Pointe aux Canonniers** 17 (S. 222) teilen sich die Hotels ›Club Méditerranée‹ (an der Westküste), ›Le Canonnier‹ (unmittelbar an der Spitze der Halbinsel) und ›Colonial Coconut‹ (1 km weiter im Osten). Alle drei haben den Vorteil, noch nicht im Ballungsgebiet von Grand Baie zu liegen, das jedoch per Fahrrad, Taxi oder Mofa schnell erreicht werden kann.

Westrundfahrt

Von Port Louis aus führt die Route nach Süden, macht Abstecher nach Pointe aux Sables und Albion und führt dann an der Küste entlang über Flic en Flac, Tamarin und Grand Rivière Noire nach Grande Case Noyale. Hier biegen Sie nach Osten in die Berge ab. Durch den Black River Gorges National Park, vorbei an Mare Longue und Mare aux Vacoas, kehren Sie auf der Schnellstraße über Vacoas, Quatre Bornes und Rose Hill nach Port Louis zurück. (Länge: ca. 115 km)

Pointe aux Sables und Albion

Verlassen Sie **Port Louis** **1** (S. 223) nicht auf der Schnellstraße, sondern nehmen Sie die ›Chaussée‹, die vom Regierungsgebäude, am Mauritius Institute und dem Company Garden vorbei, nach Südwesten führt. Sie kreuzt nach etwa 1 km die Schnellstraße, die sich hier nach Süden wendet, überquert den Grande Rivière du Nord-Ouest und biegt an der nächsten Abzweigung nach rechts (Norden) zum Strand von **Pointe aux Sables** **2** ab. Die Provinzverwaltung hatte vorgehabt, aus diesem schönen Badestrand ein Naherholungsgebiet für die Bürger von Port Louis zu machen. Das ist auch gelungen – aber nicht so, wie man es sich vorgestellt hatte. In den vergangenen Jahren wurden neben schon länger stehenden vornehmen Villen auch Fertighäuser aus Beton errichtet, Hotels vermieten ihre Zimmer nicht tage-, sondern stundenweise. Am Strand stehen kleine, für Arbeiter bestimmte Ferienhäuser, die ebenfalls für kurze (oder auch sehr kurze) Zeit gemietet werden können. Das Nachtlokal ›Golden‹ gehört zu den beliebtesten Discos, die von jungen Leuten aus Port Louis besucht werden – die Mädchen sind aber meist hier zu Hause. Pointe aux Sables ist der Rotlichtbezirk der Hauptstadt geworden. Es gibt allerdings auch einige seriöse und preiswerte Unterkünfte (›Sun & Sea Hotel‹), die einem echten Globetrotter gefallen werden. Der beste Badestrand ist nicht der offizielle *Public Beach,* sondern er liegt am Südende der Küste, wo die Straße sich wieder landeinwärts wendet.

Wem es dort gefallen hat, der kann, anstatt auf die Hauptstraße nach Süden (A3) zurückzukehren, auf einer schmalen Straße (B78) einige hundert Meter vom Strand entfernt über Camp Créoles nach **Albion** **3** weiterfahren, wo sich ein weiterer schöner, langer und bisher kaum besuchter Strand befindet. Es ist noch nicht abzusehen, ob er sich wie Pointe aux Sables oder eher wie Grand Baie entwickeln wird, denn bisher stehen dort nur ein paar hübsche Wohn- und Wochenendhäuser sowie einige Läden.

Über Bambous nach Flic en Flac

Schneller als der Umweg über Albion ist es, zur Hauptstraße zurückzukehren und ihr nach Süden zu folgen. Nach einigen Kilometern durchqueren Sie das fotogene, lebhafte Dorf **Bambous** mit alten Flamboyantbäumen am Straßenrand, einer Kirche, einigen hinduistischen Tempeln und sauberen Lebensmittelläden. Rechts ab geht es auf einer gepfleg-

ten Zufahrt zur Zuckerfabrik von Médine, links erhebt sich eindrucksvoll die Silhouette des Berges Corps de Garde. Das Wasser für die Stadt, aber auch für die in diesem trockenen Gebiet notwendige künstliche Bewässerung der Zuckerrohrfelder stammt aus dem La-Ferme-Wasserreservoir am Fuße des Berges. Es wird vom Rivière du Rempart gespeist, der seine Quellen im Hochland hat, nahe dem Black River Gorges National Park.

Wenige Kilometer weiter südlich zweigt eine großzügig ausgebaute neue Straße rechts ab zum Strand von **Flic en Flac** 4 (S. 215) und **Wolmar,** mit den beiden Luxushotels ›La Pirogue Sun‹ und ›Sofitel Imperial‹, vielen Bungalows, Apartments und preiswerten Hotels sowie einem weißen, langgestreckten, von einem nicht weit vor der Küste liegenden Riff geschützten Strand. Hier befindet sich die dritte Tourismusregion von Mauritius, neben Grand Baie/Péreybère im Nordwesten und der Ostküste zwischen Belle Mare und Trou d'Eau Douce – und sie ist in voller Entwicklung begriffen. Der öffentliche Strand ist zwar noch unberührt, doch jenseits der Küstenstraße wimmelt es von neuerbauten Apartmenthäusern, kleinen und mittleren Hotels, Bunga-

lows, Restaurants und Geschäften. In dem Filao-Hain hinter dem öffentlichen Strand machen es sich am Wochenende Mauritianer aus dem Hochland, das von hier aus auf einer guten Straße in nur einer knappen halben Stunde zu erreichen ist, beim Sonntagspicknick gemütlich. Wegen der vollständigen Infrastruktur, der Toiletteneinrichtungen am öffentlichen Strand, der Restaurants und Lebensmittelgeschäfte kann auch ein ›Budgetreisender‹ mit Zelt hier einen angenehmen Urlaub verbringen. Wenn Sie Hunger haben, müssen Sie sich zwischen Snackbuden am Strand, einfachen chinesischen oder indischen Restaurants, einer Pizzeria und luxuriösen Hotelrestaurants entscheiden.

Casela Bird Park

Auf der Bergseite der Landstraße nach Süden befindet sich nur ein paar hundert Meter südlich der Abzweigung nach Flic en Flac der **Casela Bird Park** 5. Von diesem privaten zoologischen Garten hat man einen weiten Blick über die Südwestküste von Mauritius und auf die Berge im Inneren des Landes. Seinem Namen entsprechend, hat er sich auf tropische Vögel aus aller Welt spe-

Hochseefischerboote bei Flic en Flac

Im Casela Bird Park

zialisiert. Die Tiere sind teils in großen Volieren untergebracht (oder eingesperrt), andere bewegen sich frei in dem großen Gelände. Im ganzen leben etwa 2500 Vögel aus allen Tropengebieten der Erde hier, darunter seltene bunte Fasanenarten, Enten aus China, verschiedenste Arten von Papageien und kohlrabenschwarze Schwäne aus Australien – für einen Vogelspezialisten eine Fundgrube! Nebenbei kann man sich an Fischteichen, Gehegen mit Riesenschildkröten, einem Tiger, verschiedenen Lemuren aus Madagaskar, Flamingos, an Bächen und Wasserläufen frei umherlaufenden Affen sowie einer Cafeteria mit herrlichem Ausblick über den Park und die Zuckerrohrfelder bis zum

◁ *Am Strand von Flic en Flac*

Indischen Ozean erfreuen. Und Orchideenfans finden eine Sammlung von Orchideen aus dem gesamten Raum des westlichen Indischen Ozeans.

Tamarin

Die Straße nach Süden führt nun wieder an die Küste, die sie bei **Tamarin** 6 (S. 227) erreicht. Der Ort liegt an der Mündung des Rivière du Rempart, der am Fuß des gleichnamigen Berges entspringt. Dieser hat die markanteste Silhouette aller Berge auf Mauritius, derentwegen er auch das ›Matterhorn des Südens‹ genannt wird, an das er – trotz der geringen Höhe von nur 545 m – tatsächlich erinnert. Die Felswand kann von geübten Bergsteigern durchklettert werden. Der Ort Tamarin besteht ledig-

Besteigung des Tourelle du Tamarin

7 Der Weg auf den Gipfel des Tourelle du Tamarin beginnt etwa 2 km südlich des Ortes Tamarin. Dort zweigt ein kurzes Stück hinter dem Salzverdunstungsbecken nach links eine kurze Asphaltstraße von der Küstenstraße in das Landesinnere ab. Am Ende dieser Straße beginnt ein Fußweg nach Osten in den Wald hinein zu einem Wildgehege, dessen Zaun man übersteigen muß, um dann ein Stück weiter im Osten ein ausgetrocknetes Flußbett hinaufzuwandern. An dessen oberem Ende durchquert man einen lichten Wald, wobei man sich immer in Richtung der Gipfelfelsen hält. Am Fuß der Felsen angekommen, umgeht man diese auf der linken Seite und kann dann durch Gestrüpp einen steilen Hang zum Gipfel hinaufklettern.

Salzgewinnung an der Westküste (im Hintergrund der Montagne du Rempart)

Tamarin

145

Straße im Südwesten der Insel, gesäumt von blühenden Büschen und Zuckerrohrfeldern

lich aus ein paar Geschäften, einigen Privathäusern, dem ›Tamarin Hotel‹ und einigen Salzgewinnungsanlagen, die das Salz für ganz Mauritius liefern. Aufgrund ihrer extrem niedrigen Niederschlagsmengen ist die Küste für die Anlage von Verdunstungsbecken ideal.

Neben ihrem landschaftlichen Reiz hat die **Baie du Tamarin** eine weitere Attraktion zu bieten. Wohl wegen der trichterartigen Form der Bucht und der vorgelagerten Korallenriffe rollen – oder rollten – fast das ganze Jahr über riesige Wellen herein und laden zum Wellenreiten ein. Das ›Tamarin Hotel‹, das unmittelbar am öffentlichen Strand liegt, ist auf diese Sportart spezialisiert und stellt Bretter und Ausrüstung zur Verfügung. Die Wucht der Wellen hat in den vergangenen Jahren jedoch erheblich nachgelassen, so daß sie nicht mehr immer ausreicht, um diesen Sport zu betreiben. Woran dies liegt, ist unklar.

Schließlich kann man von der Bucht aus (mit einer Genehmigung der *Water Authority*) das Tal des Rivière Tamarin aufwärts fahren, wo sich das größte Wasserkraftwerk der Insel und, in einer wilden Landschaft, der über sieben Becken hinabstürzende **Tamarind-Wasserfall** (s. S. 149) befindet.

Baie de la Grande Rivière Noire

8 (S. 218) Bei der Flußmündung des Rivière Noire befindet sich eine Bucht, die zum Baden nicht so geeignet ist wie die Lagunen im Norden und Süden, dafür ist sie aber ein sicherer Hafen für Schiffe aller Art, wenn ein Zyklon den Indischen Ozean in ein tosendes Meer verwandelt. Daher liegen hier Dutzende erstklassig ausgerüsteter Boote zum Hochseefischen, die zum ›Club Centre de Pêche‹ und dem dazugehörigen kleinen Hotel gehören. Dieses und das Nachbarhotel ›Island Sports Club‹ sind die ultimativen Treffpunkte der Hochseefischer, die zwischen November und April Speerfische, Haie, Thunfische, Wahoos usw. an den Haken bekommen und ihre Kräfte in dem ungleichen Kampf mit dem Fisch messen. Nur 2 km von der Küste entfernt stürzt hier der Meeresboden in unendliche Tiefen ab, und es tummelt sich alles, wovon die Hemingways dieser Welt träumen. Für die weniger ›männlichen‹ Liebhaber der Unterwasserwelt gibt es eine gut ausgestattete Tauchbasis und bekannte Tauchplätze, wie die ›Kathedrale‹ (ein Stück weiter südlich) oder den ›Haifisch-Ort‹, ein Gebiet, in dem es für größere Raubfische allerhand zu fressen gibt.

In den Black River Gorges National Park

Auf der Fahrt weiter nach Süden erkennt man bald im Südosten den Gipfel des **Piton de la Petite Rivière Noire,** den höchsten Gipfel der Insel und Teil des Black River Gorges National Park (s. S. 161). Im gleichnamigen kleinen Ort an

Hochseefischerboot mit Doraden

der Küste befinden sich einige Salinen und eine von der Regierung finanzierte Schutz- und Zuchtanlage für vom Aussterben bedrohte Vögel. Hier werden sie gezüchtet und großgezogen, um dann im Black River Gorges National Park, der Domaine des Grands Bois (Südosten), den Wäldern bei Bel Ombre (Süden) und auf der Ile aux Aigrettes vor Mahébourg, wo sich Reste ihres natürlichen Lebensraumes finden, wieder an das Leben in Freiheit gewöhnt zu werden. Im Nationalpark wird versucht, das gesamte endemische Leben wiederzuerwecken, wie es sich vor der Ankunft des Menschen darstellte, bevor Edelhölzer geschlagen und durch die Monokultur des Zuckerrohrs ersetzt wurden, bevor Wildschweine und Rotwild als lebender Proviant in die Wälder entlassen wurden und bevor von den Schiffen an Land gekommene Ratten endemische Pflanzen und Kleintiere vernichteten.

Folgen Sie von **Petite Rivière Noire** der Straße ein paar Kilometer weiter nach Süden bis nach **Grande Case Noyale** 9. Dort wendet sich die Route ins Landesinnere und führt über Chamarel nach Le Pétrin, dem Verwaltungszentrum des **Black River Gorges National Park** (s. S. 162 f.). Falls Sie in Flic en Flac ihrem Hunger noch nicht nachgegeben haben – wie wäre es mit dem Restaurant ›La Varangue sur Morne‹? Nicht ganz billig, dafür aber herrlich gelegen, ruhig, und die letzte Gelegenheit bei dieser Rundfahrt, außerhalb einer Stadt zu essen.

Die Speicherseen der Hochebene

Wenige Kilometer hinter Le Pétrin, nachdem man den Nationalpark verlassen hat, wandelt sich die Landschaft, und

Kolonialvilla und kreolisches Museum Eureka

17 (S. 225) Nicht weit entfernt von Port Louis wurde im Vorort Moka die Villa ›Eureka‹, eine der schönsten Kolonialvillen der Insel, restauriert und vor dem Verfall gerettet, indem man sie und den tropischen Garten rundherum in eine touristische Attraktion verwandelt hat.

Wenn Sie nach einer anstrengenden Stadtbesichtigung in Port Louis das Bedürfnis nach Ruhe in grüner, kühler Gartenlandschaft verspüren, sollten Sie auf der Schnellstraße in südlicher Richtung die Stadt verlassen. Schon nach etwa 8 km weist ein Schild auf die Ausfahrt nach Eureka hin. Gemütlicher, weiter und landschaftlich schöner ist es, Port Louis nach Norden zu verlassen und hinter dem Vorort Terre Rouge von der A2 nach rechts in die schmale Landstraße B19 abzubiegen. Über Bois Pignolet, Valton, Caroline, Malenga und Circonstance umfahren Sie die Bergkette von Moka (Pieter Both, Le Pouce) im Osten und gelangen nach St. Pierre

und Moka, wo Hinweisschilder den Weg zur Villa Eureka weisen. Hervorragend läßt sich ein Besuch in Eureka in die beschriebene Westrundfahrt integrieren, indem man von Quatre Bornes nicht direkt nach Port Louis zurückfährt, sondern einen Umweg über Moka wählt.

Die Villa und der großzügige Park lassen einen Hauch des kolonialen Luxus spüren, den sich die weiße Oberschicht leisten konnte. Seinen Namen verdankt das Gelände angeblich dem Freudenschrei des Erbauers, als er bei der Grundstücksversteigerung unerwartet günstig den Zuschlag erhielt. Man sieht dem Haus und den umliegenden Gebäuden, in denen die Angestellten untergebracht waren, an, daß der neue Besitzer glücklich war, dieses herrliche Stück Land bekommen zu haben.

Die Villa gehört nicht zu den ganz alten Prachtbauten ihrer Art, denn sie wurde erst 1830 von englischen Neu-

man kommt aus den Bergen auf die weite, teilweise licht bewaldete, teilweise mit Tee kultivierte Hochebene hinaus. Hier liegen die großen Städte des Hochlandes, die inzwischen so dicht zusammengewachsen sind, daß man nur noch an den Straßenschildern erkennt, in welcher man sich gerade befindet. Bevor wir sie erreichen, bieten sich Abstecher zu drei Wasserreservoirs an.

Zum Speichersee **Mare Longue** **10** gelangt man auf einem schmalen Weg, der etwa 3 km nördlich von Le Pétrin nach links (Westen) abzweigt. Das Reservoir sieht aus wie ein Bergsee in den Alpen und gehört zu den Einrichtungen einer Stromversorgungsgesellschaft, die mit Hilfe dieses Speichers und des nur wenige Kilometer weiter nördlich gelegenen **Tamarind Falls Réservoir** die

siedlern errichtet – allerdings nach dem Vorbild der französischen Kolonialarchitektur. Der Erbauer hatte das härteste auf der Insel zu findende Holz gewählt und auch in der Plankenstärke nicht gespart – er hat sich offenbar an seinen Erfahrungen aus dem Schiffsbau orientiert. Dadurch widerstand der harmonische Bau den Angriffen von Zyklonen ebenso wie denen von Termiten und – seit 1988 – Touristen und ist in voller, ursprünglicher Pracht erhalten.

Aber keine Angst – hier herrscht kein Andrang wie auf Neuschwanstein! Nur selten verirrt sich ein Individualist hierher und hat manchmal Pech, wenn er mit einer Busrundfahrt bei deren Pflichtstopp zusammentrifft. Normalerweise aber haben Sie Muße, den großen, gepflegten Park des insgesamt 47 ha zählenden Geländes zu erforschen und die drei Gartenpavillons zu entdecken. Im Haupthaus selbst, einem dank 109 Türen von kühlendem Wind durchwehten, 1000 m² großen Bau, finden Sie neben einem kleinen Museum auch einen Schnellimbiß, ein Restaurant, im ersten Stock eine Galerie mit Bildern mauritianischer Künstler, und in den ehemaligen Häusern des Dienstpersonals werden Souvenirs und Kunsthandwerk angeboten.

Wassermenge kontrolliert, die die Turbinen des größten Wasserkraftwerks der Insel antreibt. Den Tamarind-Speicher kann man nur zu Fuß auf schmalen Wegen vom Mare Longue Réservoir oder auf einem beschilderten langen Wanderweg von Le Pétrin, dem Zentrum des Black River Gorges National Park, aus erreichen. Der Fluß, der das Reservoir nach Nordwesten verläßt, stürzt im **Tamarind-Wasserfall** **11** in sieben Stufen über 250 m hinab in die Tiefebene und mündet beim Küstenort Tamarin ins Meer.

Das **Mare aux Vacoas** **12** schließlich ist der größte und den Hochlandstädten nächstgelegene aller Speicherseen, komplett umgeben von bizarren, lichten *Vacoas*-Hainen (Schraubenpinien). Mauritianer nutzen die schattigen Ufer be-

Die Domaine Les Pailles

18 (S. 225) Anfang der 80er Jahre leistete sich ein Zuckerbaron den Luxus, ein unberührtes Tal nur wenige Kilometer südlich von Port Louis zu kaufen, um sich dort ein Paradies zu erschaffen. Er ließ seiner Phantasie und seinen Architekten viel Zeit, bis er daran ging, die Idee zu verwirklichen. Jetzt ist sie nahezu vollständig in die Realität umgesetzt, und jeder ist eingeladen – gegen Eintrittsgeld natürlich –, das neugeschaffene Paradies zu besuchen. Es lohnt sich, denn der Gast taucht in eine Welt ein, die seit vielen Jahrzehnten versunken zu sein schien.

Ein luxuriöser Landsitz ist in dem weiten Tal zwischen den Gipfeln des Le Pouce und des Pic des Guibies entstanden, wie er vor 250 Jahren ausgesehen haben könnte. Prunkvolle Kolonialvillen, die edle Restaurants mit chinesischer, indischer und kreolischer Küche beherbergen, sind von einer Zuckerraffinerie, einer Rumfabrik, einem Reitstall und weiten Wiesen umgeben. Hoch oben am Hang versteckt sich eine Berghütte im Wald, in Gärten werden tropische Gewürze ganz ohne chemische Düngung und ohne Pflanzenschutzmittel angebaut – wie früher eben. Der gepflegte Reitstall steht Gästen zur Verfügung, die das Gelände vom Pferd aus erkunden möchten. Einen Tag – oder wenigstens einen Nachmittag und Abend – hier zu verbringen, schafft die perfekte Illusion, in die ›gute alte Zeit‹

zurückversetzt zu sein. Ein schlechtes Gewissen braucht man dabei nicht zu haben, denn die Arbeitsbedingungen der Angestellten in traditionellen Kostümen sind nicht an die Sklavenhalterzeit angepaßt worden!

Gleich am Eingang der Domäne steht ein Empfangsgebäude im Stil einfacher kreolischer Häuser, ganz aus Holz, Blättern des Baumes der Reisenden und getrocknetem Zuckerrohr (für das Dach) gebaut, rundum von einer breiten, schattigen Terrasse umgeben. So sahen die Häuser aus, die wohlmeinende Arbeitgeber ihren Bediensteten und erfolgreiche befreite Sklaven für ihre Familien errichteten.

Im Stil ähnlich, vom Eindruck her aber ganz anders sind die Hauptgebäude im Zentrum des Geländes. Eine luxuriöse Villa ganz in weiß, aus Marmor und Palisanderholz, umgeben von einer breiten Veranda, auf der herrschaftliche Fauteuils zu einer Pause einladen. Wer sich hier niederläßt, dem wird über kurz oder lang ein in der Domäne hergestellter Rum oder Likör angeboten werden. Der Blick von der Veranda in den davor angelegten französischen Garten mit Springbrunnen ist einmalig. Im Inneren der Villa befindet sich das französische Spitzenrestaurant ›Fouquet´s‹ – im Parterre edel gedeckte Tische, im ersten Stock ein Séparée mit echtem altem Edelholzmobiliar für kleine Gesellschaften und Familienfeste. Hier wurde Präsident Mitterand standesgemäß empfangen, als er 1992 der Insel einen Besuch abstattete.

Die Gewürzplantage der Domäne trennt dieses herrschaftliche Haus von einer weiteren Villa. Im Stil ist sie ganz anders, weniger respekteinflößend, freundlicher schon durch ihre natürlichen Farben, aber ebenfalls dem tropischen Klima durch eine breite Veranda

Einkochen von Zuckersud (im Hintergrund eine historische Zuckermühle)

und das weit über die Außenwände hinausreichende, schattenspendende Dach angepaßt. Dieses Haus beherbergt mit dem ›Canelle Rouge‹ ein kreolisches Restaurant, in dem man zu gemäßigten Preisen kreolische Curries und Snacks bekommt. In einem weiteren Bau befindet sich, durch und durch originalgetreu eingerichtet, das indische Restaurant ›Indra‹. Hier schmeckt nicht nur das Essen würzig – hier riecht es nach Räucherstäbchen, und ein Tablaspieler, begleitet von der indischen Sitar, vervollständigt die Illusion, bei einem Maharadscha zu Gast zu sein. Nebenan liegt das chinesische Restaurant ›Fu-Xiao‹, in dem drei Chefköche aus verschiedenen chinesischen Regionen die Spezialitäten ihrer Heimat zubereiten.

Nahe dem Eingangstor, ein wenig von den übrigen Gebäuden abgesetzt, befindet sich ein weiterer imposanter Kolonialbau – ganz in weiß und kontrastiert durch ein schwarzes Dach. Von außen läßt sich keine Terrasse erkennen, unterhalb der Dachkante befindet sich aber auch keine massive Wand. Die Veranda ist nämlich nach außen durch kunstvolle kleine Fenster, in weiß gestrichenem Holz gefaßt, gegen die Unbilden der Witterung geschützt. So baute man vor 250 Jahren Herrschaftshäuser an Berghängen, die häufig den Monsunwinden aus Südosten und starken Regenfällen ausgesetzt waren. Selbstverständlich lassen sich die Scheiben seitlich drehen, so daß bei schönem Wetter auch hier der Wind die Terrasse kühlt. Im Inneren dieses Prachtbaus befindet sich ein luxuriöses Spielkasino, das bereits ab 17 Uhr seine Pforten öffnet. Nicht ganz stilecht sind die elektronischen Spielautomaten, einer neben dem anderen aufgereiht auf der Terrasse des kolonialen Prachtbaus. Um so dezenter ist dafür die Atmosphäre in den edlen Räumen mit den großen Spieltischen.

Am Rand eines Schwimmbads liegt die Gartenpizzeria ›La Dolce Vita‹, wo es preiswerte italienische Nudelgerichte und knusprige Pizzas gibt.

Die Zuckermühle und die Rumdestillerie der Domaine Les Pailles wurden nach Vorbildern gebaut, wie sie um die Wende des 18. zum 19. Jh. üblich waren. Beide arbeiten das ganze Jahr über und werden ausschließlich mit Zuckerrohr versorgt, das auf dem Gelände des Landsitzes angebaut und jede Woche frisch geerntet wird. Es wird auf Ochsenkarren vom Feld zur Mühle gebracht und dort von Hand in die Presse gelegt. Zwei Ochsen laufen an einer Stange im Kreis, und ein Räderwerk setzt die Bewegung um, so daß sich zwei Rollen gegeneinander

drehen. Zwischen sie wird das Zuckerrohr gelegt und der Saft, *Flangourin* genannt, herausgepreßt. Ohne weitere Bearbeitung kann aus diesem Rohprodukt durch Fermentierung und Destillation einfacher Rum (auch Arrak genannt) hergestellt werden. Zur Herstellung von Zucker allerdings durchläuft der *Flangourin* mehrere Reinigungs- und Verdickungsprozesse. Der so entstehende dickflüssige Sirup wird schließlich aufgefangen und zur Kristallisation stehengelassen. Nach etwa 10 Tagen hat sich der Sirup in die rotbraune, süße und geschmackvolle Melasse verwandelt, aus der höherwertiger Rum hergestellt wird.

Vom zentralen Treffpunkt aus kann der Gast eine Rundfahrt antreten, die ihn in zwei Stunden über das gesamte Gelände der Domaine Les Pailles führt. Im Geländewagen geht es zunächst durch die Plantagen bis zum Fuß des Pic des Guibies. Die Fahrt führt den Berg hinauf bis zu einer Hütte, wobei ursprüngliche, unverfälschte Wälder durchquert werden und sich weite Ausblicke über das Tal bis zum Indischen Ozean eröffnen. An einer Quelle wird Halt gemacht, mit etwas Glück sieht man ein Rudel von Hirschen im freien Gelände oder Affen, die durch den Wald springen. Auf dem Rückweg passiert man den eleganten Reitstall, zu dem auch ein Clubhaus und eine Snackbar gehören, und wird durch die Rumdestille sowie die Zuckerfabrik geführt.

Wenn Sie Ihren Besuch der Domaine Les Pailles auf den späten Nachmittag legen, scheint die Sonne golden in das nach Westen offene Tal und taucht die *Domaine* in ein fast unwirkliches Licht. Bleiben Sie ein paar Stunden und leisten Sie sich zum Abschluß ein Abendessen in der untergehenden Sonne!

sonders im Sommer für Wochenend-
picknicks, wenn es dort, 600 m über dem
Meer, angenehm kühl ist.

Vacoas, Quatre Bornes und Rose Hill

Nach Quatre Bornes sind es vom Mare
aux Vacoas nur noch etwa 8 km. Wenn
Sie noch Zeit und Lust haben, können
Sie nach 4 km rechts in Richtung Curepipe (s. S. 169 ff.) abbiegen; unser Weg
aber führt geradeaus weiter die alte
Landstraße entlang nach Norden. Man
durchquert **Vacoas** 13 (S. 229), wo sich
der großzügige Golfplatz des ›Gymkhana Club‹ und ein kleines Polizeimuseum befindet. Einziger Treffpunkt für
Nachtschwärmer – auch aus entfernter
gelegenen Orten – ist das Restaurant
›Sam's‹ mit Disco und Jazzclub. Nicht
wenige Gäste aus Hotels in Flic en Flac
verbringen hier die eine oder andere
Nacht in bunter, nicht ausschließlich
touristischer Gesellschaft.

Am nördlichen Ortsausgang befindet
sich linker Hand ein gigantischer Ein-
kaufspalast *(Hypermarché)* der französischen ›Continent‹-Kette, rechterhand die
›Phoenix‹-Brauerei mit ihrem preiswerten *Factory Shop* (billige T-Shirts und
›Lacoste‹-Hemden) und daneben eine
Modellschiffswerkstatt im Ceuneau
House.

Wie Curepipe sind auch die anderen
Städte des Hochlandes nicht von Interesse, wenn Sie ›Sehenswürdigkeiten‹
suchen. Quatre Bornes, Rose Hill und
Beau Bassin sind (wie auch Vacoas)
Wohnstädte am Weg von Curepipe nach
Port Louis, mit schönen Gärten, wenig
attraktiven Wohngebieten und ein paar
Märkten. Der bekannteste und auch
reichhaltigste von ihnen ist der von
Quatre Bornes 14 (S. 226). Dort befindet sich mit dem ›Gold Crest‹ auch das
einzige Geschäftshotel im Hochland mit
einem für europäische Geschäftsleute
annehmbaren Standard.

Rose Hill 15 (S. 227), die ›Stadt am
Rosenberg‹, liegt am Fuße des Corps de
Garde, eines Naturschutzgebiets mit
gartenähnlicher, üppiger Vegetation und
einigen Obstplantagen. Hier werden im
November und Dezember riesige Mengen von Mangos und Litschis geerntet.
Im übrigen hat die Stadt mit dem Plaza
Theater nicht nur ein architektonisch interessantes Gebäude im viktorianischen
Stil, das ›Plaza‹ ist auch das größte und
aktivste Theater im ganzen Indischen
Ozean, mit regelmäßigen Theater- und
Opernaufführungen. Daneben die 1880
errichtete Kirche Sacré Cœur und ein
paar gute Restaurants, wie ›Le Pékinois‹
und ›Blue Mauritius‹.

Durch **Beau Bassin** 16 (S. 211) geht
es in wenigen Minuten zurück nach Port
Louis – es sei denn, Sie haben noch Zeit
für einen Besuch im Creole Museum Eureka (s. S. 148 f.) oder auf der Domaine
Les Pailles (s. S. 150 ff.).

Südrundfahrt

Ausgangs- und Endpunkt ist Le Morne Brabant im äußersten Südwesten der Insel. Zunächst geht es über Grand Case Noyale in die Berge zum Black River Gorges National Park, vorbei an Chamarel, nach Le Pétrin. Hier wendet sich die Route nach Osten zum Grand Bassin, führt am Aussichtspunkt vorbei nach Grand Bois und La Flora, von dort nach Süden zur Küste über Rivière des Anguilles nach Souillac. An der Südküste geht es dann in Richtung Westen zurück nach Baie du Cap und Le Morne Brabant. (Länge: ca. 100 km)

Südrundfahrt

Le Morne Brabant

An der Südwestecke von Mauritius ragt eine Halbinsel mit einem 550 m hohen Felsbrocken, genannt **Le Morne Brabant** **1** (S. 219), ins Meer. Zwischen dem steilen Felsabsturz und dem Meer liegt ein flacher Küstenstreifen von 50–300 m Breite; unmittelbar an der Küste, umgeben von einem weiten schützenden Riff, zwei Hotels – das ›Beachcomber Le Paradis‹ und das ›Berjaya Le Morne Hotel‹. Wegen des weiten und flachen Riffs, des herrlichen weißen Sandes und der schönen Korallen ist die Küste bei Le Morne Brabant besonders gut zum Baden – auch für Kinder – geeignet. Das Meer ist

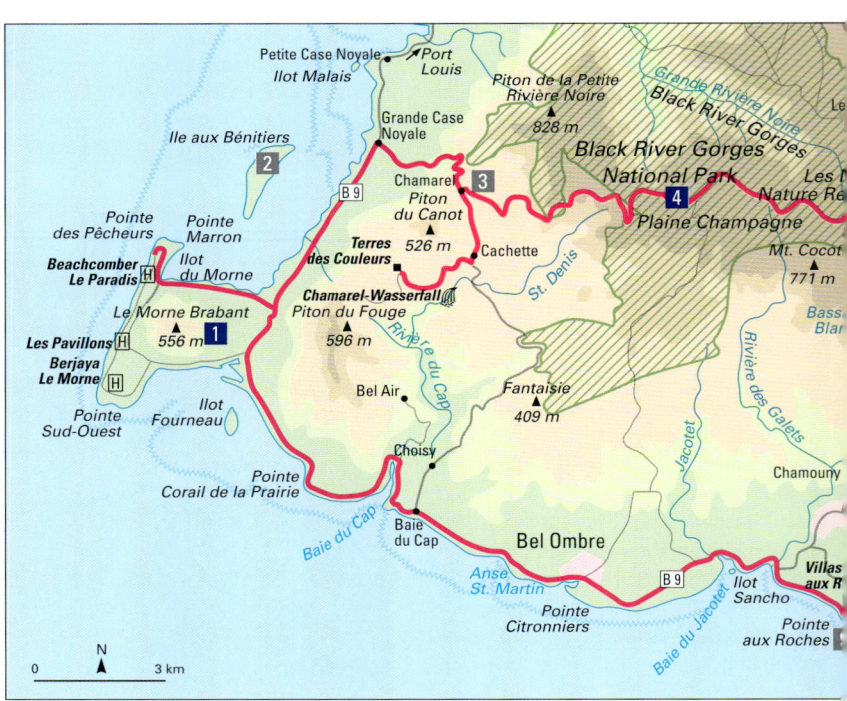

Le Morne Brabant mit einem ›Korallenpilz‹

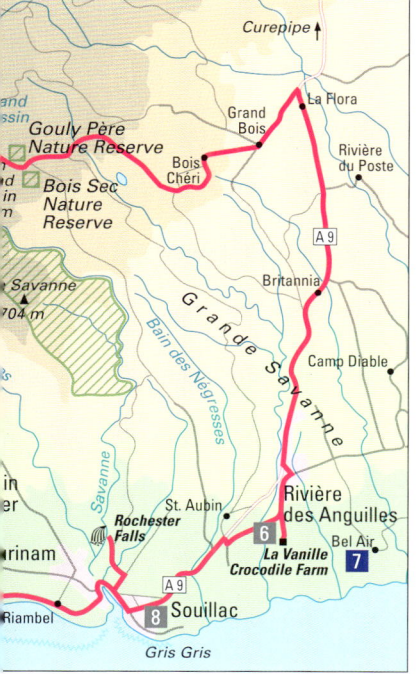

ruhig und gestattet auch Anfängern, länger als 20 Sekunden aufrecht auf dem Surfbrett stehenzubleiben. Wenn das geschafft ist, muß man sich windigere Gegenden suchen. Beispielsweise den Geheimtip einheimischer ›Freaks‹, die auf der schmalen Piste südlich des ›Berjaya‹-Hotels weiterfahren. Dort, an der Südküste von Le Morne stürzen sie sich in die vom ungehemmt hereinblasenden Südwind aufgebauten und von keinem Riff gebremsten Wogen.

Wenn Sie es eher ruhig lieben, fahren Sie mit einem Boot zur **Ile aux Bénitiers** 2. Getränke und Snacks für ein Picknick müssen Sie allerdings selbst mitbringen, denn dort gibt es nur Sand, Sonne und ein wenig Schatten. Vor eini-

Bootssteg beim Morne Brabant ▷

gen Jahren entstand eine FKK-Kolonie, die jedoch auf heftigen Widerstand der hinduistischen und islamischen Bevölkerung stieß. Nacktbaden ist daher dort nicht mehr gestattet. Die herrliche Küste ist jedem zugänglich, das Inselinnere (Privatbesitz) jedoch nur mit Genehmigung zu betreten.

Vom Hotel ›Le Morne‹ fährt man entlang der Küste nach Osten bis zur Hauptstraße, die weiter nach Norden führt. Noch vor nicht allzu langer Zeit war dieses Südwestende der Insel nur sehr schlecht mit Straßen ausgestattet und ist deshalb eine der zurückgebliebensten und am wenigsten besiedelten Gegenden der Insel. Zur Zeit der Sklaverei war der Morne Brabant die Fluchtburg von schwarzen Sklaven, die die Unterdrückung durch ihre weißen Herren nicht ertragen wollten. Auf der Flucht vor ihren Verfolgern mußten sie sich bis auf die Spitze des Berges zurückziehen, wo einige von ihnen viele Jahre verbrachten. Eine Tragödie ereignete sich, nachdem die Sklaverei abgeschafft war. Die Verwaltung schickte Polizisten aus, um den auf dem Gipfel des Morne Brabant lebenden Schwarzen mitzuteilen, daß sie freie Menschen seien. Als sie auf dem Gipfel anlangten, glaubten die Schwarzen sich ertappt und in die Enge getrieben. Einige sollen sich in ihrer Verzweiflung von den Felsen gestürzt haben. Der überwiegende Teil der Bevölkerung in dieser Gegend ist afrikanischer oder madagassischer Herkunft, nur wenige Inder haben sich später angesiedelt.

An der Nordwestecke des Felsmassivs, unterhalb des Restaurants ›Le Domino‹, biegen Sie links auf die Hauptstraße ab und erreichen nach etwa 5 km die Ortschaft **Grande Case Noyale.** Dort zweigt nach rechts eine Bergstraße ab, die wunderschöne Ausblicke auf die Küste freigibt. In den Wäldern um den Ort Chamarel, der noch ganz ursprünglich und unberührt in den Bergen liegt, leben wilde Schweine, deren Vorfahren einst, nachdem Dodo und Schildkröte ausgerottet waren, von Portugiesen als Nahrungsvorrat ausgesetzt wurden. Mit etwas Glück wird man auf der Fahrt auch hier und da einen Affen am Wegesrand treffen. Das Restaurant ›Le Chamarel‹, herrlich an einem Aussichtspunkt über der Südwestküste gelegen, lädt zu einer ersten Rast ein.

Chamarel

Etwa 3 km landeinwärts liegt der Ort **Chamarel** ❸ mit seiner Wallfahrtskirche Ste. Anne direkt am Ortseingang. An Maria Himmelfahrt (15. August) pilgern Gläubige hierher und feiern nach der Messe ein Volksfest. Um die Kirche herum befinden sich Stände, wo Gebäck verkauft wird, die Rumflasche macht die Runde, und ›Curry No. 2‹ wird serviert, ein Currygericht, das aus Affen, die in den Wäldern der Umgebung leben, zubereitet wird. Rund um Chamarel wird hervorragender Kaffee angebaut, der scharf geröstet und sehr dunkel gekocht wird. Eine früher florierende Kleinindustrie dieser Region ist vom Aussterben bedroht, seitdem die Regierung über Hubschrauber verfügt, die die Haupt-Anbauflächen für die Produktion von Haschisch (Gandhia) orten können.

An einer Kaffeeplantage vorbei führt die Straße zu den **Terres des Couleurs** (Coloured Earths) und zu einem Aussichtspunkt, von dem aus man den fast 90 m tief hinabstürzenden **Chamarel-Wasserfall** bewundern kann. Ein enger, nach Regenfällen glatter Saumpfad

Der Chamarel-Wasserfall

Wanderungen im Black River Gorges National Park

Wald von Macchabée (Rundwanderung, 7 km)
Ausgangspunkt ist das Le Pétrin Information Center im Nordosten des Nationalparks (an der Abzweigung der Straße zum Grand Bassin). Von hier geht es nach Nordwesten, entlang eines steilen Felsabsturzes mit großartigem Ausblick ins Tal des Black River und zur Westküste. Weite Teile des Weges führen durch ursprünglichen, unberührten Regenwald.

Parakeet (Hin- und Rückweg 12 km – anstrengend!)
Ausgangspunkt ist ein Parkplatz auf der Plaine Champagne an der Straße, die von der Westküste in Richtung Cure-

pipe den Nationalpark durchquert. Der Weg führt steil hinunter in das Tal des Black River und an dessen Ufer entlang bis zum Informationszentrum im Nordwesten des Parks. Auf dem gleichen Weg geht es zurück.

Wer sich mehr zutraut, kann vom Besucherzentrum aus den ›Macchabée‹-Weg zurück nach Le Pétrin und von dort zunächst auf einem Fußweg, dann die Straße entlang zum Ausgangspunkt der Wanderung zurück gehen (Gesamtentfernung: 15 km).

Bel Ombre (Hin- und Rückweg 12 km – anstrengend!)
2 km östlich des ersten Aussichtspunktes an der Straße von Case Noyale

Aussichtspunkt im Black River Gorges National Park

Bei Wanderungen in den Bergen findet man häufig wild wachsende Guaven

Mit 828 m ist dieser Gipfel der höchste auf Mauritius und erlaubt daher einen wunderbaren Ausblick über die gesamte Insel – bei klarem Wetter sogar bis zur Nachbarinsel Réunion. Ausgangspunkt der Wanderung ist der erste Aussichtspunkt an der Straße, von Case Noyale nach Curepipe. Der Pfad ist nicht gut gepflegt und folgt einem schmalen Grat. Zu beiden Seiten des Weges wächst dichtes Gestrüpp, so daß man nur gelegentlich freie Sicht hinunter in das Tal des Rivière Noire hat. Nach etwa 2 km erreicht man eine Weggabelung. Der rechte Weg führt zum Gipfel, der linke steil hinunter nach Chamarel. Ab hier beginnt der Pfad steiler nach oben zu führen, und die letzten 30 m bis zum Gipfel muß man sich ziemlich steil bergauf vorwärtskämpfen. Dort angekommen, kann man einen großartigen Blick über die gesamte Insel genießen.

Piton Savanne (Hin- und Rückweg 12 km, 4 Std.)
Diese einfache Wanderung führt auf den 704 m hohen Gipfel Piton Savanne. Der Weg wird selten begangen, und es kann daher passieren, daß er nicht klar erkennbar ist. Ausgangspunkt ist der Hof von Les Marres (s. o.). Von dort führt der Weg 3 km immer geradeaus nach Süden. Hier etwa ist der Pfad einmal durch einen Erdrutsch unterbrochen, allerdings ist der Weg wieder klar erkennbar, wenn man die kahle Stelle überquert hat. Er zweigt ins Gebüsch ab, und es kann sein, daß einige Stellen zugewachsen und als Pfad kaum auszumachen sind. Sollten Wegabzweigungen auftauchen, hält man sich rechts und besteigt dann über den Grat links hinauf den Gipfel, von dem sich eine herrliche Aussicht über den Süden von Mauritius bietet.

nach Curepipe zweigt rechts ein Fußweg in Richtung Süden ab. Folgen Sie diesem sanft abwärts führenden Weg, so erreichen Sie nahe der Südgrenze des Nationalparks unberührte Wälder, in denen Sie – mit ein wenig Glück – seltene Vogelarten und Fliegende Hunde beobachten können.

Bassin Blanc (Hin- und Rückweg 4 km)
Von der Straße von Case Noyale nach Curepipe zweigt östlich der Plaine Champagne rechts eine schmale Straße nach Les Marres ab. Vom Ende dieser Straße folgen Sie einem Fußweg, am Bassin Blanc, einem hübschen See im Krater eines erloschenen Vulkankegels, vorbei, bis der Fußweg sich wieder zur Fahrstraße erweitert. Vogelliebhaber sollten sich Zeit nehmen, um die umgebenden Wälder zu durchstreifen, denn hier leben viele seltene Arten.

Piton de la Petite Rivière Noire
(Hin- und Rückweg 6 km, 3–4 Std.)
Empfehlenswert ist eine Wanderung auf den Piton de la Petite Rivière Noire.

*Die Terres des Couleurs
bei Chamarel*

führt zum Fuß des Wasserfalles. Der viertelstündige Abstieg wird mit einem Bad in dem Bassin belohnt, das der Wasserfall geschaffen hat, und mit einer halben Stunde Aufstieg wieder bestraft. Für eine Erholungspause bietet sich das gegenüber vom Wasserfall liegende Restaurant ›La Cascade‹ an, wo man creolische und indische Speisen genießen kann (Eröffnung 1998).

Ein Stück weiter erreicht man die ›Farbige Erde von Chamarel‹, ein vegetationsloses Stück Erde, das merkwürdig zerklüftet ist und in verschiedenen Tönen, von fast Schwarz über Ocker bis hin zu Gelb schimmert. Bisher gibt es

keine wissenschaftlich einwandfreie Erklärung für dieses Phänomen, es dürfte sich aber um unterschiedliche Beimischungen von oxydierten Metallen in der Erde handeln – aber bitte erwarten Sie keine Sensation!

Black River Gorges National Park

4 (S. 213) Von Chamarel führt die Straße weiter bergauf in die Plaine Champagne, wo 1995 der Black River Gorges National Park eingerichtet wurde. Dort hat sich unberührter Urwald erhalten, in dem Hunderte von Pflanzenarten und mehr als ein Dutzend Vogelarten überlebt haben, die es nur auf Mauritius gibt. Besonders stolz ist man, daß sich die kurz vor dem endgültigen Aussterben stehenden Populationen des *Kestrel* (Mauritiusturmfalke), der auf Mauritius einmaligen *Pink Pigeon* (Rosentaube) und des *Echo Parakeet* (Mauritiussittich) durch Nachzucht und Aussetzen in der Natur langsam wieder erholt haben. Der Nationalpark ist das einzige Naturschutzgebiet auf Mauritius, in dem nicht nur menschliche Eingriffe untersagt sind, sondern dort wird – wie am Beispiel der bedrohten Vogelarten zu sehen – aktiver Naturschutz betrieben. Der Park wird von insgesamt über 50 km langen Fußpfaden durchzogen, die größtenteils gepflegt, saubergehalten und beschriftet sind, um das Gelände einem interessierten Publikum zugänglich zu machen. Im Informationszentrum am nordöstlichen Eingang zum Park, dem Le Pétrin Information Center und beim Wasserfall des Black River werden Broschüren bereitgehalten. Außerdem kann man sich bei Parkangestellten über die Fußwege und besonders interessante Tiere und Pflanzen erkundigen.

Der Nationalpark liegt zwischen 300 und 800 m über dem Meeresspiegel und hat in seinen Hochlagen mit 4000 mm Wassersäule im Jahr sehr starken Niederschlag. Nehmen Sie daher griffiges Schuhwerk, einen Regenschirm und gegebenenfalls eine Regenjacke mit. Da meist erst am Nachmittag Regenwolken aufziehen, ist es empfehlenswert, den Park in den Vormittagsstunden zu erwandern. Seien Sie außerdem vorsichtig, und gehen Sie nicht zu nahe an die oft steilen Felsabstürze heran – Sie wären nicht der erste, der ausrutscht und hinunterfällt!

Einige Grundregeln, die Sie beim Besuch des Nationalparks nicht mißachten sollten: Nehmen Sie Ihren Abfall wieder nach Hause mit oder werfen Sie ihn in die aufgestellten Abfalleimer! Heben Sie nichts auf (außer Coladosen, Plastiktüten usw., falls Ihnen solche begegnen sollten), sammeln Sie keine Blumen, Pflanzen, Steine oder Pflanzensamen. Sollten Sie allerdings reife tropische Früchte (Guaven, Waldbeeren) finden, dürfen Sie diese gerne pflücken und essen. Sollten Ihnen Affen begegnen, so füttern Sie diese bitte nicht! Sie würden sich an ›Geschenke‹ gewöhnen und aggressiv und unfreundlich werden. Nehmen Sie keine Haustiere auf die Wanderung mit, um die wild lebenden Tiere nicht zu gefährden! Entzünden Sie keine offenen Feuer!

Von der Terrasse des Restaurants ›La Varangue sur Morne‹ haben Sie ein herrliches Panorama des Nationalparks bis zur Küste, ein paar Treppenstufen aufwärts bietet sich ein Blick in die Schlucht des Black River und auf die Alexandra-Wasserfälle.

Einige Kilometer weiter zweigt beim Hauptquartier des Nationalparks in **Le Pétrin,** dem Ausgangspunkt verschiedener Wanderwege durch den Park, eine Straße nach rechts ab, die zu dem heiligen See der Hindus, dem **Grand Bassin** 5, führt. Im Februar oder März (den genauen Termin können Sie bei der Mauritius Tourist Promotion Authority in Port Louis erfragen) wird hier das Fest Maha Shivaratree (s. S. 59) gefeiert. Wenn Sie nicht das Glück haben sollten, während der Zeremonien herzukommen, ist der See keine außergewöhnliche Sehenswürdigkeit. Einige Tempel liegen an seinen Ufern, einzelne Gläubige legen Opfergaben nieder.

Die Legende erklärt die Entstehung des Sees und seine religiöse Bedeutung

Bustour zu den Villen Bel Air und Andrea

Wenn Sie an organisierten Bustouren teilnehmen, dann sollten Sie zu Sehenswürdigkeiten fahren, die Sie individuell nicht entdecken können, da sie sich in Privatbesitz befinden. Die Villen Bel Air und Andrea liegen an der Südküste von Mauritius und sind im Besitz einer franko-mauritianischen Pflanzerfamilie. Nur einmal pro Woche wird einer Besuchergruppe Einblick in den Lebensstil gegeben, der sich seit den Kolonialzeiten kaum verändert hat. Der Ausflug wird von dem Reisebüro ›Mauritours‹ angeboten und ist in fast allen Hotels zu buchen.

Die im prächtigen kreolischen Kolonialstil errichtete Villa **Bel Air** 7 thront auf den Klippen der Südküste, wo das Meer ungebremst gegen die schwarzen Lavafelsen brandet. Nach der langen Busfahrt durch herrliche Landschaften der West- und Südküste wird Ihnen auf der Terrasse dieses Anwesens ein erfrischender Tee serviert und die Villa und ihr großzügiger Garten gezeigt.

Nach dieser Rast fahren Sie weiter zur **La Vanille Crocodile Farm** (s. S. 165), durch die eine Führung erfolgt.

Andrea ist ein weiteres Gutshaus im wilden Süden von Mauritius, in dessen riesigem Garten Anthurien gezüchtet werden und wo in Süßwasserbecken Garnelen heranwachsen. Die Anthurien lieben heißes, feuchtes Klima und gedämpftes Licht, denn sie wachsen im feuchten Boden des Urwaldes, durch dessen hohe und dichte Baumkronen kein Sonnenstrahl dringt. Daher werden sie in Beeten gepflanzt, die mit regendurchlässigen, aber die Sonne absorbierenden Planen überspannt sind. Sie haben dicke, feste Blüten, die Farben von gelblichem Orange über tiefes Rot bis zu hellem Grün annehmen können. Kurz vor der Reife werden die Blüten geschnitten, in feuchtes Papier eingeschlagen und sicher in Kartons verpackt. Bei liebevoller Pflege, regelmäßigem Erneuern des Wassers und Abschneiden der Stengel kann eine Blüte sechs Wochen frisch bleiben.

für die Hindus: Vor vielen Jahrtausenden reiste Gott Shiva in seinem *Pushpak Veeman,* einem aus Blumen gefertigten Schiff, um die Erde. Er wollte seiner Frau Parvati einige der schönsten Flecken der Erde zeigen, die der Schöpfergott Brahma geschaffen hatte. Auf dem Weg zurück in ihre Heimat Indien überflogen beide den Indischen Ozean, und Parvati sah inmitten eines blau und türkis leuchtenden Meeres eine winzige Insel. Bei der etwas holprigen Landung schwappten einige Tropfen des Ganges über, den Shiva mit sich trug, um die Welt während seiner Reise vor Überschwemmungen zu schützen. Sie flossen in einem er-

Hindu-Frauen bei einer rituellen Zeremonie am Grand Bassin

loschenen Vulkankrater zusammen – das Grand Bassin war entstanden. Der Ganges bat Shiva, das Wasser zurückzuschöpfen, das andernfalls nutzlos auf einer unbewohnten Insel bleiben würde. Doch Shiva tröstete ihn und prophezeite, daß Menschen von den Ufern des Ganges eines Tages die Insel besiedeln würden und – wie in Indien an den Ganges – jedes Jahr einmal zum Grand Bassin pilgern würden, um sich an seinem Ufer mit dem heiligen Wasser zu waschen und es Shiva als Geschenk darzubieten. Viele tausend Jahre später bewahrheitete sich die Prophezeihung, und einmal pro Jahr, zum Fest von Maha Shivaratree, versammelt sich die Hälfte der mauritianischen Bevölkerung an den Ufern des Grand Bassin.

Krokodilfarm La Vanille

Vom Grand Bassin führt die schmale Straße durch die regenreiche und wenig erschlossene Landschaft der Grande Savanne abwärts zu den Zuckerplantagen um **Grand Bois** und weiter bis zur Einmündung in die A9. Ihr folgen Sie nach Süden, bis 1 km hinter **Rivière des Anguilles** links die Zufahrt zur **La Vanille Crocodile Farm** 6 abzweigt.

Völlig überraschend taucht man, nachdem man auf schmalen Wegen durch Zuckerrohrfelder den Park erreicht hat, in eine ursprüngliche tropische Welt ein. Eine Biologin aus Mauritius und ihr australischer Ehemann gründeten diesen privaten Tier- und Pflanzengarten in einem feucht-heißen, engen Flußtal. Weil das dortige Mikroklima dem der Insel vor der Besiedlung durch den Menschen ähnelte, ist es ideal für die Ansiedlung der endemischen Fauna der Inseln des Indischen Ozeans und für die Aufzucht von Krokodilen aus Madagaskar.

Auf der Führung durch dieses tief eingeschnittene, schmale Flußtal werden Sie daher viele auf Mauritius heimische Tiere treffen. Die Boaschlangen von der Ile Ronde sind in Gehegen ebenso zu sehen wie ihre nahen Verwandten, die *Do* aus Madagaskar. Riesenschildkröten, die von den Seychellen importiert wurden, zahme Affen, Geckos und große

Fliegende Hunde sind zu beobachten. Die wichtigste Attraktion allerdings sind die madagassischen Krokodile. Hier werden sie in sicheren, abgegrenzten Gehegen gehalten, auf Madagaskar leben sie wild und gefährden so manches Flußufer. (Vorsicht: Bringen Sie Moskitospray mit, denn das feuchte, von Bächen durchzogene und dicht bewachsene Tal ist voller Mücken!)

Souillac

Von La Vanille aus sind es nur noch wenige Kilometer bis nach **Souillac** 8 (S. 227), der größten Stadt der Südküste. Das will aber nicht viel heißen, denn Souillac ist nur ein Provinzstädtchen ohne besondere Attraktionen. Vicomte de Souillac, nach dem der Ort benannt ist, war von 1779 bis 1787 Gouverneur von Mauritius, doch gingen von ihm keine bedeutenden Entwicklungen aus

wie etwa von seinem Vorgänger Mahé de Labourdonnais.

Das ganze Jahr über weht vom Meer her ein steter, oft feuchter Wind über die Stadt gegen die Berge, die üppig von tropischen Pflanzen bewachsen sind. Einen Spaziergang an den hübschen Hafen, einen Besuch im Museum und einen Abstecher zum Aussichts- und Picknickplatz Le Gris Gris sollten Sie einplanen, um einen Eindruck vom behäbigen Stadtleben im nur klimatisch ›wilden Süden‹ zu bekommen. Am Meer befinden sich ein Park (Telfair Gardens) und ein Freibad. Aber Vorsicht, denn im Meer zu schwimmen, ist wegen der hohen Wellen und der Strömungen gefährlich!

Die Uferpromenade endet im Osten beim Aussichtspunkt **Le Gris Gris** (benannt nach der kreolischen Variante von Zauber und heilender wie auch schwarzer Magie). Von hier kann man den großartigen Blick auf den aufgewühlten

Le Gris Gris bei Souillac

Ozean genießen. Unter vielen schönen Wochenendhäusern befindet sich auch eine aus Korallen erbaute kleine Villa, umgeben von einem großzügig angelegten Park, in der der Dichter Robert Edward Hart (1891–1954) lebte. Nach seinem Tod wurde sie zu seinen Ehren in ein Museum umgewandelt, das an Sonn- und Feiertagen ein beliebtes Ausflugsziel von Schulklassen ist. Hart war Angestellter in der Bücherei des Mauritius Institute. Die Arbeit ließ ihm genug Zeit, um Gedichte in englischer, meist jedoch französischer Sprache zu verfassen. Diese wurden nicht nur in Mauritius bekannt und beliebt, sondern sie brachten Hart sowohl in England als auch in Frankreich (von der Académie Française) hohe Auszeichnungen ein. Sie reflektieren Mauritius, die Wildheit der Landschaft an der Südküste und vor allem die Vielfalt der Kulturen der Insel. Robert Edward Hart war als katholischer Sohn eines Iren und einer Franko-Mauritianerin, der sich in seinen späten Lebensjahren mehr und mehr zur hinduistischen Religion und zur indischen Spiritualität hingezogen fühlte, selbst ein Produkt dieser Vielfalt.

Mann beim Zerlegen eines Haifisches

Am westlichen Ortsausgang, noch vor der Brücke über den Rivière Savanne zweigt rechts ein schmaler Weg in Richtung der Berge ab. Folgt man ihm, erreicht man, sofern man sich an den kleinen, manchmal versteckten Hinweisschildern orientiert, nach etwa 2 km die **Rochester Falls.** Der Wasserfall stürzt über kantig geschliffene schwarze Felsformationen in ein Wasserbecken, das zu einem kühlen Bad einlädt.

Weiter westlich an der Küstenstraße liegt der kleine Ort **Riambel,** wo das Meer wieder ruhig ist und sich ein von einem Riff geschützter palmengesäumter Sandstrand erstreckt. Er reicht von Riambel mehrere Kilometer weit bis zur

Pointe aux Roches 9 (S. 223), einem schönen, allerdings oft windigen Sandstrand mit dem einzigen Hotel an der Südküste, den 28 Bungalows der ›Villas Pointe aux Roches‹. Beim Baden ist Vorsicht geboten, denn bei Ebbe können Strömungen auftreten. Vor dem Wind geschützt, sitzt man angenehm im Hotelrestaurant ›Green Palm‹.

Wenige Kilometer weiter erreicht man die **Baie du Jacotet,** eine attraktive Bucht, von der aus man bei Ebbe zur **Ilot Sancho** hinüberwaten kann, wo der Anker eines gestrandeten Segelschiffes aus den Korallen herausragt. Auf der Insel soll auch eine Kanone herumliegen, und Schatzsucher aus aller Welt vermuten dort eine von Seeräubern vergrabene Kiste voller Golddublonen. Selbst wenn beides nicht zutrifft, wäre dieses Inselchen ideal als Drehort für einen Piratenfilm.

Bel Ombre

Die nächste größere Ansiedlung ist **Bel Ombre,** mit einer Zuckerfabrik, einem kleinen Hafen und einer hübschen Villa der Eigentümer der Zuckerfabrik, etwa 2 km westlich des Ortes. Ein Stück weiter steht am Strand ein Monument, das an

während der dreiwöchigen Reise, einer kurz nachdem er auf Mauritius an Land gegangen war.

Vorbei an der Ortschaft **Baie du Cap,** umrundet man die Flußmündung des Rivière du Cap und fährt entlang der Küste in Richtung Le Morne. Von der Paßhöhe zwischen dem Piton du Fouge

Gewagte Straßenführung bei Baie du Cap

den Untergang des Frachtschiffes ›Trevessa‹ im Jahr 1923 erinnert, als es auf dem Weg von Australien nach Mauritius war, um Zucker abzuholen. Hier sollen einige der Überlebenden der Katastrophe das sichere Land erreicht haben, nachdem sie über 1500 km in einem Rettungsboot vom Südostwind über die offene See getrieben worden waren. Acht der insgesamt 16 Seeleute, die sich in das Boot hatten retten können, starben

im Osten und dem Morne Brabant im Westen eröffnet sich ein herrlicher Blick sowohl auf die Westküste mit der Ile aux Bénitiers und den Bergen von Tamarin als auch zurück auf die unbewohnte Ilot Fourneau und die Südküste. Fahren Sie die Straße Richtung Norden hinunter und biegen an der nächsten Abzweigung nach links ab, so gelangen Sie zum Ausgangspunkt der Fahrt, den Hotels ›Le Morne‹ und ›Le Paradis‹, zurück.

Curepipe

■ (S. 215) Die Stadt Curepipe ist der höchstgelegene Ort im Inselinneren. Sie läßt sich nicht sinnvoll von ihren Vororten Floréal, Vacoas, Quatre Bornes und Rose Hill trennen. Lediglich Ortsschilder verraten, daß man von einer Gemeinde in die nächste überwechselt, so eng sind die Städte zusammengewachsen. Hier, mehr als 500 m über dem Meeresspiegel, herrscht ein frisches Klima. Insbesondere von Oktober bis April, im mauritianischen Sommer, ist es angenehmer als im feuchtheißen Port Louis. Die weiße Oberschicht wußte diesen Vorteil schon früh zu schätzen und verlegte ihre Zweitwohnsitze hierher – auch um den in den Sumpfgebieten an der Küste immer wieder aufflackernden Malariaepidemien entkommen zu können. Im übrigen aber war die Stadt, auch ›Stadt der Weißen‹ genannt, lediglich Zwischenstation auf dem langen Weg zwischen den Hafenstädten Port Louis im Nordwesten und Mahébourg im Südosten.

Verglichen mit Port Louis ist Curepipe eine Stadt ohne ›exotischen‹ Reiz. Hier befindet sich die Mehrzahl der im europäischen Stil geführten Geschäfte und teuren Modeboutiquen. Geräumige Wohnsitze, in schattigen Parks gelegen und von gepflegtem *English lawn* um-

Curepipe

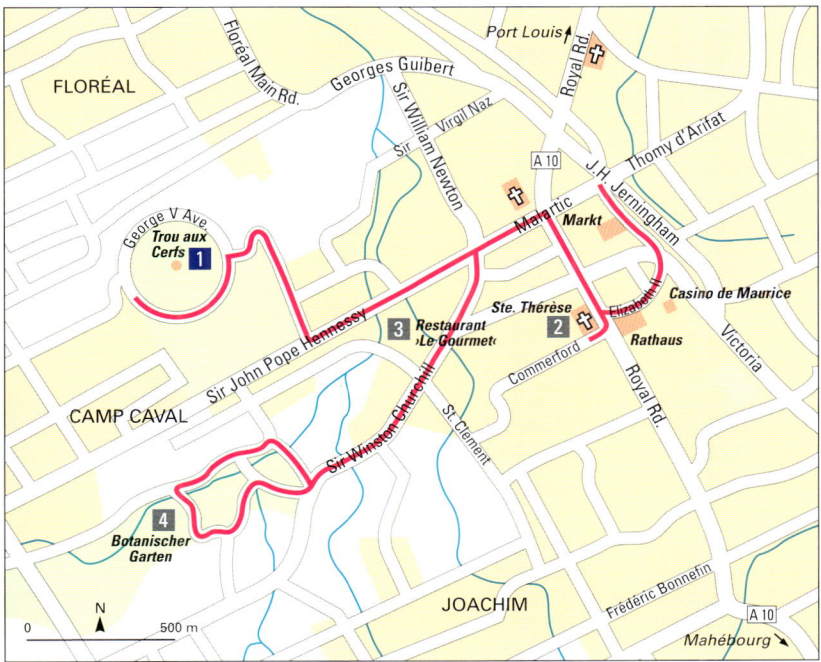

Typisches Kolonialhaus in Curepipe

geben, prägen das Bild der Außenbezirke. Im Zentrum befinden sich Verwaltungs- und Geschäftsgebäude, ein offener Markt und einige Kirchen. Auch der Lebensrhythmus der Stadt steht in krassem Gegensatz zu dem von Port Louis. Während dort zu den Geschäftszeiten reges Leben herrscht, ist Curepipe leer und ausgestorben. Nach 17 Uhr allerdings, wenn in Port Louis die Eisengitter herunterrollen und ›die Bürgersteige hochgeklappt‹ werden, erwacht Curepipe zum Leben. Die Bewohner sind von ihren Arbeitsplätzen zurückgekehrt, spazieren durch die Straßen ihrer Stadt, machen Besorgungen, gehen zum Essen und treffen sich in ihren Häusern und Villen.

Woher kommt der Name der Stadt? Mangels glaubwürdigerer Erklärungen stelle ich die Version meines Taxichauffeurs – der sehr viel über Mauritius weiß – zur Debatte: Die Dampflok legte an der höchsten Stelle der Strecke von Port Louis nach Mahébourg eine längere Pause ein, um Brennofen und Kamin zu reinigen und Wasser nachzufüllen. Aus der Information des Schaffners an die Fahrgäste, daß nun der ›Schornstein gepflegt‹ werde (Übersetzung von ›Curepipe‹), wurde zunächst der Name der Haltestelle und später des sich um sie herum entwickelnden Ortes. Eine schöne Geschichte, auch wenn es tatsächlich in Südfrankreich eine Stadt gleichen Namens geben sollte, die Namenspatronin war – wie von weniger phantasievollen Naturen behauptet wird.

Einen Entwicklungsschub erhielt die Stadt auf jeden Fall durch die Eisenbahn, aber auch durch die Expansion der Zuckerindustrie. Diese war dadurch möglich geworden, daß den Pflanzerfamilien nach der Sklavenbefreiung Entschädigungen für den Verlust ihres ›Eigentums‹ gezahlt worden waren. Von diesem Geld legten sie neue Zuckerplantagen bis weit in die Hochebene hinauf an und verlegten nun auch ihre Hauptwohnsitze in die Nähe der neuen Felder und Raffinerien.

Stadtrundgang durch Curepipe

Zwischen Floréal und dem Zentrum Curepipes liegt der **Trou aux Cerfs** **1**, ein 100 m tiefer erloschener Vulkankrater, in dessen Zentrum sich ein See befindet. Vom Kraterrand hat man einen weiten Blick über die Zuckerrohrfelder und auf die Bergzüge im Zentrum der Insel. Bei klarem Wetter sind sogar die Gipfel der Vulkane der Nachbarinsel Réunion in der Ferne sichtbar. Der Vulkan ist seit langem erloschen. Nach neueren Forschungen, die insbesondere auf Réunion auf höchstem wissenschaftlichem Niveau betrieben werden, ist es aber wahrscheinlich, daß in tieferen Erd-

schichten eine Verbindung zu den Lavaquellen des auf Réunion noch aktiven Piton de La Fournaise existieren. Sollte der ein paar Jahrzehnte schweigen, wenn sich die momentane Öffnung verstopft, könnte die Lava sich auch wieder den Weg nach Mauritius suchen.

Wenn Sie gut zu Fuß sind, können Sie den Aussichtspunkt auch gleich als Ausgangspunkt für einen Stadtspaziergang von etwa 2 Stunden Dauer und etwa 3 km Länge nehmen. Wem das zu viel ist, der kann Trou aux Cerfs und Botanischen Garten weglassen und sich auf den Rundgang durch das Stadtzentrum beschränken.

Vor Beginn des Rundgangs noch ein Hinweis: Bei einer Fahrt nach Curepipe sollten Sie immer einen Regenschirm dabei haben, denn hier regnet oder nieselt es sehr häufig. Und scheint ausnahmsweise mal die Sonne, dann dient der Schirm genausogut als Schutz gegen die Sonne, die hier, auf fast 600 m über dem Meer, heißer brennt als an der Küste.

Vom Aussichtspunkt am Trou aux Cerfs gelangen Sie, zunächst der Promenade am Kraterrand (George V) folgend, über Edgar Hugues und Sir Pope Hennessy Road in die Stadt hinunter. Nach 1 km stoßen Sie auf die **Royal Road,** die Verkehrs- und Geschäftsader der Stadt, in der sich Banken, Kinos, die meisten Restaurants und Geschäfte befinden. Wenn Sie ihr nach rechts folgen, gelangen Sie bald zu dem großen Platz mit der Kirche **Ste. Thérèse** 2.

Ihr gegenüber zweigt nach Nordosten eine schmale Straße (Elizabeth II) ab, die zum **Rathaus** und zur einzigen Stätte der Abendunterhaltung in der Stadt führt, dem **Casino de Maurice.** Biegen Sie hier nach links ab, so erreichen Sie den ungewöhnlich häßlichen offenen Markt, das Postamt, den Busbahnhof und schließlich das vielgerühmte, aber wenig attraktive Einkaufszentrum mit seinen Arkaden. Wenn Sie unbedingt einen Sari brauchen oder eine chinesische Vase, sollten Sie versuchen, beides hier zu bekommen. Aber seien Sie vorsichtig, denn unter ›Seide‹ verstehen selbst spezialisierte Verkäuferinnen häufig ein schönes, farbenfrohes Material, das in Ludwigshafen hergestellt wird!

Wenn Sie sich angemeldet haben (s. S. 215), sollten Sie sich nun zur ›Restaurantattraktion‹ der Stadt, dem ›**Le Gourmet**‹ 3, auf den Weg machen. In einem renovierten kolonialen Holzhaus führt eine Dame aus gutem franko-mauritianischem Hause ein ebenso gutes (und nicht billiges) französisches ›Sternerestaurant‹ mit kreolischem Touch. Neben dem Gebäude und der exquisiten Küche ist der ›Mini-Eiffelturm‹ im Garten die dritte Attraktion des Hauses. ›Le Gourmet‹ liegt linker Hand in einer schmalen Querstraße der Sir Pope Hennessy Road, durch die Sie bereits in das Zentrum der Stadt gekommen sind, kurz vor der Abzweigung zum Trou aux Cerfs. Wesentlich billiger können Sie natürlich im Ortszentrum Ihren Hunger stillen.

Zum **Botanischen Garten** 4 von Curepipe sind es vom ›Le Gourmet‹ nur noch ein paar Meter in Richtung Südwesten. Der Garten hat bei weitem nicht die Ausmaße und auch nicht die Bedeutung wie der von Pamplemousses, ist aber ein schöner grüner Fleck inmitten der architektonisch verunglückten Stadt, in dem auch Mauritianer gerne einen erholsamen Spaziergang machen.

Mahébourg und Umgebung

Von Curepipe bis zur Hafenstadt Mahébourg sind es 30 km. Am einfachsten überbrückt man diese Strecke auf der modernen Schnellstraße, die durch größtenteils unbebautes, mit sekundärem Regenwald bewachsenes Land führt. Außer dem wunderbaren Ausblick auf das ferne Meer, den Bäumen der Reisenden (Ravinala) und vereinzelten kleinen Teeplantagen ist bis zum Ortseingang von Mahébourg nicht viel zu sehen.

Mahébourg

1 (S. 220) Mahébourg wurde 1806, wenige Jahre vor der Eroberung der Insel durch die Engländer, von dem damaligen Gouverneur Décaen errichtet. Schon

Mahébourg und Umgebung

1810 mußte der gleiche Gouverneur allerdings die Kapitulationsurkunde unterschreiben, nachdem 23 000 englische Soldaten von Cap Malheureux aus in die Insel vorgedrungen waren. Ihnen Widerstand zu leisten, war zwecklos, denn Mauritius verfügte nur über 2000 eigene Soldaten. Décaens Traum, sich mit der Hafenstadt Mahébourg ein Denkmal zu setzen, wie es Mahé de Labourdonnais mit Port Louis gelungen war, war damit gescheitert, zumal die neuen englischen Herren an Mahébourg als Hafen und Verwaltungssitz nicht interessiert waren. Die Stadt hat seither jede wirtschaftliche Bedeutung verloren und blieb dadurch von modernen Beton-, Glas- und Marmorbauten verschont.

Hier kann man noch den Charme und die Ruhe finden, die auch Port Louis vor 200 Jahren ausgestrahlt haben muß. Der Markt im Zentrum ist gut gefüllt, denn in den fruchtbaren Ebenen im Umland wird Gemüse und Obst angebaut, und die Fischer bringen reiche Fänge aus der ruhigen und sicheren Bucht von Vieux Grand Port. Mahébourg ist eine gemütliche koloniale Kleinstadt, die es wert ist, daß man ein paar Stunden im Zentrum umherwandert, die Atmosphäre schnuppert, den Markt besucht, die Fischerboote in der Bucht anschaut und dem Marinemuseum einen Besuch abstattet. Es sind keine Sensationen zu bewundern, aber es herrscht eine ganz besondere Atmosphäre. Man sagt, die

Die ›Blaue Mauritius‹

Der Innenhof und die Räumlichkeiten des Regierungsgebäudes in Port Louis waren hervorragend geeignet, großartige Feste abzuhalten, die ausländische Besucher beeindruckten und dazu beitrugen, daß viele ihre Vorstellung von dem primitiven und zurückgebliebenen Leben weit weg inmitten des Indischen Ozeans revidieren mußten. Es wird von Festen berichtet, zu denen über 700 Gäste geladen waren. Sie fanden zu Ehren des Direktors der Compagnie des Indes statt, anläßlich der Geburt des Sohnes von Gouverneur Charles Décaen und zu vielen anderen ähnlichen Gelegenheiten. Auch die Briten nutzten das prachtvolle Gebäude während ihrer Herrschaft für Festlichkeiten, beispielsweise wenn Mitglieder des Königshauses zu Besuch kamen.

Einer der glanzvollsten Bälle ist in die Geschichte der Philatelie eingegangen, denn er war – vermutlich – für die Entstehung der beiden berühmtesten Briefmarken der Welt verantwortlich: die indigofarbene ›One Penny‹ und die blaue ›Two Pence‹ – die ›Rote‹ und die ›Blaue Mauritius‹. Eine gewisse Lady Gomm, Ehefrau des englischen Gouverneurs Sir William Gomm, gab am 30. September 1847 einen Ball mit dem Ziel, die sich als rechtmäßige, aber vorübergehend unterdrückte Herren der Insel fühlenden Franko-Mauritianer an veränderte politische Gegebenheiten zu gewöhnen. Da die Geschichte nicht ganz zweifelsfrei nachgewiesen werden

kann, wird sie auch unter dem Titel ›Barnard-Mythos‹ erzählt:

Der britische Gouverneur Sir William Gomm hatte Mühe, sich bei seinen durchwegs frankophonen Untergebenen die Achtung zu verschaffen, die für eine erfolgreiche Verwaltung der Insel notwendig war, denn ohne die Zusammenarbeit mit den gebildeten Familien war es schwer, die Ordnung aufrechtzuerhalten. Viel Lob brachte ihm ein, daß er bei einem Empfang die Gesellschaft mit einer Ansprache auf Französisch überraschte. Doch die damit gewonnene Achtung drohte verloren zu gehen, als ihm vom *Colonial Office* in London die Aufgabe übertragen wurde, ein Gesetz durchzuführen, wonach künftig an den Gerichten in den Kolonien nur noch in englischer Sprache verhandelt werden durfte. Dieses Dekret vom 13. September 1845 sollte spätestens bis zum 15. September 1847 in die Tat umgesetzt sein. Eigentlich eine verständliche Forderung, denn die Richter waren durchwegs Engländer ohne oder mit nur schlechten französischen Sprachkenntnissen. Sir William spürte den Ärger seiner Untergebenen und versuchte, einen Aufstand zu verhindern, indem er seine Frau bat, in der Nacht vom 14. zum 15. September 1847 alle wichtigen Honoratioren zu einem prachtvollen Fest in die ›Loge de la Triple Espérance‹ in der Bourbon Street einzuladen. Das Fest war ein Reinfall. In der Umgebung fanden schon am frühen Abend Demonstrationen von ›Terroristen‹ statt, die sich der ›Loge de la Triple Espérance‹ bedenklich näherten – die hohe Lady mußte Soldaten rufen, um Ruhe und Ordnung zu schaffen.

Origineller fiel der Protest des jungen Rechtsanwalts Célicourt Antelme aus, der einen Fall bis in die späte Nacht vor Gericht vertreten mußte. Bis exakt 24 Uhr plädierte er vor den englischen Richtern in französischer Sprache – und schwenkte mitten im Satz auf das nun anzuwendende Englisch um. Die Bevölkerung der Stadt und die Intellektuellen hatten deutlich gemacht, daß sie sich zwar der Macht beugen würden, aber nicht bereit waren, mit den Engländern zu kooperieren.

Gouverneur Gomm aber gab nicht auf. Über die mißlungene Feier sollte erst einmal Gras wachsen und dann mit einem noch exklusiveren Ball im Regierungspalast ein neuer Versuch gemacht werden. Geplant wurde er für den 30. September des gleichen Jahres. Und nun kommt der Teil der Geschichte ins Spiel, der nicht ganz sicher überliefert ist.

Der Gouverneur erteilte seinem *Colonial Postmaster* J. Stewart Brownrigg den Auftrag, eine *Two-Pence-* und eine *One-Penny*-Briefmarke herzustellen. Häufig ist zu lesen, daß die Marken aus-schließlich für den Zweck gedruckt werden sollten, besonders edle Einladungs-schreiben zu einem Fest zu versenden. Manches deutet aber darauf hin, daß die Marken auch regulär im Postamt verkauft wurden. Die Anweisungen zur Gestaltung der Marken scheint der Gouverneur seinem Postmeister lediglich mündlich gegeben zu haben, jedenfalls finden sich in den sonst vollständigen Unterlagen in den Archiven des Mauritius Institute keinerlei schriftlichen Belege. Mr. Brownrigg suchte und fand einen gelernten Graveur und Uhrmacher namens Joseph Osmond Barnard, den er mit der Aufgabe betraute, zunächst jeweils 500 Briefmarken der beiden Wertstufen anzufertigen. Wiederum sind keine Belege mit den genauen Anweisungen aufzufinden. Klar war zumindest, daß die Marken möglichst bald fertig sein sollten – rechtzeitig für die Einladungen zum Ball der Lady Gomm am 30. September.

Mr. Barnard erkrankte allerdings, kam unter Termindruck und vergaß, wie die genaue Aufschrift lauten sollte. Um sich zu vergewissern, ging er ins Hauptpostamt, um seinen Auftraggeber Mr. Brownrigg zu fragen. Als er an dem Postgebäude die Aufschrift ›Post Office‹ sah, glaubte er sich zu erinnern, daß

Briefumschlag mit je einer ›Blauen‹ und ›Roten Mauritius‹

dies die Worte waren, die links senkrecht einzugravieren waren, und kehrte an seinen Arbeitsplatz zurück. So jedenfalls berichteten es Tageszeitungen einige Jahrzehnte später, die es wiederum von Mr. Barnards Enkelkindern erfahren haben wollten.

Die Zeit drängte. Mr. Barnard machte den kupfernen Druckstock fertig, stellte die gewünschte Zahl Marken her und lieferte zumindest einen Teil davon an Lady Gomm. Am 21. September 1847 konnte sie endlich die bereits geschriebenen Einladungskarten frankieren, abstempeln und an die Gäste zustellen lassen, die am 30. September zu dem Maskenball geladen werden sollten. Niemand scheint von den Marken besonders Notiz genommen oder sich gar an dem ›Post Office‹ gestört zu haben. In den Zeitungen wurde nicht einmal erwähnt, daß seit neuestem eigene mauritianische Briefmarken erhältlich waren. Der einzige Hinweis auf das Fest findet sich in der Tageszeitung ›Le Cernéen‹ vom 29. September.

»Ball im *Government House.* Polizeilicher Hinweis. Die Damen und Herren, welche planen, an dem morgigen Ball im *Government House* teilzunehmen, werden gebeten, ihre Kutscher anzuweisen, die Pferde mit dem Kopf in Richtung Meer festzubinden und die Heimfahrt entlang der Chaussée oder Royal Road anzutreten. Für die Ankunft dürfen Kutschen Chaussée und Royal Road nicht benutzen.«

Das Fest fand ohne Zwischenfälle statt und soll ein großer Erfolg gewesen sein. Es wurde der Nachwelt in Form einer Lithographie überliefert, die im Museum von Mahébourg zu sehen ist: die geladenen Damen in festlichen Kleidern, die geladenen Herren verkleidet als Kardinal Richelieu, als Henker, Türke, Kreuzfahrer, Mohr und Ritter im

Festsaal des Regierungsgebäudes in Port Louis.

Über die Briefmarke wurde jedoch nirgendwo ein Wort verloren. Die Druckplatte verschwand und wurde erst viele Jahrzehnte später in einem Schließfach der Drummond's Bank in London wieder aufgefunden. Heute befindet sie sich im Britischen Museum in London. Wie sie dorthin kam, ist eines der Rätsel um die ›Blaue Mauritius‹. Genutzt wurde sie nur ein einziges Mal, denn Mr. Barnard erhielt den Auftrag, eine neue Kupferplatte herzustellen, auf der die Marken mehrfach eingraviert waren, damit der Druckvorgang schneller vonstatten gehen konnte. Bei dieser Gelegenheit wurde auch die Inschrift geändert und ›Post Office‹ durch das damals gängige ›Post Paid‹ (›Gebühr bezahlt‹) ersetzt.

Von den 1000 ursprünglich hergestellten Briefmarken sind heute nur noch 13 der ›Roten Mauritius‹ und 12 der berühmteren ›Blauen Mauritius‹ weltweit zu finden. Drei der *Two-Pence*-Marken kleben auf Umschlägen, von denen einer vor einigen Jahren für 500 000 Dollar den Besitzer gewechselt hat. Es heißt, daß Anfang des 20. Jahrhunderts ein gewisser Herr Nobel zwei dieser berühmten Briefmarken auf alten Briefumschlägen in seinem Haus auf Mauritius gefunden haben soll. Schon damals war die Marke sehr wertvoll, und es gelang ihm, einen Umschlag mit der darauf befindlichen Briefmarke an die Familie Rothschild in Frankreich zu verkaufen. Den zweiten soll er unvorsichtigerweise in seiner Jackettasche aufbewahrt haben. Seine Haushälterin vergaß, die Taschen zu durchsuchen, bevor sie die Jacke in die Wäsche gab – wieder eine ›Blaue Mauritius‹ weniger und eine arbeitslose Haushälterin mehr!

Die Kathedrale Notre Dame in Mahébourg

Bewohner seien besonders scheu Fremden gegenüber; wer nicht in Mahébourg lebt, sei für sie ein Fremder, egal ob er aus Port Louis oder aus Paris stammt. Es heißt auch, die Stadt – und vor allem ihre Friedhöfe – werde von Geistern beherrscht und das tägliche Leben stünde unter dem Einfluß des *Gris Gris* sowohl weißer als auch schwarzer Magier und Hexen.

Geschichtliche Bedeutung erlangte Mahébourg im August 1810. Vom 24. bis 26. des Monats fand eine große Seeschlacht zwischen englischen und französischen Schiffen in den Gewässern der Bucht nordöstlich von Mahébourg statt. Sie endete mit einem klaren Sieg der Marine Napoleons. Es war der erste über eine englische Seestreitmacht – und sollte der letzte bleiben. Immerhin gelang es, mehrere englische Admirale gefangenzunehmen. Da die hohen Militärs einander gegenseitig soweit es ging schonten, nahm man den verletzten englischen Kommandanten Sir Nesbit Willoughby militärisch korrekt auf und pflegte ihn im vornehmsten Haus der Stadt gesund – im Château de Robillard – übrigens in einem Zimmer mit dem ebenfalls verletzten französischen Admiral Victor Duperré, den die siegreich beendete Schlacht in der Heimat so berühmt machte, daß er im Invalidendom zu Paris begraben wurde.

Als Ausgangspunkt eines Stadtrundganges ist das **Marinemuseum** an der Straße nach Curepipe und zum Flughafen geeignet. Das schöne, etwas vernachlässigte Kolonialhaus stand schon 40 Jahre vor der Gründung von Mahébourg an seinem Platz und gehörte dem Kommandanten des Distrikts von Vieux Grand Port, Jean de Robillard. Das daher auch Château de Robillard genannte Haus dient als Museum, seit die Regierung es 1950 kaufte. Es beherbergt einige Fundstücke, die an die Seeschlacht von Grand Port erinnern. Man findet vom Salzwasser zerfressene Kanonen, alte Flaschen, Schiffsglocken und historisch interessante Handfeuerwaffen, die 1966 aus dem Wrack der ›St. Géran‹ geborgen wurden. Unter den Ausstellungsstücken befindet sich eine Sänfte, in der sich die feinen Damen von ihren Sklaven zu Tanzgesellschaften tragen ließen, die Schlafzimmereinrichtung von Mahé de Labourdonnais und eine Dokumentation der Geschichte der berühmten ›Blauen Mauritius‹ (s. S. 174 ff.).

Über die geschäftige Mahébourg Road gelangen Sie vom Museum aus nach Norden ins Ortszentrum. Biegen Sie beim ›Hansa Bookshop‹ in die Rue des Créoles links ein und werfen Sie einen Blick in den ›Starlight Gaming Club‹, eine chinesische Spielhölle auf der rechten Straßenseite. Folgen Sie hinter dem Hauptpostamt der Rue Marianne nach rechts, so stoßen Sie nach knapp 200 m auf den Marktplatz und den Busbahnhof. Von dort führt eine Straße hinunter zu der renovierten **Uferpromenade** mit Blick auf die Ile Mouchoir Rouge. ›Insel des roten Taschentuchs‹ heißt sie, weil der einzige Bewohner der Insel der lokale Arzt war.

Luxushotel par excellence – das ›Shandrani‹ an der Blue Bay

Wenn jemand mit einem roten Taschentuch vom Ufer aus winkte, setzte er über, denn dies war das Zeichen, daß er für die Behandlung eines Kranken benötigt wurde.

Auf dem Rückweg nehmen Sie am besten vom Markt aus die Rue de Labourdonnais nach Süden, in der sich verschiedene Snackbars, Cafés und Restaurants befinden, und biegen bei der Autovermietung Arnulphy (das dazugehörige Reisebüro vermietet auch Fahrräder) nach rechts in die Rue du Souffleur ab. Kurz vor deren Einmündung in die Mahébourg Road, die Sie nach links (Süden) zum Naval Museum zurückbringt, liegt linkerhand die **Kathedrale Notre Dame.**

Pointe d'Esny und Blue Bay

Südlich von Mahébourg erstreckt sich einer der schönsten Strände von Mauritius zwischen der **Pointe d'Esny** 2 und der **Pointe Corps de Garde.** Er war in früheren Zeiten der Modestrand der feinen Gesellschaft, die luxuriöse Wochenendhäuser am Strand besaß. Das Südende des Küstenstreifens begrenzt die **Blue Bay** 3 mit ihrem am Wochenende lebhaften öffentlichen Strand. In den ruhigen, von einem Korallenriff abgeschlossenen Gewässern der großen Lagune herrschen das ganze Jahr über ideale Badebedingungen. Nicht weit vom Ufer entfernt liegt das Wrack eines Anfang des 20. Jahrhunderts gesunkenen Segelbootes.

Am anderen Ende der großen Bucht sieht man das luxuriöse Hotel ›Beachcomber Le Shandrani‹, günstig auf einer Halbinsel gelegen. Auf der einen Seite, innerhalb der Bucht, ist das Wasser immer ruhig und klar, während auf der

dem Meer zugewandten Seite eine heftige Brise – manchmal auch Sturm – weht, der sie für Windsurfer zum Paradies macht. Gerade für Anfänger ist diese Kombination ideal. Wer auf dem ruhigen Wasser geübt hat, kann sich anschließend auf das offene Meer wagen.

Nur wenige Meter vom Strand von Le Chaland und der Blue Bay entfernt liegt die **Ile des Deux Cocos** (›Insel der zwei Kokosnüsse‹), die sich in Privatbesitz befindet. Es wäre kein Problem, von der Blue Bay aus zu der kleinen Insel hinüberzuschwimmen, wenn nicht eine starke Strömung in das offene Meer hinaus herrschen würde.

An der 3 km langen Promenade zwischen Pointe d'Esny im Norden und Blue Bay im Süden liegen einige einfache, aber hübsche Restaurants (›Le Sirius‹ am Strand der Pointe d'Esny, ›Le Bougainville‹ in der Blue Bay, gegenüber dem 1996 renovierten ›Blue Lagoon Hotel‹) und einige preiswerte Familienpensionen.

Die vorgelagerten Inseln

Von Mahébourg erstreckt sich in nordöstlicher Richtung eine Kette kleiner Inseln, die nur schwer zu besuchen sind. Die größte von ihnen, die **Ile aux Aigrettes** 4 steht unter Naturschutz und kann nur nach Voranmeldung und in Begleitung eines Mitarbeiters der Gesellschaft besucht werden, die sich um die Wiederherstellung der ursprünglichen Fauna und Flora bemüht. Eine Sondergenehmigung für den Besuch kann man beim Forestry Department neben dem Botanischen Garten von Curepipe einholen. Sowohl von Mahébourg als auch von Pointe d'Esny aus kann man mit einem gemieteten Fischerboot übersetzen.

Weiter draußen, am Rande des Korallenriffs, liegen hintereinander Ile de la Passe, Ile aux Fouquets und Ile Marianne. Auf der **Ile de la Passe** 5 erinnern ein Leuchtturm und zerfallene Festungsmauern daran, daß sie den Hafen vor dem Eindringen unerwünschter Schiffe schützen sollte. Die **Ile aux Fouquets** 6 war der Ort, an dem die bedauernswerten französischen Flüchtlinge von Rodrigues ausgesetzt wurden (s. S. 66). Die damals noch holländische Inselverwaltung hielt sie für Spione im Dienste Frankreichs und versuchte, sie auf diese Weise loszuwerden.

Le Souffleur

Verläßt man Mahébourg nach Westen, zweigt nach etwa 8 km bei Plaine Magnien rechts eine Landstraße (B8) ab. Die Straße verläuft in Richtung Südwesten nach Trois Boutiques und Camp Poule. Von hier führt eine schmale, kaum gepflegte Piste nach links in Richtung Küste. Wo sie endet, befindet sich eine Felsformation aus schwarzem Lavagestein – **Le Soffleur** 7 . Da kein Riff vorgelagert ist und die Küste senkrecht zur Hauptwindrichtung steht, herrscht häufig starke Brandung. Die Felsformation wirkt wie ein Trichter, so daß sich bei starkem Seegang ein interessantes Schauspiel abspielt. Wenn die Wellen hoch genug sind und mit großer Wucht hereinbrechen, fangen sie sich in einem kaminartig geformten Felsen und erzeugen bis zu 100 m hohe Fontänen.

Le Val Nature Park

8 Dieser Naturschutz- und Naherholungspark liegt in einem weiten Tal voller Zuckerplantagen, umgeben von ur-

sprünglichen, unberührten Bergen. Ein wichtiger Teil des Erlebnisses ist schon die Anfahrt, für die Sie sich viel Zeit lassen sollten, um sie wirklich zu genießen. Je näher man dem Tal kommt, desto mehr fühlt man sich in die gute alte Zeit zurückversetzt, als Landwirtschaft noch die einzige Einkommensquelle der Insel war. Kein Bauschutt, keine überquellenden Mülleimer, keine halbfertigen Häuser, kein Gedränge an Bushaltestellen. In den großzügig angelegten, auffallend sauberen Dörfern nordwestlich von Mahébourg ist nicht nur die Zeit stehengeblieben. Auch unter den Menschen spürt man nichts von der Aufbruchstimmung, die das Leben vor allem in den Zentren des Nordens kennzeichnet.

Verlassen Sie Mahébourg nach Norden über die Brücke, die den Rivière La Chaux überspannt. Biegen Sie an der nächsten Abzweigung nach links in Richtung Grand Bel Air auf die B7 ab. Hier spürt man noch die Nähe der Stadt, doch schon nach einigen Kilometern weitet sich der Blick, beiderseits der Straße tauchen gepflegte Zuckerrohrfelder auf, alte Alleebäume säumen und schmücken die gemächlich aufwärts führende kerzengerade Straße zwischen Grand Bel Air und Riche en Eau. So frisch wie die Namen der Ortschaften klingen (›Wasserreich‹, ›Frische Luft‹), so fühlt man sich auch, wenn man das heiße Mahébourg verlassen hat. In der Ferne erkennt man die zerfallenen Schornsteine ehemaliger kleinerer Zuckerfabriken. Heute wird die gesamte Ernte der Region in der großen staatlichen Raffinerie Rose Belle Sugar Estate im Ort **Riche en Eau** verarbeitet, der auch der Naturpark Le Val gehört. Im Vorbeifahren werden Sie vielleicht einen

Baumfarn und ›Elefantenohren‹ in Le Val

Besteigung des Lion Mountain

⑨ Wenn man von Mahébourg aus über die Bucht von Grand Port nach Norden schaut, sieht man einen knapp 500 m hohen Berg. Mit etwas Phantasie erinnert er an einen in der Savanne liegenden Löwen, was ihm seinen Namen Lion Mountain oder Montagne du Lion eingebracht hat. Er gehört zum privaten Naturschutzgebiet der Domaine des Grand Bois (Domaine du Chasseur) und kann auf einem einfachen Weg in 4–5 Stunden (hin und zurück) von Vieux Grand Port aus bestiegen werden. Zum Fuß des Berges gelangen Sie auf Wegen durch die Zuckerrohrfelder. Wegweiser gibt es nicht, daher fragen Sie am besten im Ort bei der Polizeistation, wo es langgeht!

Blick über Ananasfelder auf den Lion Mountain und die Bambous Mountains

Blick auf das stattliche weiße Kolonialhaus (Privatbesitz) rechts in den Feldern werfen können, das als Drehort verschiedener Kinofilme diente.

Gleich nach dem Ort biegen Sie nach rechts ab in Richtung St. Hubert, durchqueren dieses Dorf, biegen links in einen schmalen Weg ab und erreichen nach einigen hundert Metern den Eingang zum Naturpark. Beim Einbiegen auf den kleinen Parkplatz glaubt man, sich in einer anderen Welt wiederzufinden.

400 000 m² schattenspendender lichter Wälder, Bäche und Seen umfaßt der Park. Auf gepflegten Wegen durchwandert man ein Tal mit Teichen, in denen Süßwassergarnelen und Zierkarpfen gezüchtet werden, in großen Gehegen kann man von Aldabra eingeführte Riesenschildkröten, Rotwild, Ponys, Affen und Vögel bewundern. Für die Zukunft ist sogar geplant, Känguruhs und Elefanten einzuführen! Ein Snackrestaurant und ein Souvenirshop sind schon da.

Ostrundfahrt

Die Route führt von Mahébourg an der Ostküste entlang nach Vieux Grand Port und weiter, vorbei an der Ile aux Cerfs, nach Trou d'Eau Douce und Belle Mare. Von dort geht es über Poste de Flacq, Centre de Flacq und St. Julien ins Hochland. Durch reizvolle Landschaften gelangt man, vorbei an den Wasserreservoirs von Valetta und Piton du Milieu sowie dem Naturpark Le Val, zurück nach Mahébourg. Die Rundfahrt sollten Sie möglichst früh beginnen, denn sie bietet zahlreiche Möglichkeiten für Badepausen an der Küste, vor allem natürlich auf der Ile aux Cerfs. (Länge: ca. 105 km)

Von Mahébourg zur Anse Jonchée

Auf der Hauptstraße verläßt man **Mahébourg** **1** (S. 220) nach Norden, überquert den Rivière La Chaux und passiert den alten Friedhof von Ville-Noire. Nach einigen Kilometern erreicht man bei **Vieux Grand Port** **2** (S. 229) das Nordende der Bucht. Kurz vor diesem Ort liegt auf der linken Seite die inzwischen stillgelegte Zuckerfabrik von Ferney, die zweite, die auf Mauritius gegründet worden war. Rechter Hand findet sich ein Denkmal, das an die berühmte Seeschlacht zwischen Engländern und Franzosen erinnert (s. S. 177).

Folgt man der Küste weiter ostwärts, erkennt man nahe dem Riff eine steinige Insel mit einem Leuchtturm – die Ile aux Fouquets. Dorthin waren 1695 die ersten französischen Kolonisten auf Rodrigues von den Holländern verbannt worden (s. S. 66). Einige Kilometer weiter, bei

Pavillon du Grand Port, sind die Ruinen der ersten holländischen Niederlassung auf Mauritius zu sehen.

Die herrlich zwischen dem Meer und den Hängen des Lion Mountain gelegene Straße führt weiter nordwärts, durch die hübschen Dörfer Bois des Amourettes und Providence, in die Anse Jonchée. Von hier aus lohnt sich ein Abstecher in die Berge zu den privaten Naturschutzgebieten Domaine des Grands Bois (auch ›Domaine du Chasseur‹) und Domaine d'Ylang Ylang.

Domaine des Grands Bois (Domaine du Chasseur)

3 Eine Schotterstraße zweigt von der Anse Jonchée in westlicher Richtung zu den Zuckerplantagen in den Bergen ab. An der Abzweigung steht ein großes Schild, das auf die ›Domaine du Chasseur‹ hinweist. Fährt man den Weg durch Zuckerrohrfelder ein paar Kilometer weit in die Berge, stößt man auf ein in den Berghang eingebettetes Restaurant mit einigen Jagdhütten. Ursprünglich war die *Domaine* ein riesiges privates Jagdgebiet mit 1500 Stück Rotwild in einem unberührten feucht-heißen Bergland. Inzwischen sind aber die Eigentümer klüger geworden und jagen nur noch zur Kontrolle des Bestandes. Von dem Naturschutz profitieren neben dem Rotwild auch wildlebende Affen, der durch Nachzucht wieder angesiedelte Mauritiusfalke *(kestrel)* und die Mauritiustaube *(pink pigeon)*. Der artenreiche

Blick auf die Bambou Mountains ▷

Wald, in dem sich alte Ebenholzbestände finden, ist auch der Grund, warum das riesige Gelände erst kürzlich in ›Domaine des Grands Bois‹ (›Schutzgebiet der großen Wälder‹) umbenannt wurde. Im Norden reicht die 950 ha große, unberührte bewaldete Bergwelt bis an die Gipfel der Bambous Mountains, im Süden bis zum Lion Mountain. Die Hütten dienen Jägern ebenso als Stützpunkt wie Naturliebhabern mit Fernglas, die Wanderungen in den unberührten primären Regenwald unternehmen, Tausende von Vögeln beobachten, wildlebende Affen erleben und sich in kühlen Gebirgsbächen und unter Wasserfällen erfrischen wollen.

Domaine d'Ylang Ylang

4 Einige hundert Meter nach der Abzweigung zur Domaine des Grands Bois erscheint am Rande der Zuckerrohrfelder ein kleines Schild mit dem Hinweis zur Domaine d'Ylang Ylang. Ist das wieder ein anderer Name für das gleiche Schutzgebiet? Nein, ist es nicht! Zwischen riesigen Zuckerrohrfeldern wird hier, in den Bergen des Südostens, seit 1995 die Duftblüte Ylang-Ylang angebaut, die weltweit einen der begehrtesten und teuersten Rohstoffe zur Herstellung von Parfums liefert. Nahezu die gesamte Weltproduktion dieses ätherischen Öles kommt von der Insel Nosy Be im Norden Madagaskars und von der Komoreninsel Anjouan – doch auch auf Mauritius findet man den Baum, dessen Blüten einen unerhört intensiven Geruch verbreiten. Zwischen November und Februar liegt die Blütezeit dieses normalerweise hohen, stattlichen Bau-

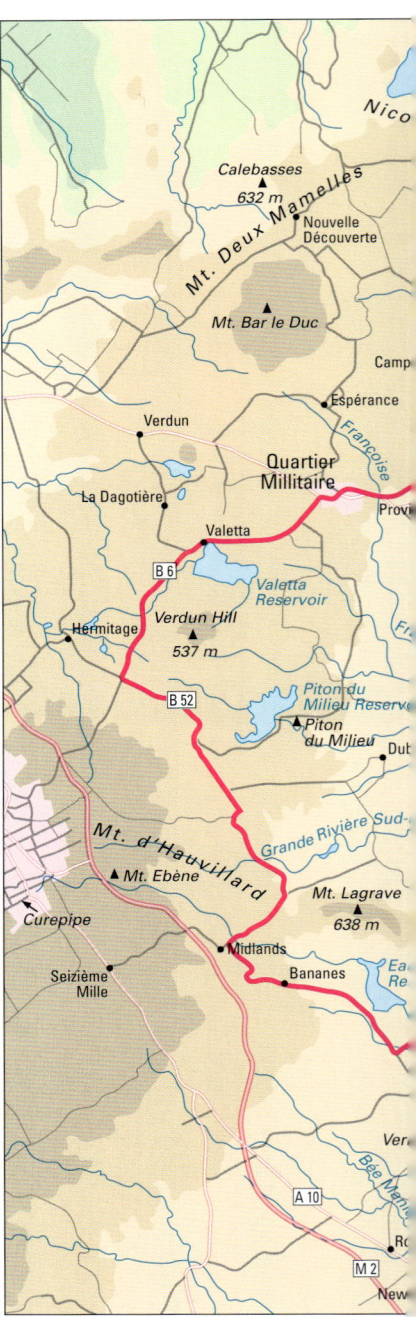

Poste Lafayette **8**

Pointe de Flacq

Poste de Flacq **9**

Le St. Géran Sun
Sandy Bay
Belle Mare Plage
Coco Beach

Bon Acceuil

Pont Blanc

B 23

Constance

Centre de Flacq **10**

Emeraude Beach

Lalmatie

Belle Mare **7**

Pointe du Puits
des Hollandais

A 7

Haut de Flacq

B 25

Union Flacq

Bramsthan

Quatre Cocos

Le Palmar
Ambre

Camp
Bonnemere

Camp Ithier

Country Inn
Le Surcouf
Silver Beach
Le Tropical

11

St. Julien
d'Hotman

L'Unité

B 28

Ecroignard

Fayence Mountain

Trou d'Eau
Douce **6**

Pointe
Quatre
Cocos

Médine

West Peak

433 m

La Caroline

Trou
d'Eau
Douce

Île de
J'Est

Bel Air

Camp de
Masque Pavé

Le Touessrok
Sun

Mt. Blanche

532 m

Clemencia

Belle Rose

Pointe
Maurice

Mélrose

Blanche Mountains

Beau Champ

Île aux Cerfs **5**

Montagne
Blanche

Sébastopol

Olivia

Île aux
Chats

Mt. Maurice

316 m

L'Etoile

Belle Rive

B 28

Pointe de
la Batterie

Anse Cunat

Pointe St. Lain

Mt. Table à Perrot

Pic Grand Fond

512 m

Bambous Mountains

Mt.
Camizard

Mt. Bambou

626 m

Pointe aux
Feuilles

Anse du Grand Sable

Champagne

Domaine des
Grands Bois

Anse du Petit Sable

aselle

Nyon

Domaine des
Grands Bois **3**

Domaine
d'Ylang Ylang **4**

Anse
Jonchée

Pointe du Diable

Le Barrachois

Val

Lion Mountain
480 m

Providence

Pointe Bambou

Anse Jonchée

re Park

3

Ferney

Vieux
Grand Port **2**

Bois des Amourettes

Mare
Chicose

Mt. des Créoles
369 m

B 28

Anse
Colas

Pavillon du
Grand Port

Île Marianne

Riche en Eau

Rivière des
Créoles

Îlot Singes

Île aux Fouquets

B 7

Pointe Brocus

Îlot Vacoas

Deux Bras

Ville-Noire

Île de la Passe

Grand Bel Air

1 Mahébourg

Zurück in die Kolonialzeit
›Le Barachois‹

Der Eigentümer von ›Le Barachois‹ hat es sich zur Aufgabe gemacht, diese landschaftlich einmalige Bucht eines Tages so zu zeigen, wie sie wohl nach der Besiedlung durch die Holländer aussah. Dazu gehören die simple Bauweise seines Restaurants und der Gästezimmer, die Anlage von Zuchtbecken für Meerestiere und der konsequente Schutz des Mangrovenwaldes, der für die Erhaltung der Fisch- und Vogelwelt von entscheidender Bedeutung ist. Geplant ist auch der originalgetreue Nachbau eines Hafens, wie er um 1800 hier zu finden war, und eines Segelschiffes in Originalgröße, das auf verschiedenen Seiten an Schlachten teilgenommen hat, die in der Geschichte von Mauritius eine große Rolle spielten. Wenn das alles fertig ist, wird die Anlage ihren neuen Namen bekommen: ›Domaine du Pêcheur‹.

Das Original des nachzubauenden Schiffes hatte der französische Korsar Robert Surcouf um 1800 in St. Malo bauen lassen, es auf den Namen ›Revenant‹ getauft und mit ihm den Indischen Ozean für englische Schiffe zu einem gefährlichen Gewässer gemacht. Als sich entscheidende Seeschlachten zwischen England und Frankreich andeuteten, hatte Surcouf der französischen Flotte beigestanden. Letztlich aber mußte auch er sich den Engländern geschlagen geben. Sie beschlagnahmten sein schmuckes, seetüchtiges und vor allem wehrhaftes Schiff und tauften es in ›Victor‹ um. Bei einer der nächsten kriegerischen Begegnungen allerdings holten die Franzosen es sich 1810 zurück, verzichteten auf eine erneute Taufe und gliederten es ihrer Armada wieder ein. Dieser Sieg in der Schlacht von Grand Port wurde von Frankreich gefeiert, als bedeutete er die endgültige Niederringung des Erzfeindes und wurde durch eine Nennung im Arc de Triomphe in Paris der Nachwelt unvergeßlich gemacht. Allerdings hat man nicht darauf hingewiesen, daß es der letzte Sieg Napoleons in einer Seeschlacht um Mauritius war! Schon bald darauf folgten weitere Schlachten, die durchweg von den Engländern siegreich beendet wurden und noch im gleichen Jahr zur Übernahme der Insel durch die englische Krone führten.

mes. In den Plantagen allerdings wird er gekappt, so daß er nicht höher als 2 m wächst, wodurch ein einfaches Absammeln der duftenden Blütenblätter ermöglicht wird. Der Besuch der Domaine d'Ylang Ylang ist für jeden Naturfreund ein Erlebnis. Er wird nicht nur durch die Pflanzungen geführt, sondern kann auch in einem einfachen, aber schön gelegenen Restaurant den Blick in die

Berge, über die Plantagen und auf den Indischen Ozean genießen. Und wer sich noch mehr Zeit nimmt, sollte auf einem der ausgeschilderten Pfade das wilde, bergige Gelände dieses privaten Naturparks erwandern.

Von der Anse Jonchée nach Trou d'Eau Douce

Zurückgekehrt auf die Küstenstraße, geht es weiter nordwärts. Schon bald taucht rechts, zwischen Straße und Meer gelegen, ein kleiner Häuserkomplex auf, der sich ›Le Barachois‹ nennt. Von den Häusern ausgehend, trennt ein schmaler Steg eine von Mangroven gesäumte Bucht vom offenen Meer ab. Zwischen den einfachen Holzgebäuden sind Teiche angelegt worden, in denen Fische, Austern und Krabben gezüchtet werden. Auf einem Damm befindet sich dazwischen ein offenes Restaurant, daneben aus ganzen Stämmen gezimmerte Blockhütten mit Gästezimmern, deren Einrichtung sympathisch an das Zuhause von Familie Feuerstein erinnert.

Von ›Le Barachois‹ aus folgt man der Küstenstraße weiter nordwärts, vorbei an französischen Befestigungen an der **Pointe du Diable,** bis man die Mündung des Grande Rivière Sud-Est bei **Beau Champ** erreicht. Hier verläßt die Hauptstraße die Küste und führt einige Kilometer ins Landesinnere. Im Ort Bel Air biegen Sie nach rechts zur Küste ab. Nach weiteren drei Kilometern auf einer rechts und links von gepflegten Gartenanlagen gesäumten Straße erreichen Sie eine Abzweigung, die sich sofort wieder gabelt: Links geht es zum ›Touessrok Hotel‹, rechts zur **Pointe Maurice,** der Anlegestelle der Fähre zur Ile aux Cerfs.

Der Strand der Ile aux Cerfs (im Hintergrund die Ile de l'Est)

Ile aux Cerfs

5 Alle halbe Stunde setzen die Boote von der Pointe Maurice zur Ile aux Cerfs über. Die Insel besitzt herrliche Badestrände mit strahlend weißem Sand, schattige Wiesen unter Filaobäumen und blaues, klares Wasser, wie man es sonst nirgendwo auf Mauritius finden kann. Für die Gäste des ›Touessrok‹ kostenlos, für andere Besucher gegen eine Gebühr, besteht ein breites Wassersportangebot. Ein Restaurant bietet einfache, doch gute kreolische Küche, in einem zweiten stehen Fisch und Meeresfrüchte auf der Karte. Die Insel ist von Fußwegen durchzogen, auf denen man stundenlang spazierengehen kann – und die Wahrscheinlichkeit, wildlebende Rehe zu treffen, ist kaum geringer als die, anderen Badegästen zu begegnen. Das gilt jedenfalls für die normalen Wochentage. An Wochenenden und Feiertagen kommen jedoch viele Mauritianer auf die Insel und suchen für ihre Familien Picknickplätze. Wem es dadurch zu unruhig wird, der kann durch den schmalen Kanal von der Ile aux Cerfs hinüber zur Ile de l'Est schwimmen, dort in völliger Ruhe baden und den Blick über die Lagune bis ans mangrovengesäumte Ufer und auf die dahinterliegenden Berge genießen.

Von Trou d'Eau Douce nach Poste de Flacq

Von der Ile aux Cerfs aufs Festland zurückgekehrt, fährt man zunächst durch das gemütliche Dorf **Trou d'Eau Douce** **6** (S. 229), mit Reisebüro, Boutiquen und einfachen, sehr günstigen Restaurants. Besonders ›Chez Tino‹ hat den Ruf, für wenig Geld sehr gute kreolische Hausmannskost zu servieren. Die Küstenstraße führt weiter nach Norden, an den Stränden um **Belle Mare** **7** (S. 211)

Hotel der Luxuskategorie – das ›Belle Mare Plage‹

Das farbenfrohe Innere des ›Coco Beach Hotel‹

entlang, wo sich seit Mitte der 80er Jahre eine Reihe von kleinen, mittleren und auch einigen großen Strandhotels angesiedelt haben. Nach etwa 10 km passiert man mit dem ›Coco Beach‹ das bizarrste aller Hotels auf Mauritius – eine Mischung aus luxuriöser Bungalowanlage mit allem Komfort und turbulentem Erlebnishotel. Ein Stück weiter das ›Belle Mare Plage Hotel‹ und das zu Recht bekannteste aller Hotels auf Mauritius, das ›St. Géran Sun‹, mit seinem unvergleichlichen Service. Im Vorbeifahren erkennt man links ein eingezäuntes Gehege, in dem Tausende von Rehen und Hirschen weiden, und einen 18-Loch-Golfplatz – auf der gegenüberliegenden Straßenseite, zwischen Meer und Straße ein weiterer 9-Loch-Golfplatz. Man merkt: man ist an einem der Top-Urlaubsplätze angekommen, was dem hier herrlich weißen, langen Strand zu verdanken ist, der zu den besten der Insel gehört. Vom Strand des ›St. Géran

Sun Hotel‹ aus hat man einen weiten Blick über die Bucht bis auf die gegenüberliegende Seite, einen auf einer Halbinsel errichteten hinduistischen Tempel und die Strände des **Poste Lafayette** 8 (S. 225), die etwa 4 km weiter nördlich an der Küste liegen.

Von Poste de Flacq durch das Landesinnere nach Mahébourg

In dem kleinen Städtchen **Poste de Flacq** 9 verlassen wir die Küstenstraße und biegen nach links ins Landesinnere ab. Nach einigen Kilometern durchqueren wir die Hauptstadt der Region, **Centre de Flacq** 10 (S. 214), mit einem Markt, Geschäften, Banken, Kirchen, Tempeln und dem chinesischen Spielkasino ›Carnaval Club‹. Der Name der Ortschaft leitet sich von dem holländischen *Vlaakte* (›Fläche‹) ab. Die Hollän-

Chinesisch speisen zwischen Zuckerrohrfeldern – ›Chez Manuel‹

Im kleinen Ort St. Julien d'Hotman, etwa 20 Minuten Autofahrt von Belle Mare und Trou d'Eau Douce entfernt, servierte eine chinesische Familie Anfang der 80er Jahre in der Garage ihres Privathauses chinesische Gerichte für die Einwohner der kleinen Ansiedlung. Die Atmosphäre war wenig einladend: Man saß an langen Holztischen, im Hintergrund dröhnte ein Radio, und gleichzeitig lief der Fernseher. Aber das Essen war von so erstklassiger Qualität und der Preis so niedrig, daß Mauritianer auch aus weiter entfernten Dörfern zum Essen kamen.

Als sich dieser Tip mehr und mehr herumsprach, kamen sogar Gäste aus den Strandhotels an der Ostküste, verzichteten auf die vorausbezahlte Halbpension und genossen mauritianische Einfachheit, kombiniert mit Qualität und niedrigem Preis. Gut und billig bleibt selten etwas auf Dauer. Manuel, der chinesische Eigentümer, schaffte dieses Kunststück immerhin einige Jahre. Die Garage wurde bald

zu klein, Manuels Frau benötigte eine modernere Küche, und man baute an. Dann baute man um, und als auch das nicht mehr reichte, baute man neu.

Jetzt liegt das Restaurant traumhaft an einem Hang, man ißt in angenehmer Umgebung, es schmeckt noch genauso gut wie früher, ist allerdings nicht mehr ganz so billig – aber auch längst nicht so teuer wie in den Restaurants in den Städten und an den Küsten. Obwohl nicht mehr geheim, ist Manuel noch immer ein echter Tip.

Leider ist der Beschilderung nach St. Julien auch bei gutem Kartenstudium nicht leicht zu folgen. Besonders, wenn Sie abends vom Hotel aus mit dem eigenen Wagen fahren wollen, wird es schwierig, denn die Straßen sind nicht beleuchtet – schon am Tag gleicht ein Zuckerrohrfeld dem anderen! Daher nehmen Sie am besten ein Taxi und bitten den Chauffeur, beim Restaurant zu warten. Nur einige Meter vom Restaurant halten Busse, die St. Julien mit Poste de Flaque verbinden.

der hatten in dieser Tiefebene Reis- und Zuckerrohrpflanzungen angelegt, und unter den Franzosen wurde die Region später eine der am dichtesten besiedelten und produktivsten von Mauritius. Sie war führend in der Produktion von Zucker und besaß seit 1829 die größte Raffinerie der Insel. Heute, da die Haupt-

siedlungszentren bei Port Louis, Quatre Bornes und Curepipe liegen, ist es jedoch ruhig um Centre de Flacq geworden.

Verlassen Sie Centre de Flacq nach Westen und biegen Sie bei Camp Bonnemere rechts in die B25 ab. Auf dem weiteren Weg nach Westen und ins

Hochland kommen Sie im Dorf **St. Julien d'Hotman** 11 (S. 227) vorbei – vielleicht eine Gelegenheit, bei ›Manuel‹ eine Pause einzulegen. Danach schlängelt sich die Route auf kleinen Landstraßen durch Dörfer, vorbei an Wasserreservoirs und zwischen Berggipfeln hindurch zum Naturpark von Le Val.

Norden umfährt. An der nächsten Kreuzung (ca. 3,5 km ab Valetta) biegen Sie nach links ab, durchqueren die Dörfer **Midlands** und **Bananes**. Etwa 1 km südlich von Bananes zweigt links eine schmale Straße in Richtung einer Bergkette ab, der Sie folgen, um an einem Pförtnerhäuschen Ihren Eintritt für den

Bei Poste de Flacq

Zunächst geht es zur wenig attraktiven Stadt Quartier Militaire, einige hundert Meter nach dem westlichen Ortsende zweigt links eine Landstraße nach **Valetta** ab (B6), die durch Tee- und Zuckerplantagen, an Bächen und dem Valetta Reservoir vorbei, den Gipfel des Piton du Milieu und den Verdun Hill im

Besuch des **Le Val Nature Park** 12 zu entrichten. Nun geht es eine steile Straße am Hang entlang in das tief eingeschnittene Tal hinab zum Parkplatz des Naturparks (nähere Informationen zum sehenswerten Naturpark s. S. 180).

Auf der B 7 geht es über St. Hubert zurück nach **Mahébourg.**

Rodrigues

Die entlegenen Archipele und Inseln

Rodrigues

■ (S. 226) Rodrigues (›Rodrig‹ gesprochen) ist wie Réunion und Mauritius eine Insel, die durch vulkanische Tätigkeit entstanden ist, und wird daher geographisch zu den Maskarenen gerechnet. Das Leben auf Rodrigues ist einfach, still und ursprünglicher als auf Mauritius. Die Zivilisation hat noch kaum Einzug gehalten. Am Abend kann man auf dem Dorfplatz der Hauptstadt Port Mathurin einheimische Musikgruppen erleben, die Sega, Quadrille und Mazurka spielen und dazu tanzen, ohne daß hierzu ein Anlaß erkennbar wäre. Mit knapp 40 000 Einwohnern, einer Länge von 18 km und einer Breite von 8 km ist Rodrigues die kleinste der drei Maskarenen-Inseln. Die Bevölkerung ist kreolischer Abstammung, eine Mischung aus Europäern und Afrikanern, nur sehr vereinzelt sind indische und chinesische Familien eingewandert. Die Einwohner der Insel, die *Rodriguais,* leben vom Fischfang, von Gemüseanbau, Schweine- und Rinderzucht. Der Tourismus steckt in den Kinderschuhen, fängt aber an, ein wichtiger Wirtschaftsfaktor zu werden.

Früher war die Insel von üppigen Regenwäldern bedeckt, die jedoch in den vergangenen Jahrhunderten fast vollständig abgeholzt wurden. Die Folge war (aufgrund der veränderten thermischen Bedingungen) das Ausbleiben des Regens und das Austrocknen einiger Flüsse. Heute hat man begonnen, die Berghänge aufzuforsten – eine mühsame Arbeit, da Rodrigues sehr häufig von Wirbelstürmen heimgesucht wird, die die jungen Pflanzungen wieder zerstören. Die Berge hinter Port Mathurin sind knapp 300 m hoch, der höchste im Landesinneren erreicht eine Höhe von 393 m. Lediglich um Port Mathurin sind die Straßen asphaltiert und in einigermaßen gutem Zustand. Alle anderen Orte der Insel erreicht man über mehr oder weniger schlechte Pisten oder Fußwege. Wer Ruhe sucht und mit Schnorcheln, Fischen, Sonnenbaden und langen Wanderungen zufrieden ist, sollte seinen Urlaub auf dieser von der Welt vergessenen, herrlichen Insel verbringen. Täglich steuern sie kleine Maschinen von Air Mauritius an, die für die 600 km etwa 2 Stunden Flugzeit benötigen.

An der Südostküste bei Ferme

Geschichte

Erstmals tauchte die Insel 1502 auf portugiesischen Seekarten als ›Dina a Robi‹
auf, doch erst 1528 erhielt sie ihren heutigen Namen nach dem Seefahrer Dom
Diego Rodrigues, der sie auf seiner
Karte verzeichnete. Man nimmt an, daß
sie schon im 13. und 14. Jh. sowohl arabischen als auch indonesischen Seefahrern bekannt war, die als Lotsen an Bord
portugiesischer Schiffe fungierten. Be-
siedelt wurde Rodrigues erstmals 1601
von holländischen Seefahrern unter Admiral Wolphart Harman, die es in der
Einsamkeit aber nur ein paar Wochen
aushielten. Immerhin drei Monate hielt
es der Holländer Gerrit Andriez aus, der
aber ebenfalls nach Mauritius zurück-
kehrte, da er der Meinung war, es gäbe
auf Rodrigues weniges, was sich wirtschaftlich sinnvoll nutzen ließe.

Eine Gruppe vor religiöser Verfolgung
geflohener Hugenotten versuchte 1691,
ein neues Leben auf Rodrigues zu beginnen. Das schien zunächst auch problemlos möglich zu sein, denn die üppig bewaldete Insel mit ihren vielen Hügeln
und Tälern spendete alles im Überfluß,
was zum Leben notwendig war. Doch
auch ihnen wurde es bald zu einsam auf
der Insel, die abseits der Routen der
Frachtschiffe lag. Schon nach zwei Jahren gaben sie auf, bauten sich ein Schiff
und flohen nach Mauritius. Einer von
Ihnen, François Leguat de la Fougère,
berichtete viele Jahre später, nach seiner Rückkehr nach Frankreich, in seinem
veröffentlichten Tagebuch (›Voyage et
Aventure de Fançois Leguat en Deux Iles
Désertes des Indes Orientales‹), daß ein
wesentlicher Grund, die Insel zu verlassen, der Frauenmangel war, den zu beheben es keine Lösung gab. Während

Siedlern auf Mauritius durch den ›Import‹ von weiblichen Waisenkindern und die Zuwanderung von Réunion geholfen werden konnte, wußte niemand von der Existenz der kleinen Siedlergruppe auf Rodrigues, geschweige denn dachte daran, ihr zu helfen.

Für einige Jahrzehnte blieb die Insel danach unbewohnt, bevor eine neue Gruppe französischer Kolonisten 1725 die Insel im Namen König Ludwigs XV. in Besitz nahm. Die 8 Soldaten, 13 Bauern und 15 schwarzen Sklaven hatten jedoch nicht die Absicht, die Insel zu ihrer Heimat zu machen, sondern wollten lediglich prüfen, ob sich die Naturschätze ausbeuten ließen. Schon nach einem Jahr beschlossen die Direktoren der Compagnie des Indes, den Versuch der Kolonisierung von Rodrigues aufzugeben und sich lediglich auf Mauritius und Réunion zu konzentrieren, die wesentlich einfacher und auch lohnender zu besiedeln waren. 1726 ordneten sie den Rückzug von der Insel an. Einige Kolonisten und einige Sklaven aber beschlossen zu bleiben. Sie begannen Mais zu pflanzen, Ziegen und Rinder zu züchten. Im wesentlichen aber fingen sie Riesenschildkröten ein, um sie an vorbeikommende Schiffe als lebenden Proviant zu verkaufen. Große Frachter auf dem Weg nach Indonesien sollen bis zu 4000 Stück, auf den Rücken gedreht, in den Tiefen der Schiffsbäuche verstaut haben. Im Laufe der Jahre kamen einzelne Siedler von den Nachbarinseln Mauritius und Réunion hinzu, unter dem Prinzen Maragon kam sogar eine Gruppe madagassischer Siedler, die den Reisanbau einführten.

1803 wurde alles anders. Die Präsenz englischer Schiffe in der Region wurde immer stärker, und Gouverneur Décaen stand vor der Frage, ob er Rodrigues verteidigen oder den wenigen Rodri-

Frau mit gefangenem Oktopus an der Südküste von Rodrigues

guais nahelegen sollte, die Insel zu verlassen. Er entschied sich für letzteres und holte die Siedler nach Mauritius. Nur 22 Pflanzer und 82 Sklaven blieben auf Rodrigues. Damit wurde den Engländern ermöglicht, die Insel zur Basis für die Eroberung von Mauritius auszubauen. Am 27. 12. 1808 landeten sie unter dem Kommando von General Abercrombie mit 21 Schiffen und 16 000 Mann Besatzung, die aus den indischen Kolonien abgezogen worden waren. Doch auch sie mußten ernährt werden. So wurden Tausende von Riesenschildkröten in kürzester Zeit geschlachtet und damit die Art ausgerottet, Edelholzwälder gerodet, und auch der flugunfähige Verwandte des Dodo von Mauritius, der *Solitaire,* war innerhalb weniger Jahre ›dead as a Dodo‹ – unwiederbringlich ausgestorben. 1810 war es dann soweit, daß die britische Flotte aufbrach und mit ihrer überlegenen Streitmacht Mauritius in Besitz nahm. Die Engländer richteten einen regelmäßigen Fährverkehr zwischen beiden Inseln ein, bauten die erste Polizeistation, förderten die Umsiedlung von Pflanzern und Viehzüchtern nach Rodrigues und schickten sogar einen Arzt und einen Priester. Zu Beginn des 20. Jh. war Rodrigues zum ›Lagerhaus von Mauritius‹ geworden, da sowohl die Viehzucht als auch der Fischfang und der Anbau von Gemüse prächtig gediehen waren. 3000 Menschen lebten inzwischen auf der Insel, und ihre Zahl stieg rapide an. 1930 waren es bereits 8000 Einwohner, was dazu führte, daß die landwirtschaftliche Produktion nur noch geringe Überschüsse brachte. Das meiste wurde auf der Insel selbst konsumiert, und diese Situation hat sich bis heute nicht geändert, da die Bevölkerung auf über 30 000 Menschen angewachsen ist.

Rodrigues heute

Im Gegensatz zu Mauritius, wo der Hinduismus die dominierende Religion ist, herrscht auf Rodrigues das Christentum vor. 96 % der Bevölkerung sind katholisch, 3 % anglikanisch, der Rest zu gleichen Teilen Hindus, Moslems und Buddhisten. Was die Wirtschaft anbetrifft, so scheinen die mauritianischen Investoren optimistisch zu sein. Anfang der 90er Jahre wurde erstmals ein mehrstöckiges Haus mit Apartments, Geschäften und Banken in Port Mathurin errichtet, mehrere Reiseveranstalter haben Filialen eingerichtet. Neugegründete kleine Unternehmen stellen kunsthandwerkliche Artikel her, produzieren Möbel, drucken eine eigene Zeitung, stellen Kleidung für den lokalen Verkauf her, brauen eigene Softdrinks und züchten Hühner. Die Regierung hat die ›Small & Medium Industries Development Organization‹ (SMIDO) gegründet und unterstützt sie massiv mit Mitteln aus der

Staatskasse. Ihre Aufgabe ist es, kleinen und mittleren Unternehmen Starthilfe finanzieller und beratender Art zu geben, da man überzeugt ist, daß auf einer so abgelegenen Insel große Industrieprojekte nicht sinnvoll sind. Unternehmern wird bei der Ausarbeitung einer Unternehmensstrategie, der Beschaffung der erforderlichen Genehmigungen, dem Erwerb der Werkzeuge und dem Verkauf der Produkte geholfen. Einfuhrzölle werden herabgesetzt oder ganz gestrichen und sogar Frachtkosten zu 50 % ersetzt. Diese Maßnahmen waren dringend erforderlich, denn Rodrigues hatte nur mehr wenige Güter nach Mauritius ›exportiert‹. Das Verhältnis von Importen zu Exporten war auf 10 : 1 gerutscht, nachdem Zyklone das bebaute Land dezimiert und manchem Viehzüchter den Garaus gemacht hatten.

Tourismus

Noch 1990 gab es auf Rodrigues lediglich ein halbes Dutzend mehr oder weniger charmante Familienpensionen mit 3–8 Zimmern für Gäste von Mauritius und aus Übersee. Mit der Eröffnung des ›Cotton Bay Hotel‹ hat Air Mauritius 1992 ein Signal gesetzt. Man glaubt, daß auch auf Rodrigues Tourismus eine Chance hat, und die Entwicklungen der vergangenen Jahre scheinen das zu bestätigen. Inzwischen wurde ein zweites Hotel der Drei-Sterne-Kategorie eröffnet, und Familienpensionen renovieren und vergrößern ihre Kapazitäten. Allerdings legt der für Rodrigues zuständige Minister keinen Wert auf ›Tourismus à la Mauricienne‹! Man hat festgelegt, in welchen Regionen touristische Entwicklungen eines Tages zulässig sein werden, gleichzeitig aber für die kommenden Jahre jeden Neubau von Hotels ausgeschlossen. Es soll eine unkontrollierte Ausweitung der Bauvorhaben verhindert werden, auch wenn dafür eine Verzögerung der touristischen Entwicklung in Kauf genommen werden muß. Statt dessen ist man dabei, Wanderwege im Inneren der Insel zu markieren, Bauern bei der Einrichtung einzelner Gästezimmer in ihren Häusern zu helfen und einen ›grünen Tourismus‹ zu propagieren. Man hofft, ein Netz von *Gîtes Rurals* (Hütten auf dem Land) und von *Tables d'Hôtes* (kleine Landgasthöfe) schaffen zu können, die die Landschaft nicht verändern und die Gäste ins traditionelle Leben von Rodrigues integrieren. Die Gewinne aus dem Tourismus würden unmittelbar in die Taschen der Bauern fließen, die in ihren Restaurants die Lebensmittel verarbeiten, die sie um ihre Häuser herum anpflanzen. Der Tourismus auf Rodrigues soll keine Industrie werden, sondern eine Nebentätigkeit, die es den Rodriguais erlaubt, ihre traditionelle Lebensweise beizubehalten und ihre Kultur zu bewahren. Es klingt fast zu schön, als daß man daran glauben mag!

Flora und Fauna

Die heimische Tier- und Pflanzenwelt von Rodrigues ist nahezu vollständig der Kolonisierung im 18., 19. und 20. Jh. zum Opfer gefallen. Das Edelholz wurde gefällt, die Solitaires und die Riesenschildkröten wurden als Eiweißlieferanten für Einheimische und Seeleute ausgerottet, nachwachsende Pflanzen wurden von grasenden Ziegen und Rindern abgenagt. Um wieder eine lebensfähige Vegetation heranzuziehen, wurden in sechs Regionen große Gelände abgezäunt (Grande Montagne, Pigeon, Cascades, Mourouk, St. Louis und Anse Quitor), um das Eindringen von Ziegen und Rindern zu verhindern. In diesen Arealen wird auch regelmäßig wuchernde eingeführte Vegetation entfernt, um den endemischen Pflanzen die Chance zu geben, sich wieder zu behaupten. Vom Aussterben bedrohte Pflanzen werden in Baumschulen gezüchtet und in den abgezäunten Gebieten neu gepflanzt. Wenn der traditionelle Lebensraum der endemischen Tierwelt wiederersteht, werden sich, so

Ziegen auf Rodrigues – Nahrungslieferanten, aber auch eine Gefahr für die Vegetation

Blick über Port Mathurin, die Hauptstadt
von Rodrigues

hofft man wenigstens, auch die vom Aussterben bedrohten Vogelarten und ein auf Rodrigues heimischer Flughund wieder vermehren. Erste Erfolge sind sichtbar, denn vom *Rodrigues Fody* wurden 1994 wieder etwa 800 Stück gezählt – 1960 waren es nur einige einzelne Exemplare gewesen. Neben diesen Versuchen, den ›Urzustand‹ der Insel wiederherzustellen, wird auch mit schnell wachsenden Kasuarinen (Filaos) aufgeforstet, die den Zyklonen widerstehen.

Die Inselhauptstadt Port Mathurin

Das wichtigste Ereignis für die Hauptstadt und die gesamte Insel ist die Ankunft der ›Mauritius Pride‹, des Motorschiffs, das seit Anfang der 90er Jahre einen regelmäßigen Passagier- und Frachtverkehr mit Mauritius aufrechterhält. Schon am frühen Morgen des Tages, an welchem die Ankunft erwartet wird, sammelt sich eine Menge von Menschen, die aus allen Ecken der Insel gekommen sind, am Hafen, um Freunde und Bekannte zu begrüßen oder auch aus reiner Neugier. Da auch Händler und Einkäufer aus Mauritius regelmäßig an Bord sind, bringen Handwerker ihre Waren und versuchen, sie zu verkaufen. Die übrigen Tage der Woche ist Port Mathurin ein verschlafenes Nest, das lediglich aus fünf Straßen parallel zur Küste, von Ost nach West, und sechs Straßen, die im 90-Grad-Winkel dazu verlaufen, besteht. In den Straßengevierten stehen kleine weiße Kolonialhäuser, einzelne Geschäfte oder Restaurants (›Le Capi-

taine‹, ›Lagon Bleue‹) und seit einigen Jahren auch wenige Steinhäuser mit Apartments und Büros. Samstags und mittwochs findet in den frühen Morgenstunden, noch vor Sonnenaufgang, ein offener Markt in der Fisherman Lane, nahe dem Hafen, statt. Bauern der Umgebung kommen teilweise zu Fuß, mit Körben auf dem Kopf, teilweise mit Fahrrädern, ganz fortschrittliche mit Pickups, um die Ernte der vergangenen Tage an die Stadtbevölkerung zu verkaufen.

Ausflüge auf und um Rodrigues

Ein Trumpf der Insel ist ihr riesiges Korallenriff mit der Lagune zwischen Küste und Riff. Im Norden und Süden ist sie fast 6 km, im Westen immerhin 3 km breit und voller Fische. Als in früheren Zeiten einzelne Gäste mit dem Schiff ankamen, pflegte man sie mit der Frage zu empfangen, welchen Fisch sie zum Abendessen zu speisen wünschten. Man müsse nur die Farbe und die Größe

des Fisches wissen, denn der Fischer werde ihn dann mit seinem Hut aus der Lagune schöpfen.

Rodrigues hat lediglich eine asphaltierte Straße, die vom Flughafen zur Hauptstadt Port Mathurin führt. Von ihr zweigen rechts und links schmale Pisten ab, die in die entlegeneren Bereiche der Insel führen und nur mit allradgetriebenen Fahrzeugen befahren werden können. In der Nähe des Flughafens befindet sich eine sehenswerte Tropfsteinhöhle, die **Caverne Patate**, die Ihnen

Im Korallensteinbruch bei Petite Butte

die Tourismusunternehmen auf der Insel gerne zeigen, denn sie ist die einzige echte ›Attraktion‹ der Insel (eine eigene Taschenlampe ist empfehlenswert!). Hübsch sind auch die Strände bei Trou d'Argent, Baladirou, Anse Ali, Les Graviers und Anse Fumier. Wem es dorthin zu Fuß zu weit ist, der kann in Port Mathurin Fahrräder oder kleine Mofas mieten. Wenn Sie die Insel zu Fuß erkunden wollen – was sehr empfehlenswert ist –, sollten Sie sich die in Mauritius und auf Rodrigues verkaufte Detailkarte des französischen Verlages IGN besorgen. Sie enthält alle begehbaren Wege, alle Dörfer und auch die wichtigen Entfernungsangaben. Nehmen Sie Proviant für einen Tag und vor allem einen ausreichenden Wasservorrat mit!

Lohnende Ausflugsziele sind vor allem die umgebenden kleinen Inseln. Die bekannteste davon ist die **Ile aux Cocos,** ein Naturreservat, auf das sich Fregattvögel, Seeschwalben und Strandläufer zurückgezogen haben. Ein weiteres Naturreservat ist die benachbarte **Ile aux Sables** (Sandy Island). Beide Inseln können Sie mit Genehmigung der Inselverwaltung in Port Mathurin auf einem Bootsausflug mit Picknick am Strand und Schnorchelpartien ansteuern. Sensationell sind Tauchausflüge rund um die Insel, wo sich nicht nur riesige Korallenbänke, sondern auch Dutzende im Laufe der vergangenen 200 Jahre gesunkene Schiffe befinden, die einmalige Tauchplätze bilden (Ausrüstung sollte mitgebracht werden).

Die entlegenen Archipele und Inseln

Cargados Carajos (St. Brandon)

■ (S. 214) Der aus 22 Inseln bestehende Archipel Cargados liegt 450 km nordöstlich von Mauritius und könnte wegen der vielen unberührten Korallenbänke und eines 60 km langen Riffs an der Ostseite ähnlich den Malediven ein Tauchparadies werden. Bis heute jedoch bestehen nur unregelmäßige Schiffsverbindungen. Auf Cargados leben Seevögel und für wenige Monate im Jahr aus Mauritius kommende Fischer.

Agalega

■ (S. 210) Agalega liegt über 1000 km nördlich von Mauritius. Es besteht genaugenommen aus zwei Inseln von jeweils 30–40 km^2 Fläche, die bei Ebbe durch eine Sandbank miteinander verbunden sind und als Kokosplantagen dienen. Da Kokosnüsse das ganze Jahr über reifen, werden regelmäßig jeweils für drei bis sechs Monate Arbeiter angeheuert, die die Kokosnüsse ernten, öffnen, trocknen und dann als Kopra nach Mauritius verschiffen. Von hier aus wird dieses Ausgangsprodukt für Seifen, Fette und Öle in alle Welt exportiert. Es bestehen Pläne, eine alte Landebahn wieder herzurichten und die Insel dem Tourismus zu öffnen.

Chagos-Archipel

Die kleine Gruppe der Chagos-Inseln wurde in den 60er Jahren von den Briten in das *British Indian Ocean Territory* eingegliedert, zu dem u. a. auch die heute zu den Seychellen zählende Insel Aldabra gehörte. Die Briten wollten sich einige Inseln im Indischen Ozean für militärische Zwecke sichern, bevor sie Mauritius und die Seychellen in die Unabhängigkeit entließen. Ein paar Jahre später wurde das *British Indian Ocean Territory* wieder aufgelöst, die meisten Inseln wurden den Seychellen zugesprochen. Lediglich der Chagos-Archipel blieb unter britischer Verwaltung, und die Regierung in London erteilte der amerikanischen Marine die Erlaubnis, auf einer der Inseln des Chagos-Archipels, Diego Garcia, eine umfangreiche atomar ausgestattete Militärbasis zu errichten. Besuche dieses traumhaft schönen Atolls sind seither nur noch amerikanischen *Gls* möglich (vgl. S. 80 f.).

Latanier-Palmen ▷

Information

Unterkunft

Restaurants

Nachtleben

Einkaufen

Sehenswürdig-
keiten

Aktivitäten

Busverbin-
dungen

Schiffsverbin-
dungen

Flugverbin-
dungen

Serviceteil

Serviceteil

So nutzen Sie
den Serviceteil richtig

▼ Das erste Kapitel, **Adressen und Tips von Ort zu Ort**, listet die im Reiseteil beschriebenen Orte in alphabetischer Reihenfolge auf. Zu jedem Ort finden Sie hier Empfehlungen für Unterkünfte und Restaurants sowie Hinweise zu den Öffnungszeiten von Museen und anderen Sehenswürdigkeiten, zu Festen, Unterhaltungsangeboten etc. Piktogramme helfen Ihnen bei der raschen Orientierung.

▼ Die **Reiseinformationen von A bis Z** bieten von A wie ›An- und Abreise‹ bis Z wie ›Zeitunterschied‹ eine Fülle an nützlichen Hinweisen – Antworten auf Fragen, die sich vor und während der Reise stellen.

Bitte schreiben Sie uns, wenn sich etwas geändert hat!
Alle in diesem Buch enthaltenen Angaben wurden vom Autor nach bestem Wissen erstellt und von ihm und dem Verlag mit größtmöglicher Sorgfalt überprüft. Gleichwohl sind – wie wir im Sinne des Produkthaftungsrechts betonen müssen – inhaltliche Fehler nicht vollständig auszuschließen. Daher erfolgen die Angaben ohne jegliche Verpflichtung oder Garantie des Verlages oder des Autors. Beide übernehmen keinerlei Verantwortung und Haftung für etwaige inhaltliche Unstimmigkeiten. Wir bitten daher um Verständnis und werden Korrekturhinweise gerne aufgreifen:
DuMont Buchverlag, 101045 Postfach, 50450 Köln
E-Mail: reise@dumontverlag.de

Inhalt

Inhalt

209

Adressen und Tips von Ort zu Ort

Bei der Klassifizierung der unten genannten Hotels wurden folgende Preis-
kategorien zugrundegelegt:

$$$$$ = über 6000 DM für 14 Tage pro
Person inklusive Anreise
(über 250 DM pro Nacht)

$$$$ = 4200–6000 DM für 14 Tage pro
Person inklusive Anreise
(150–250 DM pro Nacht)

$$$ = 3500–4200 DM für 14 Tage pro
Person inklusive Anreise
(100–150 DM pro Nacht)

$$ = 3000–3500 DM für 14 Tage pro
Person inklusive Anreise
(70–100 DM pro Nacht)

$ = 2500–3000 DM für 14 Tage pro
Person inklusive Anreise (unter
70 DM pro Nacht)

Bei Ortschaften, die über mehrere Hotels verfügen, sind die teuersten zuerst,
die billigsten zuletzt aufgeführt. Innerhalb einer Preisgruppe ist die Reihenfolge nach der Zimmerzahl gewählt,
wobei – wegen persönlicher Vorlieben –
kleine Hotels vor gleichteure große Hotels gestellt sind, obwohl diese meist in
Hinblick auf Sportangebot, Restaurants,
Swimmingpools und Boutiquen mehr
zu bieten haben als die kleinen (s. a. S.
267 ff.).

Agalega

Informationen zu **Schiffsver-
bindungen** von Mauritius nach
Agalega erhält man bei: Outer Islands
Development Corporation, Jade House,
Jummah Mosque St., Port Louis, ☎
24 22 22 75

Anse La Raie

**Hotels: Méridien Paradise
Cove,** ☎ 2 62 79 83, Fax
2 62 77 36, $$$$ (64 Zimmer): Mit erheblichem Aufwand hat die ›Méridien‹-
Gruppe dieses Hotel nach der Übernahme im Herbst 1995 renoviert, neu
dekoriert und auf höchsten Service-
standard getrimmt. Die großen (44 m²),
farbenfroh und geschmackvoll einge-
richteten Zimmer liegen rings um eine
künstliche Lagune mit kinderfreund-
lichem Sandstrand. Wer seine Ruhe
haben will, findet auf einer gärtnerisch
aufwendig angelegten Halbinsel jenseits der Lagune kleine, intime Buchten
mit Blick auf den Indischen Ozean. Eine
geschmackvolle Alternative zu den
großen Hotels, ohne die gediegene
Stille des ›Royal Palm‹, aber auch ohne
den Trubel eines ›Coco Beach Hotel‹.
Tauchbasis, viele Sport- und Wassersportmöglichkeiten. Eines der wenigen
Hotels, die gut durchorganisiert sind
und doch individuellen Charme ausstrahlen. Mitglied des exklusiven Klubs
der ›Small Luxury Hotels of the World‹.
Marina Holiday Village, ☎ 2 62 76 51,
Fax 2 62 76 50, $ (40 Zimmer): Idyllisch
an einer Bucht und in einer großen
Wiese gelegene Bungalows mit je 2–3
Apartments. Schön, daß viel Platz da
ist, die Anlage wirkt aber etwas leblos.

Baie du Tombeau

**Restaurants: Le Goulet
Snack:** einfache Imbißbude an
einem schön gelegenen Aussichtspunkt

Bay View Restaurant: gutes chinesisches Restaurant, v. a. am Wochenende von Gästen aus der Hauptstadt frequentiert

 Nachtleben: Le Swing Disco

 Busverbindung nach Port Louis

Balaclava

 Hotels: Maritim Hotel, ℰ 2 61 56 00, Fax 2 61 56 70, $$$$ (180 Zimmer): Die deutsche Hotelgruppe ›Maritim‹ eröffnete 1991 ein Luxushotel am bis dahin unberührten Strand von Balaclava, nur 12 km nördlich von Port Louis. Es steht unter deutscher Leitung und hat neben allen Urlaubseinrichtungen und einem großzügigen kostenlosen Sportangebot auch Konferenzräume. Werbeslogan: »The best of both worlds« – Baden und Arbeiten! Letzteres ist bei dem Freizeitangebot nicht ganz einfach, denn neben dem Baden umfaßt das Angebot Wasserski, Windsurfen, Kanufahren, Reiten, Bogenschießen, Tennis, Tauchen, Golf, Mountainbiking, Segeln, Tretboote, Glasbodenboot und eine besonders schöne Gartenanlage. In Kürze soll in der großen Baie aux Tortues vor dem Hotel das erste Meeresnaturschutzgebiet von Mauritius eingerichtet werden, was umweltgefährdende Aktivitäten (Ankern von Jachten, Wasserski) einschränken, das Tauchgebiet dafür um so interessanter machen wird.
Neubauten: Auf der gegenüberliegenden Seite der zum Hotelgelände zählenden Flußmündung werden ein ›Hyatt Hotel‹ im Bungalowstil und auf einer

Landspitze ein kleines, exklusives ›Oberoi‹ errichtet. Die Eröffnungen sind für 1999 geplant.

 Aktivitäten: Tauchen: Maritim Diving Centre, Maritim Hotel, ℰ 2 61 56 00, Fax 2 61 56 70

 Verkehrsverbindungen: Das Hotel organisiert Gemeinschaftstaxis nach Port Louis und Grand Baie zu sehr günstigem Preis (tgl. 9 Uhr).

Beau Bassin

 Restaurant: Nid d'Hirondelles, Route Royale: europäisch und kreolisch

 Nachtleben: Discotheken Le Saxophone und Le Select

Belle Mare

 Hotels: Le St. Géran Hotel (Sun International), ℰ 4 15 18 25, Fax 4 15 19 83, $$$$ (175 Zimmer): Das ›St. Géran‹ gilt als das Top-Hotel der Insel, was die Perfektion des Service anbetrifft, ist dabei aber kein bißchen steif bzw. förmlich. Es verfügt über einen geschützten Sandstrand, Swimmingpool sowie jeden denkbaren Luxus. Die Zimmer sind nicht groß, aber edel eingerichtet und sehr gepflegt. Viele der leitenden Mitarbeiter sind seit Jahrzehnten dabei und haben eine freundliche, herzliche Professionalität erreicht, die ihresgleichen sucht. Ein Neun-Loch-Golfplatz steht den Hotelgästen gratis zur Verfügung, abends wird Musik und Unterhaltung von bester auf Mauritius zu findender Qualität geboten. Das Hotel ist ein Treffpunkt internationaler Prominenz, ohne dabei protzig zu sein, und auch ein ›normaler Mensch‹ fühlt sich nicht als Außenseiter.

Hotel The Residence, ✆ 4 01 88 80, Fax: 4 15 58 80, $$$$-$$$$$: Neues, geschmackvoll im Kolonialstil erbautes 5-Sterne Hotel an einem wunderbaren, weißen Sandstrand. Es zeichnet sich durch sehr guten Service und ein gutes Preis-/Leistugsverhältnis aus.

Belle Mare Plage Hotel, ✆ 4 15 15 18, Fax 4 15 19 93, $$$$ (178 Zimmer): Nur durch einen langgestreckten Strand und den Golfplatz vom ›St. Géran Hotel‹ getrennt, liegt das ›Belle Mare Plage‹ an einem der schönsten Strände der Insel. Aus einem kleinen und abgelegenen Hotel hat sich eine Anlage entwickelt, die mit den besten ›Sun‹- und ›Beachcomber‹-Hotels mithalten kann. Man hat die Wahl zwischen einfachen Zimmern in einem Block, Strandbungalows und luxuriöseren Neubauten. Mehrere Pools, Strandbars, Tauchbasis, Spielkasino und erstklassiger 18-Loch-Golfplatz gehören zum Hotel. Windsurfer haben fast immer gute Bedingungen.

Ambre Hotel, ✆ 4 15 15 44, Fax 4 15 15 94, $$$$ (246 Zimmer): An einem langen weißen Strandabschnitt, gut zum Baden und Windsurfen geeignet, liegt dieses große Resort-Hotel mit allen Annehmlichkeiten, die die großen Hotels auf Mauritius bieten. Es gibt Leute, die es sehr mögen, ich persönlich fühle mich nicht so wohl wie in anderen architektonisch lockereren, offeneren und leichter gebauten Hotels.

Coco Beach Hotel (Sun International), ✆ 4 15 10 90, Fax 4 15 10 92, $$$ (240 Zimmer): Neuartige Mischung aus komfortablem Hotel mit mehreren Restaurants, Driving Range, Reitstall, Tennisanlage, Tauchbasis und jedem denkbaren Wassersport im Angebot.

Ob ausgelassen tobendes Kind, ruhebedürftiger Erholungssuchender oder kontakt- und sportfreudiger Yuppie – jeder findet seine Abteilung im riesigen Gelände dieses Hotels. Es ist Beach Resort, Freizeitpark, Sportclub, Kindergarten und Einkaufsparadies in einem.

Weitere Hotels: Anfang 1998 waren im Südabschnitt des Strandes von Belle Mare zwei neue Hotels kurz vor der Fertigstellung. Die folgenden sechs Hotels existieren bereits seit einigen Jahren. Sie reihen sich im Abstand von jeweils 500 m bis 2 km aneinander und unterscheiden sich in der Art ihrer Einrichtung, der Qualität der Zimmer und des Strandes nur wenig voneinander. Alle haben einen Swimmingpool, die Zimmer sind klimatisiert und liegen in langgestreckten, niedrigen Gebäuden. Sie sind nach ihren Preisen (absteigend) sortiert aufgeführt, die sich allerdings ebenfalls nicht wesentlich unterscheiden:

Le Tropical, ✆ 4 19 23 00, Fax 4 19 23 02, $$ (48 Zimmer)

Silver Beach Hotel, ✆ 4 19 26 00, Fax 4 19 26 04, $$ (32 Zimmer)

Le Surcouf Hotel, ✆ 4 19 18 00, Fax 2 12 13 61, $$ (27 Zimmer)

Le Palmar Hotel, ✆ 4 15 15 44, Fax 4 15 15 94, $$ (40 Zimmer)

Emeraude Beach Hotel, ✆ 4 15 11 07, Fax 4 15 11 09, $ (52 Zimmer)

Country Inn, ✆ 4 19 29 62, Fax 4 19 29 64, $ (28 Zimmer)

Mir hat das ›Surcouf‹ am besten gefallen, denn die Gartenanlage ist gepflegt, der Strand lang, die Architektur am kreolischen Stil orientiert. Daß das Management nicht ganz auf Draht sei – wie mir gesagt wurde –, kann ich nicht bestätigen, da ich auch nach längerer Suche keines finden konnte. Das ›Country Inn‹ machte einen vernachlässigten Eindruck, das ›Palmar‹ hat wenig Charakter, scheint aber o. k. zu sein, das ›Silver Beach‹ hat viel Beton und wenig Strand. Wer die Ostküste bevorzugt und sichergehen will, sollte das ›Tropical‹ wählen, das wohl nicht nur im Preis, sondern auch in der Summe der Eigenschaften vorne liegt. Wenn es preiswerter sein soll, sollte man das ›Surcouf‹ probieren oder – noch günstiger – das ›Emeraude Beach‹, das allerdings nicht unmittelbar am Strand liegt. Von dem breiten öffentlichen, von schattenspendenden Filaos bestandenen Strand wird es durch die wenig befahrene Küstenstraße getrennt. Am Wochenende und an Feiertagen muß oder darf (ist Geschmackssache) man den langen Strand mit tausenden campenden, feiernden und spielenden Mauritianern teilen.

Nachtleben: Spielkasinos im ›St. Géran Sun Hotel‹, ›Belle Mare Plage Hotel‹ und im ›Coco Beach Hotel‹

Einkaufen und Souvenirs: Bank: Mauritius Commercial Bank (Wechselstube) an der Küstenstraße vor der Einfahrt zum Hotel ›Belle Mare Plage‹

Aktivitäten: Tauchen: Saint-Géran Diving, St. Géran Hotel, ✆ 4 15 18 25, Fax 4 15 19 83; Neptune, Belle Mare Plage Hotel, ✆ 4 15 15 18, Fax 4 15 19 93

Black River Gorges National Park

Information: Le Pétrin Information Center (geöffnet tgl. 9–16 Uhr). Dort ist ein Faltblatt erhältlich, das u. a. eine vereinfachte Karte des Nationalparks mit eingezeichneten Wanderwegen enthält.

Restaurant: La Varangue sur Morne: Blick auf das Meer und die Ile aux Bénitiers, kreolisch-französische Küche

Cap Malheureux

Hotels: La Maison, ✆ 2 62 89 74, Fax 2 62 70 09, $$$$ (5 Zimmer): Eine Ausnahme von allen Regeln ist das Hotel La Maison – kein richtiges Hotel, eher eine luxuriöse Privatvilla mit 15 Mann Personal, einem Mercedes und einem Katamaran, die den Gästen zur Verfügung stehen. Der 20 m über dem Meer gelegene Prachtbau im Kolonialstil wird im ganzen für große Familien, Gruppen von Freunden oder für kleine Arbeitsgruppen gemietet. Es hat von allen Hotels die größten Zimmer, die weitläufigsten Aufenthaltsräume, die individuellste Küche (der Gast bespricht mit dem Koch, was er sich wünscht), die gediegenste Einrichtung.

Kuxville, ✆ 2 62 88 36, Fax 2 62 74 07, $ (12 Bungalows und Apartments): Seit 20 Jahren leitet die deutsche Familie Kux diese kleine Anlage, die kein richtiges Hotel ist. Im Haupthaus befinden sich mehrere Apartments für 2–4 Personen. Rechts und links entlang des Sandstrandes verwaltet die Familie Strandbungalows mauritianischer Familien und vermietet sie in deren Auftrag an Touristen (maximal 6 Personen). Jede Wohneinheit wird von 8 bis 17 Uhr von einer eigenen Haushälterin gepflegt, die sämtliche Hausarbeiten, einschließlich Kochen und Einkaufen übernimmt. Wenn Sie selbst einkaufen möchten, ist das kein Problem, denn Lebensmittelhändler kommen täglich mit dem *Pickup* und haben alles dabei, was Sie normalerweise brauchen. Gegen Gebühr stehen ein Katamaran, Surfbretter, Motor- und Segelboote zur Verfügung, ein öffentlicher Tennisplatz ist nicht weit. Der Sohn des Hauses ist Berufstaucher und kennt die Riffe der Umgebung und die Tauchgebiete um die vorgelagerten Inseln genau. Tauchausrüstung steht zur Verfügung, Tauchunterricht wird in deutscher Sprache von deutschen Tauchlehrern erteilt.

Marina Resort, ☎ 2 62 76 51, Fax: 2 62 76 50, $$-$$$: In einem großen Gartengelände an der Bucht Anse La Raie liegt ein 1999 eröffnetes kleines Hotel der guten Mittelklasse. An zwei schmalen Sandstränden stehen Segelboote, Kajaks Pedalos und Windsurfer, ein Glasbodenboot und vieles mehr für die Gäste bereit. Lediglich für Mountainbikes, Tennis unter Flutlicht, Tauchen und Wasserski muß bezahlt werden. Hübsches neues Hotel mit 96 Zimmern in einzeln stehenden Gebäuden zu je 4 bis 6 Zimmern und 26 Bungalows. Gutes Preis-/Leistungsverhältnis.

 Aktivitäten: Tauchen: Sindbad Diving, Kuxville Hotel, ☎ 2 62 88 36, Fax 2 62 74 07; The Cap Divers, Paradise Cove Hotel, ☎ 2 62 79 83, Fax 2 62 74 07
Segeln: Croisière Emeraude & Aquacat Co. Ltd., Cap Malheureux, ☎ 2 63 89 74, Fax 2 63 70 04

 Busverbindungen nach Péreybère, Grand Baie und Triolet. Auf Hotelgäste spezialisierte Taxiunternehmen sind jederzeit abrufbereit.

Cargados Carajos

 Schiffsverbindungen (unregelmäßig) von Mauritius zum Cargados-Carajos-Archipel: Mauritius

Fishing Development Ltd., 33 Ter Volcy Pougnet, Port Louis, ☎ 2 08 02 99; Outer Islands Development Corporation, Jade House, Jummah Mosque St., Port Louis, ☎ 24 22 22 75

Centre de Flacq

 Einkaufen und Souvenirs: Einkaufszentrum: Virginie Commercial Centre
Schmuck: Matikola
Banken: Barclays Bank, Banque Nationale de Paris, Indian Ocean Intercontinental Bank, Mauritius Commercial Bank und State Bank sind alle im Ortszentrum vertreten.

 Nachtleben: Carnaval Club: chinesisches Spielkasino

Coin de Mire

 Hotels: Le Coin de Mire Village, ☎ 2 62 73 04, Fax 2 62 73 05, $$ (16 Zimmer): An einem landschaftlich herrlichen öffentlichen Strand, mit Blick auf die vorgelagerte gleichnamige Insel, liegt dieses hübsche kleine Hotel gleich hinter der Küstenstraße. Der Park ist liebevoll gepflegt, gegessen wird in einem offenen Restaurant neben dem Swimmingpool und der überdachten Gartenbar. Der Strand von Coin de Mire ist bei Flut zum Baden und Schnorcheln gut geeignet. Alle Zimmer haben Blick aufs Meer.

 Restaurant: Le Coin de Mire, kreolisch-französische Küche

Curepipe

 Restaurants: Au Gourmet, ✆ 6 76 18 71: nicht ganz billiges Top-Restaurant in einem renovierten Kolonialhaus; europäische und kreolische Küche
Chinese Wok, Curepipe Road: europäisch, kreolisch und chinesisch
Nobby's Steak House, Curepipe Road: europäisch und kreolisch
Continental Hotel, Royal Road: europäisch, kreolisch und indisch
Tropicana, Royal Road: europäisch, kreolisch und chinesisch
Luigi's Restaurant, Royal Road: italienisch
Maharradja, Casa Maria: europäisch, kreolisch und indisch
Shanghai Hotel, Sir Vincent Churchill Street: europäisch, kreolisch, chinesisch
Pot de Terre, Impasse Pot de Terre: europäisch und kreolisch
La Nouvelle Potiniere, Hillcrest Building; europäisch und kreolisch
Mandarin Hotel, George Guibert Street: europäisch und chinesisch

 Nachtleben: Spielcasino Le Casino de Maurice

Einkaufen und Souvenirs: Andenken und Kunsthandwerk: Beauté de Chine; City of Péking; Corine; Lacaze; La Malle Exotique; Mikado; Palais de l'Orient; Quilters Boutique; Spes; Women Self-Help Boutique
Schmuck und Uhren: Charles Lee (zollfrei); Adamas (im Stadtteil Floréal; zollfreier Goldschmuck, Diamantenschleiferei, Uhren)
Kunstgalerie: Galerie Hélène de Senneville, Arcades Ste. Thérèse
Banken: Bank of Baroda, Banque National de Paris, Barclays Bank, Development Bank of Mauritius, Hongkong Bank, Mauritius Commercial Bank, State Bank (alle an der Hauptstraße im Ortszentrum)

 Sehenswürdigkeit: Botanischer Garten: immer geöffnet, kein Eintrittsgeld

 Busverbindungen in regelmäßigen Abständen nach Port Louis, Mahébourg und Flic en Flac

Flic en Flac

 Hotels: Sofitel Imperial, ✆ 4 53 87 00, Fax 4 53 83 20, $$$$ (137 Zimmer): Das kleinste unter den Großen! Luxushotel (1994 eröffnet) mit interessanter, asiatisch anmutender Architektur, vielen kleinen Teichen, Brücken, unterschiedlichen Ebenen, großem Swimmingpool, allen denkbaren Sportangeboten (u. a. Golfplatz, Tauchbasis und Hochseefischen) und schönem, langgestrecktem Sandstrand.
Sugar Beach Hotel (Sun International), ✆ 4 53 84 41, Fax 4 53 84 49, $$$$ (238 Zimmer): 1997 eröffnetes Luxushotel, unmittelbar an das La Pirogue (s. u.) anschließend. Jeweils 10 elegant eingerichtete Zimmer befinden sich in ein- bis zweistöckigen Gebäuden im Kolonialstil. Am Strand steht eine alte Zuckermühle, der 5 o'clock-Tee wird im ›Rose Garden‹ serviert.
La Pirogue (Sun International), ✆ 4 53 84 41, Fax 4 53 84 49, $$$ (246 Zimmer): Das La Pirogue Sun gehört zu den Tophotels von Mauritius mit günstigem Preis-Leistungs-Verhältnis. Strohgedeckte Bungalows in einem weiten, tropischen Garten an einem langen Sandstrand, an dem alle Wassersportarten gratis angeboten werden. Tauchgänge, Tauchunterricht und Hoch-

seefischen sind gesondert zu bezahlen. In dem bizarren Hauptgebäude, das dem Opernhaus von Sydney nachempfunden wurde, findet sich neben Restaurant, Geschäften und Lobby auch ein Spielkasino.

Villas Caroline, ✆ 4 53 84 11, Fax 4 53 81 44, $$ (34 Zimmer): Im Ort Flic en Flac liegt direkt an einem sicheren, flachen Strand das Restaurant mit den zum Teil neuen Bungalows des Hotels Villas Caroline. Da die Anlage über eine Tauchbasis, Ausrüstung zum Hochseefischen und Zimmer mit Klimaanlage verfügt, finden Sie alles, was man sich für einen Mauritius-Urlaub wünscht, wenn Luxus nicht benötigt wird.

Klondike, ✆ 4 53 83 33 36, Fax 4 53 83 37, $ (33 Zimmer): Erstmals hat hier ein Hotel auf Mauritius den Baustil der Kolonialzeit (in leicht abgewandelter Form) übernommen. So ist eine weitläufige Anlage entstanden. Hier kann man entweder in einem der großen Doppelzimmer gleich am Meer oder in einem der Bungalows hinter dem Strand preiswert wohnen. Der Strand ist jedoch zum Baden wenig geeignet.

 Restaurants: Golden House, Mer de Chine, Sea Breeze

 Nachtleben: Spielkasino des ›La Pirogue Sun Hotel‹

 Einkaufen und Souvenirs: Andenken und Kunsthandwerk: ACL Duty Free Boutique; Inspiration; Jamaico; Kevin Boutique; Trésor des Clés
Bank: Mauritius Commercial Bank, Route Principale

 Aktivitäten: Hochseefischen: La Pirogue Big Game Fishing, La Pirogue Sun Hotel, ✆ 4 53 84 41,

Fax 4 53 84 49; Sofitel Imperial Big Game Fishing, Sofitel Imperial Hotel, ✆ 4 53 87 00, Fax 4 53 83 20
Tauchen: Sofitel Diving, Sofitel Imperial Hotel, ✆ 4 53 87 00, Fax 4 53 83 20; La Pirogue Diving, La Pirogue Sun Hotel, ✆ 4 53 84 41, Fax 4 53 84 49; Exploration Sous-Marin, Villas Caroline, ✆ 4 53 84 50, Fax 4 53 81 44; Klondike Diving, Klondike Hotel, ✆ 4 53 83 35, Fax 4 53 83 37

 Sehenswürdigkeit: Casela Bird Park: Tierpark mit Schwergewicht auf tropischen Vögeln aus aller Welt (über 150 Arten), Eintritt ca. 12 DM, an Wochenenden ca. 8 DM

Grand Baie

Hotels: Beachcomber Royal Palm Hotel, ✆ 2 63 84 89, Fax 2 63 84 55, $$$$$ (84 Zimmer): An einer herrlichen Sandbucht am Rande der Grand Baie liegt das edelste Hotel der Insel. Als Konkurrent kommt nur das renovierte ›Le Touessrok‹ in Betracht. Eindrucksvoll schlichte, aber gekonnte und in die Natur integrierte Architektur, exzellenter Service, Spitzenküche und natürlich jede Form von Wassersport entweder direkt beim Hotel oder per Hoteltransfer in einem der anderen ›Beachcomber‹-Hotels. Ein Luxuswagen mit livriertem Chauffeur ist stets zur Stelle; wenn Sie aber nach einer Fahrradvermietung fragen, wird man Sie verständnislos anblicken (wenn Sie im ›Royal Palm‹ nicht verraten, woher Sie den Tip haben: schauen Sie mal im benachbarten ›Veranda Village‹ nach). Auch sehr verwöhnte Gäste werden zufrieden sein. Wer es sich leisten kann, sollte den interessanten Kontrast zwischen Luxus im Hotel und

Ruhe am herrlichen Strand einerseits und dem quirligen Chaos im nur 10 Minuten zu Fuß entfernten Ortszentrum mit vielen Restaurants, Cafés, Fahrradvermietungen (es gibt sie auch dort – nur das Personal des Hotels darf es nicht wissen!) und Geschäften jeder Preis- und Qualitätsklasse andererseits genießen. Mitglied des exklusiven Klubs der ›Leading Hotels of the World‹.

Merville Beach Hotel, ℰ 2 63 86 21, Fax 2 63 81 46, $$$$$ (169 Zimmer): Am Nordostausgang der großen, fast geschlossenen Grand Baie liegt das ›Merville‹, eines der ältesten Strandhotels von Mauritius. Das Hauptgebäude hat drei Stockwerke mit 90 etwas kleinen Zimmern, die nicht mit den individueller zugeschnittenen in den neuen Hotels konkurrieren können. Im Garten hinter dem Sandstrand liegen großzügige neue Bungalows mit viel Komfort, die das Manko ausgleichen. Wassersport, Tauchbasis, schöner Strand und gutes Preis-Leistungs-Verhältnis.

Beachcomber Hotel Le Mauricia, ℰ 2 63 78 00, Fax 2 63 78 88, $$$ (193 Zimmer): Das Le Mauricia war das erste Hotel der Insel, das sich den Gepflogenheiten des Tourismus im Mittelmeerraum anpaßte und von dem bis dahin auf Mauritius vorherrschenden ›Bungalowstil‹ abging. In einem großen Hauptgebäude befinden sich die Zimmer, Boutiquen, mehrere Restaurants, Friseursalon und andere Einrichtungen, die dem Urlauber Bequemlichkeiten jeder erdenklichen Art bieten. Gutes Preis-Leistungs-Verhältnis, aber wenig ›tropisches Flair‹. Bademöglichkeit an einem kleinen Sandstrand und günstige Lage am Rand von Grand Baie mit seinen vielen Restaurants und Bars.

Veranda Bungalow Village, ℰ 2 63 80 15, Fax 2 63 73 69, $$ (64 Zimmer): Traditionsreiche kleine Anlage,

vom ›Royal Palm‹ nur durch einen herrlichen öffentlichen Strand (meiner Ansicht nach der schönste überhaupt auf Mauritius) und den Jachtclub von Grand Baie getrennt. Ursprünglich gab es nur Selbstverpflegerbungalows, inzwischen aber auch normale Doppelzimmer mit Frühstück und Kühlschrank/Kaffeeküche in kleinen Bungalows, die über ein palmenbestandenes und tropisch überwuchertes Gartengelände verteilt sind. Aller Wassersport ist möglich – aber nicht kostenlos –, gemütliches Restaurant unmittelbar am Strand und nur 3 Minuten zu Fuß vom Strand zwischen ›Royal Palm‹ und Jachtclub entfernt, der am Wochenende und abends auch von der einheimischen Bevölkerung besucht wird. In dieser kleinen Anlage fühlt man sich sehr schnell zu Hause. Der Garten ist einmalig, die Häuser einfach, aber hübsch, die Zimmer gepflegt, wenn auch nicht luxuriös. Innerhalb der Anlage gibt es einen Lebensmittelladen (der nicht teurer ist als Geschäfte außerhalb), Zeitungskiosk, Fahrradverleih und vieles andere mehr.

Restaurants: Le Vielle Rouge: Innerhalb der Bungalowanlage ›Veranda Village‹, gleich neben dem Jachtclub; wegen der kreolischen Küche und der einfachen, sympathischen Atmosphäre empfehlenswert

La Méditerranée: 1996 neu eröffnet und mit seinen französischen und kreolischen Fischgerichten schnell zu gutem Ruf gekommen

Le Capitaine: in der Südwestecke der Bucht (Seeseite), indisch-kreolische Gerichte, empfehlenswert

Sakura: japanisch; teuer und gut

Phil's Pub: europäisch und kreolisch

La Jonque d'Or: europäisch, kreolisch und chinesisch

La Pagode: europäisch, kreolisch und chinesisch
La Charette: europäisch, kreolisch und chinesisch
Taj Mahal Restaurant: indisch, gut

 Nachtleben: Für Abendunterhaltung wird in Alchemy, Climax Club Disco, Dream On Disco, Number One Disco, Tom Cat Jazz Club, Le Grillon, Banana Republic, Café de Paris, Le Bistrot und Le Bambou gesorgt.

Einkaufen und Souvenirs:
Einkaufszentren: Arcades BNPI; Arcades Le Tamaris; Espace Océan; Galerie la Colombière; Sunset Boulevard; Galerie Ventura; Grand Bay Store Shopping Centre
Schmuck: SHIV Jewels
Andenken und Kunsthandwerk: Bisbee; Camelia; Fantaisies Floréales; National Handicraft Centre; Plein Soleil; Presents; Sea Horse; Tropical Gallery
Kunstgalerien: Galerie Hélène de Senneville (Richtung Pointe aux Canonniers); Art Today Gallery; Henry Koombes Gallery
Banken: Barclays Bank und Mauritius Commercial Bank sind im Herzen des Ortes an der Küstenstraße vertreten. Beide haben einen Geldwechselschalter, der von 8 bis 18 Uhr, an Sonn- und Feiertagen von 9 bis 14 Uhr besetzt ist. State Bank Ltd. und Hongkong Bank in der Royal Road

Aktivitäten: In Hotels und Restaurants liegt die Zeitschrift ›Grand Baie News‹ aus, die monatlich kostenlos erscheint. Neben Anzeigen findet man Hinweise zu Veranstaltungen in den kommenden Wochen und Monaten.
Hochseefischen: Sportfisher, ✆ 2 63 83 58.

Tauchen: Diving World, Le Mauricia Hotel, ✆ 2 63 78 00, Fax 2 63 78 88; Le Merville, Merville Hotel, ✆ 2 63 86 21, Fax 2 63 81 46; Delphin, Royal Road, ✆ 2 63 72 73; Paradise Diving, Royal Road, ✆ 2 63 72 20; Islandive, Veranda Village Hotel, ✆ 2 63 80 16. Die besten Tauchplätze nahe Grand Baie: Coral Gardens, Aquarium, Merville Patches, alle mit dem Boot in wenigen Minuten erreichbar. Der ›Unterwasserkrater‹ bei der Ile Ronde und die Plätze um die Insel Coin de Mire erfordern etwas mehr Zeit und Aufwand.
Segeln: Yacht Charters Ltd., Royal Road, ✆ 2 63 83 95/96, Fax 2 63 78 14; Ocean Pearl Charters, Royal Road, Grand Baie, ✆ 2 63 88 99, Fax 2 41 10 02. Für Weltumsegler lohnt sich eine begrenzte Mitgliedschaft (maximal 3 Monate) im Jachtclub, um so Zugang zu dessen schönem Strand neben dem Veranda Village Hotel und der preiswerten Snackbar zu bekommen.
Fahrrad- und Mopedverleih: Beide finden sich in der Ortsmitte, werden aber auch von den Hotels (mit Ausnahme des Royal Palm) arrangiert.

 Busverbindungen nach Port Louis, Pamplemousses, Trou aux Biches und Cap Malheureux

Grande Rivière Noire

 Hotels: Hotel Club Centre de Pêche, ✆ 6 83 65 22, Fax 6 83 63 18, $$ (29 Zimmer): Dieses kleine Hotel in der Baie de la Grande Rivière Noire verfügt zwar über keinen hervorragenden Strand, aber über einen Swimmingpool und vor allem über eine Flotte (über 20!) erstklassig ausgerüsteter hochseetauglicher Fischerboote. Neben dem Le Corsaire bei

Trou aux Biches gehört es zu den Zentren der Hochseefischerei in Mauritius. Auch hält der Angelclub verschiedene Rekorde bei der Jagd nach Hochseefischen. Man wohnt in strohgedeckten Bungalows, die sich locker um den Swimmingpool herum gruppieren. Wer in erster Linie zum Hochseefischen kommt, ist hier gut untergebracht.

Island Sports Club, ✆ 6 83 67 69, Fax 6 83 65 47, $$$ (66 Zimmer): Erstes *All Inclusive Hotel* von Mauritius, das auch Wasser- und sonstige Sportangebote einschließt. Werbeslogan: »5-Sterne-Service zum 3-Sterne-Preis«. Die Sportangebote sind tatsächlich beträchtlich, die Qualität der Zimmer, des Strandes und der gesamten Anlage entspricht aber dem Preis.

 Restaurants: La Bonne Chute: französisch
Cabane Creole: kreolisch

 Einkaufen und Souvenirs: Andenken und Kunsthandwerk: Shellorama Shop bei der Tankstelle

 Aktivitäten: Hochseefischen: Black River Sport Fishing, ✆ 6 83 65 47; Centre de Pêche de l'Ile Maurice, ✆ 6 83 65 22, Fax 6 83 63 18
Tauchen: Odyssee Diving, Centre de Pêche, ✆ 6 83 65 03, Fax 6 83 63 18

Grand Gaube

 Hotels: Le Grand Gaube Hotel, ✆ 2 83 93 50, Fax 2 83 94 20, $$$ (120 Zimmer): Weiter, geschwungener Hotelstrand, großzügige Pool- und Restaurantlandschaft. Die Wohneinheiten liegen in einer Wiese hinter dem Strand. Zur Anlage gehören Boulebahn,

Tennisplätze, Restaurant, Laden. Wassersport, bis auf Tauchen, ist kostenlos.
Le Prince Maurice, ✆ 4 13 91 00, Fax 4 13 91 29, $$$$$ (88 Suiten): Neues Spitzenhotel. Auf 60 Hektar liegen 88 großzügige Suiten, weit ab des Trubels an einem weißen, geschützten Strand. Die ›kleinen‹ haben knapp 80, die großen 130 qm Wohnfläche und einen privaten Pool, 6 davon stehen auf Stelzen über dem Meer!
Archipel Bungalows, ✆ 2 83 95 18, Fax 2 83 99 10, $ (30 Zimmer): Schön am Strand gelegene Apartments mit 2–6 Betten und Kochgelegenheit. Etwas abseits gelegen und ohne Restaurant, Mietwagen daher empfehlenswert.

🚌 **Busverbindungen** nach Triolet und Centre de Flacq.

Le Morne Brabant

🛏 **Hotels: Beachcomber Hotel Le Paradis,** ✆ 4 50 50 50, Fax 4 50 51 40, $$$$ (257 Zimmer): Erstklassiges Hotel in der Bucht unterhalb des Berges Le Morne Brabant. Es liegt an einer weiten Bucht, in deren Mitte sich die Ile aux Bénitiers befindet, auf die man mit einem Fischerboot übersetzen kann, um dort an den unberührten weißen Sandstränden zu baden. Wie alle Hotels dieser Kategorie bietet es alles, was man für einen luxuriösen Strandurlaub benötigt. Allerdings sind die Sportangebote hier alle etwas großzügiger und vielfältiger als anderswo. Der Golfplatz hat 18 Löcher, Tennisplätze dürfen nur in Weiß betreten werden, die Boote zum Hochseefischen sind schnell und haben es nicht weit zu den Fanggründen; Spielkasino im Haus; Transfer zur Ile aux Bénitiers wird vom Hotel angeboten, Wasserski ist kostenlos usw.

Berjaya Le Morne Resort,
✆ 6 83 60 53, Fax 6 83 60 70, $$$$
(196 Zimmer): 1994 eröffnetes Strandhotel der malayischen ›Berjaya‹-Grup-
pe. Großzügige asiatische Architektur,
Tauchbasis, Hochseefischen, schöner
Strand – alles ist vorhanden, wenn-
gleich nicht von allerbester Qualität.
Les Pavillons Hotel, ✆ 4 50 52 17,
Fax 4 50 52 48, $$$, (100 Zimmer): 1997
zwischen den beiden oben genannten
Hotels eröffnet, mit (nur) 100 Zimmern
in 20 hübschen Villen im mauritiani-
schen Kolonialstil.

 Restaurants: Le Domino: chi-
nesisch-kreolisches Restaurant
am Hang des Morne Brabant mit herr-
lichem Blick entlang der Westküste
Le Chamarel: an der Straße zum Black
River Gorges National Park mit kreo-
lisch-französischer Küche

Einkaufen: Banken: Mauritius
Commercial Bank im ›Hotel Le
Paradis‹

Nachtleben: Spielkasinos in
den Hotels ›Le Paradis‹ und ›Ber-
jaya Le Morne‹

Aktivitäten: Tauchen: Easy-
dive, Berjaya Hotel, ✆ 6 83 68 00,
Fax 6 83 60 70
Hochseefischen: Beachcomber
Fishing Club (Challenger), Le Morne,
✆ 6 83 67 75, Fax 6 83 67 86

 Busverbindungen nach Souillac
und Port Louis mehrmals täglich.

Mahébourg

 **Hotels: Beachcomber Le
Shandrani,** ✆ 6 37 43 01,

Fax 6 37 43 13, $$$$ (173 Zimmer): Auf
einer Halbinsel im Südosten gelegen,
umsäumt von mehreren schönen
Stränden an der Blue Bay, die viele
Wassersportmöglichkeiten bieten. Ab-
solut ruhig ist der Strand im Norden,
der an die fast vollkommen abgeschlos-
sene Blue Bay grenzt. In dieser ganzjäh-
rigen ›Badewanne‹, die maximal 5 m
tief ist, finden sichere und angenehme
Tauchkurse statt. Ein weiterer Strand
überblickt den Ausgang der Bucht, hat
aber noch an deren Schutz vor den ste-
tigen Südostwinden teil, während der
kilometerlange dritte Sandstrand ihm
ungehindert ausgesetzt ist. Hier tum-
meln sich die Spitzenkönner unter den
Windsurfern. Wegen seiner Nähe zum
Flughafen ist das Hotel zu Unrecht ge-
fürchtet, denn es handelt sich ja nicht
um ›Charles de Gaulle‹ in Paris. Wenn
dreimal am Tag für einige Sekunden ein
Flugzeug vorbeirauscht, ist das nur für
empfindsame Seelen ein Schönheits-
fehler, wirklich störend ist es aber nicht.
Blue Lagoon Beach Hotel, ✆
6 31 95 29, Fax 6 31 91 05, $$ (72 Zimmer): Die alte Anlage des Blue Lagoon
wurde vollkommen abgerissen und
durch ein neues, architektonisch interessant gebautes Hotel ersetzt, das an
einem der schönsten öffentlichen
Strände im Süden von Mauritius liegt.
Mit Klimaanlage, Fernseher, Mini Bar,
Zimmertelefon ist auch aller Komfort
vorhanden.
La Croix du Sud, ✆ 6 31 95 05,
Fax 6 31 96 03, $$ (111 Zimmer): Nahe
der Stadt Mahébourg liegt das gute
Mittelklassehotel ›La Croix du Sud‹ an
einem nach Südosten ausgerichteten
Strand mit herrlichem Blick auf die
Bucht von Grand Port und die Berge
der Ostküste. Da fast das ganze Jahr ein
steter Wind weht, ist dies ein idealer
Platz für gute Windsurfer und Segler.

Restaurants: Le Sirius: am Strand von Pointe d'Esny
Le Bougainville: beim öffentlichen Strand in der Blue Bay; wie in allen Restaurants um Mahébourg wird in den beiden genannten kreolisch-französische ›Hausmannskost‹ zu günstigem Preis serviert.

 Nachtleben: Starlight Gaming Club

 Einkaufen und Souvenirs: Andenken und Kunsthandwerk: Chrysanthème; National Handicraft Centre im Garten des Marinemuseums und im Flughafen
Banken: Barclays Bank, Hongkong Bank, Indian Ocean International, Mauritius Commercial Bank und State Bank sind alle im Ortszentrum vertreten.

 Sehenswürdigkeiten: Naval Museum: geöffnet tgl. 9–16 Uhr, außer dienstags, freitags und an Feiertagen
Le Val Nature Park, Naturschutzgebiet in einem weiten Tal nördlich von Mahébourg mit Tierpark und Anthurienplantagen: geöffnet tgl. 9–17 Uhr, Eintritt ca. 3 DM

 Busverbindungen: Expreßbusse über den Flughafen nach Curepipe und Port Louis. Lokale Busse nach Vieux Grand Port und Trou d'Eau Douce.

 Aktivitäten: Tauchen: Coral Dive, La Croix du Sud Hotel, ✆ 6 31 95 05, Fax 6 31 96 03; Shandrani Diving, Beachcomber Le Shandrani Hotel, ✆ 6 37 35 11, Fax 6 37 43 13
Segeln: Croisières Turquoises Ltd., Riche en Eau, ✆ 6 31 98 35, Fax 6 31 93 79

Pamplemousses

Sehenswürdigkeit: Sir Seewoosagur Ramgoolam Botanical Garden: Botanischer Garten; tgl. 6–18 Uhr

Péreybère

Hotels: Hibiscus Village, ✆ 2 63 85 54, Fax 2 63 85 53, $ (15 Zimmer): Dieses kleine Bungalowhotel (mit Tauchbasis) ist von allen Unterkünften mit Abstand am schönsten gelegen: direkt am Strand, grüne Wiesen mit altem, schattenspendendem Baumbestand und ein gemütliches Restaurant mit Blick aufs Meer. Leider sind die einzelnstehenden Bungalows dunkel. Dafür ist der Preis günstig, der Garten hübsch, das Restaurant ein Genuß und der Hotelstrand vor der Tür sowie der nahe öffentliche Strand von Péreybère Spitze.

Restaurants: Le Bigorneau auf dem Gelände des ›Hibiscus Village‹: europäisch und kreolisch
Cafeteria Péreybère: europäisch, kreolisch und chinesisch, verschiedene Snacks

Nachtleben: Le Bounty, Bénitier Cocktail, Secrets und die Sega-Show am Sonntagabend im ›Hibiscus Village‹ sorgen für Abendunterhaltung.

Banken: Mauritius Commercial Bank, Route Cotière

Aktivitäten: Ausflüge zu den vorgelagerten Inseln Ile Ronde (Round Island) und Ile aux Serpents (Snake Island) werden von Fischern am öffentlichen Strand angeboten.

Tauchen: Péreybère Diving, Hibiscus Village, ✆ u. Fax 2 63 78 59

 Busverbindungen nach Grand Baie, Trou aux Biches, Triolet und Port Louis

Pointe aux Canonniers

 Hotels: Club Méditerranée, ✆ 2 63 75 08, Fax 2 63 75 11, $$$$ (222 Zimmer): Westlich der Pointe aux Canonniers liegt die großzügige Anlage des Club Méditerranée an einer herrlichen Landzunge. Alle denkbaren Sportangebote, Animation und reichliche Mahlzeiten entsprechend dem Stil des Clubs.

Le Canonnier Hotel, ✆ 2 63 79 99, Fax 2 63 78 64, $$$ (173 Zimmer): Auf einer Halbinsel liegt dieses gefühlvoll in die Landschaft integrierte Hotel. Es ist an drei Seiten vom Indischen Ozean umgeben, daher haben alle Zimmer einen weiten Blick übers Meer. Restaurant und Hauptgebäude nutzen die Mauern einer alten französischen Verteidigungsstellung. Die Einfahrt führt durch eine Allee von majestätischen, 30 m hohen Flaschenpalmen. Zimmer recht klein, vorwiegend französisches Publikum.

Colonial Coconut Hotel: ✆ 2 63 85 09, Fax 2 63 71 16, $$ (28 Zimmer): Diese kleine Anlage mit eigenem Strand und Blick in die Grand Baie hat durch ihre natürliche kolonialzeitliche Bauweise, die Strohdächer und das schattige Restaurant einen besonderen Charme und eine entspannte Atmosphäre. Da der Service gut ist, die Zimmer sauber und das Essen hervorragend, ist das Colonial Coconut für Reisende, die auf Luxus verzichten und zum Wassersport nach Grand Baie oder

Trou aux Biches ausweichen können, eine gute Alternative zu den großen Hotels. Da der Strand schmal ist, liegt es unmittelbar am Wasser, es hat einen Pool und gemütliche Aufenthaltsräume mit alten Kolonialmöbeln. Ein einfaches Hotel mit Charakter!

 Restaurants: Le Bateau Ivre: teures *Seafood*-Restaurant an der Straße nach Grand Baie

 Nachtleben: Le Privé Disco und Bar

 Einkaufen und Souvenirs: Kunsthandwerk: Galerie Bouwens (Modellschiffe); Intérieurs (Möbel) **Galerien:** Arnegos Atelier d'Art, Coastal Road; Galerie Raphael, Coastal Road

 Aktivitäten: Tauchen: Canonnier Diving, Hotel Le Canonnier, ✆ 2 63 79 95

 Busverbindungen nach Grand Baie, Trou aux Biches und Port Louis

Pointe aux Piments

 Hotels: Beachcomber Le Victoria Hotel, ✆ 2 65 81 24, Fax 2 65 82 24, $$$ (246 Zimmer): 1995 eröffnetes Strandhotel mit ungewöhnlich großen Zimmern und einem sehr guten Preis-Leistungs-Verhältnis. Tauchbasis, riesiger Swimmingpool, mehrere Geschäfte, Restaurants, langer Sandstrand, imposante Eingangshalle und alle denkbaren Sportangebote sind vorhanden. Eine gute Wahl, wenn Sie keinen einsamen Traumstrand erwarten.

Auf dem Nachbargrundstück entsteht der Neubau einer indischen Hotelkette (das ›Le Victoria‹ ist davon nicht beeinträchtigt, da weit genug entfernt), dessen Eröffnung für 1999 geplant ist. **Weitere Hotels:** Die folgenden drei kleinen Hotels (sie haben zusammen nicht einmal halb so viele Zimmer wie das ›Victoria‹) liegen nebeneinander an einem Küstenabschnitt mit vielen schwarzen Lavafelsen, nahen und flachen Korallenbänken und nur schmalen Sandstränden, die häufig – besonders bei Ebbe – zum Baden wenig geeignet sind. Dafür aber sehr gute Schnorchelgründe bei Flut oder jenseits des Riffs. Preislich liegen sie alle günstig, bieten allerdings nicht den gleichen Komfort wie große Hotels:
Le Colonial Beach (früher ›Calamar Hotel‹), ✆ 2 65 51 87, Fax 2 65 52 47, $$ (24 Zimmer)
Villas Pointe aux Biches, ✆ 2 65 59 01, Fax 2 65 59 04, $$ (50 Zimmer)
L'Oasis, ✆ 2 65 58 05, Fax 2 65 52 07, $$ (22 Zimmer)

Die Hotels unterscheiden sich in Anlage, Zimmerqualität und Preis kaum, jedoch im Hinblick auf die Gäste. Während das ›Colonial Beach‹ sich um europäische Kundschaft bemüht, stammt die des ›L'Oasis‹ weitgehend aus Südafrika und die der ›Villas Pointe aux Biches‹ von Réunion.

 Restaurants: Etoile de Mer: europäisch und kreolisch

 Nachtleben: Nuit Blanche Night Club im Colonial Beach Hotel

 Busverbindungen nach Triolet, Grand Baie, Trou aux Biches und Port Louis

Pointe aux Roches

 Hotel: Villas Pointe aux Roches, ✆ 6 25 51 12, Fax 6 25 61 10, $ (28 Zimmer): Das einzige Hotel an der Südküste, mit einem guten Dutzend Bungalows am weißen Strand und einem Restaurant mit Bar.

 Restaurant: Green Palm Restaurant: im Hotel Villas Pointe aux Roches

Port Louis

 Hotels: Le Labourdonnais Hotel: Fünf-Sterne-Stadthotel in erstklassiger City-Lage, umgeben von Einkaufszentren, Boutiquen und Friseursalon – alles vom Feinsten. Blick auf den Hafen, das Stadtzentrum, die Moka-Berge und entlang der Küste nach Norden und Süden.
Le Saint Georges, ✆ 2 11 25 81, Fax 2 11 08 85, $ (60 Zimmer): Voll ausgestattetes Stadthotel im 12stöckigen A.A.A. Tower in der Rue St. Georges, einer ruhigen Einbahnstraße, etwa 5 Minuten zu Fuß entfernt vom Verwaltungszentrum von Port Louis. Gutes Restaurant, Bar, kleiner Konferenzsaal (40 Plätze), Telefon und Fernseher auf den Zimmern, Sekretariats- und Faxservice. Kein Luxushotel, aber es ist alles in ansprechendem Rahmen vorhanden, was ein Geschäftsreisender braucht. Auch wer für ein paar Tage das Leben von *Chinatown by Night* erleben, sich aber anschließend in ein ruhiges, gepflegtes Haus zurückziehen will, ist hier gut und nicht teuer untergebracht.

 Restaurants: Carri Poulé, Duke of Edinburgh Ave.: kreolisch und indisch; von einer indischen Familie gführt, die hervorragende Curries nach altem Familienrezept zubereitet; nur 200 m vom Hafen entfernt, doch kühl (nach der brütenden Hitze im Zentrum von Port Louis angenehm!) und nicht einmal teuer

La Palmeraie, Sir C. Antelne St.: europäisch und kreolisch; zur Mittagszeit komplette französische Menüs, aber daneben auch Snacks wie Pizzas und Omelettes

Lai Min Restaurant, Royal St.: europäisch und chinesisch; gut geeignet für ein Abendessen in Chinatown; gutes chinesisches Essen in idealer Lage (gleich gegenüber dem chinesischen Spielcasino L'Amical)

Au Ciel Bleu, Josef Rivière St.: europäisch und chinesisch

Pékin, Jummah Mosque St.: europäisch und chinesisch

Paloma, Léoville L'Homme St.: europäisch und chinesisch

Hotel Onu, Royal St.: europäisch und chinesisch

Underground Restaurant, Bourbon St.: kreolisch und indisch

La Flore Mauricienne, Intendance St.: europäisch und kreolisch

Café de la Cité, Place de la Cathédrale: europäisch und kreolisch

La Flore Orientale, Ramgoolam St.: europäisch, chinesisch und kreolisch

Ambassador Hotel, Ramgoolam St.: europäisch, kreolisch, chinesisch und indisch

La Cambuse, St. George St.: europäisch und kreolisch

Tandoori Restaurant, Victoria Square: kreolisch und indisch

Le Clos Saint Louis, Domaine Les Pailles: französiches Spitzenrestaurant

Canelle Rouge, Domaine Les Pailles: kreolisch

Indra, Domaine Les Pailles: indisch

Fu Xiao, Domaine Les Pailles: chinesisch

Eureka, im Vorort Moka: renovierte Kolonialvilla, die auf Anfrage festliche kreolische oder französische Abendessen arrangiert

Wenn Sie in Eile sind oder keine Lust haben, sich ins Restaurant zu setzen, probieren Sie die Gerichte, die Straßenverkäufer um die Markthallen, im Chinesenviertel oder am Busbahnhof anbieten! Darunter sind köstliche Sachen, wie *Gateau Bringelle* (gebackene Auberginen), *Gateau Piment* (ausgebackene, scharf gewürzte Reiskugeln), *Bhajias* (gebratenes Gemüse), *Gateau Patate* (Gemisch aus Kokosnuß und Süßkartoffeln, kräftig gewürzt und ausgebacken) oder *Dhollpuree* (indisches Brot mit scharfer Tomatensoße).

Nachtleben: Spielkasino L'Amical in der Royal Street (Chinatown)

Einkaufen und Souvenirs: Einkaufszentren: Auction Mart, Intendance St.; Les Galeries Evershine, St. Ignace Lane; Galerie le Trèfle, Royal Rd.; Wong Chin Building, Royal Rd.; Happy World Centre, Sir William Newton St.; Mauritius Shopping Paradise, Chaussée (zollfrei)

Schmuck: SHIV Jewels (zollfrei)

Souvenirs und Kunsthandwerk: Arc en Ciel, Argonaute, Blue Penny, Sunassee Shop, alle vier in der Sir William Newton St.; Ceram Tropic, Edith Cavell St.; Coup de Soleil, S. Bissoondoyal Square (Place d'Armes); Mikado, Sir William Newton St. und Sir Seewoosagur Ramgoolam St.; Ocean Queen, Queen's St.; Planet, Chaussée

Kunstgalerien: Galerie Danielle Poisson, 21 Jemmapes St.; Galerie Hélène de Senneville, 12 Belmont House, Inten-

dance St.; Port Louis Art Gallery, Mallefille St.
Banken: Am S. Bissoondoyal Square
und in der Sir William Newton St. liegen zwischen Hafen und Regierungsgebäude die Hauptverwaltungen vieler
Banken: Bank of Baroda, Bank of Credit
and Commerce, Barclay's Bank, Habib
Bank, Mauritius Commercial Bank (alle
Sir William Newton St.); Indian Ocean
International Bank, R. Ollier St.; Hongkong and Shanghai Bank, La Chaussée;
State Bank, Rue S. Bissoondoyal (Öffnungszeiten: Mo–Fr 9.30–14.30, Sa
9.30–11.30). Es lohnt sich übrigens, einmal ein paar Mark im neuen Wolken-
kratzer der State Bank an der Südseite
der Avenue zu wechseln!

 **Sehenswürdigkeiten: Natural
History Museum,** Mauritius In-
stitute, Chaussée: tgl. außer Mi 9–16
Uhr
**Sir Seewoosagur Ramgoolam Mu-
seum,** Sir Seewoosagur Ramgoolam
St.: tgl. außer Do u. So 9–16 Uhr
Postal Museum, neben dem General
Post Office: tgl. außer So 9–16 Uhr
Musée de la Photographie, Vieux
Conseil St.: tgl. 9–16 Uhr
Municipal Theatre, Rue Intendance:
nur gelegentlich geöffnet
Jummah-Moschee, Royal Rd.: Mo–Do
10–12 Uhr, sonst nur Zutritt für Gläubige
Domaine Les Pailles: Parkgelände
mit Zuckerplantagen, Restaurants, Reitstall, Kolonialbauten, Schmalspureisen-
bahn usw.; geöffnet tgl. 10–22 Uhr, an
Sonn- und Feiertagen geschlossen; Eintritt ca. 10 DM; Geländewagenrundfahrt
30 DM (ganztägig, 10–15 Uhr, inkl. Mittagessen 70 DM); Reitstunde 25 DM,
Ponyreitstunde (für Kinder) 10 DM;
ganztägiger Reitausflug mit Picknick
150 DM

Eureka: renovierte Kolonialvilla mit
kreolischem Museum im Vorort Moka,
tgl. 9.30–17 Uhr

 **Aktivitäten: Geführte Stadt-
rundfahrten** (ca. 3 Stunden)
bietet Citirama, Royal Road, Cassis,
✆ 2 12 24 84, Fax 2 12 33 48

Busverbindungen in jedes Dorf
der Insel; stündliche Verbindungen nach Pamplemousses, Trou aux
Biches, Grand Baie und Goodlands
vom Busbahnhof gegenüber der Haupt-
post (Ecke Louis Pasteur/Farquhar St.);
Direktverbindung auch nach Baie du
Tombeau und Ste. Croix (Grabmal Père
Lavals). In die Städte des Hochlandes
und nach Süden fahren die Busse von
der Haltestelle am Victoria Square (südwestlich des Hafens) ab. Zum nördlichen wie zum südlichen Busbahnhof
sind es vom Markt nur 5 Minuten zu
Fuß. Nach Mahébourg verkehren Expreßbusse, die nur zwei- oder dreimal
anhalten, u. a. am Flughafen (s. S. 271).

Poste Lafayette

**Hotel: Coral Beach Bunga-
lows,** ✆ 4 23 92 29, $ (6 Zim-
mer): Saubere kleine Bungalowanlage
am Strand von Poste Lafayette an der
Ostküste. Langer, weißer Strand, der
zum Baden gut geeignet ist. Bei Ebbe
kommen Korallen und schwarze Lavafelsen zum Vorschein. Ein Swimmingpool ist vorhanden, die Zimmer sind
einfach, aber vollständig eingerichtet,
zu den Hotels am Strand von Belle
Mare ist es nicht weit. Das deutsch-
mauritianische Eigentümerehepaar
kümmert sich um die Gäste, bereitet
Frühstück und ausgezeichnetes kreolisches Abendessen auf Voranmeldung.

An Poste Lafayette ist die touristische Entwicklung bisher vorbeigegangen. Daher ist die sehr schöne natürliche Umgebung mit Pinienwäldern, Wochenendhäusern und einfachen Läden ideal für ruhesuchende Gäste, die den Trubel von Grand Baie nur gelegentlich erleben wollen.

 Restaurants: ›Chez Manuel‹ in St. Julien d'Hotman (s. S. 227), mit dem Auto 20 Min. Fahrt; Restaurants in den Strandhotels ›St. Géran‹, ›Belle Mare Plage‹, ›Coco Beach‹, mit dem Auto 10 Min. entfernt.

 Busverbindungen nach Grand Baie und Belle Mare

Quatre Bornes

 Hotel: Gold Crest Hotel, ✆ 4 54 59 45, Fax 4 54 95 99, $ (43 Zimmer): Bestes Hotel im Hochland, mit zwei Stockwerken in einem großen Geschäftshaus (Georgetown Building) im Herzen von Quatre Bornes. Für Geschäftsleute, die auf der Insel herumkommen müssen, günstig gelegen, denn es ist nicht weit in die Zentren Port Louis und Curepipe.

Nachtleben: Palladium, Queen's Club

Einkaufen und Souvenirs: Andenken und Kunsthandwerk: Bricolages Mauricien; Mauritius Alliance of Women; Mikado; Orchard Centre
Schmuck und Uhren: Ravior (zollfreier Goldschmuck, Diamantenschleiferei, Uhren)
Kunstgalerie: Galérie Stéphane Braud, St. Jean Road

Rodrigues

 Hotels: Cotton Bay Hotel, Pointe Coton ✆ 8 31 30 00, Fax 8 31 30 03, $$$ (48 Zimmer): Im kreolischen Stil erbautes, sehr gemütliches Bungalowhotel an einem der schönsten Strände der Insel. Mit Swimmingpool, Zimmern mit Klimaanlage und allen Ausflugsangeboten, die die Insel zu bieten hat. Eine angenehme Kombination aus dem guten Service von Mauritius und der unprofessionellen, freundlichen Herzlichkeit, der Ruhe und Gelassenheit auf einer vergessenen Insel am Ende der Welt. Es ist alles da, was man für einen angenehmen Urlaub braucht – allerdings nicht in Luxusausführung.
Mourouk Ebony, Paté Reynieux, ✆ 8 31 33 50, Fax 8 31 33 55, $$ (30 Zimmer): Kleines Bungalowhotel an der Südküste der Insel, mit allem Komfort und zu einem günstigen Preis.

Restaurants: Le Capitaine, Lagon Bleue, Le Solitaire, Paille en Queue, Ebony (alle in Port Mathurin), Phoenix d'Or (Mont Lubin), John's Resto (Mangue)

Einkaufen und Souvenirs: Kunsthandwerk, Strohhüte (in kleinen Läden bzw. an Verkaufsständen in Port Mathurin)
Banken: Barclays Bank, Development Bank of Mauritius, Mauritius Commercial Bank, State Bank (alle in Port Mathurin)

Aktivitäten: Organisierte Besichtigungen: An der Zahl der Agenturen, die sich um die wenigen Gäste kümmern, kann man erkennen, daß ein Aufschwung des Tourismus erwartet wird. Bisher allerdings sind die

wenigen Hotels nur zur Hälfte belegt, und auch in der Hochsaison ist es kein Problem, ein Zimmer zu bekommen. Folgende Agenturen kümmern sich um den Transfer vom Flughafen zu den Hotels und Guesthouses, vermieten Autos, organisieren Bootsausflüge, führen Sie zur Tropfsteinhöhle etc.: Rod Tours, Port Mathurin, ☎ 8 31 22 49, Fax 8 31 14 26; Henry Tours, Port Mathurin, ☎ 8 31 16 35, Fax 8 31 11 25; Ebony, Hotel Mourouk, Paté Reynieux, ☎ 8 31 33 50, Fax 8 31 33 55 und Port Mathurin, ☎ 8 31 15 40, Fax 8 31 20 30; Tours 2000, ☎ 8 31 20 99, Fax 8 31 18 94
Tauchen: La Licorne Diving, Port Mathurin, ☎ 8 31 19 59
Fahrräder werden von den Hotels vermietet

 Verkehrsverbindungen: Täglich eine Flugverbindung mit einer zweimotorigen ATR 42 (46 Plätze) der Air Mauritius von Mauritius nach Rodrigues. Zwei- bis dreimal pro Monat läuft das Personen- und Frachtschiff ›Mauritius Pride‹ Rodrigues von Mauritius aus an; nähere Informationen bei: Mauritius Shipping Corporation Ltd., 1 Militaire Rd., Port Louis, ☎ 2 41 25 50, Fax 2 42 52 45

Rose Hill

 Restaurants: Café de Chine, Royal Rd.: europäisch, kreolisch und chinesisch
Le Pékinois, Ambrose St.: chinesisch
Blue Mauritius, Centre Commercial: europäisch, kreolisch und indisch
Riverside Hotel, Royal Rd.: europäisch, kreolisch, chinesisch und indisch

Nachtleben: Discotheken Le Must und Melody's

 Einkaufen und Souvenirs: Andenken und Kunsthandwerk: Ma Cabane; Mikado; Spes Showroom
Kunstgalerie: Max Boullé Art Gallery

St. Julien d'Hotman

 Restaurant: Chez Manuel: gute und preiswerte chinesische Küche (s. S. 192)

 Busverbindung nach Poste de Flaque

Souillac

Restaurants: Le St. Aubin: edles Essen im Kolonialhaus-Restaurant (errichtet 1819) bei der gleichnamigen Zuckerfabrik nordöstlich der Stadt; angeschlossene Teeplantage; Anthurienzucht, Vanilleplantagen

Busverbindungen: 3–4mal täglich nach Le Morne, Mahébourg und Curepipe

Tamarin

 Hotel: Tamarin Hotel, ☎ 6 83 65 81, Fax 6 83 69 27, $ (32 Zimmer): Um die 20 DM kostet eine Übernachtung mit Frühstück im einzigen Hotel in der Baie du Tamarin (mit Restaurant). Die Zimmer sind klimatisiert und haben Bad und Toilette. Wegen des Seegangs ist der Strand von Tamarin das Zentrum der Wellenreiter und Bodysurfer auf Mauritius.

Busverbindungen nach Port Louis und Souillac

Trou aux Biches

 Hotels: Beachcomber Trou aux Biches Hotel, ✆ 2 65 65 62, Fax 2 65 66 11, $$$$ (205 Zimmer): Dies ist eines der ältesten Strandhotels der Insel an einem der schönsten Badestrände – bei Ebbe gelegentlich etwas flach, in der Regel aber ideal zum Schwimmen und für Kinder zum Spielen. Korallenriff zum Schnorcheln nicht weit vom Strand. Wasserski, Tauchbasis und alle Sportangebote sind selbstverständlich vorhanden. Gute Kombination aus ›vollständigem‹ großem Top-Hotel und Erholungsort für Ruhesuchende, denn die Zimmer befinden sich in Bungalows, die über einen kilometerlangen Strand verteilt liegen. Rückzugsgebiete für Ruhesuchende sind vorhanden!

PLM Azur Hotel, ✆ 2 65 63 36, Fax 2 65 67 49, $$$ (88 Zimmer): Komfortable Zimmer mit Meerblick. Im tropischen Garten liegen Restaurant, Bootshaus, Strandbar und Swimmingpool. Leider im Vergleich zu den meisten Hotels auf Mauritius wenig ideenreiche Architektur und daher nicht die offene, tropische Atmosphäre wie anderswo.

Casuarina Village Hotel,
✆ 2 65 56 53, Fax 2 65 61 11, $$ (87 Zimmer): Das ›Casuarina Hotel‹ liegt unmittelbar neben dem ›Trou aux Biches‹, jedoch auf der gegenüberliegenden Straßenseite. Um zum Strand zu kommen, muß die – wenig befahrene – Küstenstraße überquert werden. Ansonsten ist die Lage sehr günstig – direkt neben einem Golfplatz und nahe einem für jedermann zugänglichen Club für Hochseefischer, mehreren guten Restaurants sowie dem Top-Hotel ›Trou aux Biches‹. Hinzu kommen eigene Tennisplätze, Pool und gut ausgestattete Doppelzimmer mit allem Komfort. Neben den normalen Doppelzimmern im Hauptgebäude gibt es noch 16 Apartments, die idyllisch in einem gepflegten, dicht bewachsenen tropischen Garten liegen. Sie haben keine Klimaanlage und sind etwas kleiner als die Zimmer, dafür aber ›naturnah‹ und ruhig! Günstiges Preis-Leistungs-Verhältnis.

 Restaurants: L'Exotique, Le Tandoori Mahal, La Cocoteraie: kreolische Küche
Le Pescadore: Fisch und Meeresfrüchte

 Nachtleben: Spielkasino im Trou aux Biches Hotel

 Einkaufen und Souvenirs: Andenken und Kunsthandwerk: Argonaute; Aquarium Boutique; Boutique Les Filaos; Souvenir Boutique
Banken: nächste Banken im Ort Triolet, etwa 4 km entfernt: Cooperative Bank, Mauritius Commercial Bank, State Bank

 Sehenswürdigkeit: Meerwasseraquarium: geöffnet tgl. 9.30–17 Uhr

 Aktivitäten: Hochseefischen: Organisation du Pêche du Nord (Corsaire Club), ✆ 2 65 62 09, Fax 2 65 62 67
Tauchen: Nautilus, Trou aux Biches Hotel, ✆ 2 65 65 62, Fax 2 65 66 11; Blue Water Diving, Casuarina Village Hotel, ✆ 2 65 71 86, Fax 2 65 62 67

 Busverbindungen nach Port Louis, Grand Baie und Pamplemousses

Trou d'Eau Douce

 Hotel: Le Touessrok (Sun International), ☎ 4 19 24 51, Fax 4 19 20 25, $$$$$ (200 Zimmer): Dieses Spitzenhotel ist architektonisch besonders eindrucksvoll. Das Hauptgebäude mit dem Restaurant liegt an der Küste, während die Wohneinheiten im Stil eines maurischen Dorfes auf eine kleine Insel verlegt wurden, die über eine Brücke zu erreichen ist. Zum Hotelservice gehört die Gratisüberfahrt zur benachbarten Ile aux Cerfs, die weite Sandstrände, zwei kleine Restaurants und alle nur denkbaren Wassersportmöglichkeiten zu bieten hat.

Restaurants: Paul et Virginie, Ile aux Cerfs: europäisch und kreolisch, Meeresfrüchte
Ile aux Cerfs Restaurant, Ile aux Cerfs: Inselrestaurant mit 5-Sterne-Service; kreolische, französische und indische Küche
Resteau 7: ›Einheimischenrestaurant‹ mit günstigen Preisen
Chez Tino: preiswertes Restaurant, das sehr gelobt wird
Giamino: italienisches Restaurant am Pool des ›Le Touessrok Hotel‹

Einkaufen und Souvenirs: Nautilus Boutique im Ortszentrum

 Aktivitäten: Hochseefischen: Surcouf, Trou d'Eau Douce, ☎ 4 19 31 98, Fax 4 19 31 97
Tauchen: Pierre Sport Diving, Le Touessrok Hotel, ☎ 4 19 24 51, Fax 4 19 20 25
Segeln: Croisières Océan (Katamaran)

Vacoas

Restaurants: Mandarin, Rue Saint Paul: europäisch und chinesisch
Mauritius by Night, Metro Building: europäisch, kreolisch und chinesisch

Nachtleben: Discotheken: Sam's Disco (Treffpunkt von Touristen und Einheimischen); Moulin du Tango

 Einkaufen und Souvenirs: Modellschiffe: Ceuneau House
Textilien: Phoenix (Brauerei) Factory Shop

 Aktivitäten: Golfplatz des Gymkhana Club

 Sehenswürdigkeit: Special Mobile Force Museum: kleines Polizeimuseum; tgl. außer Fr 9–16 Uhr

Vieux Grand Port

Hotels: Le Barachois, ☎ 6 31 92 65, $ (3 Zimmer): Zimmer mit Terrasse auf Stelzen über der Lagune; atemberaubender Blick übers Wasser auf die Mangroven, dahinter die Zuckerrohrfelder und die Bambous Mountains.
Domaine des Grands Bois (Domaine du Chasseur), $ (6 Zimmer): Abgelegene Jagdhütten in einem privaten Naturschutzgebiet mit primärem Regenwald.

Restaurants: Domaine des Grands Bois (Domaine du Chasseur): kleines Restaurant in den Bergen, das für seine exzellente Wildküche bekannt ist

Domaine d'Ylang Ylang: einfaches kreolisches Restaurant in traumhafter Lage mit weitem Blick bis zum Ozean
Le Barachois: Fisch und Meeresfrüchte; Krabben und Austern aus eigener Zucht, frischer Fisch aus der Lagune!

 Aktivitäten: Hochseefischen: Domaine du Pêcheur, Vieux Grand Port, ✆ 6 31 92 65

Busverbindungen nach Mahébourg und Trou d'Eau Douce

Reiseinformationen von A bis Z

An- und Abreise

Flugverbindungen

Seit 1988 der Sir Seewoosagur Ramgoolam Airport bei Plaisance eröffnet wurde, landen moderne Großraumflugzeuge problemlos und sicher auf Mauritius. Ab Frankfurt und München bieten Air Mauritius und Condor je nach Saison zwei- bis dreimal pro Woche mit Non-Stop-Flügen die schnellste Verbindung. Der reine Flugpreis beträgt je nach Saison um 1800 DM. Bei Buchung einer Pauschalreise liegt der Anteil der Flugkosten im Gesamtpaket etwa 10–20 % darunter. Etwas preisgünstiger, dafür auch nicht ganz so bequem, sind die Flüge mit Air France ab allen deutschen Flughäfen über Paris – häufig allerdings mit Zwischenlandung auf Réunion.

Egal wie Sie nach Mauritius kommen – auf jeden Fall müssen Sie für die Einreise ein gültiges Rück- oder Weiterflugticket vorweisen. Wer keines hat, muß noch am Flughafen eines kaufen. Wenn es preislich günstiger sein sollte (beispielsweise mit Aeroflot nach Antananarivo oder mit einem französi-

schen Charter nach Réunion), ohne Rückflugticket von Europa nach Madagaskar oder Réunion zu fliegen, würde ein Flugschein von einer der beiden Nachbarinseln nach Mauritius und zurück ausreichen. Wegen des recht hohen Preises solcher Regionalverbindungen – sie werden von Air Mauritius, Air Madagascar, Air Austral und Air France angeboten – lohnt sich dieser Umweg aber in der Regel nicht.

Im Flughafengebäude befinden sich Wechselstuben mehrerer Banken, wo Sie schnell, unkompliziert und zu einem guten Kurs Rupien eintauschen können. Vor dem Flughafengebäude stehen Taxis, die Sie zum Hotel bringen. Am Schalter der Mauritius Tourist Promotion Authority können Sie sich über die aktuellen Taxipreise informieren (S. 250). Im Flughafengebäude befinden sich Schalter von Autovermietern, vor dem Flughafen Bushaltestellen. Wenn Sie mit dem Bus fahren, müssen Sie mit langen Wartezeiten und komplizierten Fahrplänen rechnen.

Vergessen Sie nicht die Rückbestätigung Ihres Rück- oder Weiterfluges!

Wer drei Tage vor der Abreise nicht bei seiner Fluggesellschaft kundgetan hat, daß er tatsächlich fliegen will, kann aus der Passagierliste gestrichen werden und muß einem anderen Gast Platz machen! Besonders zu den Ferienendterminen sind die Flüge häufig aus- oder gar überbucht. Ohne Rückbestätigung haben Sie dann keine Chance, wie geplant nach Hause zu kommen.

Bei jedem Abflug von Mauritius ist eine Flughafengebühr von 100 Rupien in bar am Check-In-Schalter zu entrichten. Wer danach noch Rupien loswerden muß, kann in der Schalterhalle gut verpackte Anthurien-Schnittblumen kaufen oder in der Wartehalle (nach der Paßkontrolle) in dem billigen, aber leider nicht guten Restaurant essen. Wenn Sie noch ein paar Dollars loswerden wollen, helfen Ihnen die Duty-Free-Shops und der Buchladen in der Abflughalle, der schöne Bildbände über die Inseln des westlichen Indischen Ozeans verkauft. Glauben Sie aber nicht, daß Sie in den Duty-Free-Läden billiger einkaufen als in einem deutschen Kaufhaus!

Weiterreise von Mauritius

Die wichtigsten Flughäfen, die von Mauritius aus mit **Air Mauritius** erreicht werden können (in alphabetischer Reihenfolge): Antananarivo, Bombay, Brüssel, Durban, Frankfurt, Genf, Hongkong, Johannesburg, Kuala Lumpur, London, Moroni (Komoren), München, Nairobi, Paris, Perth, Rom, Singapur, Zürich. Mit **Air Austral,** einer französischen Fluggesellschaft, die sich auf die Region des westlichen Indischen Ozeans spezialisiert hat, können Sie täglich mehrmals nach Réunion fliegen und von dort aus auf die Seychellen, nach Madagaskar und nach Mayotte (Komoren). **Air Seychelles** verbindet Mauritius mit den Seychellen (viermal pro Woche), **Air France** fliegt nach Paris und Réunion, **Condor** nach Frankfurt und München, **South African Airways** nach Durban und Johannesburg, **Air Zimbabwe** nach Harare und **Singapore Airlines** nach Singapur und Johannesburg. Die Fluggesellschaften haben Büros im Rogers House oder werden von dort ansässigen Firmen vertreten.

Air-Mauritius-Vertretungen

... in Deutschland: Herzog-Rudolf-Straße 3, 80539 München, ✆ 0 89/29 00 39 30, Fax 0 89/29 00 39 44; Airport Center, Hugo-Eckener-Ring, 60549 Frankfurt, ✆ 0 69/69 07 27 00, Fax 0 69/69 05 92 06

... in Österreich: Landstraßer Hauptstr. 2, Hilton Center Top 1618, 1030 Wien, ✆ 01/7 13 90 60, Fax 01/7 13 90 52

... in der Schweiz: Flughofstraße 61, 8152 Glattburg, Zürich, ✆ 01/8 10 84 11, Fax 01/8 10 91 19.

Schiffsverbindungen

Port Louis ist ein Hafen, der häufig von Kreuzfahrtschiffen angelaufen wird, es dürfte aber nicht ganz einfach sein, auf solch einem Luxusliner eine Mitfahrgelegenheit zu bekommen. Frachter haben einzelne Kabinen für Passagiere, dafür aber keinen verläßlichen Fahrplan. Sie fahren, wenn sie beladen sind oder keine Aussicht besteht, in angemessener Zeit ihren Stauraum zu füllen. Auskünfte erhalten Sie in Port Louis in den Reisebüros oder im Rogers House (Rue John F. Kennedy). Dort haben mehrere Schiffahrtsgesellschaften ihren Sitz, und man ist am besten über die Möglichkeiten informiert, in den nächsten Tagen oder Wochen Mauritius mit dem Schiff zu verlassen.

Reisebüros in Port Louis, Grand Baie oder einer der Städte im Hochland können Kabinen für die Überfahrt nach Rodrigues und Réunion auf der ›Mauritius Pride‹ buchen. Das Schiff (eine Mischung aus Frachter und Passagierschiff) macht die Tour nach Rodrigues zwei- bis dreimal, nach Réunion fünf- bis sechsmal im Monat. In der Deckklasse und in den Kabinen 2. Klasse kostet die Hin- und Rückfahrt nach Rodrigues (36 Stunden) etwa 120 DM. Näheres erfahren Sie direkt bei der Mauritius Shipping Corporation Ltd., 1 Militaire Rd., Port Louis, ✆ 2 41 25 50 u. 2 42 52 55, Fax 2 42 52 45.

Die IKS Group (✆ 2 42 32 95) bietet zweimal pro Woche Kabinen auf dem kombinierten Passagier- und Frachtschiff ›L'Indocéanique‹ für die Überfahrt nach Réunion an. In 4 Stunden fährt der Hochseekatamaran »Flying Cat« täglich um 8 Uhr ab dem Le Labourdonnais Hotel in Port Louis nach La Réunion. Preis je nach Buchungsklasse zwischen 150 DM (Economy Class) und 240 DM (Panorama Class). Achtung: Häufig starker Seegang. Nur für sehr stabile Mägen!

Buchläden

Alle größeren Hotels bieten in ihren Läden Bücher über Mauritius an, wenn auch Bildbände oder Reiseführer meist nur in englischer und französischer Sprache erhältlich sind. Eine große Auswahl führen die Buchgeschäfte in Port Louis (Trèfle in der Royal Road, Bourbon und Natanda in der Bourbon Street).

Budget-Reisen

Sparen bei der Unterkunft

Auf Mauritius gibt es preiswerte Familienpensionen – manche in Flughafennähe und in Mahébourg, aber auch in Grand Baie, Péreybère, Trou aux Biches und in den Städten der Hochebene. Die billigen Unterkünfte in den Städten sind für einen Urlauber nicht empfehlenswert, so manche wird eher stunden- als tageweise angeboten. Ein Globetrotter aber kann seine Reisekasse schonen, wenn er auf Strandlage, freien Wassersport oder Zimmer mit Dusche und Bad verzichtet. Übernachtung mit Frühstück gibt es schon ab 10 DM pro Person im Doppelzimmer, wobei aber die einigermaßen seriösen Unterkünfte erst bei 15–20 DM beginnen. Wenn Sie sich für längere Zeit einmieten, sind die Preise in der Regel um 20–30 % herunterzuhandeln, denn bei einer durchschnittlichen Auslastung von nur 30–40 % ist man über jeden Gast froh, der ein paar Tage bleibt.

Die folgende Liste der Budgethotels beginnt bei den Städten im Hochland und führt dann von Port Louis aus im Uhrzeigersinn an der Küste entlang. Danach folgen preiswerte Unterkünfte auf der Insel Rodrigues. Die Zimmerzahl und der ungefähre Preis pro Person im Doppelzimmer mit Frühstück ist in Klammern angegeben. Apartments mit mehreren Einheiten sind mit einem ›A‹ gekennzeichnet sowie der Angabe, wie viele Betten ein Apartment hat. Einzelstehende Bungalows mit mehreren Zimmern, Wohnraum, Bad usw. sind mit einem ›B‹ und der Angabe der Bettenzahl pro Bungalow gekennzeichnet. Hier bezieht sich der DM-Preis auf den Kostenanteil pro Person und Tag, wenn alle im Apartment oder Bungalow verfügbaren Betten belegt werden. Beispiele: 2 × A 8/10 DM – zwei Apartments mit jeweils 8 Betten zu 80 DM (bei voller Belegung zum Preis von 10 DM pro Person); B 6/20 DM – einzelnstehender Bungalow mit 6 Betten zu 120 DM (bei voller Belegung mit 6 Personen pro Person und Tag 20 DM); 15 DZ/35 DM – 15 Doppelzimmer zu je 35 DM pro Person (mit Frühstück).

Beau Bassin: Beau Bassin Vacances Hotel (30 DZ/12 DM), Auberge Le Resh (5 DZ/8 DM)

Quatre Bornes: The Garden House (4 DZ/30 DM), Mountview Hotel (28 DZ/20 DM), La Charmeuse (4 DZ/ 15 DM), White House (13 DZ/14 DM), Auberge de Quatre Bornes (3 DZ/ 10 DM), Le Gibier (4 DZ/10 DM)

Curepipe: Flat Cabon (A 3/5 DM), Auberge de la Madelon (12 DZ/11 DM), Le Continent (8 DZ/7 DM), Paradise Guesthouse (10 DZ/10 DM), Welcome Hotel (DZ/10 DM)

Coromandel: Auberge Le Dauphin (9 DZ/12 DM), Sunray Hotel (72 DZ/10 DM)

Port Louis: City Hotel (19 DZ/18 DM), Le Grand Carnot (19 DZ/15 DM), Palais d'Or (10 DZ/12 DM), Bourbon Tourist (16 DZ/12 DM), Le Rossignol (21 DZ/ 12 DM), Tandoori (17 DZ/12 DM), Hotel Moderne (10 DZ/10 DM)

Baie du Tombeau: Bay View Hotel (25 DZ/16 DM), Le Cactus (4 DZ/13 DM), Grenella Guesthouse (3 DZ/10 DM)

Trou aux Biches: Villa Ocelot (4 × A2/25 DM), Résidence C'Est Ici (4 × A5/15 DM), La Ballade (3 DZ/15 DM), La Sirène Hotel (5 DZ/12 DM), Aquamarine (8 DZ/11 DM), The Barns (6 × A4/5 DM), La Tour Verte (4 × A4/5 DM)

Mont Choisy: Rocky Holiday Home (16 DZ/18 DM)

Pointe aux Canonniers: Bay Breeze Holiday Apartments (16 × A4/10 DM), Sea Point Beach Bungalows (3 × A4/ 8 DM)

Grand Baie: Bella Vista Hotel (16 DZ/ 35 DM), La Chaumière Guesthouse (7 DZ/25 DM), Residence Peramal (9 × A2/20 DM), Auberge Miko (16 × A2/15

DM), Villa Floralies (21 × A4/12 DM), Les Bananiers (6 × A6/8 DM), Villa Annick (2 × A2/13 DM), V.I.P. Villas (9 × A4/8 DM)

Péreybère: La Côte d'Azur (17 × A2/ 35 DM), Fred's Apartments (13 × A2/ 30 DM), Krissy's Apartments (8 × A4/ 20 DM), Péreybère Beach Apartments (12 × A2/20 DM), Cases Fleuries (10 × A2/20 DM), Sam Villa (7 × A2/15 DM), Anuska Hotel (17 DZ/18 DM), L'Escala (7 × A2/15 DM), Merry Cottage (17 DZ/ 15 DM), Villa Le Filao (12 × A4/13 DM), Jolicœur Guesthouse (7 DZ/12 DM), Paradizo (11 × A2/10 DM), Le Multipliant (3 × A6/10 DM)

Cap Malheureux: Kuxville (13 × B 4/ 38 DM)

Grand Gaube: Asson Villa (5 × B 4/ 18 DM), Julie Bungalow (5 x B 2/10 DM)

Roches Noires: Suryakiran Villa (17 DZ/15 DM)

Poste Lafayette: Coral Beach Bungalows (6 × A 2/35 DM)

Trou d'Eau Douce: Residence du Valmarin (8 × A 2/35 DM), Auberge Etiennette (6 × A 2/15 DM), Blue Ocean Resorts (12 × A 2/15 DM), Chant de La Mer Bungalows (5 × A 2/15 DM)

Mahébourg: Soleil Levant (4 DZ/ 15 DM), Auberge Aquarelle (6 DZ/ 12 DM), Nice Place Guesthouse (6 DZ/ 10 DM), Pension de Famille Auffray (2 DZ/10 DM), Pension Notre Dame (8 DZ/8 DM), Pension St. Tropez (9 DZ/ 7 DM), Le Corail Bleu (5 DZ/15 DM)

Pointe d'Esny: Villa La Guirlande (14 DZ/35 DM), Atisha Bungalows (15 × B 2/18 DM), Chante Mer (3 DZ/30 DM), Chante au Vent (5 DZ/20 DM)

Plaine Magnien: Tourist Rendez Vous Hotel (10 DZ/13 DM)

Souillac: Maison Creole (B 6/10 DM)

Grande Rivière Noire: Les Bougainvilliers (4 DZ/20 DM), Seama Beach Hotel (12 DZ/18 DM), Les Lataniers Bleues (B 6/10 DM)

Flic en Flac: Sunset View (3 × A 2/25 DM), Easy World Beach Apartments (35 × A 2/20 DM), C & A Bungalows (5 × A 2/18 DM), Little Acron (10 × A 2/13 DM), Paradise Villa (2 × A 6/12 DM)
Pointe aux Sables: Sun & Sea Hotel (6 DZ/15 DM)
Rodrigues: Auberge aux Anglais (10 DZ/25 DM), Les Cocotiers (12 DZ/22 DM), Les Filaos (12 DZ/20 DM), Sunshine (4 DZ/15 DM)

Achtung: Die Preise verstehen sich zuzüglich 10 % *Government Tax* und können sich kurzfristig ändern.

Vier Unterkünfte sind hervorzuheben, auch wenn sie etwas teurer sind als die anderen, denn sie haben den höheren Preis verdient: **Kuxville** in Cap Malheureux wegen seiner herrlichen Lage unmittelbar am Strand, mit Kanus, Tauchbasis, Hausmädchen und weil es absolut ruhig und dennoch nicht weit von Grand Baie und Péreybère entfernt liegt; die **Coral Beach Bungalows** in Poste Lafayette wegen der sauberen Zimmer und der Toplage unmittelbar am Strand mit herrlichen Korallenfischen, Pool sowie erstklassigem Abendessen auf Wunsch (Aufpreis von etwa 15 DM); **Fred's Apartments** als ruhige, saubere Anlage unter deutscher Leitung in Pereybère; **Villa La Guirlande** in Pointe d'Esny als gepflegtestes der kleinen Hotels im Südosten.

Sparen beim Essen und Trinken

Fast ebensoviel wie bei der Unterkunft kann man beim Essen und Trinken sparen. In den besseren Restaurants müssen Sie für eine Mahlzeit etwa den gleichen Preis einkalkulieren wie in Europa. In den Stadtrestaurants reduziert er sich schon um ein Drittel, und wenn Sie sich – wie viele einheimische Angestellte – an den Essensständen beim Markt oder

den Busstationen versorgen, reduzieren sich die Kosten auf 20 %! Preiswerte Restaurants in Port Louis sind beispielsweise das ›Ding Dong‹, das ›Tandoor‹, das ›Underground‹ in Chinatown oder das ›Namasté‹ beim Markt (Farquhar Street). Hier kostet Sie eine große Flasche ›Phoenix‹ ($3/4$ Liter einheimisches Bier) kaum mehr als eine Mark. Im Strandhotel gibt es die gleiche Menge nicht unter 5 DM.

Sparen beim Reisen

Viel Geld können Sie sparen, wenn Sie sich dem langsamen, aber billigen öffentlichen Bussystem anvertrauen, mit dem jedes Dorf auf der Insel erreichbar ist. Hier reduziert sich der Preis gegenüber dem Taxi auf 5 %! Ein Taxi vom Flughafen nach Grand Baie kostet beispielsweise etwa 100 DM, mit dem Bus zahlen Sie kaum mehr als 5 DM. Die Fahrzeiten erhöhen sich allerdings erheblich, da die Busse langsam sind und Sie häufiger umsteigen müssen. Die oben genannte Strecke bewältigt ein Taxi in einer knappen Stunde, mit dem Bus sind Sie – je nach Glück oder Pech bei den Wartezeiten am Flughafen und beim Umsteigen in Curepipe und Port Louis – 2–3 Stunden unterwegs.

Eine Liste der Busverbindungen mit Angabe der Busnummern, Abfahrts- und Zielort sowie den wichtigsten Zwischenstationen finden Sie in einem ›Information Guide‹, den die Mauritius Tourist Promotion Authority kostenlos an Interessenten abgibt. Er ist im Flughafen oder im Hauptbüro in Port Louis erhältlich. Die umfangreiche Liste ist aber nicht vollständig, da fünf große und mehrere kleine Busgesellschaften konkurrieren. Jede Gesellschaft hat nur Pläne für die eigenen Verbindungen, eine ›offizielle‹ Zusammenfassung gibt es nicht. Folgende große Busgesellschaften decken gemeinsam 90 % des Busverkehrs auf Mauritius ab: National Transport Corporation (NTC), ✆ 4 26 29 38, Fax 4 26 54 89; Rose Hill Transport, ✆ 4 64 12 21, Fax 4 64 60 23; United Bus Service, ✆ 2 12 29 28, Fax 2 12 13 61; Triolet Bus Service, ✆ 2 61 65 16, Fax 2 61 51 86; Mauritius Bus Transport, ✆ 2 45 25 39.

Am billigsten ist es, den Daumen am Straßenrand zu heben und auf Mitfahrgelegenheiten zu hoffen. Diese Methode ist unüblich, funktioniert aber auf den großen Strecken und erhöht die Chancen, Kontakt zu Mauritianern zu bekommen.

Diebstahl

Das Risiko, auf Mauritius um sein Hab und Gut erleichtert zu werden, ist gering. Wie überall auf der Welt gibt es Gelegenheitsdiebe, vor denen man sich an besonders einsam gelegenen Stränden (beispielsweise an der touristisch weniger entwickelten Südküste) und da, wo besonders viel Gedränge herrscht (im Markt von Port Louis und an Bushaltestellen), in acht nehmen muß.

Diplomatische Vertretungen

... in Deutschland
Honorargeneralkonsul von Mauritius, Dr. H. Gottlieb, Jakobistraße 7, 40211 Düsseldorf, ✆ 02 11/35 67 54, Fax 02 11/36 56 39

Honorargeneralkonsul von Mauritius, Dr. Johannes Kneifel, Landwehrstraße 10, 80336 München, ✆ 0 89/55 55 15, Fax 0 89/55 35 04

... auf Mauritius
Botschaften
Die für deutsche und österreichische Staatsbürger zuständige Botschaft hat ihren Sitz auf Madagaskar, der Sitz der zuständigen schweizerischen Botschaft befindet sich in Nairobi (Kenia), so daß in dringenden Fällen der Honorarkonsul hilft.

Konsulate
Honorargeneralkonsul der Bundesrepublik Deutschland, Herr W. Rieth, 32 bis Rue St. Georges, Port Louis, ✆ 2 40 74 25, Fax 2 08 53 30

Honorargeneralkonsul der Schweiz, Herr J. A. Poncini, 2 Jules Koenig St., Port Louis, ✆ 2 08 87 63, Fax 2 08 88 50

Honorarkonsul der Republik Österreich, Mr. René Sanson, 5 Pres. John F. Kennedy St., Port Louis, ✆ 2 08 68 01

Was kann, darf und soll der Konsul für Sie tun?
Konsulate haben – unter anderem – die Aufgabe, Reisenden in Notfällen mit Rat und Tat zur Seite zu stehen, sofern der Tourist vorher alle Möglichkeiten ausgeschöpft hat, anderweitig Hilfe zu bekommen. So ist das Konsulat verpflichtet, ihnen finanziell zu helfen, wenn Ihr gesamtes Geld gestohlen wurde – aber nur dann, wenn es Ihnen nicht gelingt, sich über Ihre Bank oder von Freunden bzw. Verwandten Geld überweisen zu lassen. Der Konsul muß Ihnen nur so viel Geld geben, daß Sie auf dem billigsten Weg sofort nach Hause fliegen können, einen weiteren Aufenthalt auf Mauritius darf er nicht finanzieren. Sollten Sie krank sein und für Ihren Rücktransport einen Pfleger benötigen, streckt Ihnen das Konsulat das erforderliche Geld vor. Weiter muß

das Konsulat in Katastrophenfällen die notwendigen Maßnahmen ergreifen, also auch für den eventuellen Rücktransport sorgen. Unter Katastrophen werden Erdbeben, Überschwemmungen, Wirbelstürme, kriegerische Auseinandersetzungen oder Revolutionen verstanden, wenn eine allgemeine Gefährdung der Bevölkerung gegeben ist. Außerdem ist das Konsulat die richtige Anlaufstation, wenn Sie rechtliche Hilfe benötigen. Der Konsul darf Ihnen keine Rechtsauskunft erteilen (auch wenn er Rechtsanwalt sein sollte) oder Sie vertreten, er kann aber vermittelnd helfen. Das heißt, er darf und muß z. B. Dolmetscher nennen und Anwälte empfehlen. Die Kosten eines Rechtsstreits müssen Sie selbst tragen.

Am häufigsten kommen Reisende mit dem Konsulat in Kontakt, wenn der Reisepaß verlorengegangen ist oder gestohlen wurde. Der Konsul darf Ihnen dann ein vorübergehendes Ersatzdokument ausstellen. Zu Ihrer Identifizierung müssen Sie jedoch andere Dokumente vorweisen. Nehmen Sie deshalb möglichst viele offizielle Ausweispapiere mit (Paß, Personalausweis, Führerschein) und machen Sie davon Fotokopien, die Sie getrennt von den Originalen aufbewahren. So ausgerüstet, kann Ihnen kaum etwas passieren.

Drogen

Der Handel mit Drogen scheint ein ernsthaftes Problem zu sein. Im Flughafen weist ein unübersehbares Schild darauf hin, daß Drogenhandel und Drogengebrauch mit der Todesstrafe geahndet wird. Im Land selbst wird nur in geringen Mengen Hanf (zur Produktion von Marihuana) angebaut, es wird aber ausgiebig mit allen denkbaren Drogen gehandelt, die aus Indien eingeschmuggelt werden. Außer auf den Straßen der Hauptstadt bei Nacht kommt man allerdings mit der Drogenszene als Ausländer nicht in Kontakt. Es handelt sich um Profis, die Mauritius eher als Umschlagplatz, denn als Absatzmarkt betrachten.

Einkaufen und Souvenirs

Es gibt auf Mauritius drei Arten einkaufen zu gehen. Die preiswerteste ist der Einkauf auf den Märkten von Port Louis, Curepipe und Rose Hill. Wer gut verhandelt, wird preiswert alles finden, was er benötigt. Qualitativ hochwertige Dinge allerdings muß er suchen, denn sie sind nur zwischen vielen Billigwaren versteckt zu finden. Einfacher ist es, in den Hotelboutiquen und in den guten Läden in Grand Baie einzukaufen, denn hier wird qualitativ hochwertige Ware konzentriert angeboten. Die Preise sind höher und es wird nicht gehandelt – ein Vorteil für Käufer, die entweder nicht Englisch bzw. Französisch sprechen oder keine guten Feilscher sind. Die dritte Alternative sind die großen Geschäfte im Zentrum von Curepipe, in denen die weiße Oberschicht einkauft. Hier wird nur sehr begrenzt gehandelt, die Läden sind nüchtern, europäisch und übervoll – aber nicht nur mit Ramsch, wie in Port Louis, angefüllt –, die Preise von vornherein annehmbar, also weder überhöht noch ›billig‹.

Öffnungszeiten der Geschäfte: Port Louis: Mo–Fr 9.30–17, Sa 9–12 Uhr; Hochlandstädte: Mo–Mi, Fr u. Sa 10–18, Do u. So 10–12 Uhr.

Bildbände
In allen Hotelshops und in den Souvenirläden werden aufwendige Bildbände

über Mauritius verkauft. Wer sich für Kolonialarchitektur interessiert, findet auch hierzu verschiedene Bücher mit schönen Fotos und Zeichnungen.

Blumen

Sensationellen Erfolg hat auf Mauritius die Zucht von Anthurien – Blumen mit leuchtendroten Blüten, die sich geschnitten und gut gepflegt drei bis vier Wochen halten. Als Souvenir erhalten Sie für 10–20 DM 12 Blüten, gut als Handgepäck verpackt und in feuchtes Papier eingeschlagen.

Diamanten, Schmuck, Uhren

Angelockt durch die Steuerfreiheit und gute, billige Arbeitskräfte haben sich mit ›Adamas‹ in Floréal, ›Ravior‹ in Quatre Bornes, ›Matikola‹ in Centre de Flacq, ›Shiv Jewels‹ in Port Louis und ›Charles Lee‹ in Curepipe in den größeren Orten der Insel Schmuckhändler und Diamantenschleifer angesiedelt. Sie importieren die Rohsteine zollfrei, schleifen und verarbeiten sie im Land und verkaufen sie, wiederum zollfrei, nur an Ausländer.

Neben den im Land hergestellten Schmuckstücken bieten sie auch aus Hongkong, Indien, der Schweiz oder Italien zollfrei importierten Schmuck und wertvolle Armbanduhren der großen Marken, wie Cartier, Baume & Mercier oder Piaget, an. Sie können gegen Vorlage eines Reisepasses, eines gültigen Flugscheines und bei Bezahlung in Devisen wesentlich preiswerter einkaufen als in Europa! 48 Stunden vor der Abreise müssen Sie Bescheid geben, dann wird Ihr Einkauf zum Flughafen gebracht, wo Sie ihn in einem Laden jenseits der Paßkontrolle in Empfang nehmen können.

Modelle von Segelschiffen und Kolonialhäusern

Ein teures, aber schönes Souvenir ist ein handgefertigtes Schiffsmodell, das Sie in Läden in Port Louis, Curepipe und Grand Baie, an Verkaufsständen in den Hotels oder direkt bei den Fabriken kaufen können. Seit kurzem hat sich aufgrund des wachsenden Interesses und des Erfolgs beim Verkauf der Schiffsmodelle ein Hersteller auch auf Nachbildungen schöner Kolonialhäuser spezialisiert.

Mitte der 70er Jahre hatte erstmals ein Liebhaber in Curepipe Modellschiffe gebastelt und ausgestellt. Er war völlig überrascht von dem Interesse, das seine nach Originalplänen gebauten Modelle auslösten, heuerte ein paar handwerklich geschickte Mauritianer an und begann, auf Bestellung zu arbeiten. Die Nachfrage wuchs, und so entstand in Curepipe die erste Fabrik (Comajora), in der bereits arbeitsteilig produziert wurde. Spezialistinnen nähten Segel, andere schnitten die Planken für den Rumpf, dritte sägten die Masten. Inzwischen gibt es drei große Werkstätten und viele kleine, fast über die gesamte Insel verstreut. Aber seien Sie vorsichtig, denn es gibt auch Fabriken, die aus China eingeführte Bausätze zusammenkleben, die bei weitem nicht die Qualität der Detailarbeit aufweisen wie die – allerdings auch teureren – Originale. Wenn Sie bei einem Modell Plastikteile finden, sollten Sie die Hände davonlassen. Sie sollten auch sicherstellen, daß das Schiff, das Sie sich ausgesucht haben, schließlich in der Kiste steckt, die man Ihnen in die Hand drückt und die Sie mit nach Hause nehmen! Ich erlebte eine bittere Enttäuschung, als ich meine Kiste in Deutschland öffnete und zwar das richtige Schiff in der richtigen Größe, aber in weit schlechterer Verarbeitungsqualität vorfand als das herrliche Modell, das ich mir im Laden angeschaut und ausgesucht hatte. Am besten nehmen Sie sich viel Zeit, gehen in die Fabrik, suchen sich Ihr Modell aus, schauen beim Einpacken zu und nehmen es gleich mit!

Folgende Fabriken stellen Modellschiffe her: Comajora, Rue Brasserie, Curepipe; Galerie für historische Schiffsmodelle, Pamplemousses; Historic Marine, Goodlands sowie viele kleine Werkstätten, oft Familienbetriebe. Fachleute behaupten, die in Goodlands hergestellten Schiffe seien qualitativ am hochwertigsten – dafür aber auch ein wenig teurer als die anderen. Auf jeden Fall ist der Besuch der Werkstatt und des Ausstellungsraums einen Besuch wert! Die Preise liegen bei 100 DM für eine kleine Piroge, 1500 DM für eine 50 cm lange ›Santa Maria‹ und 5000 DM für die kleinere Version der ›Amerigo Vespucci‹. Das große Modell dieses Schiffes kostet stolze 9000 DM. Alle Hersteller verpacken die Schiffe in Sperrholzkisten, die sie mit einem Tragegriff versehen. Diese Kisten können Sie beim Rückflug als Gepäck einchecken.

Perlen

Bei Mizumoto (Pointe aux Canonniers) können Sie zollfrei importierte Perlen einkaufen.

Textilien

Was baumwollene Sommerkleidung anbetrifft, ist Mauritius ein preiswertes Paradies mit Qualitätsware. Die Zeit, als man billige Ware mit dem ›Krokodil‹ versah, um sie teuer verkaufen zu können, ist vorbei. Inzwischen gibt es jede Menge lokaler Marken, die hochwertige Stoffe sehr gut verarbeiten und preiswert verkaufen. In den Geschäften von

Grand Baie finden Sie eine große Auswahl mit ansprechendem Design zu etwas höheren Preisen als in Port Louis und Curepipe. Selbst die teuersten Stücke kosten lediglich die Hälfte dessen, was wir in Europa für ein ›echtes Krokodil‹ bezahlen müssen – das übrigens auch auf Mauritius genäht wird.

Auf Mauritius gibt es auch schöne seidene Saris und Seidenhemden zu weitaus günstigeren Preisen zu kaufen als in Europa. Erstklassige Wollpullover werden größtenteils für den Export, aber auch für den Verkauf an Gäste hergestellt.

Ylang-Ylang-Öl

Auf der Domaine d'Ylang Ylang (s. S. 186) werden hübsche Tongefäße und Fläschchen mit dem Extrakt der Blüte des Ylang-Ylang-Baumes verkauft. Die Tongefäße sind rundum glasiert. Gibt man nur einen Tropfen des Ylang-Ylang-Öls in das Gefäß, so dringt er allmählich in den Ton ein und wird durch den unglasierten Boden langsam als duftendes Gas nach außen gelangen. In einem Zimmer aufgestellt, sorgt das kleine Gefäß wochenlang für unaufdringlichen, sanften Blütenduft. Dieser wirkt beruhigend und zugleich vitalisierend, was schon vor 3000 Jahren von ägyptischen und chinesischen Ärzten genutzt wurde. Ein Tropfen des Öls im Badewasser beruhigt die Haut und die Lungen, in die es durch die Verdunstung eindringt.

Einreise- und Zollbestimmungen

Was Sie nicht brauchen: Visum, Devisendeklaration

Was Sie brauchen: Alle Besucher benötigen einen gültigen Reisepaß.

Reisende aus Staaten Westeuropas oder des Commonwealth, aus Kanada, den Vereinigten Staaten und Südafrika erhalten bei der Einreise eine Aufenthaltsgenehmigung für vier Wochen, auf Wunsch auch für sechs Monate. Voraussetzung ist, daß Sie ein gültiges Rückreiseticket und ausreichende finanzielle Mittel für einen langen Aufenthalt nachweisen können.

Impfbescheinigungen über Cholera und Gelbfieber sind notwendig, wenn Sie aus Infektionsgebieten kommen. Darunter fallen eine Reihe schwarzafrikanischer und asiatischer Länder (Madagaskar nicht!).

Zollfrei einführen dürfen Sie: Kleidungsstücke, Gegenstände des persönlichen Gebrauchs, 250 g Tabak oder 200 Zigaretten, 2 l Wein, 1 l hochprozentige alkoholische Getränke und 100 ml Parfum pro Person über 16 Jahre. Waffen und Munition müssen bei der Ankunft angemeldet werden.

Elektrizität

Die Stromspannung beträgt wie bei uns 220 Volt, die Steckersysteme entsprechen meist der britischen oder südafrikanischen Norm, aber Ausnahmen bestätigen die Regel. Daher sollten Sie einen Adapter mitnehmen, der auf die verschiedenen Systeme paßt (erhältlich in Europa bei spezialisierten Reiseausrüstern und in Elektrogeschäften).

Essen und Trinken

Jedem, der nach Mauritius fährt, sei empfohlen, die Hotelmenüs gelegentlich ausfallen zu lassen – auch wenn sie schon vorausbezahlt sind – und in ein Restaurant zum Essen zu gehen. Zwar ist die Küche in den Hotels gut bis sehr gut, doch läßt sich nicht leugnen, daß insbesondere in den großen Hotels erhebliche Zugeständnisse an den ›internationalen‹ Geschmack gemacht werden. Die Hotels müssen das wohl tun, denn die Urlaubszeit von zwei bis drei Wochen reicht nicht aus, um sich an eine völlig andersartige Küche mit ungewohnten Zutaten zu gewöhnen – und viele Urlauber wollen das auch gar nicht. Wenn Sie in einem der Spitzenhotels wohnen, können Sie in der Regel zwischen mehreren Menüs wählen – und es ist meistens ein mauritianisches Essen dabei. Versuchen Sie es! Sollte kein mauritianisches Essen angeboten werden, so sprechen Sie mit dem Ober, ob nicht vielleicht doch ein Curry zu haben ist. Normalerweise wird man es dann für Sie zubereiten, denn das kann der Koch schnell und gut – oder er nimmt es aus dem Topf, den er für die Angestellten zubereitet hat.

Wenn Sie einen Ausflug machen, in Port Louis den Markt besuchen oder zum Einkaufen nach Curepipe fahren, werden Sie Gelegenheit haben, in ein Restaurant zu gehen. Wenn Sie gar in einer Bungalowanlage ohne Hotelverpflegung wohnen, haben Sie die freie Auswahl. Für ein Menü muß man je nach Klasse des Restaurants oder des Hotels 10–50 DM pro Person rechnen.

Aufgrund der vielen verschiedenen ethnischen Einflüsse hat sich auf Mauritius eine ganz eigene Kochkunst entwickelt. Es gibt aber auch echte französische Restaurants, Lokale, die chinesisches Essen zubereiten, und solche, die eine rein indische Küche anbieten. In vielen Restaurants haben Sie die Wahl zwischen europäischer, einheimischer, chinesischer und indischer Küche.

Die meisten Restaurants in Port Louis servieren ab 11 Uhr Mittagessen und schließen gegen 17 Uhr wieder. Abends geöffnete Restaurants sind in den Städten selten. Erkundigen Sie sich bei Taxifahrern oder im Hotel, ob das Restaurant Ihrer Wahl geöffnet hat, oder suchen Sie sich eines aus, das einem Hotel angegliedert ist.

Aus der Menge der angegebenen Restaurants unter den ›Tips und Adressen von Ort zu Ort‹ können Sie entnehmen, daß nicht alle Angaben auf persönlichen Erfahrungen basieren. Während meiner Recherchen esse ich häufiger auswärts und erkundige mich regelmäßig bei Urlaubern wie bei Einheimischen. Wenn sich ein Tip wiederholt, probiere ich ihn aus und gebe ihn hier weiter, wenn ich damit einverstanden war. Oft spielt auch das Preis-Leistungs-Verhältnis eine Rolle, denn daß das ›Royal Palm Hotel‹ für 80 DM kein schlechtes Essen serviert, muß nicht erwähnt werden. Interessant aber ist es, ein preiswertes Restaurant zu finden, das obendrein gute Küche serviert und eine interessante Atmosphäre bietet.

Feste und Feiertage

Bei so vielen Religionen gibt es natürlich auch viele Feiertage zu begehen. Offiziell arbeitsfreie Tage sind: Neujahr, Thai Poosam (Kavadee), Maha Shivaratree, Chinesisches Neujahrsfest, Eid-Ul-Fitr, 12. März, Ougadi, 1. Mai, Ganesh Chaturthi, Allerheiligen, Divali und Weihnachten. Die übrigen aufgeführten Feste sind nicht staatlich geschützt und ausschließlich religiöser Natur.

Neujahr (1. und 2. Januar)
Yaum un Nabi (Januar): Die Mohammedaner gedenken am 12. Tag des Monats *Rabi-Ul-Awal* des Todes des Propheten Mohammed. Zwölf Tage lang versammeln sich die Gläubigen in den Moscheen und singen Verse, die dem Propheten geweiht sind. Während der zwölf vorausgehenden Tage werden überall auf der Insel kulturelle Veranstaltungen organisiert, die das Leben und die Lehren des Propheten verbreiten sollen.

Chinesisches Neujahrsfest (Anfang/Mitte Februar): An dem Tag, an dem nach dem chinesischen Kalender das neue Jahr beginnt, feiert die chinesischstämmige Bevölkerung ihren wichtigsten Feiertag. Schon eine Woche vor dem Fest beginnen die Familien, alle Unordnung äußerlicher und innerer Art aus dem vergangenen Jahr zu beseitigen. Am Feiertag selbst soll niemand eine Schere oder ein Messer benutzen, und Rot, die Farbe des Glücks, soll den Tag beherrschen. Schließlich werden Knallfrösche entzündet und Feuerwerke veranstaltet, die alle bösen Geister des vergangenen Jahres vertreiben und für reine Luft im neuen Jahr sorgen sollen. Da es sich um ein Freudenfest handelt, nutzen die jungen Chinesen den Tag, um Bälle zu veranstalten oder in die Disco zu gehen. Die älteren, die die Tradition pflegen, treffen sich zu Familienessen und spielen eine Partie Mah-Jongg. 14 Tage später, am Laternenfest, führt man als Symbol der Freude einen Drachen durch die Straßen von Port Louis, wo die meisten Chinesen leben und arbeiten.

Thai Poosam (Kavadee; Ende Januar/Anfang Februar): Die Tamilen verehren an diesem Tag eine Göttin, deren geschmückte Figur einer Prozession von Gläubigen vorangetragen wird. Die Prozession bewegt sich vom Tempel zum nächsten Fluß, wo rituelle Waschungen vorgenommen werden. Nach der Zeremonie kehrt die Gruppe zum

Tempel zurück. Einzelne Gläubige haben sich mit langem Fasten auf den Tag vorbereitet, an dem sie durch Bußübungen beweisen wollen, daß sie in der Lage sind, das Böse zu überwinden. Sie stechen sich eine Nadel durch den Körper, durch die Lippen oder durch die Zunge, laufen auf Holzpantinen, deren Sohlen innen mit scharfen Nagelspitzen versehen sind, oder durch das Feuer. Der Büßer beweist durch sein Leiden, daß der Mensch den Göttern nacheifern, den Schmerz überwinden und sich zum Guten durchringen kann.

Eid-Ul-Fitr (Mitte Februar): Der Feiertag, der das Ende des Fastenmonats *Ramadan* anzeigt. Von diesem Tag an dürfen die Mohammedaner auf der ganzen Welt wieder bei Tageslicht trinken und essen, nachdem sie 30 Tage lang keinen Tropfen Flüssigkeit und nichts zu essen zu sich nehmen durften, so lange die Sonne am Himmel stand.

Maha Shivaratree (Ende Februar): Weißgekleidete hinduistische Pilger wallfahren zum Wasser des Grand Bassin, das wie das Wasser des Ganges in Indien als heilig gilt. Auf ihrer Prozession führen sie mit Blumen und Spiegeln verzierte kleine Tempel mit sich. Die Prozession ist dem Gott Shiva gewidmet, der einen Sieg über Brahma und Vishnu davontrug und damit seine Fähigkeit bewies, sogar die schwärzesten Seelen zu läutern.

Ougadi (März): Neujahrsfest nach dem südindischen Telegu-Kalender.

Holi (März): Im März wird dieses Fest der Farben gefeiert. In Mauritius nennen es die Hindus auch *Yamsey* oder *Ghaoon*. Bei dem fröhlichen Fest werfen die Gläubigen mit farbigem Wasser gefüllte Plastiktüten um sich. Ursprung dieses Brauches ist die Legende von Brahlada, der ein Freudenfest feierte, als seine böse Tante Holika verbrannte.

Unabhängigkeitstag (12. März): Wichtigster politischer Feiertag ist der Tag, an dem Mauritius seine Unabhängigkeit von Großbritannien erlangte.

Ostern (Ende März/April)

Tag der Arbeit (1. Mai)

Eid-El-Adha (August/September): Mohammedaner gedenken am Eid-El-Adha Abrahams, der auf Befehl Gottes seinen geliebten Sohn zu opfern bereit war, und sollen sich so daran erinnern, daß auch sie bereit sein müssen, Opfer zu bringen. Während des Tages wird in der Moschee gebetet, ferner werden Schafe und Lämmer geopfert und Verwandten und Freunden übergeben.

Pilgerfahrt zu Ehren des Père Laval (9. September): Neben allen christlichen Festen, die auch in Europa gefeiert werden, gibt es auf Mauritius die Pilgerfahrt zur Kirche Ste. Croix in Port Louis. Am 9. September 1864 starb der Priester Jacques Désirée Laval, der 1841 von Frankreich nach Mauritius gekommen war und dort sein Leben in erster Linie den Sklaven und den armen Landarbeitern gewidmet hatte. Durch sein einfaches und gläubiges Leben wurde er zu deren Vorbild. Nach seinem Tode schrieb man ihm viele wunderbare Heilungen zu, und noch heute glauben besonders die Armen daran, daß ein Opfer in der Kirche Ste. Croix Linderung ihrer Not bringen wird.

Ganesh Chaturthi (Mitte September): Geburtstag von Ganesha, dem hinduistischen Gott der Weisheit und des Glücks.

Divali (Oktober): Mit diesem fröhlichsten aller hinduistischen Feste wird der Sieg des Guten über das Böse gefeiert. Hinduistische Familien zünden vor ihren Häusern Öllampen an und erinnern damit an Ramas Sieg über den bösen Ravana und an Krishnas Sieg im Kampf gegen den Dämonen Narakasuran.

Allerheiligen (1. November)

Ganga Asnan (November): An einem Tag im November strömen die Hindus ans Meer, um dort ein kurzes Bad zu nehmen. Da der Ganges, der heilige Fluß der Hindus, ebenfalls ins Meer mündet, wird dem Meerwasser eine ähnliche reinigende Kraft zugesprochen wie dem heiligen Fluß selbst.

Teemeedee (Dezember): Mehrmals im Jahr, meist um die Weihnachtszeit, wird eine Zeremonie zu Ehren verschiedener hinduistischer Gottheiten, wie Draupadee, Mariamen und Kali abgehalten. Höhepunkt ist der Lauf Gläubiger über glühende Kohlen, auf den sich die Büßer durch wochenlanges Fasten, mit Gebeten, Konzentrationsübungen und Meditation vorbereiten. Unmittelbar vor dem Gang durch das Feuer erhalten sie den Segen eines Priesters.

Fotografieren

Der Ethnologe Christian Adler hat für seine hervorragende Studie mit dem Titel ›Achtung Touristen‹ folgendes Experiment durchgeführt: Er schickte zwei als ›Touristen auf Europa-Trip‹ auftretende Männer – der eine verkleidet als ›Eskimo‹, der andere als ›Wilder‹ aus Papua-Neuguinea – mit einer Kamera bewaffnet zur Fronleichnamsprozession in ein oberbayerisches Dorf. Beide verhielten sich dort so, wie es unsere Landsleute bei den Eskimos oder in Papua-Neuguinea normalerweise tun: Sie gingen in die Bauernhäuser, fotografierten die Hausfrau am Herd, der ›Wilde‹ aus Papua-Neuguinea ging barfuß und mit kurzer Hose in die Kirche, um den Pfarrer bei der Fronleichnamspredigt abzulichten. Die ganze Sache dauerte allerdings nicht lange, denn die empörte Bevölkerung holte die Polizei,

die den harmlosen ›Touristen‹ die Kameras abnahm. Am nächsten Tag war die lokale Presse voll von erbosten Beschwerden der einheimischen Gläubigen über die schamlosen Ausländer, denen nicht einmal die Fronleichnamsfeier heilig sei. Wer diese Geschichte nicht vergißt, der wird etwas aufmerksamer im Umgang mit seiner Spiegelreflexkamera sein. Manchmal kann man den Eindruck gewinnen, Touristen – egal ob es Amerikaner oder Japaner in Europa oder Europäer in Amerika, Asien oder Afrika sind – seien nur in die fernen Länder gefahren, um Landschaften und Menschen später in großem Format im heimischen Wohnzimmer betrachten zu können. Dabei wird wenig Rücksicht auf die Gefühle derjenigen genommen, die abgelichtet werden.

Fotoausrüstung

Wer vor der Reise noch eine Kamera kaufen möchte, sollte sich eine anschaffen, die wasser-, sand- und staubdicht gebaut ist. Solche Kameras werden von verschiedenen Firmen unter Bezeichnungen wie ›Heavy Duty‹ oder ›Abenteuer-Kamera‹ auf den Markt gebracht. Die erste dieses Typs war die Fuji HDM/HDS. Heute gibt es entsprechende Kameras von anderen Herstellern, wie Canon, Minolta und Nikon. Alle sind weitgehend automatisiert, arbeiten mit Kleinbildfilmen und liefern einem Amateurfotografen ausgezeichnete Urlaubsbilder. Das wichtigste ist jedoch, daß man sie an den Strand oder in der Handtasche mitnehmen kann, ohne Beschädigungen fürchten zu müssen.

Sollte der Apparat mit Salzwasser oder Sand in Berührung gekommen sein, so empfiehlt es sich, ihn mit Süßwasser abzuwaschen und zu trocknen. Bei herkömmlichen Fotoapparaten ist das anders. Es kann sein, daß die Kamera zunächst noch einige Wochen anstandslos arbeitet, obwohl Staub oder Salzwasser ins Innere geraten sind. Wenn Sie aber die Kamera nach einigen Wochen oder Monaten wieder in die Hand nehmen, merken Sie, daß plötzlich der Verschluß klemmt oder etwas anderes nicht funktioniert. Es genügt ein Spritzer Salzwasser, der ins Gehäuse eindringt, und das Werk der Zerstörung beginnt im Inneren. Eine Reparatur ist dann unmöglich.

Da wasserdichte Kameras nicht entscheidend teurer sind als normale, kann ich sie dringend empfehlen. Als echte Unterwasserkameras sind die *Heavy Duties* allerdings nicht geeignet. Die einzige unterwassertaugliche Kleinbildkamera ist die ›Nikonos‹ von Nikon.

Fotografen mit höheren Ansprüchen möchten natürlich ihre Spiegelreflexkamera mitnehmen, die es bisher noch nicht in wasser- und sanddichter Ausführung zu kaufen gibt. Hier hilft lediglich ein wasserdichter Kamerabeutel, den man im Handel erhält. Allerdings ist er so unhandlich und die Kamera so schwer zu bedienen, daß ich bisher noch niemanden kennengelernt habe, der diesen Schutzbeutel tatsächlich über längere Zeit benutzt hätte.

Wenn Sie auf Mauritius fotografieren, sollten Sie in jedem Falle einen UV-Filter und eine Sonnenblende vor das Objektiv setzen. Die Strahlung des ultravioletten Lichtes ist in den Tropen besonders stark und macht die Farben auf dem Film fahl. Es empfiehlt sich auch ein Polarisationsfilter, mit dem man starke Reflexe, insbesondere von der Wasseroberfläche, ›wegzaubern‹ kann. Denken Sie schließlich noch daran, vor der Reise neue Batterien in Ihre Kamera und Ihren Blitz einzulegen und Ersatzbatterien mitzunehmen.

Achtung: Filmmaterial ist auf Mauritius teuer, die Entwicklungsqualität der örtlichen Labors nicht erstklassig!

Am besten ist Ihre Kameraausrüstung in einem modernen Fotokoffer aus Aluminium aufgehoben, der spritzwasserdicht und stoßfest ist. So sind Kamera, Objektive und Filme sowohl vor Feuchtigkeit als auch vor Schlägen von außen sicher. Die Filme bewahren Sie sinnvollerweise in einem sogenannten *shield* auf, einer Tüte aus Bleifolie, die verschiedene Zwecke erfüllt. Filme, die in dem *shield* verpackt sind, können nicht von den Röntgenstrahlen beschädigt werden, mit denen auf manchen Flughäfen das Handgepäck der Reisenden durchleuchtet wird. Außerdem hält die Tüte, wenn sie gut verschlossen ist, die Filme trocken. Noch besser ist es, wenn Sie eine Activgel-Trockenpatrone in die Tüte hineinlegen, die eine Chemikalie enthält, die der umliegenden Luft die Feuchtigkeit entzieht und damit ein trockenes Klima schafft. Die 20 DM für den *shield* sind eine hervorragende Investition, denn ein einziger verdorbener Film kostet schon mehr als die Hälfte des Preises. Sollte der Film, der ruiniert ist, schon belichtet sein, so ist der Schaden nicht mehr zu beziffern. Die Bleitüten sind obendrein sehr haltbar und werden Sie sicher über viele Jahre auf Ihren Reisen begleiten.

In den Tropen leiden wegen der Hitze und der Feuchtigkeit die Chemikalien, mit denen der Film beschichtet ist. Daher sollten Sie beim Einkauf Ihrer Filme zunächst darauf achten, daß es sich um eine neue Produktion handelt und nicht um Material, das schon seit Jahren im Laden herumliegt. Um zu verhindern, daß der Film nach der Belichtung durch Hitze und Feuchtigkeit beschädigt wird, schicke ich bei längeren Reisen die Filme sofort in Originalverpackung und per Einschreiben an das Labor in Deutschland. Von dort aus lasse ich mir die entwickelten Filme an meine Heimatadresse senden. Vor der Belichtung sollten Sie die Filme im Hotelkühlschrank aufbewahren lassen. Dies ist der kühlste, dunkelste und trockenste Platz, den es in einem Haus auf Mauritius gibt.

Allgemeine Fototips

Die besten Zeiten zum Fotografieren sind der frühe Morgen (zwischen Sonnenaufgang und 10 Uhr) und der Spätnachmittag (ab 16 Uhr bis Sonnenuntergang). In der Zeit dazwischen steht die Sonne nahezu senkrecht am Himmel und die Objekte, die Sie aufnehmen wollen, werfen keinerlei Schatten. Dem menschlichen Auge mag der Unterschied unbedeutend erscheinen, wenn Sie sich jedoch die Bilder zu Hause ansehen, werden Sie merken, daß die am Tage geschossenen langweilig und uninteressant wirken, während diejenigen, die Sie am Morgen und am Abend geknipst haben, reizvoll und in den Farben wesentlich intensiver sind. Ausnahme: Türkisgrüne Lagunen gibt es nur zwischen 10 und 15 Uhr. Dann dringt das Sonnenlicht durch die Wasseroberfläche, beleuchtet den weißen Sand und verleiht dem Wasser seine Leuchtkraft.

Geld und Geldwechsel

Eine Mauritius-Rupie (MR) entspricht etwa 0,07 DM, eine DM ca. 14 Rupien (Stand: Februar 2000; bei Eintausch von Reiseschecks 14,30 Rupien). Die Mauritius-Rupie ist frei konvertierbar, es gibt keinen Schwarzmarkt. Die Einfuhr von mehr als 700 Rupien und die Ausfuhr von mehr als 350 Rupien ist untersagt, fremde Währungen dürfen jedoch seit

1995 in jeder Form unbegrenzt ein- und ausgeführt werden.

Mehrere Banken haben einen Schalter am Flughafen, so daß Sie sofort nach Ihrer Ankunft Geld wechseln können. Der Hauptsitz fast aller Banken von Mauritius (Öffnungszeiten 9–17 Uhr) befindet sich in Port Louis an der Allee zwischen Regierungspalast und Hafen. Banken und größere Hotels lösen Reiseschecks in der Regel zu einem besseren Kurs als Bargeld ein, von einigen Banken werden auch Euroschecks angenommen.

Kreditkarten der Marken American Express, Diners Club, Mastercard (Eurocard) und Visa werden fast überall akzeptiert. Falls Ihre Reiseschecks verloren gehen sollten: American Express wird vom Mauritius Travel and Tourist Bureau (MTTB) in Port Louis, Ecke Sir William Newton Street/Royal Street, vertreten (✆ 2 08 20 41).

Gesundheit

Auf Mauritius gibt es keine der in den Tropen so gefürchteten Krankheiten wie Cholera, Gelbfieber, Hepatitis, Pocken usw. In einzelnen Sumpfgebieten um Port Louis tritt gelegentlich Malaria auf. Das Infektionsrisiko ist aber sehr gering. Vorbeugende Maßnahmen werden daher in der Regel nicht empfohlen. Erkundigen Sie sich sicherheitshalber aber bei einem Tropeninstitut (Universität Hamburg oder München) oder einem spezialisierten Tropenmediziner nach aktuellen Empfehlungen. Sollten nach der Rückkehr Krankheitssymptome auftauchen (Kopfschmerzen, Müdigkeit, Gliederschmerzen), so weisen Sie Ihren Hausarzt auch auf die Möglichkeit einer Malariainfektion hin und lassen Sie einen Malariatest machen. Die Krankheit ist in kurzer Zeit heilbar, wenn sie frühzeitig erkannt wird, denn auf Mauritius gibt es sie nur in einer harmlosen Form.

Geschlechtskrankheiten sind auf Mauritius nicht weiter verbreitet als in Mitteleuropa. Fälle von Aids sollen unter Prostituierten in Port Louis und Angestellten von Hotels aufgetreten sein. Den besten Schutz bieten immer noch Kondome und Zurückhaltung.

Gesundheitsvorsorge

Muten Sie Ihrem Körper in den letzten Wochen vor der Abreise etwas mehr zu, als Sie es normalerweise tun. Verbessern Sie Ihre Kondition und verringern Sie damit Ihre Anfälligkeit für Beschwerden, die durch den Klimawechsel verursacht werden könnten. Zu einer besseren Konstitution trägt auch bei, wenn Sie weniger essen und nur leichte Kost zu sich nehmen. Selbstverständlich ist es immer günstig, den Konsum von Zigaretten, Alkohol und Kaffee in der Zeit vor der Abreise zu reduzieren.

Gehen Sie vor Ihrer Abreise auf jeden Fall zum Zahnarzt. Es gibt auf Mauritius zwar Zahnärzte, die in Europa ausgebildet wurden, doch ist deren technische Ausrüstung nicht auf dem modernsten Stand.

Ernährung

Die deutschen Essensgewohnheiten sind nicht unbedingt auf die Tropen zu übertragen. »Frühstücken wie ein Kaiser, Mittagessen wie ein König und Abendessen wie ein Bettelmann« ist für die Tropen kein geeigneter Leitfaden. Sie sollten zum Frühstück nur Leichtes zu sich nehmen – am besten Obst – und auch mittags auf schwere Kost verzichten. Der hier reichlich angebotene Reis ist ein geeignetes Mittagsmahl, doch

essen Sie nicht so viel, wie Sie von zu Hause gewohnt sind. Noch besser wäre es, auch zu Mittag nur Obst zu essen. Am Spätnachmittag oder frühen Abend können Sie Ihren Hunger stillen. In den Hotels und Restaurants wird abends hervorragendes kreolisches Essen angeboten, das den Klimaverhältnissen angepaßt ist – jedenfalls wenn sie die einheimischen Versionen der Menüs essen. Verzehren Sie wenig gebratenes, fettes Fleisch, dafür um so mehr in Currysoße gekochten Fisch, dazu Reis oder Kartoffeln. Jedem Gericht auf Mauritius wird normalerweise frisch angemachtes Gemüse oder Salat beigegeben; auch davon sollten Sie reichlich nehmen.

Salzen oder würzen Sie Ihr Essen stärker, als Sie es von Europa gewohnt sind. Aufgrund der großen Hitze und der hohen Luftfeuchtigkeit scheidet Ihr Körper vermehrt Salze aus, die durch das Essen wieder aufgenommen werden müssen. Die Einheimischen essen häufig sogar ihre Früchte gesalzen. Sehr beliebt sind beispielsweise rohe, grüne Mangos mit Salz. Ebenso ist es in vielen tropischen Ländern üblich, Zitronenscheiben zu salzen und auszusaugen; die Zitrone schmeckt dann süß und ganz hervorragend.

Die gesundheitlichen Folgen von Salzmangel sind weitreichender, als man glauben möchte: Zunächst schwitzen Sie wesentlich stärker als zu Hause, wodurch dem Körper viel Salz entzogen wird. Dieses Salz fehlt dann im Verdauungssystem, insbesondere im Magen, um die durch Essen und Trinken aufgenommenen Bakterien abzutöten. Außerdem wird die Konzentration des Salzes im Verdauungsapparat dadurch gemindert, daß Sie mehr Flüssigkeit zu sich nehmen – ein idealer Nährboden für Bakterien.

Verhalten bei Erkrankungen
Durchfall

Nicht ganz den Erkenntnissen der Schulmedizin entspricht folgender Tip, den ich in verschiedenen tropischen Ländern von Einheimischen erhielt: Lassen Sie sich zum Essen eine Papaya geben und essen Sie auch einen Löffel der schwarzen Samen, die Sie im Inneren der Frucht finden. Sie brauchen sie nicht zu kauen – schlucken Sie sie einfach herunter. Die Papayakerne helfen gegen viele Arten von Verdauungsschwierigkeiten. Sie regulieren sowohl die Fehlfunktionen bei Durchfall als auch bei Verstopfung.

Wer trotzdem Durchfall bekommt, behandelt ihn am besten erst einmal, indem er wenig ißt oder fastet, viel schwarzen Tee trinkt, Zwieback oder trockenen Reis und vor allem viel Salz zu sich nimmt. Erst wenn all das nichts nützt, sollte zu Medikamenten gegriffen werden, die nicht nur die Krankheitserreger töten, sondern auch die gesunde Bakterienflora im Magen und Verdauungsapparat angreifen. Ein einfacher Weg, dem ohnehin geringen Risiko einer Infektion auszuweichen: Vermeiden Sie Leitungswasser, trinken Sie Mineralwasser.

Erkältungen

Eine Tropenkrankheit ist die Erkältung nicht, aber dennoch eine der häufigsten Erkrankungen in den Tropen. Man holt sie sich leicht, wenn man im offenen Auto fährt oder mit feuchter Badekleidung längere Zeit im Schatten oder gar im kühl temperierten Hotel sitzt. Der Wechsel von der feuchten Wärme außerhalb des Hotels in die trockene Kühle des Zimmers führt fast zwangsläufig zu Erkältungen, wenn man nicht sofort die Kleidung wechselt und sich trocken und warm anzieht. In einem Hotel ohne Klimaanlage besteht die Gefahr, sich in der Nacht zu erkälten. Am Abend vor dem Einschlafen empfindet man die Temperatur als angenehm, wenn man unbedeckt schläft. Da der Körper bei dieser Temperatur jedoch noch Feuchtigkeit ausscheidet und die Räume meist von einem leichten Windzug durchweht werden, kühlt der Körper im Laufe von wenigen Stunden aus. Wenn man von der Kälte aufwacht, kann es schon zu spät sein.

Mückenstiche

Mückenstiche werden Sie auf Mauritius nicht häufiger bekommen als an einem mitteleuropäischen See im Hochsommer. Zur Gefahr werden Stiche in den Tropen, wenn man sie aufkratzt und die offene Wunde infiziert wird. In dem feuchten Klima können sich Entzündungen entwickeln, die nur schwer abheilen. Kratzen Sie daher Mückenstiche nicht auf! Wenn es unbedingt sein muß, dann kratzen Sie neben dem Stich. Vor Mückenstichen während der Nacht helfen Moskitonetze und Anti-Mücken-Sprays für die unbedeckten Hautpartien. Sprühen Sie auch die Baumwolldecke ein, denn das Mittel hält sich im Gewebe länger als unmittelbar auf der Haut.

Salzmangel

Sollten trotz Beachtung der genannten Vorsichtsmaßnahmen (s. S. 245) Symptome wie Schwäche und Schweregefühl oder gar das Gefühl der Durstlosigkeit auftreten, so versuchen Sie es mit folgenden Maßnahmen: Essen Sie wenig, insbesondere wenig Kohlehydrate. Trinken Sie frisch ausgepreßten Zitronen- und Orangensaft und fügen Sie ihm Salz hinzu. Sollte das noch nicht helfen, so besorgen Sie Tamarinde (gibt es in jedem kleinen Laden), mischen diese mit frischem Wasser an, süßen sie mit etwas Zucker und trinken das Getränk kühl. Hilft auch das nicht, so sollten Sie einen Arzt aufsuchen.

Sonnenbrand und Sonnenstich

Einen Sonnenbrand bekommt man unter der Äquatorsonne sehr schnell, selbst wenn man sich nicht der direkten Einstrahlung aussetzt. Ist die Haut verbrannt, so hilft Einreiben mit ›Kamillosan‹. Bewährt hat sich auch der Tip, die betroffenen Hautstellen mit Essig einzureiben. Sollte die Haut empfindlich sein, verdünnen Sie den Essig mit etwas Wasser. Dies lindert sofort die Schmerzen und fördert die Heilung. Bei einem leichten Sonnenstich müssen Sie sich in den kühlen Schatten begeben, viel Wasser und notfalls auch den oben beschriebenen Tamarindensaft trinken. Wenn der Appetit wieder kommt, essen Sie ein wenig Reis mit viel Salz.

Reiseapotheke

- Fieber: Aspirin, Fieberthermometer
- Schmerz: Novalgin (Tropfen oder Zäpfchen), Aspirin (wirkt auch bei Grippe), Buscopan (krampflösend)
- Durchfall: Imodium-akut-Tabletten, Cotrim ratio, Perenterol-Kapseln (zur Regenerierung)
- Verstopfung: Laxoberal-Tropfen, Lactolose, Glycilax-Zäpfchen
- Infektionen: Amoxypen, Ampicillin
- Salzzufuhr: Elotrans, Oralpädon-Tabletten (besonders für Kinder); besser aber viel Salz ins Essen geben!
- Verbandzeug: sterile Kompressen, Mullbinden, Heftpflaster, elastische Binden, Hansaplast, Dreieckstuch, Einmalspritze und Einmalkanülen (Nr. 1, Nr. 2, Nr. 12 – je 5 Stück; für den Gebrauch durch den behandelnden Arzt), Braunol-Lösung (zur Desinfektion)

- Sonnenbrand: Kamillosan, Bepanthen-Salbe; v. a. aber ausreichend kühlen!
- Übelkeit: Vomex-A-Zäpfchen
- Insektenschutz: Autan, Moskitospiralen (›Räucherstäbchen‹, deren Rauch Mücken vertreibt)
- Allergische Reaktionen (z. B. bei Insektenstichen): Tavegil-Tabletten, Soventol-Gel

Heiraten auf Mauritius

Ausländer können auf Mauritius sowohl kirchlich als auch standesamtlich rechtswirksam getraut werden. Der Standesbeamte benötigt folgende Unterlagen:

- Nachweis, daß die Partner nicht Staatsbürger von Mauritius sind. Ein solcher Nachweis ist beim Registrar of Civil Status, 7th level, Emmanuel Anquetil Building, Port Louis (☎ 2 01 17 27, Fax 2 11 24 20) erhältlich.
- 2 Fotokopien der Geburtsurkunden beider Partner
- 2 Fotokopien der ersten drei Seiten beider Pässe
- Ehefähigkeitszeugnisse (Ledigkeitsbescheinigungen) des deutschen Standesamtes (alle Dokumente in beglaubigter Übersetzung, sofern sie nicht in Englisch abgefaßt sind).

Die Unterlagen müssen 10 Tage vor dem geplanten Hochzeitstermin beim *Civil Status Office* (Standesamt) vorliegen. Die Hochzeitszeremonie kann vor dem Standesamt oder in jedem Hotel durchgeführt werden. Auf Mauritius spezialisierte Reiseveranstalter können die erforderlichen Unterlagen vorab senden und den Termin mit dem Standesbeamten abklären. Die Ehepartner können bei ihrem zuständigen Standesamt in Deutschland nachträglich die Namen gemäß dem deutschen Namensrecht wählen. Für die Anerkennung der Ehe nach deutschem Recht muß nachgewiesen werden, daß die Ehe auf Mauritius vor dem zuständigen Standesbeamten und gemäß den gesetzlichen Regeln des Landes geschlossen wurde. Diese sogenannte Apostille stellt das oberste Gericht in Port Louis aus. Bei der Einholung der Apostille ist der deutsche Konsul oder der Reiseveranstalter behilflich.

Auch katholische kirchliche Trauungen sind möglich. Das Episkopat von Port Louis erteilt Auskunft über die erforderlichen Unterlagen: Episcopate of Port Louis, Monseigneur Gonin St., Port Louis, ✆ 2 08 30 68, Fax 2 08 66 07.

Hochseefischen

Die Gewässer rund um Mauritius sind schon wenige Kilometer außerhalb des Riffs tief und bieten ideale Jagdgründe für große Raubfische und daher auch für Hochseefischer. Mauritius gilt unter den Fachleuten dieses Sports als einer der besten Plätze auf der Erde, zumal das Preisniveau im Vergleich zu anderen Hochseeangelzielen niedrig ist. Jedes Jahr werden beispielsweise Hunderte von Speerfischen gefangen. Unter der Schirmherrschaft von Air Mauritius und Air France wird jährlich im März und April ein Wettkampf für Hochseeangler veranstaltet, der seit Anfang der 80er Jahre begeisterte Hochseefischer aus der ganzen Welt anlockt.

Hochseefischerclubs
Beachcomber Fishing Club (Challenger), Le Morne, ✆ 6 83 67 75, Fax 6 83 67 86; Black River Sport Fishing, Grande Rivière Noire, ✆ 6 83 65 47; Centre de Pêche de l'Ile Maurice, Grande Rivière Noire, ✆ 6 83 65 22, Fax 6 83 63 18; Domaine du Pêcheur, Vieux Grand Port, ✆ 6 31 92 61; La Pirogue Big Game Fishing, Flic en Flac, ✆ 4 53 84 41, Fax 4 53 84 49; Organisation du Pêche du Nord (Corsaire Club), Trou aux Biches, ✆ 2 61 62 09, Fax 2 61 62 67; Sofitel Imperial Big Game Fishing, Flic en Flac, ✆ 4 53 87 00, Fax 4 53 83 20; Sportfisher, Grand Baie, ✆ 2 63 83 58; Surcouf, Trou d'Eau Douce, ✆ 4 19 31 98, Fax 4 19 31 97.

Als Ausrüstung stehen Boote von 12 m Länge und 4 m Breite mit zwei Dieselmotoren zu je 150 PS zur Verfügung. Die größten Flotten hochseetauglicher Fischerboote liegen im ›Centre de Pêche‹ und vor dem ›Beachcomber Hotel Le Paradis‹ am Le Morne im Südwesten der Insel. Eine ansehnliche Flotte besitzt auch der ›Corsaire Club‹ im Nordwesten, bei den Hotels ›Trou aux Biches‹ und ›Casuarina‹. Alle Boote können über Funk mit den Anglerclubs in Verbindung bleiben oder mit anderen Booten Kontakt aufnehmen. Meist haben die Boote drei Anglersitze am Heck sowie Ausleger für mehrere Köder. Die Mindestmietzeit pro Boot beträgt fünf Stunden. Da mit dem Fang von sehr schweren Fischen gerechnet werden muß, ist die an Bord befindliche Ausrüstung von hoher Qualität. Es werden Spulen vom Typ Penn oder Everol 14/0 und Ruten für 130 oder 80 Pfund verwendet. Die Miete für 6 Stunden beträgt etwa 500 DM, für 9 Stunden etwa 600 DM. Es werden 4 Fischer und 3 bis 4 Begleitpersonen mitgenommen.

Ausrüstung für das Hochseefischen erhalten Sie in den Quai Stores, John F. Kennedy Street, Port Louis

(✆ 2 12 10 43) und bei Rods & Reels, La Preneuse (✆ 6 83 65 79, Fax 6 83 61 62).

Was fängt man wann?

Blauer Marlin (November bis April): Dieser oft mächtige Fisch lockt Angler aus aller Welt in die Gewässer von Mauritius. Gegenwärtig wird der Weltrekord für den Blauen Marlin mit 550 kg von einem Angler gehalten, der vor Le Morne in Mauritius gefischt hat. Marline von über 500 kg Gewicht werden nahezu jedes Jahr vor Mauritius gefangen. Die beste Zeit sind die Monate zwischen Oktober und März. Nicht weniger als 150 Blaue und Schwarze Marline konnte das ›Centre de Pêche‹ allein in den Monaten Dezember, Januar und Februar 1978/79 fangen. Wie groß die Chance ist, daß man einmal einen Marlin am Haken hat, kann man sich ausrechnen, wenn man bedenkt, daß nur jeder fünfte, der einmal anbeißt, letztendlich auch ins Schiff gehievt wird.

Schwarzer Marlin (November bis April): Die beste Fangzeit für den Schwarzen Marlin sind die Monate Dezember bis März. Er kommt nicht ganz so häufig vor wie der Blaue Marlin und ist auch nicht so schwer. Dennoch kann man sich auf einen langen Kampf gefaßt machen, denn viele Exemplare haben ein Gewicht von 200–400 kg.

Streifenmarlin (November bis April): Dieser Marlin ist nochmals ein Stück kleiner als der Schwarze Marlin, dafür aber besonders lebendig, und man findet ihn auch schon nahe der Küste. Er gehört zu den Fischen, die zwar nicht häufig, aber doch regelmäßig in mauritianischen Gewässern gefangen werden.

Riesenhai (November bis April): Der Riesenhai wiegt etwa 500 kg und wird außerhalb der Korallenriffe nicht weit vom Küstengebiet entfernt gefangen.

Gelbflossenthunfisch (März/April): In den Monaten März und April kommen Schwärme von Gelbflossenthunfischen durch die Gewässer von Mauritius. Sie haben ein Gewicht von bis zu 100 kg pro Stück und liefern dem Angler einen harten, langen Kampf.

Bonito (ganzjährig, am besten März bis Mai): Riesige Schwärme dieses kleinen Thunfisches schwimmen dicht unter der Wasseroberfläche und werden von Möwen verfolgt. Wenn die Skipper Möwenschwärme dicht über dem Wasser sehen, halten sie in voller Fahrt hinein und ziehen die Köder durch den Bonito-Schwarm. Die besten Monate für die Bonitos sind März, April und Mai, sie können jedoch das ganze Jahr über gefunden werden. Ein frisch gefangener Bonito gilt als der beste Köder für Blaue Marline.

Dorado (Dezember bis März): Doraden halten sich in der Nähe von Wrackteilen, Korallen oder Felsen auf, denn Korallenfische sind ihre Nahrungsquelle.

Wahoo (ganzjährig): Der Wahoo ist der schnellste Fisch des Meeres. Meist hält er sich nahe der Wasseroberfläche auf und bleibt wie die Doraden in der Nähe von Riffen oder bei Wrackteilen, wo viele kleine Fische als Beute zu finden sind. Der Wahoo erreicht auf der Flucht vor großen Raubfischen eine Geschwindigkeit von 75 km/h.

Barrakuda (ganzjährig): In den Gewässern von Mauritius findet man sie leicht, denn sie halten sich in der Nähe der Außenriffe vor den Küsten auf. Wenn man dort einen Köder durchs Wasser zieht, ist die Wahrscheinlichkeit groß, einen Barrakuda an den Haken zu bekommen.

Informationsbüros

... in Deutschland
Mauritius Informationsbüro
Am Mühlberg 32
61273 Wehrheim/Ts.
✆ 0 60 81/98 14 40 u. 98 14 41
Fax 0 60 81/98 04 67

... in der Schweiz
(auch zuständig für Österreich)
Mauritius Informationsbüro
Kirchenweg 5
8032 Zürich
✆ 01/3 83 87 88
Fax 01/3 83 51 24

... auf Mauritius
Mauritius Tourist Promotion Authority
Emmanuel Anquetil Building
Sir S. Ramgoolam St.
Port Louis
✆ 2 01 16 92
Fax 2 12 51 42
Informationsschalter am Flughafen
✆ 6 37 36 35

Kino

Seitdem jede Hütte auf Mauritius über einen Fernseher und Videorecorder verfügt, geht hier das Geschäft schlecht, und nur zwei Kinos sind in Port Louis übriggeblieben: das ›Luna Park‹ beim Marsfeld und das ›Rex‹ in der Sir Seewoosagur Ramgoolam Street, nahe dem ›Ambassador Hotel‹.

Kleidung und Ausrüstung

Die Hauptregel für das Kofferpacken sollte lauten: So wenig wie möglich mitnehmen! Das Klima ist so angenehm warm, daß die einzig vernünftige Kleidung die bloße Haut wäre. Da die Bevölkerung zu über 50 % aus Hindus und zu weiteren 17 % aus Moslems besteht, ist aber selbst in den heißen Nachmittagsstunden ein Minimum an Kleidung erforderlich. Die beiden wichtigsten Religionen der Insel setzen dem Nacktbaden größeren Widerstand entgegen, als es die christliche Religion tut. Per Gesetz wurde daher vor einigen Jahren verboten, daß auf der Ile aux Bénitiers von Touristen nacktgebadet wird. Es ist nach wie vor nicht verboten, daß sich Frauen an den Touristenständen ohne Oberteil aufhalten. Sie werden aber feststellen, daß einheimische Frauen niemals das Oberteil von ihren Badeanzügen abnehmen und daß viele von ihnen zum Baden ihren Sari nicht ausziehen. Frauen aus Europa sollten sich daher überlegen, ob sie auf die an sich erlaubte Freizügigkeit mit Rücksicht auf die religiösen und sittlichen Gefühle der einheimischen Bevölkerung nicht lieber verzichten möchten!

Ideal ist also leichte Baumwollkleidung, die den Schweiß aufnimmt, aber nicht wärmt. In den Wintermonaten von Juni bis September sollten Sie für die Abendstunden ein langärmeliges Sweat-Shirt und eine leichte lange Hose – beides möglichst aus Baumwolle – mitnehmen. Wer empfindlich ist, kann ein solches Kleidungsstück an der ein bis zwei Grad kühleren und windigeren Süd- und Ostküste auch in den Sommermonaten manchmal gebrauchen. Wenn man sich nämlich an die Temperaturen von 25–30° C tagsüber gewöhnt hat, empfindet man schon eine Lufttemperatur von 23° C am Abend als kühl und einen leichten Pulli als angenehm.

Empfehlenswert ist es, ein leichtes baumwollenes Halstuch mitzunehmen, das vielfältig verwendbar ist. Richtig zugeknotet, kann es als Allzweckbeutel dienen, bei Verletzungen können Sie es als Notverbandszeug benutzen, am wichtigsten ist es als Schutz vor Fahrtwind in offenen Omnibussen, Taxis oder Mietwagen (Mini Moke). Bei solchen Gelegenheiten holt man sich in den Tropen in kürzester Zeit eine Erkältung oder gar eine Mittelohrentzündung.

Für Ausflüge nach Curepipe, Port Louis oder in eine andere Stadt genügen eine kurze Hose, Sandalen und T-Shirt. Bedenken Sie aber, daß die Ausflugsbusse und Restaurants oft klimatisiert sind. In Restaurants wird es gern gesehen, wenn Männer ein Hemd mit Kragen und lange Hosen, Frauen ein leichtes baumwollenes Sommerkleid tragen. Das gleiche gilt für das Abendessen im Hotelrestaurant und für den Besuch im Spielkasino, wo manchmal sogar Krawattenzwang herrscht.

Ein sehr wichtiges Kleidungsstück ist auch die Kopfbedeckung. Wer sie nicht aus Deutschland mitbringen will, kann sich in den Hotels oder auf dem Markt in Port Louis einen breitrandigen Strohhut kaufen. Zwischen 10 Uhr morgens und 16 Uhr nachmittags sticht die Sonne so intensiv vom Himmel, daß Sie Ihren Kopf unbedingt schützen sollten. In den ersten Tagen des Urlaubs ist es auch sehr wichtig, den Körper nur kurz der direkten Sonne auszusetzen oder sich nur im Schatten aufzuhalten. Selbst dort ist die Lichteinstrahlung so intensiv, daß die Haut Pigment entwickelt. Wenn Sie sich dem direkten Sonnenlicht aussetzen wollen, sollten Sie in den ersten Tagen eine Sonnencreme mit hohem Schutzfaktor auftragen. Die Sonne brennt auf Mauritius wegen der Nähe des Äquators wesentlich intensiver vom Himmel als an einem heißen Hochsommertag in Mitteleuropa.

Für Wanderungen sollten Sie neben normalen Sandalen auch ein paar leichte Schuhe mit griffigen Sohlen dabeihaben. Gerade auf den Berggipfeln regnet es wesentlich häufiger als am Strand, und der Boden ist daher feuchter und rutschiger. Von den Sportschuhherstellern werden genau für diesen Zweck zugeschnittene Wanderschuhe hergestellt. Sie haben ein leichtes, weiches, saugfähiges Oberleder und eine sehr griffige Gummisohle. Wesentlich billiger als diese Sportschuhe sind Leinenschuhe, die Sie bei Expeditionsausrüstern kaufen können. Es handelt sich hierbei um Schuhe, die von der französischen Armee speziell für tropische Gebiete entwickelt wurden.

Bei Wanderungen und Bergbesteigungen ist auch ein Tagesrucksack wichtig. Auf den Bergwegen ist es gut, beide Hände freizuhaben, um sich an Sträuchern oder Ästen festhalten zu können. Im Tagesrucksack können Sie Ihren Proviant problemlos auch zu einem abgelegenen Strand oder auf einen Berggipfel mitnehmen.

Packen Sie unbedingt eine Taschenlampe ein! Sollten Sie am Abend bei einer Wanderung von der Dunkelheit überrascht werden, ist sie eine große Hilfe. Aber auch bei abendlichen Strandspaziergängen ist eine Lampe von großem Nutzen.

Klima und Reisezeit

Bitte bedenken Sie, daß Mauritius durch seine Lage nahe dem Äquator keine ausgeprägten Jahreszeiten und daher auch keine nennenswerten Klimaschwankungen im Laufe eines Jahres aufweist. Auch sollten die folgenden Hinweise nicht zu eng interpretiert werden, denn es kann vieles während Ihres Aufenthaltes anders sein! Allgemeingültige Aussagen wie in unseren Breiten kann man nur sehr wenige machen.

Beste Reisezeit

Generell läßt sich sagen, daß viel Pech dazugehört, wenn Sie bei einem 14-Tage-Urlaub auf Mauritius eine Regenperiode von mehreren Tagen oder gar einer Woche erwischen – völlig ausgeschlossen ist es allerdings nicht. Normalerweise herrscht den Tag über Sonnenschein, und wenn Regen niedergeht, so meist in der Nacht, da die Luft sich dann abkühlt und weniger Feuchtigkeit aufnehmen kann. Langjährigen Statistiken zufolge sind die angenehmsten Monate April, Mai und Juni sowie September, Oktober und November. Zu dieser Zeit ist es meist trocken, sonnig und noch nicht oder nicht mehr so heiß wie in den Sommermonaten. Während der Monate Januar und Februar sollte man darauf achten, ein Hotel zu wählen, das auf der windgeschützten und daher regenärmeren West- oder Nordseite liegt. Die von Südosten herangetragenen Wolken regnen sich dann bereits auf der Südostseite der Berge ab, und an der Küste im Norden und Westen herrscht oft Sonnenschein, wenn es im Hochland in Strömen regnet.

Klimastatistik

Die folgende Statistik macht die Unterschiede zwischen den beiden wichtigsten Tourismusregionen (Nordwesten, Südosten) deutlich und gibt eine Vorstellung von den zu erwartenden Temperaturen und der Sonnenscheindauer. Bitte seien Sie sich aber bewußt, daß diese Statistik aufgrund von Beobachtungen über mehrere Jahrzehnte zusammengestellt wurde. In dem Jahr und Monat, in dem Sie Ihren Urlaub auf Mauritius verbringen, kann alles ganz anders sein! Natürlich wird auch der bei Nacht niedergehende Regen gemessen, der etwa 60 % der Gesamtregenmenge ausmacht.

Bei den Angaben zur Sonnenscheindauer müssen Sie bedenken, daß im Sommer die Sonne früher auf- und später untergeht. Der längste Tag im Dezember hat 2 $\frac{1}{2}$ Stunden länger Tageslicht als der kürzeste im Juni.

In der Rubrik ›Temperatur‹ ist die im jeweiligen Monat durchschnittlich erreichte Tageshöchsttemperatur im Schatten angegeben. Die niedrigste durchschnittliche Tagestemperatur liegt ganzjährig 7° C darunter und wird in den frühen Morgenstunden, kurz vor Sonnenaufgang gemessen.

Die angegebenen Niederschlagsmengen sind Durchschnittswerte für die jeweilige Region. Die Angabe erfolgt in mm Wassersäule. Differenziert man weiter, zeigt sich, daß die Niederschläge von Südwesten nach Norden (Le Morne Brabant bis Cap Malheureux) und von Nordosten nach Süden kontinuierlich zunehmen – wobei die Nordspitze der trockenste Teil der Insel ist. Der korrekte Wert für Le Morne liegt daher ca. 30 % unter den angegebenen Zahlen für den Nordwesten, der für Cap Malheureux 30 % darüber. Ähnliches gilt – mit geringen Abweichungen – spiegelbildlich für die Südostregion. Bei den Niederschlagsmengen ist zu beachten, daß diese keine Rückschlüsse auf die Niederschlagsdauer zulassen. Die höhere Wassersäule resultiert aus heftigeren Schauern mit dickeren Tropfen, nicht aus länger anhaltenden Regenfällen. Mit ›Regentagen‹ sind Tage gemeint, an denen es irgendwann regnet, auch wenn es nur ein paar Minuten sind. Das zentrale Hochland ist in der Statistik nicht enthalten. Die Niederschlagsmengen liegen dort etwa beim Doppelten

Monat	Temperatur		Sonnenstunden		Niederschlag (Tage/Menge)	
	NW	SO	NW	SO	NW	SO
Januar	31	29	8	7	4/ 92	7/123
Februar	31	29	8	7	5/145	9/225
März	31	29	7	7	5/118	9/243
April	30	28	7	6	4/ 99	9/188
Mai	29	26	7	6	2/ 33	5/ 65
Juni	27	25	7	6	2/ 31	4/ 61
Juli	26	24	7	6	2/ 22	5/ 66
August	26	24	7	6	2/ 25	4/ 54
September	27	25	7	6	2/ 37	3/ 62
Oktober	28	26	8	7	1/ 14	3/ 41
November	30	28	8	7	2/ 30	4/ 62
Dezember	31	29	8	7	3/ 85	7/148

der Werte für den Nordwesten, wobei sie durch langanhaltenden Nieselregen zustande kommen.

Lufttemperaturen

Die Temperaturunterschiede zwischen dem mauritianischen Sommer (November bis März) und dem mauritianischen Winter (April bis Oktober) betragen etwa 7° C. Im Sommer herrscht bei Tagesanbruch (5 Uhr morgens) an den Küsten eine Lufttemperatur von ca. 23–25° C, die sich im Laufe des Tages auf 30–32° C erhöht. Die Sonne geht gegen 19 Uhr unter. In dem etwa 600 m hoch gelegenen zentralen Hochland sind die Temperaturen durchschnittlich um 5° C niedriger. Während der Wintermonate sollte man also ein langärmeliges Sweat-Shirt mitnehmen, da es am Abend zu kühl sein könnte, um im T-Shirt im Freien zu sitzen.

Regen

In den Sommermonaten Januar bis April besteht die Gefahr (oder die Chance!), einen tropischen Zyklon mit-zuerleben. Diese heftigen Unwetter, die meist nur zwei oder drei Tage andauern, sind ein eindrucksvolles Erlebnis. Unangenehmer wird es jedoch, wenn man das Pech hat, einmal in eine Periode länger andauernder Regenfälle zu geraten, was zwar selten vorkommt, aber in den Monaten Januar bis März, rein statistisch gesehen, leichter passieren kann als im mauritianischen Winter.

Krankenhäuser

Doctor Jeetoo Hospital, Port Louis, ✆ 2 12 32 01, Fax 2 12 89 59
Sir Seewoosagur Ramgoolam National Hospital, Pamplemousses, ✆ 2 43 36 61, Fax 2 43 37 40
Princess Margaret Orthopedic Hospital, Quatre Bornes, ✆ 4 25 30 31, Fax 4 25 76 93
Moka Eye Hospital, Moka, ✆ 4 33 40 15
Queen Elizabeth Hospital, Crève Cœur, Rodrigues, ✆ 8 31 15 21

Neben den staatlichen Kliniken gibt es noch eine Reihe von Privatkliniken in Port Louis, Floréal, Quatre Bornes, Curepipe, Rose Hill, Le Réduit und Baie du Tombeau. Lassen Sie sich im Notfall vom Hotelmanagement beraten, welche Klinik für Sie die am besten geeignete ist.

Literatur

Paul und Virginie

Der Roman ›Paul und Virginie‹ von Bernardin de St. Pierre gehört zu den Standardwerken französischer Literatur und spielt auf Mauritius. Er handelt von einem jungen Liebespaar, das nahe dem Botanischen Garten von Pamplemousses aufwächst. Als beide noch Kinder sind, trennen sich ihre Väter von ihren Frauen – den Müttern der beiden Kinder. Die alleingelassenen Frauen tun sich zusammen und ziehen die Kinder in einem gemeinsamen Haushalt wie Bruder und Schwester auf. Pauls Herz bricht fast, als sich Virginie von ihrer Tante überreden läßt, nach Frankreich zu gehen. Die Tante hat natürlich einen Hintergedanken: Sie will ihrer Nichte einen standesgemäßen Ehemann in der Metropole suchen. Paul und Virginie jedoch verzehren sich vor Sehnsucht nacheinander, und Virginie beschließt, zu ihrem Paul zurückzukehren. Tragischer Höhepunkt des Romans ist der Untergang des Segelschiffs ›St. Géran‹, auf welchem Virginie zurückkehrt, vor der Nordspitze von Mauritius, wo es von einem Wirbelsturm erfaßt wird. Virginie ertrinkt, da das keusche Wesen sich weigert, vor den Augen der Matrosen ihren schweren Reifrock abzulegen, bevor sie sich schwimmend ans Ufer zu retten versucht.

Obwohl der Roman für unseren heutigen Geschmack sentimental, fast kitschig wirkt, ist er doch eine gute Hilfe,

um sich in die Landschaft, die Lebensgewohnheiten und einige der Probleme von Mauritius zu versetzen. Sie werden überrascht sein, wie häufig Sie auf Ihrer Reise Orten begegnen, die Sie im Roman kennengelernt haben. (In deutscher Sprache ist dieser Klassiker beim Verlag Die Waage in Zürich erschienen.)

Der Goldsucher

Dieser Roman des zeitgenössischen französischen Autors J. M. G. Le Clézio, dessen Familie aus Mauritius stammt, schildert das Leben auf Mauritius um die Jahrhundertwende und nach dem Ersten Weltkrieg. Anhand der Figur des Alexis und seiner Identitätssuche werden die Probleme der paradiesischen Insel in der modernen Welt aufgezeigt. (Der Roman ist als Goldmann-Taschenbuch erschienen.)

Insel Felsenburg

Von dem deutschen Schriftsteller Johann Gottfried Schnabel stammt der Roman ›Insel Felsenburg‹. Obwohl dies nie erwähnt wird, dürfte Mauritius das Vorbild für die im Roman beschriebene paradiesische und von der Zivilisation und dem Bösen unberührte Insel Felsenburg gewesen sein. (Der Roman ist bei Reclam erschienen.)

Medien

Radio

Der Rundfunk strahlt 16 Stunden pro Tag ein hauptsächlich in französischer Sprache gehaltenes Programm aus. Einzelne Sendungen werden auch in Englisch, Kreolisch und Hindi gesendet.

Fernsehen

Täglich beginnt am Nachmittag ein Fernsehprogramm, das um 23 Uhr endet. Französische Nachrichten können Sie um 19.30 Uhr, englische um 20.30 Uhr sehen. Wer mit einer guten Antenne ausgerüstet ist, kann auch das Programm der Nachbarinsel Réunion, das ganz in französischer Sprache produziert wird, empfangen.

Presse

Mauritius verfügt über eine Vielzahl an Zeitungen und Wochenzeitschriften, in der sich die Vielfalt kultureller Einflüsse und vor allem das ausgeprägte politische Bewußtsein der Mauritianer spiegeln. Die älteste Zeitung und zugleich eines der ältesten Druckwerke der Insel in französischer Sprache war der ›Cernéen‹. Er wurde von Adrian d'Epinay, einem Journalisten und Schriftsteller, zu dessen wichtigsten politischen Zielen die Erhaltung der Sklaverei zählte, gegründet – was ihm immerhin eine Büste im Company Garden von Port Louis einbrachte. Da der ›Cernéen‹ von der Kolonialverwaltung finanziell getragen wurde, verteidigte er deren Politik und unterstützte die konservativen Parteien. 1982 feierte er sein 150jähriges Jubiläum, 1984 wurde sein Erscheinen eingestellt.

1907 wurde ›Le Mauricien‹ gegründet. Er ist die Zeitung mit der höchsten Auflage und spricht in erster Linie den christlichen Teil der Bevölkerung an. ›L'Express‹ (seit 1963) zählt zu den konservativen Blättern, ›Advance‹ (seit 1967) ist Sprachrohr der Arbeiterpartei, ›The Nation‹ (seit 1970) das der hinduistischen Bevölkerung. ›Le Nouveau Militant‹ ist die Zeitschrift des Mouvement Militant Mauricien (MMM).

Neben diesen Tageszeitungen erscheinen noch die Wochenzeitschriften ›Weekend‹, ›Express Dimanche‹, ›La Vie Catholique‹, ›The Mauritius Times‹, ›Le Dimanche‹ und ›Virginie‹.

Nachtclubs

Die Hotels organisieren regelmäßig Abendunterhaltungen, wie Sega-Vorführungen oder Auftritte bekannter Bands oder Sänger. Die jungen Leute auf Mauritius bevorzugen allerdings die Nachtclubs außerhalb der Hotels. Die wichtigsten sind: ›Climax Club‹, ›Number One‹ und ›Dream On‹ in Grand Baie, ›Palladium‹ in Quatre Bornes, ›Sam's Disco‹ in Vacoas, ›Le Saxophone‹ in Beau Bassin und ›Melody's‹ in Rose Hill.

Naturschutz

Der Black River Gorges National Park im Südwesten von Mauritius macht mit seinen 6574 ha 3,5 % der Gesamtfläche von Mauritius aus – eine imposante Zahl, wenn man bedenkt, daß beispielsweise das Bundesland Bayern nur 1,5 % seiner Fläche unter mehr oder weniger strengen Naturschutz gestellt hat. Das Gelände wurde 1994 zum Nationalpark erklärt, wobei zwei kleinere, bereits früher geschützte Gebiete einbezogen wurden.

Auskunft über den aktuellen Stand der Naturschutzmaßnahmen im Bereich des Nationalparks erhalten Sie beim National Park Project Manager, National Parks & Conservation Service, Ministry of Agriculture and Natural Resources, Le Réduit, ✆ 4 64 29 93, Fax 4 64 87 49. Weitere Informationen erhalten Sie beim Mauritius Wildlife Appeal Fund, Edith Cavell St., Port Louis, ✆ 2 11 22 28, Fax 2 11 17 89.

Notrufnummern

Polizei und Krankenwagen: 9 99
Feuerwehr: 9 95

Öffnungszeiten

Geschäfte sind generell wochentags von 9 bis 17 Uhr geöffnet. Im chinesischen Teil von Port Louis und in den kleineren Ortschaften machen die Läden früher auf und später zu und sind meist auch Samstag nachmittags und sonntags geöffnet. Viele Geschäfte in den Städten des Hochplateaus sind Donnerstag nachmittags geschlossen.

Post

Briefe können Sie an der Rezeption Ihres Hotels oder im Postamt in Port Louis abgeben. Eine Luftpostkarte nach Europa kostet 2 MR, ein Luftpostbrief 5 MR.

Hauptpostamt in Port Louis, Quay Street, ✆ 2 08 28 51, Fax 2 12 96 40; Öffnungszeiten: Mo–Fr 8.15–11.15 u. 12–16, Sa 8–11.45 Uhr.

Quarantäne

Tiere dürfen nach Mauritius nur mitgenommen werden, wenn dies vom Landwirtschaftsministerium genehmigt wurde und vom Heimatland ein Gesundheitszeugnis vorgelegt wird. Hunde und Katzen werden vom Tag ihrer Ankunft an für sechs Monate in Quarantäne genommen, Vögel bis zu zwei Monate. Auch die Einfuhr von Pflanzen ist nur nach vorheriger Genehmigung durch das Landwirtschaftsministerium gestattet. Die Genehmigung wird erteilt von: Animal & Plant Inspection & Delivery Permits, Agricultural Services, Le Réduit, ✆ 4 54 10 91.

Reiseveranstalter

Es gibt kaum eine Agentur in den deutschsprachigen Ländern, die nicht einen oder mehrere Kataloge bereithält, in denen Reisen nach Mauritius angeboten werden, wobei sich diese nur geringfügig voneinander unterscheiden. Jeder Veranstalter hat seine Partner, und alle sind in der Regel zuverlässig und seriös. 14tägige Reisen kosten von 2500 DM an aufwärts – wenn man eines der Luxushotels, wie ›St. Géran‹, ›Touessrok‹ oder ›Royal Palm‹ buchen will, liegen die Preise für 14 Tage bei 5000 DM und mehr pro Person. Für den interessierten Urlauber ist die richtige Hotelauswahl ein Problem, denn die Beschreibungen ähneln sich wie ein Ei dem anderen, und es ist nur dem wirklichen Kenner möglich, die – durchaus vorhandenen – Unterschiede zu erläutern. Hier werden Sie in der Regel an die Grenzen der Möglichkeiten eines Reisebüros stoßen, das sich an die Beschreibungen im Veranstalterkatalog halten muß, da es einem Reisebüromitarbeiter nicht möglich ist, alle Hotels dieser Welt aus eigener Erfahrung zu kennen. Wenn Sie genaueres wissen wollen, können Sie versuchen, sich vom Sachbearbeiter beim Veranstalter direkt beraten zu lassen (die Adresse finden Sie in der Regel bei den Allgemeinen Geschäftsbedingungen im Katalog), oder Sie wenden sich an Trauminsel Reisen (Summerstr. 8, 82211 Herrsching, ✆ 0 81 52/9 31 90, Fax 0 81 52/93 19 20), einen Veranstalter, der darauf spezialisiert ist, ohne die Vermittlung über Reisebüros anhand eigener Prospekte und ausführlicher Beratungsgespräche die richtige Küste zur richtigen Jahreszeit (auch Rodrigues ist im Programm) und das passende Hotel zu suchen. Inhaber der Agentur sind der Autor dieses Buches und seine seychellische Frau.

Grundsätzlich ist folgendes zu beachten: Wenn Sie die Möglichkeit haben, buchen Sie zu den Niedrigsaisonzeiten zwischen Ostern und dem mitteleuropäischen Herbst, wobei Nord- und Westküste zu bevorzugen sind. Fast alle Hotels senken zu diesen Jahreszeiten erheblich die Preise und bieten Spezialtarife für Einzelreisende, Hochzeitsreisen und ähnliches an. Buchen Sie frühzeitig, besonders wenn Sie in der Hochsaison zwischen Dezember und April fliegen wollen – die Weihnachts- und Ostertermine sind oft schon sechs Monate im voraus ausgebucht. Lassen Sie sich auch nicht von ›Knüllerangeboten‹ verwirren. Es hat einen Grund, wenn ein Hotel seine normalen Preise extrem senken muß – es kann jedoch sein, daß Sie ihn erst erkennen, wenn es zu spät ist. Auch Proteste vor Ort nützen nicht, denn man wird Sie auf Ihren ›Sonderpreis‹ verweisen!

Reklamationen

An wen wenden Sie sich, wenn bei Flug oder Hotelaufenthalt etwas schiefgeht?

Wenn im Hotel kein Zimmer für Sie frei ist, wenn ein Preßlufthammer dröhnt oder sonst etwas Ihren Urlaub ungenießbar macht, werden Sie sich in der Regel zunächst an das Management Ihres Hotels wenden und um Abhilfe bitten. Wird Ihnen nicht geholfen, wenden Sie sich sofort an den örtlichen Vertreter Ihres Reiseveranstalters und bitten ihn förmlich – am besten schriftlich – um Abhilfe. Erst wenn auch er jede Hilfe verweigert, d. h., wenn er Sie nicht in einem gleich- oder höherwertigen Hotel unterbringt, in dem die Mängel

des gebuchten Hotels nicht bestehen, haben Sie das Recht, auf eigene Faust in ein anderes, möglicherweise teureres Hotel umzuziehen und sich nach Ihrer Rückkehr von der Reise die bezahlten Zusatzkosten zurückerstatten zu lassen. Mit Ihrer Minderungs- oder Schadensersatzforderung müssen Sie sich dann direkt an den Veranstalter wenden. In der Regel sind die Abgrenzungen und die Berechnung der Entschädigungshöhe so kompliziert, daß ein Rechtsanwalt eingeschaltet werden sollte.

Ein häufiger Grund für Schadensersatzforderungen sind falsche, beschönigende Angaben in Reiseprospekten, fehlende Hinweise auf Bautätigkeiten, Nichterbringen einer im Prospekt oder mündlich zugesagten Leistung usw. Das gilt nach deutschem Reiserecht auch, wenn der Veranstalter keinerlei Schuld an dem Mißlingen trägt. Verspricht Ihnen der Prospekt beispielsweise eine Segelbootfahrt zu einer anderen Insel, so muß sie auch durchgeführt werden. Es nützt dem Veranstalter nichts, wenn er darauf hinweist, daß der einheimische Eigentümer des Segelboots vertragswidrig noch ein anderes Angebot angenommen hat und momentan kein Ersatzboot aufzutreiben war. Solche Risiken muß er tragen, und ein seriöser Veranstalter hat sich darauf bei seiner Kalkulation auch eingestellt (nicht der billigste Veranstalter ist auch der beste!).

In seltenen Fällen ist es für den Reisenden schwierig zu ermitteln, wer der Veranstalter ist. Beispielsweise veranstalten Reisebüros gelegentlich auch eigene Reisen, ohne dafür Werbematerial herzustellen. Sie geben zwar Veranstalterkataloge zu Informationszwecken an die Kunden, stellen die Flugtickets dann aber selbst aus und buchen die Hotels und die Transfers direkt vor Ort. Die Verantwortung für die Richtigkeit der Angaben trägt dann das Reisebüro, das im rechtlichen Sinne Veranstalter dieser Reise ist.

Für einige Bereiche ist jedoch immer das Reisebüro Ihr Partner. Es ist nämlich dafür verantwortlich, daß bei der Vermittlung der Reise keine Fehler passieren. Zu dieser Vermittlungtätigkeit gehört zum Beispiel die Überprüfung der Dokumente (z. B. des Flugscheins), die das Reisebüro vom Veranstalter zugeschickt bekommt und an Sie weitergibt. Anders verhält es sich mit den Leistungen, die vom Reisebüro nicht überprüfbar sind. Wie sollte Ihr Reisebüro auch wissen, daß neben Ihrem Hotel auf Mauritius gerade Bauarbeiten stattfinden? Bitten Sie Ihr Reisebüro in einem solchen Fall, Ihnen den Veranstalter und die beim Veranstalter zuständige Stelle zu nennen, so daß Sie dort Ihre Schadensersatzforderungen geltend machen können.

Spielkasinos

Die südafrikanische Hotelgruppe ›Sun International‹ hatte zwei Trümpfe, als sie begann, auf Mauritius Luxushotels zu errichten. Zum einen war der Rand teuer und die Rupie billig, so daß ein Urlaub auf Mauritius für Südafrikaner billiger war als zu Hause. Zum anderen hatte das Management Erfahrung, wie man Landsleute an Spieltische und ›Einarmige Banditen‹ lockt, denn damit hatte es schon viele Jahre erfolgreich Hotels in Sun City im ›Homeland‹ Bophutatswana gefüllt (im prüden, protestantischen Südafrika selbst war das Glücksspiel damals noch verboten). In einigen Hotels dieser Gruppe fand man daher von Anfang an Spielkasinos und

›Einarmige Banditen‹, heute auch deren elektronische Varianten. Die Konkurrenz zog nach, so daß die spielsüchtigen Südafrikaner auch in den ›Beachcomber Hotels‹ ihr Kasino vorfinden. Da auch Mauritianer – und unter ihnen besonders die chinesischen Händler – gerne größere Summen riskieren, herrscht in den Kasinos häufig eine knisternde Atmosphäre. Auch wenn Sie selbst nicht spielen, sollten Sie die Gratischips, die Sie beim Einchecken in Hotels mit Kasino erhalten, riskieren und die Atmosphäre schnuppern.

Spielkasinos in Hotels: La Pirogue, Flic en Flac; Beachcomber Trou aux Biches Hotel, Trou aux Biches; Le St. Géran Hotel, Poste de Flacq (Belle Mare); Beachcomber Le Paradis Hotel, Le Morne; Berjaya Le Morne Resort, Le Morne; Belle Mare Plage Hotel, Belle Mare

Hotelunabhängige Spielkasinos: Le Casino de Maurice, Curepipe; Le Grand Casino du Domaine, Domaine Les Pailles, nahe Port Louis. Lokale Varianten eines Spielkasinos sind das ›L'Amicale Chinese Gambling House‹ in Port Louis (Royal Road Nr. 55) und seine noch volkstümlichere Entsprechung in Mahébourg, der ›Starlight Gaming Club‹.

Sport

Bergwanderungen und Bergbesteigungen

Die hervorragenden Restaurants, die Drinks an der Bar, die Unterhaltung im Hotel – all das ist verführend und könnte davon abhalten, ausgedehnte Wanderungen am Strand entlang, leichte Bergwanderungen oder Bergbesteigungen zu unternehmen. Dennoch sollte man die Gelegenheit, die wunderschöne Landschaft zu Fuß kennenzulernen und dabei Bekanntschaft mit den entgegenkommenden und freundlichen Mauritianern zu machen, nicht ungenutzt verstreichen lassen. Leider sind die Busverbindungen von den Hotels oder von Port Louis aus recht zeitaufwendig, so daß es mit ihnen kaum möglich ist, frühmorgens zum Ausgangspunkt einer Bergwanderung zu gelangen. Bei langen Touren ist es aber wichtig, kurz nach Sonnenaufgang aufzubrechen, damit man am Abend nicht von der schnell hereinbrechenden Dunkelheit überrascht wird. Daher sollten Sie sich ein Taxi leisten – die Taxifahrer sind zuverlässig. Wenn Sie dem Chauffeur Bescheid geben, wann und wo er Sie abholen soll, wird er zur vereinbarten Zeit auch dort sein.

Da nur einzelne Berggipfel höher als 800 m sind, lassen sich alle Touren bequem an einem Tag durchführen. Manche Besteigungen erfordern jedoch alpine Erfahrung, Schwindelfreiheit und überdurchschnittliche Kondition. Zu beachten ist auch, daß man in dem feuchtwarmen Klima auf Mauritius schneller ermüdet als bei Wanderungen in den kühleren Alpen. Maßstab bei der Einteilung der Etappen und bei der Auswahl einer Wanderung sollte der Schwächste der Gruppe sein. Indikator für den Schwierigkeitsgrad einer Bergtour ist der Höhenunterschied, der zu überwinden ist; die reine zurückzulegende Entfernung spielt nur eine geringere Rolle.

Bei der Wanderausrüstung sollte ein Regenschutz nie fehlen, denn der Wetterwechsel kann plötzlich und unvorhergesehen eintreten. Auch Einheimische können nicht immer voraussagen, ob der Tag sonnig oder regnerisch wird. Unternimmt man längere Touren, sollte man im Hotel eine Nachricht hinterlassen, welche Route man nehmen und wie lange man ausbleiben möchte. Bei einfachen Touren sollte man Freunde, bei schwereren einheimische Führer mitnehmen; alleine zu gehen, sollte vermieden werden, denn schon ein verstauchter Knöchel kann das Ende einer Tour bedeuten, und man kann sich nicht darauf verlassen, daß andere Wanderer unterwegs sind, die helfen können. Es empfiehlt sich, mindestens alle zwei Stunden eine Rast einzulegen, ein wenig zu essen und viel Wasser zu trinken. In diesen Breiten verdunstet wesentlich mehr Flüssigkeit als etwa bei einer Bergtour in Mitteleuropa. Schwächegefühle unterwegs rühren häufig von Flüssigkeitsmangel her. Bedenken Sie auch, daß der Abstieg von einem Berg ebenso anstrengend ist wie der Aufstieg. Daher sollte man nie bis zur Erschöpfung bergauf gehen, sondern lieber umkehren, bevor man den Gipfel erreicht hat.

Gute, griffige Schuhe sollte man auch bei leichteren Wanderungen und Bergtouren tragen. Turnschuhe sind nicht geeignet, da die flachen Sohlen mit feuchter Erde verkleben können und dann sehr rutschig werden. Bei allen Bergwanderungen muß man damit rechnen, daß der Boden feucht ist, denn ab einer Höhe von etwa 400–500 m regnet es in den Bergen von Mauritius häufig, auch wenn an den Küsten strahlender Sonnenschein herrscht.

In den Buchläden von Port Louis wird der Bergführer ›Mountains of Mauritius. A Climber's Guide‹ verkauft. Der erfahrene Bergsteiger Robert V. R. Marsh beschreibt in diesem Führer viele Bergtouren, die nur versierten Kletterern und abenteuerlustigen Reisenden zu empfehlen sind. Anhand von detaillierten Skizzen und ausführlichen Beschreibungen lassen sich mit dem Buch auch schwierige Gipfel stürmen. Unter anderem beschreibt Robert Marsh die Besteigung von Corps de Garde, Piton du Milieux, Pieter Both (jener merkwürdige Berg, auf dessen Gipfel ein riesiger Felsen zu balancieren scheint) und Les Trois Mamelles.

Über die in diesem Buch beschriebenen Wanderungen und Bergbesteigungen hinaus, können Sie viele andere Wanderungen unternehmen. Auskünfte hierüber erhalten Sie beim: Forestry Service, Rue du Jardin Botanique, Curepipe, ✆ 6 75 49 67, Fax 6 74 34 49.

Drachenfliegen (Paragliding)

In der Domaine des Grands Bois bietet die Association Sportive de Parapente die Möglichkeit, sich auf einen Berg bringen zu lassen und von dort über phantastische Landschaften hinunterzusegeln (✆ u. Fax 6 31 92 61).

Golf

Der private Golfklub ›Gymkhana‹ in Vacoas unterhält einen 18-Loch-Platz in angenehmer, kühler, allerdings auch häufig regnerischer Hochlage. Gegen eine Gebühr dürfen dort auch Gäste spielen. Trockener, heißer und ebenfalls in ausgezeichnetem Zustand sind die 18-Loch-Plätze der Hotels ›Beachcomber Le Paradis‹ (Le Morne) und ›Belle Mare Plage‹ (Belle Mare/Poste de Flacq), beide erst vor wenigen Jahren aufwendig und mit Hilfe bekannter Architekten angelegt.

Über 9-Loch-Plätze verfügen die Hotels ›Beachcomber Trou aux Biches‹ (Trou aux Biches), ›Beachcomber Le Shandrani‹ (Blue Bay), ›Le St. Géran‹ (Belle Mare/Poste de Flacq) und ›La Pirogue‹ (Flic en Flac). Einen weiteren 9-Loch-Golfplatz betreibt der ›Dodo Club‹, ein Verein, der sich ausschließlich aus

weißen, englischstämmigen Mauritianern zusammensetzt und ein Gegengewicht zu dem ursprünglich rein franko-mauritianisch dominierten ›Gymkhana-Club‹ darstellt.

Das ›Maritim Hotel‹ schließlich hat einen schönen 6-Loch-Übungsplatz hinter dem Hotel angelegt. Hotelgäste haben freien Zutritt und können im Clubhaus Übungsbälle und Übungsnetze bekommen. Auch für die Unterbringung Ihrer Ausrüstung stehen Räume in den Clubhäusern zur Verfügung.

Reiten

Der zweitälteste Reitclub der Welt, der ›Mauritius Turf Club‹ in Port Louis, organisiert zwischen Mai und November 23 Renntage pro Jahr. Eintrittskarten erhalten Sie am Morgen des Rennens am Schalter beim Hippodrom. Renntage sind meist Samstage, gelegentlich auch Sonntage. Neben dem ›Mauritius Turf Club‹ gibt es in Floréal den ›Club Hippic‹ und die Reitställe des ›Maritim Hotel‹ und der Domaine Les Pailles (s. S. 150 ff.).

Segeln

Folgende Unternehmen vermieten hochseetaugliche Segeljachten und organisieren Törns (inkl. Skipper und voller Verpflegung) individuell und für Gruppen: Yacht Charters Ltd., Royal Road, Grand Baie, ✆ 2 63 83 95/96 Fax 2 63 78 14; Ocean Pearl Charters, Royal Road, Grand Baie, ✆ 2 63 88 99, Fax 2 41 10 02; Croisière Emeraude & Aquacat Co. Ltd., Cap Malheureux, ✆ 2 63 89 74, Fax 2 63 70 04; Croisières Turquoises Ltd., Riche en Eau, ✆ 6 31 98 35, Fax 6 31 93 79; Croisières Australes, Forest Side, ✆ 6 74 36 95, Fax 6 74 37 20; Croisières Océane, Trou d'Eau Douce, ✆ 4 19 27 67.

Hotels verleihen kleinere Segelboote, Windsurfer und *Hobie Cats* kostenlos.

Der Grand Baie Yacht Club (gleich neben dem ›Veranda Bungalow Village‹ am Nordende der Grand Baie) nimmt Mitglieder auch nur für ein paar Wochen auf. Diese haben dann die Möglichkeit, an Regatten teilzunehmen, die sowohl in der Grand Baie als auch bei Grande Rivière Noire veranstaltet werden.

Tennis

Alle großen Hotels (über 150 Zimmer), aber auch manche kleineren (z. B. ›Casuarina Hotel‹, Trou aux Biches) haben gut gepflegte Asphalt-Tennisplätze mit Flutlicht, die den Gästen kostenlos zur Verfügung stehen. Einen öffentlichen Tennisplatz gibt es an der Küstenstraße zwischen Péreybère und Cap Malheureux.

Unterwasserspaziergänge

Diese Betätigung einen Sport zu nennen, ist vielleicht etwas übertrieben, aber wegen ihrer Verwandtschaft zum Schnorcheln und Tauchen soll sie hier doch erwähnt werden. Zwei Unternehmen in Grand Baie haben sich eine Ausrüstung zugelegt, die entfernt an die Rüstungen von Tiefseetauchern mit Bleischuhen und Metallhelm erinnern. Mit einem Boot fahren sie an geeignete Plätze mit klarem Wasser, feinem, sandigem Boden und lebendigen Korallenstöcken. Hier heißt es ›Helm auf‹, und runter geht's zum Spaziergang im ›Aquarium‹. Veranstalter: Undersea Walk Dive Shop, Grand Baie, ✆ 2 63 61 20, Fax 2 63 68 47; Embadilo, Grand Baie, ✆ 2 63 72 90, Fax 2 63 75 24

Wasserski

Alle großen Hotels bieten Wasserski kostenlos an.

Wellenreiten

Allein an der Mündung des Rivière Tamarin herrschen das ganze Jahr über gute Bedingungen für das Wellenreiten. Das ›Tamarin Hotel‹ hat bei Wellenreitern in Europa daher einen guten Namen und stellt die notwendige Ausrüstung zur Verfügung. Könner wagen sich über das Riff hinaus, während Anfänger wohl besser auf den kleineren Wellen im Inneren des Korallenriffs und nahe der Flußmündung erste Versuche unternehmen. Vorsicht: Es gibt keine organisierte Wasserwacht, die bei einem Unfall zu Hilfe kommen könnte.

Windsurfen

Windsurfer, wie auch kleine Kajaks, gehören zur Grundausstattung der Strandhotels. Einfache Bedingungen herrschen fast immer im Südwesten (Le Morne) und in der Lagune des ›Shandrani‹. Könner wagen sich auf die Südseite des Morne Brabant, in die Blue Bay oder an die Südküste des ›Shandrani‹.

Tauchen und Schnorcheln

Die Unterwasserwelt kann zu dem zentralen Erlebnis der Urlaubsreise werden, denn rund um Mauritius erstrecken sich weit ausladende Korallenriffe, in denen sich hervorragend tauchen und schnorcheln läßt. In der Nähe der Hotels – meist einer größeren Hotelanlage angegliedert – liegen viele Tauchbasen (s. S. 210 ff.). Darüber hinaus gibt es auf Mauritius drei Tauchclubs: Mauritius Underwater Group, Railway Road, Phoenix, ✆ 6 96 53 68; Mauritius Marine Conservation Society, Phoenix, ✆ 6 96 53 68; Police Diving Unit, Casernes Centrales, Port Louis, ✆ 2 08 12 12.

Empfehlungen hinsichtlich der Tauchbasen und Tauchgebiete können Ihnen die oben genannten Clubs geben. Es gibt aber auch Kriterien, die schon bei der Vorauswahl bedacht werden können:

– Deutschsprachige Tauchlehrer gibt es in den Tauchbasen ›Sindbad‹ (Hotel Kuxville), ›Neptune‹ (Belle Mare Plage Hotel) und ›The Cap Divers‹ (Paradise Cove Hotel).

– Die Tauchgründe des ›Beachcomber Le Shandrani‹ sind für Anfänger besonders gut geeignet, da schon wenige Meter unter der Wasseroberfläche in der ruhigen Lagune schöne Korallen zu finden sind.

Alle Basen empfehlen, daß der Gast ein ärztliches Attest mitbringt, das seine Tauchfähigkeit bescheinigt. Wer es nicht dabei hat, kann es sich vor Ort von einem Arzt ausstellen lassen. Manche Tauchbasen prüfen den Gesundheitszustand auch selbst.

Damit das Erlebnis durch nichts getrübt wird, sollte man die wenigen Gefahren kennen, die beim Tauchen lauern.

Gefahren unter Wasser

Haie: Rund um Mauritius gibt es Haie, und manche sind sogar furchterregend groß. Die meisten jedoch sind klein, und alle haben vor uns Menschen gehörigen Respekt. Wer sie unter Wasser sehen möchte, sollte sich einem erfahrenen Taucher anvertrauen, der ihre Lieblingsplätze kennt. Ein solcher liegt beispielsweise am Felsabsturz vor der Küste der unbewohnten Insel Coin de Mire vor der Nordspitze von Mauritius. Die Haie haben kein Interesse an Menschen und sind nicht aggressiv. In Küstennähe, insbesondere innerhalb des Korallenringes, der Mauritius umschließt, findet man sie ohnehin nicht.

Man kann davon ausgehen, daß die Fälle, in denen Haie Taucher angreifen, sehr seltene Ausnahmen sind. Dennoch verspürt wohl jeder Taucher zunächst einmal Respekt, wenn er einen Hai sieht. Man sollte ganz ruhig bleiben und abwarten. Normalerweise wird der Hai dann von selbst wieder verschwinden, ohne die Anwesenheit des Menschen bemerkt zu haben. In den vergangenen Jahren wurden in den Fach- und Touristikzeitschriften immer wieder Fotos veröffentlicht, die zeigen, wie erfahrene Taucher mit Haifischen spielen oder sich sogar an ihnen festhalten und durchs Meer ziehen lassen. Vernünftige Taucher werden jedoch das Gebiet, in dem Haie aufgetaucht sind, langsam und kontrolliert verlassen. Wenn man in der Gruppe unter Wasser ist, wird der Tauchlehrer ohnehin dafür sorgen, daß zumindest Anfängern eine Begegnung mit Haien erspart bleibt.

Barrakudas: Barrakudas wirken gefährlich, sind es jedoch nicht. Auch haben sie nicht den geringsten Anlaß, Menschen zu attackieren, denn so große Lebewesen gehören nicht zu ihren Beutetieren. Es soll in Einzelfällen vorgekommen sein, daß Barrakudas durch reflektiertes Sonnenlicht irritiert wurden, weil Taucher goldene oder silberne Hals- und Armbänder trugen; man sollte solche Gegenstände daher vor dem Tauchen abnehmen.

Muränen: Die bis zu 2 m langen Muränen sehen furchterregend aus, wenn sie aus ihren Korallenhöhlen hervorschießen. Auch sie sind ungefährlich, und wenn man sie in Ruhe läßt, werden sie den Taucher nicht wahrnehmen.

Rotfeuerfische: Wesentlich gefährlicher als die furchterregenden Raubfische sind die 10 cm langen Rotfeuerfische mit ihren federartigen bunten Flossen. Sie schwimmen an Korallenriffen entlang und scheinen völlig harmlos zu sein. Man darf sie aber keinesfalls anfassen, denn sie tragen auf ihren Rücken Stacheln, deren Gift erhebliche Schmerzen verursacht.

Steinfische: Auch der Steinfisch ist mit giftigen Stacheln auf dem Rücken ausgerüstet. Er versteckt sich zwischen Korallen und im Seegras flacher Abschnitte der Korallenbänke. Von der Wasseroberfläche aus ist er wegen seiner perfekten Tarnung nicht auszumachen. Selbst erfahrene Taucher können ihn oft nicht von den Steinen und Korallen unterscheiden. Trägt man Gummiflossen oder wenigstens feste Badeschuhe, können die Stacheln nicht bis in die Haut vordringen. Wer dennoch gestochen wird, begebe sich so schnell wie möglich zu einem Arzt!

Seeigel: Die häufigsten Verletzungen beim Tauchen am Korallenriff stammen von Seeigeln. Es hat keinen Sinn zu versuchen, die Stacheln aus der Haut zu ziehen, denn sie sind mit Widerhaken versehen. Beim Versuch, die Stacheln zu entfernen, fügt man sich weit schwerere Verletzungen zu, als sie die Stacheln selbst verursachen können. Läßt man sie stecken, stößt der Körper die Fremdkörper von selbst wieder ab. Einheimische Fischer, die häufiger Seeigelverletzungen davontragen, zünden ein Feuer an, erhitzen darin die Hülle einer Kokosnuß, bis diese glüht. Dann entfernen sie die rote Glut und tupfen mit der heißen Kokosschale auf die verletzte Stelle am Fußbett. Durch die Hitze wird das Gift abgetötet, und der Schmerz läßt sofort nach.

Korallen: Durch scharfe Korallen hervorgerufene Hautwunden sollte man nach dem Tauchgang mit Süßwasser auswaschen und dann an der Sonne trocknen lassen. Noch besser: Nie Korallen anfassen!

Allgemeine Vorsichtsmaßnahmen

Zu Beginn des Urlaubes sollten Sie auf jeden Fall beim Schnorcheln ein T-Shirt tragen. Die Haut auf dem nackten und feuchten Rücken verbrennt innerhalb weniger Minuten – viel schneller als in trockenem Zustand.

Fassen Sie unter Wasser nichts an – auch nicht, wenn Sie (glauben zu) wissen, daß es sich um eine harmlose Tierart handelt!

Gewöhnen Sie sich beim Tauchen möglichst sparsame Bewegungen an, schwimmen Sie ruhig und langsam!

Stellen Sie sich niemals auf Korallen! Erstens laufen Sie dann nicht Gefahr, auf einen Seeigel, eine scharfe Muschel oder gar eine giftige Koralle zu treten, zweitens bewahren Sie das Riff vor Schäden.

Sollten Quallen im Meer auftauchen, verlassen Sie sofort das Wasser! Quallen kommen selten vor, einige Arten können jedoch bei empfindlichen Menschen Entzündungen der Haut hervorrufen. Wenn Sie bei Insektenstichen zu allergischen Reaktionen neigen, sollten Sie besonders vorsichtig sein. Sind Sie mit einer Qualle in Berührung gekommen, so reiben Sie die betroffene Hautstelle mit trockenem Sand ab. Auch Essig, der auf die verbrannte Haut aufgetragen wird, hat eine kühlende und heilende Wirkung.

Wenn Sie Fische gefangen haben, verspeisen Sie diese nie, ohne sich bei Einheimischen erkundigt zu haben, ob die betreffende Art genießbar ist! Auch wenn ein (fast) identischer Fisch auf den Malediven, in Kenia oder auf den Seychellen gegessen wird, kann er anderswo eine Eigenschaft haben, die ihn ungenießbar macht.

Gehen Sie nicht alleine zum Tauchen oder Schnorcheln und versuchen Sie, immer in Sichtweite eines Kameraden zu bleiben.

Sollten Sie in eine vom Land weggerichtete Strömung geraten, so versuchen Sie nicht, dagegen anzuschwimmen! Es empfiehlt sich, in einem Winkel von etwa 45° bis 90° aus der Strömungsrinne herauszuschwimmen. So werden Sie zwar zunächst noch ein wenig vom Festland abgetrieben, gleichzeitig haben Sie aber die Chance, seitlich aus dem Strömungskanal zu entkommen und dann leicht zum Ufer zurückkehren zu können. Besonders wichtig: Ruhig und gleichmäßig und ohne Panik schwimmen, denn ein Strömungskanal ist nie breit.

Schwimmen Sie nicht in der Nacht! Die großen Raubfische befinden sich nachts auf der Jagd. Sollte etwas passieren, so ist die Chance, daß Sie Hilfe bekommen, wesentlich geringer als am Tag.

Schnorchelkurs für Anfänger

Bringen Sie sich eine Tauchermaske aus Europa mit, die wirklich paßt! Ob dies der Fall ist, kann man feststellen, indem man sie ans Gesicht hält, ohne den Haltegummi um den Kopf zu legen, und dann durch die Nase leicht Luft einsaugt. Wenn die Maske auf dem Gesicht haften bleibt, dann paßt sie.

Eine neu gekaufte Tauchermaske sollte man zunächst innen mit Seife auswaschen. Das Glas wird dann später nicht so leicht beschlagen.

Bevor man die Maske aufsetzt, verreibt man ein wenig Speichel auf dem Glas. Anschließend wäscht man die Maske im Salzwasser wieder aus. Beide Maßnahmen verhindern, daß die Scheibe unter Wasser beschlägt.

Man nimmt das Mundstück des Schnorchels zwischen die Lippen und beißt auf die Gumminoppen, die zwischen die Zähne reichen. Den Schnorchel hält man mit den Lippen fest. Über den Schnorchel und durch den Mund langsam und gleichmäßig zu atmen, kann man schon auf dem Trocknen üben. Sollte Wasser in den Schnorchel geraten sein, bläst man es mit einem harten, schnellen Luftstoß wieder heraus.

Während man an der Oberfläche schwimmt und der Schnorchel aus dem Wasser herausschaut, neigt man den Kopf so, daß man nach unten und leicht nach vorne schaut. In dieser Kopfhaltung ragt der Schnorchel senkrecht aus dem Wasser heraus. Wenn man senkrecht nach unten schaut, kippt der Schnorchel nach vorne und kommt der Wasseroberfläche näher.

Während des Hinuntertauchens zum Riff wird sich der Schnorchel mit Wasser füllen. Bevor man ins Wasser eintaucht, atmet man daher einmal tief ein und hält die Luft an. Wenn man wieder auftaucht, stößt man mit der in der Lunge gespeicherten Luft das Wasser mit einem kräftigen Stoß wieder aus. Am einfachsten geht das, wenn man den Kopf ein gutes Stück über der Wasseroberfläche hat, so daß der Schnorchel waagerecht steht. Der zum Entfernen des Wassers erforderliche Luftdruck ist dann wesentlich geringer.

Tauchkleidung und -ausrüstung

Ein Neopren-Anzug ist in den Sommermonaten in den Gewässern von Mauritius als Wärmeschutz nicht erforderlich. Im mauritianischen Winter allerdings, in dem die Wassertemperaturen auf 22–24° C sinken können, ist er sicher von Vorteil. Außerdem schützt dieser Anzug vor Verletzungen. Die Ausrüstung sollte man entweder von Europa mitbringen oder aber in der Tauchbasis ausleihen. Die Geschäfte von Port Louis führen zwar alles, doch ist es dort wesentlich teurer als in Europa.

In den Tauchbasen kann man Anfängerkurse belegen und sowohl in der Theorie als auch in der Praxis mit erfahrenen Tauchlehrern die ersten Schritte ins Abenteuer des Gerätetauchens machen. Die Preise hierfür liegen ein gutes Stück unter denen auf den Seychellen oder in der Karibik. Für einen fünftägigen Einführungskurs mit Tauchschein als Abschluß müssen Sie mit 400–600 DM rechnen.

Tauchgebiete um Mauritius

Da die Tauchbasen fast alle Hotels angegliedert sind, wird man die Tauchgebiete in der Nähe des jeweiligen Hotels besuchen. Wo die schönsten Plätze sind, wo für Anfänger und Fortgeschrittene die interessantesten Ziele zu finden sind, weiß der dort verantwortliche Tauchlehrer. Die Gewässer rund um Mauritius bieten dem erfahrenen Taucher sensationelle Tauchplätze: einige von Korallen überwucherte Schiffswracks, tief ins Meer abstürzende Korallenwände und Felsformationen, wie beispielsweise der Whale Rock nahe bei Trou aux Biches und The Cathedral beim Strand von Flic en Flac. Andere Tauchplätze befinden sich im Norden der Insel bei der Ile Ronde und bei Roche Coco, das man in den Sommermonaten von der Blue Bay aus erreichen kann.

Achtung: Die einzige Dekompressionskammer auf Mauritius hat die staatliche Polizeitruppe (Special Mobile Force) in Vacoas. Bei den Tauchbasen gibt es solche Einrichtungen (noch) nicht.

Fotografieren unter Wasser

Seitdem auch auf Mauritius das Harpunieren von Fischen verboten ist, tauschen immer mehr Taucher die Harpune gegen die Kamera ein. Als Tauchanfänger werden Sie zunächst einmal genug damit zu tun haben, sich an das neue Element ohne Kamera zu gewöhnen. Haben Sie aber einmal ein Gefühl dafür entwickelt, wie man sich unter Wasser problemlos bewegt, so macht die Kamera Ihren Tauchgang noch um einiges interessanter. Anstatt verbotenerweise Stücke von Korallen abzubrechen, nehmen Sie einfach die Fotos mit nach Hause und schädigen das biologische Gleichgewicht der Korallenbänke nicht.

Ein professioneller Unterwasserfotograf benutzt eine Großbildkamera (z. B. Yashicamat, Rolleiflex oder Hasselblad) mit einem wasserdichten Unterwassergehäuse und einen Scheinwerfer. Eine hervorragende Unterwasserkamera zu einem erschwinglicheren Preis ist die Nikonos von der Firma Nikon. Sie benötigt nicht einmal ein spezielles Tauchgehäuse, da sie von vornherein wasserdicht gebaut ist. Fast jedes Fotogeschäft führt diese Kamera. Wenn Sie tiefer als nur einige Meter tauchen, brauchen Sie unbedingt ein gutes Blitzlicht, denn das Wasser filtert schon in geringer Tiefe so viel Licht weg, daß einige Farben auf dem Film nicht mehr erscheinen. In einer Tiefe von etwa 5 m erscheint dem menschlichen Auge noch alles in prächtigen Farben. Für die chemische Schicht auf dem Film fehlt aber bereits das Licht insbesondere für die Rottöne, und wenn Sie in 5 m Tiefe ohne Blitzlicht fotografieren, wirken die Bilder von der Farbe her völlig verfälscht. Selbst in 20 m Tiefe erscheinen dem menschlichen Auge alle Farben noch prächtig und leuchtend. Der Farbfilm kann hiervon jedoch nichts mehr festhalten. Aber auch in anderer Hinsicht sind die Bedingungen zum Fotografieren unter Wasser ganz anders als an Land. Um einen Fisch oder eine Koralle gut ins Bild zu bekommen, müssen Sie ihm so nahe wie möglich auf den Leib rücken. Am besten geeignet sind daher Nahlinsen und starkes Blitzlicht. Beides gibt es speziell für die Unterwasserfotografie als Zubehör zu kaufen.

Achtung: Fotografieren Sie Fische niemals von oben, sondern möglichst von der Seite. Die meisten Fische sind nämlich von der Ober- und Unterseite her so gut getarnt, daß sie sich gegen den jeweiligen Hintergrund fast nicht abheben.

Naturschutz unter Wasser

Brechen Sie auf keinen Fall Korallen ab! Sie zerstören dadurch nicht nur die eine kleine Koralle, sondern auch das Zuhause vieler Fische. In den vergangenen Jahrzehnten haben Muschelsammler und Korallenliebhaber in den Riffen um Mauritius großen Schaden angerichtet. Seit die Regierung vor einigen Jahren Beschädigungen des Riffs durch Taucher und Schnorchler untersagt hat, kann man beobachten, daß sich einige der Riffe wieder erholt haben. Die Tauchlehrer an den Hotels und den Tauchbasen kennen jene Riffe, die völlig unbeschädigt geblieben sind und bei denen Ihnen die Korallenfische in Schwärmen vor das Objektiv der Unterwasserkamera schwimmen.

Wenn Ihnen auch an der Erhaltung der Unterwasserwelt außerhalb von Mauritius gelegen ist, kaufen Sie keine Korallen oder Muscheln – egal, woher der Händler sie hat! Ganz besonders wichtig ist die Erhaltung des bei Souvenirjägern leider so beliebten riesigen Nautilus. Er ist der einzige natürliche Feind der Dornenkrone, eines Seesternes, der sich von Korallen ernährt.

Überall auf der Welt, wo der Nautilus durch Sammler dezimiert wurde, hat die Dornenkrone überhandgenommen, die Riffe zerstört und ist dann selbst ausgestorben. Geblieben sind tote Kalkruinen, wo sich noch vor wenigen Jahrzehnten gigantische, unermeßlich artenreiche Korallenriffe ausdehnten. Das erschreckendste Beispiel sind weite Gebiete des Great Barrier Reef vor Australien. Einst waren sie der Höhepunkt jedes Taucherlebens, heute sind sie Unterwasserwüsten.

Telefon und Telekommunikation

Die internationale Telefon- und Telefaxvorwahl von Mauritius lautet 0 02 30, die Vorwahl für Rodrigues 0 00 95. Telefonverbindungen sind in der Regel gut, für Telefaxe reicht die Übertragungsqualität manchmal allerdings nicht, so daß das Faxgerät eine Fehlermeldung anzeigt. Wenn Sie Ihr Fax auf langsames Senden umstellen, wird es in der Regel funktionieren. Mauritius verfügt über Service-Provider für Internet und E-Mail; viele Unternehmen sind auf diesem Wege erreichbar.

Für ein Dreiminuten-Telefongespräch nach Deutschland über Satellit zahlt man 70 MR (ca. 5 DM). Allerdings dauert es oft lange, bis man eine telefonische Verbindung vom Hotel zur Zentrale in Port Louis bekommt.

Die Vorwahl von Mauritius nach Deutschland lautet 00 49, nach Österreich 00 43, in die Schweiz 00 41.

Trinkgeld

In normalen Restaurants ist kein Trinkgeld im Preis enthalten. Bei gutem Service (und nur dann) sollten 5–10 % gegeben werden, es wird aber nicht erwartet. In den teuren Hotels und Restaurants sind in der Regel im Preis bereits 10 % Trinkgeld enthalten. Bei gutem Service kann das Wechselgeld dem Kellner überlassen werden.

Unterkunft

In Mauritius hat sich eine Strandhotelkultur entwickelt, die den Vergleich mit hochklassigen Badeinseln in der Karibik, der Südsee oder Asien nicht zu scheuen braucht. Die große Mehrzahl der Besucher verbringt 14 Tage oder drei Wochen in einem der gut, teilweise exquisit geführten Ferienhotels an den langen Stränden rund um die Insel. Wenige Geschäftsleute aus fremden Ländern benötigen ein zentral gelegenes Hotel in der Haupt- und Hafenstadt Port Louis oder in den Städten des Hochlandes. Seit 1994 gibt es ein gutes Hotel dieser Art in Port Louis (›Le Saint Georges‹), 1997 eröffnet ein Geschäftshotel der Spitzenklasse ebenfalls in Port Louis (›Labourdonnais Waterfront Hotel‹).

Wenn man sich die Menge der Hotels auf Mauritius ansieht, ist kaum zu glauben, daß noch vor 40 Jahren kein einziges vorhanden war. In den 50er Jahren brachte erstmals die Quantas auf ihrem Flug von Sydney nach Johannesburg 50 Gäste mit. Sie wollten die damals notwendige Zwischenlandung zu einem Aufenthalt von einer Woche nutzen und mit der nächsten Maschine weiterfliegen. Da es kein Reisebüro gab, das die Übernachtung für 50 Gäste organisieren konnte, mußte sich die örtliche Vertretung der Fluggesellschaft um sie kümmern. Ein Hotel mit dieser Kapazität gab es nicht, also entschloß man

sich kurzerhand, ein gerade leerstehendes vornehmes Haus im Hochland anzumieten, und funktionierte es zum ersten echten Hotel der Insel um. Heute beherbergt dieses Haus die zentrale Verwaltung der großen mauritianischen Hotelgruppe ›Beachcomber‹. In den folgenden Jahren entstanden dann die ersten Badehotels – allerdings überraschenderweise nicht etwa in Grand Baie, wo heute die Mehrzahl von ihnen zu finden ist, sondern an so abgelegenen Orten wie Le Morne, wo heute das ›Beachcomber Le Paradis Hotel‹ steht, und in der Blue Bay, nahe dem Flughafen. Dort findet sich heute das luxuriöse ›Beachcomber Le Shandrani Hotel‹.

In keinem der mauritianischen Hotels werden Sie sich eingeengt fühlen, die meisten von ihnen liegen einzeln am Strand und haben kein anderes Hotel in Sichtweite. Als mit der Eröffnung des Zivilflughafens der Tourismus auf Mauritius einsetzte, war man durch die katastrophalen Folgen des Massentourismus in Europa vorgewarnt und hat erfolgreich einen individuellen Stil gefunden. Selbst Hotels mit großer Bettenzahl, wie etwa das ›La Pirogue Sun‹ oder das ›Trou aux Biches Hotel‹, vermitteln dem Gast den Eindruck, in einer lockeren, weitläufigen Landschaft zu wohnen, da die Bungalows großzügig auf weitem Gelände verteilt liegen. Selbst die größten Hotels kommen mit dreistöckigen Gebäuden aus, die nicht (oder nur wenig) über die Baumwipfel hinausragen.

Spitzenklasse

Hotels der Oberklasse ($$$$–$$$$$) erscheinen zunächst sehr teuer. Sie müssen jedoch bedenken, daß bereits zahlreiche Wassersportangebote im Zimmerpreis enthalten sind. So können Sie gratis Windsurfer benutzen, Ausflüge in

Motorbooten zum Riff und zum Schnorcheln machen, es stehen Tennisplätze, Golfplätze, Tischtennisräume, mehrere Restaurants zur Verfügung, Sie können kostenlos Wasserski fahren usw. Lediglich die Miete von Golf- und Taucherausrüstung sowie Tauchgänge werden in der Regel zusätzlich berechnet. Daneben verfügen die Spitzenhotels über Reisebüros, die Mietwagen buchen, Rundfahrten organisieren, Flugscheine rückbestätigen, umbuchen usw. Klimaanlage in den Zimmern, Radio, Swimmingpool, Friseursalon, Nachtclub, Tauchschule und Fernsehraum gehören ebenfalls zum Standard. Diese Hotels brauchen den Vergleich mit keinem Hotel der Welt zu scheuen, insbesondere wegen der äußerst aufmerksamen Bedienung durch hervorragend ausgebildetes Personal, das normalerweise Englisch und Französisch, immer häufiger auch Deutsch fließend beherrscht.

Beispiele dieser Hotelkategorie: Royal Palm, Touessrok, Le St. Géran, Le Paradis, Méridien Paradise Cove, Trou aux Biches Village.

Die gute Mittelklasse

Die preislich darunter liegenden Hotels ($$–$$$) bieten guten Service, gutes Essen, einen schönen Strand und Wassersportmöglichkeiten, wobei solche, die mit erheblichen Kosten verbunden sind, nicht gratis angeboten werden (z. B. Wasserski). Einige Hotels liegen nicht am Strand und strahlen auch keine luxuriöse Atmosphäre aus. Manche sind allerdings darunter, die den teureren an Komfort kaum nachstehen.

Beispiele: Casuarina, Veranda Village, Coin de Mire.

Einfache Hotels und Bungalows

Weiterhin findet man in Strandnähe – manchmal sogar unmittelbar am Strand – kleinere Hotels und Bungalows ($), die pro Person im Doppelzimmer bei Halbpension knapp über 70 DM liegen. In diesen Hotels dürfen Sie freundliche, allerdings keine professionell-perfekte Bedienung, ein sauberes Zimmer mit eigenem Bad und einen brauchbaren, manchmal sogar schönen Strand erwarten.

Beispiele: Kuxville, Coral Beach, Colonial Coconut, Fred's Apartments.

Budgethotels und Apartments

Schließlich findet man Stadt- und Strandunterkünfte, die üblicherweise nicht von europäischen Gästen genutzt werden – von budgetbewußten Globetrottern auf *Island-Hopping*-Reise durch die Inselwelt des Indischen Ozeans abgesehen. Sie sind billig, manchmal sauber und freundlich – oft aber auch nicht. Wer so etwas sucht, muß probieren, bis er den Platz gefunden hat, wo er sich wohlfühlt. Die Preise variieren zwischen 10 DM und 30 DM pro Person im Doppelzimmer mit Frühstück, wobei die Lage zum Strand ein wesentliches Preiskriterium ist. Neben Hotels finden Sie Apartments für vier bis acht Personen. Besonders viele solcher Apartmenthäuser befinden sich bei Trou aux Biches und Grand Baie, aber auch in Péreybère und Pointe d'Esny. Je nach Größe und Qualität der Bungalows zahlen Sie pro Tag zwischen 50 und 150 DM Miete, wobei eine Küche, mehrere Schlafzimmer, Toilette, Bad und Aufenthaltsraum angeboten werden. Man kann eine Köchin engagieren, die für die Zubereitung der Mahlzeiten in der eigenen Küche sorgt. Eine Vorausbuchung solcher Unterkünfte ist nicht empfehlenswert, da der Standard oft niedrig ist und die Lage nicht den Vorstellungen entspricht, die man sich von einem Urlaub auf einer Insel im Indi-

schen Ozean macht. Eine positive Ausnahme stellen die ›Kuxville Bungalows‹
dar. Sie gehören wohlhabenden Mauritianern, die bereit sind zu investieren,
wenn die deutsche Verwalterfamilie der
Meinung ist, daß der Standard nicht
mehr den Anforderungen ihrer meist
aus Deutschland kommenden, vergleichsweise anspruchsvollen Gäste
entspricht. Auch liegen hier alle Apartments und Bungalows direkt an einem
schönen Strand (weitere Informationen
s. S. 232 ff.).

Wo soll ich mein Hotel suchen?

Die Auswahl des Hotelstandorts hängt
von Ihren persönlichen Vorlieben ab,
denn jede Region hat ihre Vorzüge und
Nachteile:

Südwesten: Wenn Sie Wind hassen
und flaches, wellenloses Wasser
mögen, ist der Südwesten günstig,
denn hier kommen Wind und Seegang
nur vor, wenn ein Zyklon die normalen
Wetterverhältnisse durcheinander-
bringt. Mit dem Windsurfer ist sanftes
Dümpeln in einer türkisen Lagune möglich – Anfänger mögen das. Allerdings
sind es nur 2 km bis zum Strand südlich
des Felsbrockens Le Morne Brabant,
wo der Wind nahezu ständig landeinwärts bläst und Verhältnisse schafft, die
nur absolute Könner des Windsurfens
beherrschen. Weitere Trümpfe der hier
gelegenen Hotels sind die Nähe zum
Naturschutzgebiet Black River Gorges
(s. S. 160 ff.) und die günstige Lage zum
Hochseefischen.

Nordwesten: Auch die Hotels nördlich
von Port Louis, bis einschließlich Cap
Malheureux und Anse La Raye, sind
sehr selten vom landeinwärts gerichte-
ten Wind betroffen. Nur gelegentlich erreicht Wind aus Osten die Strände und
wühlt sie ein wenig auf. Der Vorteil dieser touristisch am stärksten entwickel-

ten Region ist die Vielfalt der Möglich-
keiten, etwas zu unternehmen. Hier fin-
den sich gute Tauchgründe, besserer
Wind zum Windsurfen, Port Louis und
Pamplemousses sind nicht weit, der
›Corsaire Club‹ lädt zum Hochseefi-
schen ein, Restaurants aller Preis- und
Güteklassen liegen dicht beieinander.

Ostküste: Einige der schönsten
Strände befinden sich an den Küsten
zwischen Cap Malheureux im Norden
und Trou d'Eau Douce im Süden. Insbesondere im europäischen Sommer
muß jedoch mit landeinwärts gerichte-
tem Wind gerechnet werden. Windsurfer werden den teilweise kräftig auffri-
schenden Wind lieben. Dann ist der
Indische Ozean keine ›Badewanne‹,
sondern ein richtiges Meer mit richtigen Wellen, die an den Strand rollen.
Ein Trumpf an der Ostküste ist die
traumhafte Badeinsel Ile aux Cerfs, zu
der fast alle Hotels auf Wunsch ihre
Gäste bringen.

Südküste: Was das Wetter anbetrifft,
so gilt hier das gleiche wie an der Ostküste. Im europäischen Sommer weht
ein gleichmäßiger, landeinwärts gerichteter Wind, der auch Schauer mit sich
bringt. Im europäischen Winter aber
herrschen die gleichen Bedingungen
wie an der Südwest- und Nordwestküste. Um dem Wind zu entgehen, liegt
das schöne ›Beachcomber Le Shandrani Hotel‹ in einer geschlossenen
Bucht, die immer, auch bei schlechtem
Wetter, ruhig und einladend ist – ideal
für Tauchanfänger, die in der höchstens
15 m tiefen ›Badewanne‹ klares Wasser
und herrliche Korallen vorfinden. Da
das Hotel auf einer Landzunge zwischen Bucht und offenem Meer liegt,
hat man immer eine günstige Seite.
Kommt der Wind aus Südosten – wie
oft – rauscht die See auf der dem offenen Meer zugewandten Seite – Wind-

surfer's Paradise! –, in der Lagune aber bleibt das Meer ruhig. Vorteile der Region: sie ist wenig entwickelt, landschaftlich reizvoll, und es ist nicht weit zum Flughafen.

Unterwegs auf Mauritius

... mit organisierten Touren

Alle Hotels bieten entweder mit eigenen **Bussen,** mit lokalen Taxiunternehmen oder zusammen mit örtlichen Reiseveranstaltern Inselrundfahrten und Tagesausflüge zu verschiedenen Sehenswürdigkeiten per Bus an.

Von der Grand Baie fährt regelmäßig ein **Katamaran** des Unternehmens ›Croisières Australes‹ mit Gästen zur Ilot Gabriel, geht dort vor Anker und gibt den Passagieren Gelegenheit, die Insel und das Korallenriff zu erforschen. Mittagessen gibt es an Bord. Die Ile aux Cerfs ist das Ziel von drei Katamaranen. Zwei davon starten täglich von der Pointe d'Esny, nahe den Hotels ›Shandrani‹ und ›Blue Lagoon‹ (Croisières Australes, Croisières Turquoises), einer von Trou d'Eau Douce, nahe dem ›Touessrok Hotel‹ (Croisières Océan). Eine ähnliche Tour startet ebenfalls von Trou d'Eau Douce in Richtung Pointe d'Esny (Croisières Footloose). Das Boot durchquert die Lagune bei der Ile aux Cerfs, geht an der Pointe du Diable und vor der Ile aux Aigrettes vor Anker. Mittagessen wird, wie bei allen ähnlichen Fahrten, an Bord serviert. Reservierungen sind an den Reisebüroschaltern aller Hotels möglich.

In den meisten Orten auf Mauritius gibt es Reisebüros, die auf die Bedürfnisse der Gäste aus Übersee spezialisiert sind. Sie können Flugscheine rückbestätigen, Ausflugsfahrten organisieren, Hotelzimmer, Apartments oder Camping-Möglichkeiten suchen. Die wichtigsten von ihnen sind: Mauritius Travel & Tourist Bureau (MTTB), Royal Road, Floréal, ✆ 6 96 30 01, Fax 6 96 30 12; White Sand Tours, Al-Madina Road, Port Louis, ✆ 2 12 37 12, Fax 2 08 85 24; Mauritours, 5 Venkatasananda Street, Rose Hill, ✆ 4 54 16 66, Fax 4 54 16 82, mit Zweigstellen in Port Louis (✆ 2 08 52 41), Quatre Bornes (✆ 4 24 96 21), Curepipe (✆ 6 74 99 72), Phoenix (✆ 6 97 15 47), Grand Baie (✆ 2 63 50 91) und Péreybère (✆ 2 63 65 24). Alle haben in den Hotels Informations- und Buchungsschalter, wo sie auch schriftliche Informationen über Ausflugsmöglichkeiten geben. Mauritours ist das größte und leistungsfähigste Unternehmen, das auch die interessantesten Tagesausflüge in modernen Bussen anbietet. Exklusiv bei Mauritours gibt es einmal pro Woche einen Tagesausflug an die Südküste, bei dem man private Zuckerplantagen, eine Anthurienzucht und Herrschaftshäuser besucht, die sonst der Öffentlichkeit nicht zugänglich sind (s. S. 164). Wer nur *einen* organisierten Ausflug machen will, dem sei dieser empfohlen!

... mit dem Taxi

Sowohl in den Hotels als auch im Flughafen (beim Stand der Mauritius Tourist Promotion Authority) können Sie sich über die Taxipreise informieren. Betrug ist auf diese Weise fast unmöglich. Dennoch ist es empfehlenswert, sich vor Antritt der Fahrt mit dem Fahrer über den Preis einig zu werden. Sie ersparen sich damit nachträgliche Diskussionen. Als Faustregel für die Taxipreise gilt: Grundpreis etwa 1 DM pro Entfernungskilometer, also für Hin- und Rückfahrt. Überschlagen Sie anhand einer Karte die Kilometerzahl und rechnen Sie die Zahl in Rupien um.

Damit haben Sie eine ausgezeichnete Verhandlungsbasis. Für einen Ganztagscharter mit unbegrenzter Kilometerzahl müssen Sie – je nach Verhandlungsgeschick und Qualität des Taxis – mit etwa 100–150 DM rechnen. Ein Mietwagen kostet für einen Tag nicht weniger, und Sie müssen das Benzin als Kostenfaktor noch hinzurechnen. Neben dem Preisvorteil profitiert man davon, daß die Taxifahrer die schnellste Verbindung von A nach B problemlos finden und obendrein gute und freundliche Fremdenführer sind. Sollten Sie ernsthafte Differenzen mit einem Taxifahrer haben, lassen Sie sich eine Rechnung geben, auf der der Preis, die gefahrene Strecke und die Nummer des Taxis vermerkt sind, und schalten Sie die National Transport Authority ein (✆ 2 12 14 48). Sie ist daran interessiert, schwarze Schafe herauszufinden.

… mit dem Omnibus

Die Omnibusse sind zuverlässige, aber nicht bequeme Verkehrsmittel. Es dürfen zwar nur so viele Fahrgäste transportiert werden, wie Sitzplätze vorhanden sind, allerdings sind die Sitze so eng, daß ein Mitteleuropäer von durchschnittlicher Größe Schwierigkeiten hat, seine Knie unterzubringen. Sie dürfen es nicht eilig haben, wenn Sie auf Mauritius mit dem Bus reisen, denn bis auf einige Expreßbusse – beispielsweise zwischen Port Louis und Mahébourg – halten diese häufig und fahren langsam. Von den großen Bushaltestellen in Port Louis, Curepipe und Mahébourg fahren alle paar Minuten Omnibusse in alle Himmelsrichtungen los. Nach 18 Uhr allerdings werden die Verbindungen sehr reduziert. In städtischen Gebieten (Port Louis bis Grand Baie, Curepipe usw.) fahren Busse von 5.30 Uhr bis 20 Uhr, in ländlichen Gebieten von 6.30 bis 18.30 Uhr. Bis 23 Uhr verkehren Busse zwischen Port Louis und Curepipe mit Stopps in Rose Hill, Quatre Bornes und Vacoas.

… mit dem Taxi-Train

Einige größere Taxis – mit mehr als 4 Passagiersitzen – haben sich darauf spezialisiert, in der Nähe von Bushaltestellen zu warten und die gleichen oder ähnliche Routen abzufahren wie die Busse. Insbesondere zu Stoßverkehrszeiten kann man gegen ein wenig mehr Geld die Wartezeiten abkürzen. Sie haben das Taxi aber nicht exklusiv für sich, denn so lange Plätze frei sind, steigen andere Passagiere zu!

… mit dem Mietwagen

Die Preise für Mietwagen liegen pro Tag zwischen 120 DM für einen Kleinwagen ohne Klimaanlage in der Nebensaison und 250 DM für Fahrzeuge der gehobenen Mittelklasse mit allem Komfort. Bei längerer zusammenhängender Mietdauer sinkt der Preis um etwa 10–20 %.

In allen Reisebüros, den größeren Hotels und bei folgenden Firmen können Sie Pkw mieten: Avis, Port Louis, ✆ 2 12 34 72, Fax 2 08 85 24; BBL Car Rental, Surinam, ✆ 6 25 61 04; Colony Car Rental, Mahébourg, ✆ 6 31 70 62; Dodo Touring, Quatre Bornes, ✆ 4 25 68 19, Fax 4 24 43 09; Europcar, Les Pailles, ✆ 2 08 92 58, Fax 2 08 47 05; Hertz, Forest Side, ✆ 6 74 36 95, Fax 6 75 64 25; Kevtrav, Quatre Bornes, ✆ 4 65 44 58, Fax 4 64 37 77; Moon Patrol, Mahébourg, ✆ 6 31 85 07; Société Arnulphy, Mahébourg, ✆ 6 31 98 06, Fax 6 31 99 91; Sunny Beach Tours, Port Louis, ✆ 2 40 52 45; Tourismo Travel & Tours, Grand Baie, ✆ 2 63 87 55, Fax 2 63 87 75; Waterlilly Travel & Tours, Curepipe, ✆ 6 76 14 96, Fax 6 76 14 94.

Um einen Wagen zu mieten, brauchen Sie einen Reisepaß und einen nationalen oder internationalen Führerschein, der mindestens seit einem Jahr gültig ist, das Mindestalter beträgt 23 Jahre. Tip: Vereinbaren sie mit Ihrer deutschen Kfz-Versicherung eine Zusatzversicherung (Vollkasko). Das erspart im Ernstfall viel Ärger und erhöht die Chancen erheblich, bei einem Unfall tatsächlich Ersatz zu bekommen.

Straßenverhältnisse und Verkehrsregeln

Die meisten Straßen auf Mauritius sind geteert und – wenn auch schmal – in recht gutem Zustand. Insgesamt existieren 1600 km asphaltierter Straße, was bei einer Insel mit einer Breite von 50 km und einer Länge von 60 km eine ganze Menge ist. Baustellen werden im allgemeinen in der Nacht mit Warnleuchten gesichert und Schotterstraßen so instandgehalten, daß man sie bei Trockenheit gut befahren kann. Bei Regen allerdings sind Pisten oft unpassierbar.

Achtung: Die Mauritianer fahren wie die Engländer auf der ›falschen‹ Straßenseite – Linksverkehr! Die Beschilderung auf der Insel läßt zu wünschen übrig, so daß eine Straßenkarte (1:100 000) zur Orientierung unerläßlich ist.

… mit dem Limousinenservice

Mauritours unterhält einen Limousinenservice mit neuen Autos der gehobenen Mittelklasse (Peugeot Safrane, BMW 512, Ford Scorpio) und englisch- und französischsprachigem Chauffeur; Preis pro Tag etwa 350 DM; ✆ 4 54 16 66 oder 4 54 16 67.

… mit dem Moped oder Fahrrad

Agenturen in Grand Baie, Péreybère, Baie du Tombeau und Flic en Flac vermieten Mopeds und Fahrräder – manchmal zweifelhafter Qualität – zu günstigen Preisen.

… mit dem Hubschrauber

Mit zwei Hubschraubern des Typs Bell Jet Ranger führt Air Mauritius auf Anfrage Hoteltransfers und Rundflüge über die Insel durch. Die Maschinen können den Piloten sowie vier Gäste mitnehmen und bieten grandiose Ausblicke. Ein kurzer Rundflug kostet ca. 280 DM, und Sie werden vieles entdecken, was aus der Froschperspektive zwischen den Zuckerrohrfeldern versteckt bleibt. Die Piloten sind ausgezeichnete Fremdenführer, die Ihnen die notwendigen Erläuterungen geben (in englischer Sprache). Bei vier Personen kommt man auf etwa 70 DM pro Person. Tip: Versuchen Sie, einen Termin kurz vor Sonnenuntergang zu bekommen!

Ausflüge nach Rodrigues und Réunion

Für ca. 500 DM pro Person können Sie einen Viertagesausflug zur Nachbarinsel Rodrigues buchen. Ähnliche Tages- oder Mehrtagesausflüge werden auch als fertige ›Pakete‹ nach Réunion, auf die Seychellen und nach Madagaskar angeboten. Es ist aber sinnvoller, solche Abstecher bereits von Europa aus zu planen und zu buchen. Spezialisierte Veranstalter haben damit kein Problem. Sie sparen bei einem solchen Arrangement erhebliche Kosten, da Sie ihr Hotelzimmer für die Dauer des Aufenthaltes auf Réunion, Rodrigues, den Seychellen oder gar Madagaskar dann nicht bezahlen müssen. Außerdem kann man sich hier bei der Planung Ihres Kurzabstechers auf eine Nachbarinsel besser auf Ihre besonderen Wünsche einstellen.

Verhalten unterwegs

Bitte seien Sie sich bewußt, daß Mauritius nur zu etwa 30 % christlich ist und größtenteils andere Vorstellungen von Freizügigkeit herrschen als bei uns. Die überwiegende Mehrheit der Moslems und Hindus versteht es nicht, wenn Männer in kurzen Hosen in der Öffentlichkeit herumlaufen oder gar Damen am Strand ihr Oberteil abnehmen. An Hotelstränden wird letzteres geduldet, beliebt machen wir Touristen uns damit bei der einheimischen Bevölkerung aber nicht! Nacktbaden an öffentlichen Stränden (dazu gehören übrigens auch die Hotelstrände) ist untersagt. Beim Besuch von religiösen Stätten dürfen keine kurzen Hosen, Miniröcke oder ähnliches getragen werden. Vor dem Eintritt in Moscheen und Tempel müssen die Schuhe ausgezogen werden.

Versicherungen

Reiserücktrittskostenversicherung
Wer sich Ärger vor der Reise ersparen will, schließt im Reisebüro oder über den Veranstalter sofort eine Reiserücktrittskostenversicherung ab. Bei einigen Veranstaltern ist diese Versicherung bei Buchung automatisch abgeschlossen und im Katalogpreis enthalten. Sie leistet Schadensersatz, falls Sie wegen Krankheit (Achtung: Schwangerschaft ist keine Krankheit!), Unfall oder einem Trauerfall in der Familie Ihre Reise nicht antreten können. Bei den Versicherungen muß der Versicherte einen Teil der

Kosten selbst tragen (in der Regel 20 % der anfallenden Rücktrittskosten). Wenn Sie weitere Details über den Versicherungsumfang wissen möchten, fragen Sie direkt bei der Versicherung nach. Was geschieht beispielsweise, wenn Sie zwar die Hinreise, nicht aber die Heimreise antreten können? Werden auch die dadurch entstehenden Kosten abgedeckt? Es können zusätzliche Hotelkosten entstehen, der Flugpreis kann sich wegen Überschreitung einer Tarifgrenze erhöhen, Sie müssen eventuell sogar einen Normaltarifrückflug bezahlen. Wenn die in den Versicherungsscheinen aufgeführten Bedingungen zu unklar sind, schreiben Sie einen Brief an den Versicherer und lassen Sie sich den genauen Umfang der Versicherung schriftlich erläutern.

Reisegepäckversicherung
Trotz weitgehender Perfektion der großen internationalen Flughäfen kommt es immer wieder vor, daß Fluggepäck verschwindet. Auch ist mit Diebstählen auf einer Reise zu rechnen. Daher empfiehlt sich eine Reisegepäckversicherung. Auch hier müssen Sie beim Durchlesen des Kleingedruckten darauf achten, welche Wertsachen – etwa teure Kameras – vom Versicherungsschutz ausgenommen sind. Diese müssen Sie dann im Handgepäck mit ins Flugzeug nehmen bzw. durch eine entsprechende Zusatzversicherung schützen.

Reiseunfall- und Reisekrankenversicherung
Eine Reiseunfall- oder Reisekrankenversicherung erübrigt sich bei privatversicherten Reisenden, denn die privaten Kranken- und Unfallversicherungen schließen meist die Kosten für Behandlungen im Ausland ein. Anders ist dies

bei Pflichtversicherungen und Ersatz-
kassen. Wer dort versichert ist, sollte
eine zusätzliche private Reisekrankenversicherung abschließen.

Kfz-Unfallversicherung

Wenn Sie einen Mietwagen nehmen
wollen, schließen Sie mit Ihrer deutschen Kfz-Versicherung eine Zusatzversicherung ab. Das erspart im Ernstfall
viel Ärger.

Konkursausfallversicherung des Reiseveranstalters

Diese Versicherung brauchen Sie nicht
abzuschließen, Sie sollten aber darauf
achten, daß Ihr Veranstalter sie hat. Es
handelt sich um eine Absicherung, die
aufgrund gesetzlicher Bestimmungen
jeder Reiseveranstalter seit 1994 vornehmen muß. Sollte durch Konkurs,
Vergleich oder aufgrund irgendeines
anderen Ereignisses Ihr Veranstalter
nicht mehr in der Lage sein, alle gebuchten Leistungen zu erbringen oder
zu bezahlen, so garantiert die Versicherung, daß die Leistungsträger (Fluggesellschaften, Hotels, Autovermieter
usw.) ihr Geld dennoch bekommen.
Jeder Veranstalter ist verpflichtet, dem
Kunden zusammen mit der Buchungs-
bestätigung einen Sicherungsschein
auszuhändigen, den er bei einem Versi-
cherungsunternehmen kauft. Die Versicherung garantiert gegen Vorlage
dieses Dokumentes, die Kosten für die
gebuchten Reiseleistungen zu bezahlen, wenn der Veranstalter aus irgendei-
nem Grund dazu nicht in der Lage sein

sollte. Diese Vorschrift hatte eine heil-
same Wirkung: einige schwarze Schafe
mußten aufgeben, denn die Versicherungen verweigerten ihnen die Siche-
rungsscheine. Heute gibt es nur noch
einzelne schwarze Schafe unter den
etwa 3000 Reiseveranstaltern in
Deutschland, die sich die Versiche-
rungskosten sparen wollen oder keinen
Versicherer gefunden haben und auf
die Unwissenheit der Kunden hoffen.
Manche bitten ihre Gäste sogar, den Sicherungsschein nach der Reise zurück-
zugeben und verwenden ihn dann noch
einmal für einen neuen Kunden. Lassen
Sie in solchen Fällen die Finger von der
Buchung, denn es ist etwas nicht in
Ordnung!

Wasser

Bitte bedenken Sie beim Wasserver-
brauch, daß nach längeren Trockenpe-
rioden die Wasserreserven knapp werden können. Die Bevölkerung muß
dann aus Tankwagen versorgt werden.
Das Leitungswasser ist trinkbar,
schmeckt aber nicht gut. Vorzuziehen
ist in Flaschen abgefülltes Quellwasser.

Zeitunterschied

Mauritius ist Mitteleuropa in der Uhrzeit
um drei Stunden voraus. Wenn es bei
uns 9 Uhr ist, ist es auf Mauritius bereits 12 Uhr. Zur Sommerzeit beträgt
der Unterschied lediglich zwei Stunden.

Abbildungsnachweis

Alle Fotos: Michael Fiala, Breitbrunn, außer:

Wolfgang Därr, Herrsching S. 191
Mauritius Informationsbüro, Wehrheim/Ts. S. 57
Gerald Nowak, Fürstenfeldbruck S. 42, 43, 44
Christine Preiherr, München S. 51

Alle übrigen Abbildungen wurden den Archiven des Autors und des Verlages entnommen.

Karten und Pläne: Berndtson & Berndtson, Fürstenfeldbruck © DuMont Buchverlag, Köln

Register

Ortsregister

Ortsregister

279

Titelbild: Am Strand von Flic en Flac an der Westküste
Umschlaginnenklappe: Waschtag an einem Flüßchen im Landesinneren
Umschlagrückseite: Sega-Tänzerin

Über den Autor: Wolfgang Därr, geboren 1948, hauptberuflich als Rechtsanwalt
tätig, ist seit seiner Schulzeit passionierter Weltreisender und kennt Mauritius von
zahlreichen monatelangen Aufenthalten. In Herrsching bei München betreibt er ein
auf die Inseln des westlichen Indischen Ozeans spezialisiertes Reisebüro. Im DuMont
Buchverlag erschienen von Wolfgang Därr ›Richtig Reisen: Seychellen‹, ›Richtig Reisen: Madagaskar – Komoren‹ sowie das Reisetaschenbuch ›Malediven‹.

© DuMont Buchverlag, Köln
3., aktualisierte Auflage 2000
Alle Rechte vorbehalten
Satz und Druck: Rasch, Bramsche
Buchbinderische Verarbeitung: Bramscher Buchbinder Betriebe

Printed in Germany   ISBN 3-7701-3810-4